U0720441

# 抗日战争专题研究

张宪文 朱庆葆 主编

第九辑
日本侵占东南亚

## 泰缅“死亡铁路”研究

刘超 等 著

江苏人民出版社

图书在版编目(CIP)数据

泰缅"死亡铁路"研究 / 刘超等著. — 南京 : 江苏人民出版社, 2022.10

(抗日战争专题研究 / 张宪文,朱庆葆主编)

ISBN 978-7-214-26627-9

Ⅰ. ①泰… Ⅱ. ①刘… Ⅲ. ①铁路工程—建设—研究—泰国、缅甸 Ⅳ. ①F533.363②F533.373

中国版本图书馆 CIP 数据核字(2021)第 210770 号

书　　名　泰缅"死亡铁路"研究
著　　者　刘　超等
责任编辑　张晓薇
装帧设计　刘葶葶
责任监制　王　娟
出版发行　江苏人民出版社
地　　址　南京市湖南路1号A楼,邮编:210009
照　　排　江苏凤凰制版有限公司
印　　刷　苏州市越洋印刷有限公司
开　　本　652毫米×960毫米　1/16
印　　张　26.25　插页4
字　　数　310千字
版　　次　2022年10月第1版
印　　次　2022年10月第1次印刷
标准书号　ISBN 978-7-214-26627-9
定　　价　108.00元

教育部哲学社会科学研究重大委托项目
2021年度国家出版基金资助项目
南京大学“双一流”建设卓越计划项目
“十四五”国家重点出版物出版专项规划项目

## 合作单位

南京大学　北京大学　南开大学　武汉大学
复旦大学　浙江大学　山东大学
台湾中国近代史学会

## 学术顾问

金冲及　章开沅　魏宏运　张玉法　张海鹏
姜义华　杨冬权　胡德坤　吕芳上　王建朗

## 编纂委员会

# 总　序

张宪文　朱庆葆

日本侵华与中国抗日战争是近代中国最重大的历史事件。中国人民经过14年艰苦卓绝的英勇奋战，付出惨重的生命和财产的代价，终于取得伟大的胜利。

自1945年抗日战争结束至2015年，度过了漫长的70年。对这一影响中国和世界历史进程的重大事件，国内外历史学界已经做过大量的学术研究，出版了许多论著。2015年7月30日，在抗日战争胜利70周年前夕，中共中央政治局就中国人民抗日战争的回顾和思考进行集体学习，习近平总书记发表重要讲话，指示学术界应该广为搜集整理历史资料，大力加强对抗日战争历史的研究。半个月后，中共中央宣传部迅速制定抗日战争研究的专项规划。8月下旬，时任中共中央宣传部部长刘奇葆召开中央各有关部委、国家科研机构和部分高校代表出席的专题会议，动员全面贯彻习总书记的讲话精神，武汉大学和南京大学的代表出席该会。

在这一形势下，教育部部领导和社会科学司决定推动全国高校积极投入抗战历史研究，积极支持南京大学联合有关高校建立抗战研究协同创新中心，并于南京中央饭店召开了由数十所高校的百余位教授、学者参加的抗战历史研讨会。台湾"中国近代史学会"也派出十多位学者,在吕芳上、陈立文教授率领下出席会议,共同协商在新时代深入开展抗战历史研究的具体方案。台湾著名资深教授蒋永敬在会议上发表了热情洋溢的讲话。经过几个月的酝酿和准备,南京大学决定牵头联合我国在抗战历史研究方面有深厚学术基础的北京大学、南开大学、武汉大学、复旦大学、浙江大学、山东大学及台湾"中国近代史学会",组织两岸历史学者共同组建编纂委员会,深入开展抗日战争专题研究。中央档案馆和中国第二历史档案馆也积极支持。在南京中央饭店学术会议基础上,编纂委员会初步筛选出130个备选课题。

南京大学多次举行党政联席会议和校学术委员会会议,专门研究支持这一重大学术工程。学校两届领导班子均提出具体措施支持本项工作,还派出时任校党委副书记朱庆葆教授直接领导,校社科处也做了大量工作。南京大学将本项目纳入学校"双一流"建设卓越计划,并陆续提供大量经费支持。

江苏省委、省政府以及江苏省委宣传部,均曾批示支持抗战历史研究项目。国家教育部社科司将本项研究列为哲学社会科学研究重大委托项目,并要求项目完成和出版后,努力成为高等学校代表性、标志性的优秀成果。

本项目编纂委员会考察了抗战历史研究的学术史和已有的成果状况,坚持把学术创新放在第一位,坚持填补以往学术研究的空白,不做重复性、整体性的发展史研究,以此推动抗战历史研究在已有基础上不断向前发展。

本项目坚持学术创新,扩大研究方向和范围。从以往十分关注的"九·一八"事变向前延伸至日本国内,研究日本为什么发动侵华战争,日本在早期做了哪些战争准备,其中包括思想、政治、物质、军事、人力等方面的准备。而在战争进入中国南方之后,日本开始实施一号作战，将战争引出中国国境，即引向亚太地区，对东南亚各国及东南亚地区的西方盟国势力发动残酷战争。特别是日军偷袭美军重要海军基地珍珠港，不仅给美军造成严重的军事损失，也引发了日本法西斯逐步走向灭亡的太平洋战争。由此，美国转变为支援中国抗战的主要盟国。拓展研究范围，研究日本战争准备和研究亚太地区的抗日战争，有利于进一步揭露日本妄图占领中国、侵占亚洲、独霸世界的阴谋。

本项目以民族战争、全民抗战、敌后和正面战场相互支持相互依靠的抗战整体，来分析和认识中国抗日战争全局。课题以国共两党合作为基础，运用大量史实，明确两党在抗日战争中的地位和作用，正确认识各民族、各阶级对抗日战争的贡献。本项目内容涉及中日双方战争准备、战时军事斗争、战时政治外交、战时经济文化、战时社会变迁、中共抗战、敌后根据地建设以及日本在华统治和暴行等方面，从不同视角和不同层面，深入阐明抗日战争的曲折艰难历程，以深刻说明中国抗日战争的重大意义，进一步促进中华民族的伟大复兴。

对于学界已经研究得甚为完善的课题，本项目进一步开拓新的研究角度和深化研究内容。如对山西抗战的研究更加侧重于国共合作抗战；对武汉会战的研究将进一步厘清抗战中期中国政治、经济、社会的变迁及国共之间新的友好关系。抗战前期国民党军队丢失大片国土，而中国共产党在十分艰难的状况下，在敌后逐步收复失地，建立抗日根据地。本项目要求各根据地相关研究课题，应在以往学界成果基础上，着力考察根据地在社会改造、经济、政治、人才培养等方面，如何探索和积累经验，为 1949 年后的新中国建设提供有益的借鉴。抗战时期文学艺术界以其特有的文化功能，在揭露日军罪行、动员广大民众投入抗战方面，发挥了重要作用。我们尝试与艺术界合作，动员南京艺术学院的教授撰写了与抗日战争相关的电影、美术、音乐等方面的著作。

本项目编纂委员会坚持鼓励各位作者努力挖掘、搜集第一手历史资料，为建立创新性的学术观点打下坚实基础。编纂委员会要求全体作者坚决贯彻严谨的治学作风，坚持严肃的学术道德，恪守学术规范，不得出现任何抄袭行为。对此，编纂委员会对全部书稿进行了两次“查重”，以争取各个研究课题达到较高的学术水平，减少学术差错。同时，还聘请了数十位资深专家，对每部书稿从不同角度进行了五轮审稿。

本项目自2015年酝酿、启动，至2021年开始编辑出版，是一项巨大的学术工程，它是教育部重点研究基地南京大学中华民国史研究中心一直坚持的重大学术方向。百余位学者、教授，六年时间里付出了艰辛的劳动，对抗战历史研究做出了重要贡献！编纂委员会向全体作者，向教育部、江苏省委省政府以及各学术合作院校，向江苏凤凰出版传媒集团暨江苏人民出版社，向全体编辑人员，表示最崇高的敬意和诚挚的感谢！

# 目　录

# 导　论

## 一、铁路修建的基本情况

太平洋战争初期，日军占领了泰国和缅甸，此时日军针对缅甸地区军队的补给已无法通过马六甲海峡（Strait of Malacca）完成，故不得不依赖陆路运输。此前，英国殖民缅甸时期曾设想修建一条连接泰国和缅甸的铁路，希望以此路线为大英帝国运输兵员、物资提供便利。然而，英国人在为这一建设做相关的可行性考察时发现诸多不利因素，最终放弃了这一计划。

日军在战争形势的逼迫下重拾了英国人的勘探路线，具体理由有三：第一，站在军事立场上，这条铁路线是极具诱惑力的。日军在缅甸派驻了大批军队，企图从英国人手中夺取缅甸的控制权，再以缅甸为依托达到侵占印度的目的。修建连接泰国和缅甸的铁路有助于加强驻缅日军与本土的联系，提高本土与缅甸驻军间的兵力调动和运输效率，强化物资补给。第二，日本船只要想通过海路到达缅甸，需要环绕马来半岛

(Malaya)、经过新加坡，再沿马六甲海峡和缅甸海(Burma Sea)[①]海岸线向北航行，直至缅甸东南部重要港口毛淡棉(Moulmein)。1942年中期，盟军的潜艇和轰炸机频繁出没于该航线沿线，使得日方船只在经过这片海域时损失惨重，继续使用这条航线会造成人力物力的巨大耗损。如若可以通过铁路运输的方式增遣驻缅军力，日方不仅能缓解超额的商船运输带来的压力，还能避免遭受盟军的海上突袭。第三，日军修建该条铁路还可以加快开发这一带充裕的海上资源的进程。

于是，在缅甸战区战事稍歇的1942年，日军开启这一浩大的工程，这条铁路被称为“泰缅铁路”(The Burma-Thailand Railway)。根据浅井得一[②]针对泰缅铁路撰写的报告内容所示，铁路工程于1942年11月启动，由泰国和缅甸两个方向同时开始施工，其中缅甸方于1942年6月将丹彪扎亚(Thanbyuzayat)车站作为起点，泰国方则于同年7月从侬普拉杜克(Nong Pla Duk)站[③]开始了测量工作。一年零四个月后，1943年10月17日，东西方向的两段轨道在泰国境内的孔库塔(Kon Kuta)地区连接交会(见下图)，整个工程至此竣工。[④]

---

① 时称安达曼海，Andaman Sea。

② 浅井得一，日本地理学学者，1943年4月作为陆军司政官前往缅甸任职。其撰写的《泰緬鉄道》(1953)、《泰緬鉄道補遺》(1963)详细报告了泰缅铁路的部分情况以及与日军泰缅铁路建设官员们的交流记录。

③ 此站距曼谷约80公里。

④ 江澤誠「今日も残る補償問題凄惨だつた泰緬鉄道建設:過酷な労働と劣悪な衣食住，蔓延する疫病」、『金融財政ビジネス:business』第10418号、2014年6月、8頁。

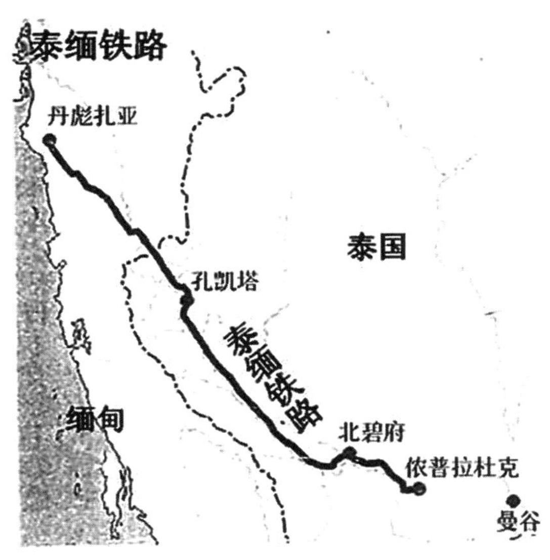


泰缅铁路路线图①

修建泰缅铁路主要的劳动力来自日军俘获的战俘和征召的亚洲民夫。②整个工程期间，日军所役使的战俘主要是从爪哇(Java)、新加坡、缅甸等战场上俘虏的荷兰、澳大利亚、英国和美国等国的盟军官兵，所招募的亚洲民夫则主要为泰国、缅甸、马来亚(Malaya)、爪哇、法属印度支那(Colony of French Republic, Indochina)③等地的原住民。泰缅铁路工程量巨大，不利因素众多，本就困难重重，加之日军的不公正待遇，致使修建该铁路项目的人员伤亡率远超一般水平。事后人们依照数据统计得知，修筑

① 此图日文原版见江澤誠「今日も残る補償問題凄惨だった泰緬鉄道建設：過酷な労働と劣悪な衣食住、蔓延する疫病」、『金融財政ビジネス：business』第10418号、2014年6月、9頁。图中孔凯塔应为孔库塔。

② 在修建泰缅铁路的过程中，日本军人征用了大量劳工及民夫，其中劳工包括战俘，而劳工中的亚洲平民应称作民夫。

③ 今老挝、越南、柬埔寨。

泰缅铁路期间的人员伤亡量甚至超过了铺设铁路所用的枕木的数量,可想而知,每条枕木下都埋藏了盟军战俘和亚洲民夫被日军压迫劳动致死的灵魂。故此,这条铁路被人们称为"死亡铁路"(The Death Railway),与南京大屠杀和巴丹"死亡行军"一起,并称为二战期间日本的"远东三大暴行"。

## 二、研究现状

在铁路的修建过程中,大量的盟军战俘在日军的虐待下失去了生命。日军对盟军俘虏的处置、管理问题是与日本的侵略扩张相伴随的重大历史问题,因此这条"死亡铁路"一直受到学界的关注。国内外针对泰缅铁路问题的关注度及研究推进的程度差异较大。西方关于泰缅铁路或所谓"死亡铁路"的研究开始于20世纪40年代,到目前来看,研究成果较多,相对比较系统。首先,针对泰缅铁路建造过程中战俘的死亡情况,西方一直在进行调查统计并保留了大量的统计数据,主要是对参与施工的战俘、各国劳工、日方监工,以及工程各阶段、各地区病、伤、亡人员的数量和百分比等信息加以详细梳理和计算。其次,西方学者对史料的解读也比较充分,对与泰缅铁路相关的档案、证词、回忆录、日记、口述资料等各类史料进行整理、归纳和阐释。不足之处在于现有与泰缅铁路相关的研究材料多为西方战俘的回忆录、战时日记等,带有个体局限性,且多为西方视角,以亚洲劳工为主体的研究相对较少。如何结合多方面材料,关注铁路修建中的多群体,对课题研究者来说具有一定难度。

早在战争结束的次年,即1946年,作为参与铁路修造的美军战俘的一员,罗恩·D. 里韦特(Rohan D. Rivett)便出版了《竹林背后:日本战俘营的内幕》(*Behind Bamboo: An Inside Story of the*

*Japanese Prison Camps*)[①]一书,详细记录了他四年战俘生活的惨痛经历,尤其是在修建泰缅铁路的过程中所遭受的非人待遇。值得一提的是,该书由欧内斯特·爱德华·邓禄普(Ernest Edward Dunlop)[②]撰写序言,被称为对战俘生活的经典描述,具有十分珍贵的史料价值。此后,各类事件亲历者的回忆录层出不穷,其中最具影响力的有美军战俘、后成为专业作家的约翰·考斯特(John Coast)的《死亡铁路》(*Railroad of Death*)[③],美军战俘、"休斯顿"号(USS Houston)幸存者罗伯特·查尔斯(H. Robert Charles)的《最后一个出去的人:缅甸死亡铁路余生录》(*Last Man Out*: *Surviving the Burma-Thailand Death Railway*: *A Memoir*)[④],苏格兰战俘、后任普林斯顿大学长老会牧师的欧内斯特·戈登(Ernest Gordon)的《沿着桂河谷底:从死亡营的绝望到精神胜利》(*Through the Valley of the Kwai*: *From Death-Camp Despair to Spiritual Triumph*)[⑤],以及荷兰战俘埃佛特·凡·莫伦(Evert Van der Molen)记录其从爪哇、泰国到日本,活着转隶15座战俘营的回忆录《来自国内前线612的消息:东南亚,1940—1945》

---

① Rohan D. Rivett, *Behind Bamboo*: *An Inside Story of the Japanese Prison Camps* (Sydney and London: Angus & Robertson Ltd, 1946).

② 欧内斯特·爱德华·邓禄普(1907—1993),战俘营的精神领袖、澳大利亚外科医生,后文简称邓禄普。

③ John Coast, *Railroad of Death* (Liverpool, London & Prescot: The Commodore Press, 1946).

④ H. Robert Charles, *Last Man Out*: *Surviving the Burma-Thailand Death Railway*: *A Memoir* (Minneapolis, MN: Zenith Press, 2006).

⑤ Ernest Gordon, *Through the Valley of the Kwai*: *From Death-Camp Despair to Spiritual Triumph* (New York: Harper & Bros, 1962).

(*Berichten van 612 aan het thuisfront: Zuidoost-Azië, 1940-1945*)①。同时,同"死亡铁路"相关的一系列战时日记、笔记和画作也被陆续披露并得以出版,其中包括在战俘营中担任医生的英国人罗伯特·哈代(Robert Hardie)的《泰缅铁路:罗伯特·哈代医生的秘密日记,1941—1945》(*The Burma-Siam Railway: The Secret Diary of Dr. Robert Hardie, 1942-1945*)②、罗纳德·塞尔(Ronald Searle)的《去桂河,再归来:战争画卷》(*To the Kwai and Back: War Drawings*)③以及邓禄普本人的日记汇编等等。不仅如此,由战俘后代所编写的口述史料集,如《唯有生的意志:日本集中营中美国人的叙述,1941—1945》(*With Only the Will to Live: Accounts of Americans in Japanese Prison Camps 1941-1945*)④、《铁路劳工:一位"二战"英国战俘的人生自述》(*The Railway Man: A POW's Searing Account of War, Brutality and Forgiveness*)⑤等也相继问世,引起了广泛的社会关注。与史料积累的进度不同,西方史学界对泰缅"死亡铁路"的严肃探讨则始于法国作家皮埃尔·布尔(Pierre Boulle)的长篇小说《桂河大桥》(*Bridge on the River Kwai*)⑥及由其改编的同名电影所引发的巨

---

① Evert Van der Molen, *Berichten van 612 aan het thuisfront: Zuidoost-Azië, 1940-1945* (Leiden: LUCAS, 2012).

② Robert Hardie, *The Burma-Siam Railway: The Secret Diary of Dr. Robert Hardie, 1942-1945* (London: Imperial War Museum, 1983).

③ Ronald Searle, *To the Kwai and Back: War Drawings* (New York: Atlantic Monthly Press, 1996).

④ Robert S. La Forte, *With Only the Will to Live: Accounts of Americans in Japanese Prison Camps 1941-1945* (Wilmington, Delaware: Scholarly Resources, 1994).

⑤ Eric Lomax, *The Railway Man: A POW's Searing Account of War, Brutality and Forgiveness* (New York: W. W. Norton, 1995).

⑥ Pierre Boulle, *Bridge on the River Kwai*. (London: Secker & Warburg, 1954).

大轰动。从对相关历史背景的探讨出发，西方学者撰写了《大桥背后的男人：图西上校和桂河大桥》（*The Man Behind the Bridge: Colonel Toosey and the River Kwai*）[①]、《桂河铁路：缅暹铁路的故事》（*River Kwai Railway: The Story of the Burma-Siam Railway*）[②]、《幽灵船》（*Ship of Ghosts*）[③]等一系列著作，从各个侧面对其加以考察；而英联邦战争墓地委员会（Commonwealth War Graves Commission）于 2000 年推出的《缅暹铁路及其公墓》（*The Burma-Siam Railway and its Cemeteries*）[④]一书，则第一次站在官方的立场上记述并评价了"死亡铁路"的修建这一历史事件。近年来，"死亡铁路"博物馆馆长、泰缅铁路研究中心主任、澳大利亚人罗德·贝蒂（Rod Beattie）也在 20 多年前期研究的基础上，出版了《泰缅铁路：桂河大桥的真实故事》（*The Thai-Burma Railway: The True Story of the Bridge on the River Kwai*）[⑤]等专著。此外，盖文·多斯（Gavan Daws）的《日本人的囚徒：二战中太平洋地区的西方战俘》（*Prisoners of the Japanese: POWs of World War II in the Pacific*）[⑥]、劳伦斯·里斯（Laurence Rees）的《东方恐怖：日本及其二战暴行》（*Horror in the East: Japan and the*

---

① Peter N. Davies, *The Man Behind the Bridge: Colonel Toosey and the River Kwai* (London: Athlone Press, 1991).

② Clifford Kinvig, *River Kwai Railway: The Story of the Burma-Siam Railway* (London: Brassey's, 1992).

③ James D. Hornfischer, *Ship of Ghosts* (New York: Bantam Books, 2006).

④ Commonwealth War Graves Commission, *The Burma-Siam Railway and its Cemeteries* (England: Information Sheet, 2000).

⑤ Rod Beattie, The *Thai-Burma Railway: The True Story of the Bridge on the River Kwai* (Thailand-Burma Railway Centre, 2007).

⑥ Gavan Daws, *Prisoners of the Japanese: POWs of World War II in the Pacific* (New York: William Morrow & Co., 1994).

*Atrocities of World War II*）[①]，以及布雷恩·麦克阿瑟（Brian McArthur）的《剑下余生：日本人在远东的囚徒，1942—1945》（*Surviving the Sword：Prisoners of the Japanese in the Far East，1942-1945*）[②]等综论性的历史考述对泰缅铁路也多有涉及，为本研究的展开提供了许多宝贵的参考资料。最新的相关成果当属澳大利亚国立大学亚太研究中心日本史教授加万·麦考马克（Gavan McCormack）的《因泰缅铁路而交织的人生——李鹤来和邓禄普》[③]。

总的来说，上述研究主要是基于建造铁路的战俘们的亲身经历或回忆中对相关事件进行的经验性的描述，虽不乏具体的生活细节，却囿于国别的局限性，所参考的又多为西文文献，很少涉及日本方面的史料，未能从日军方面对历史原貌进行宏观的、整体的呈现，因此无法对加害者的思想动机、运作机制、组织形式和心理状态进行深入探讨，使研究难以充分展开。

日本方面关于泰缅铁路的先行研究相对较少，主要是一些对事件进行描述或评论的文章，例如，共同通信社记者谷俊宏的《被日军抛弃的“亚洲劳工”——在被强行带往死亡的泰缅铁路的最后》[④]；此外，研究BC级战犯的专家内海爱子教授对曾在泰国战俘收容所第三分所工作的朝鲜人金昌植进行了采访，并发表文章《空

---

① Laurence Rees, *Horror in the East：Japan and the Atrocities of World War II* (Boston：Da Capo Press, 2001).

② Brian Mcarthus, *Surviving the Sword：Prisoners of the Japanese in the Far East, 1942-1945* (New York：Random House, 2005).

③［澳］グバン・マコノマック著、吉永ふさ子訳「泰緬鉄道で交錯した人生——李鶴来とダンロップ」、『世界』第946号、2021年7月、228—238頁。

④ 谷俊宏「日本軍に置き去りにされた“アジア人労務者”——死の泰緬鉄道への強制連行の果てに」、『部落解放』第266号、1987年、98—105頁。

白的战后:泰缅铁路的朝鲜人》[①]。在研究性成果方面,大阪外国语大学学报主编吉川利治的《泰缅铁路:机密文件亚洲太平洋战争》[②]使用有限的材料,对建设泰缅铁路的战俘和劳工运输过程中具体的运输量进行了考察。横滨市立大学国际综合科学系副教授柿崎一郎发表了几篇较为重要的文章,其较早的两篇文章《再度审考泰缅铁路(1):构想与建设》[③]、《再度审考泰缅铁路(2):从事运营与建设的人们》[④]分别对泰缅铁路构想的形成过程以及参与泰缅铁路修建的劳动力情况进行了较为详细的考察;随后的《第二次世界大战中日军在泰国铁路中的军事运输》[⑤]一文中涉及少部分有关泰缅铁路运输方面的统计数据。

在国内,对泰缅"死亡铁路"的系统研究更为单薄,且大多是诸如《膏药旗下的地狱——日军强迫美军战俘修建泰缅死亡铁路秘闻》[⑥]一类历史故事性的普及介绍,缺乏高质量的研究论文和专著。至于针对泰缅铁路的专题研究则更不多见,例如吉林省社会科学院日本研究所的郭洪茂在《区域历史与文化》上发表了《二战时期

① 内海愛子「空白の戦後(2)泰緬鉄道の朝鮮人たち」、『世界(歴史の前の責任特集)』第558号、1991年9月、70—78頁。

② 吉川利治『泰緬鉄道:機密文書か"明かすアシ"ア太平洋戦争』、同文館、1994年。

③ 柿崎一郎「泰緬鉄道再考(第1回) 構想と建設」、『タイ国情報』第43(3)期、2009年、68—77頁。

④ 柿崎一郎「泰緬鉄道再考(第2回)建設と運営に従事した人々」、『タイ国情報』第43(4)期、2009年、42—51頁。

⑤ 柿崎一郎「第二次世界大戦中のタイ鉄道による日本軍の軍事輸送」、『東南アジア—歴史と文化』第39期、2010年、52—85頁。

⑥ 康狄:《膏药旗下的地狱——日军强迫美军战俘修建泰缅死亡铁路秘闻》,《世界知识》2012年第10期,第64—65页。

日本的盟军战俘集中营及其监管制度》[①]一文，虽以二战向日军投降的盟军战俘整体作为研究对象，但重点涉及日军在日本、中国等地收押的盟军战俘，关于东南亚战场的战俘处理问题谈得较少，并未着重关注泰缅铁路沿线的战俘管理问题。只有郑传良发表于《抗日战争研究》的《"死亡铁路"与桂河桥》[②]以及官方文件《远东国际军事法庭判决书对泰缅死亡铁路的描述（节选）》[③]等为数不多的文献梳理了华人劳工参与筑路的历史，以及与这一战争罪行有关的供词和判决的情况。有鉴于以，国内这一方面的研究有待进一步深化和拓展。

## 三、研究内容及对象

本书以与南京大屠杀和巴丹"死亡行军"并称为二战期间日本远东三大暴行的泰缅"死亡铁路"作为主要研究对象，涉及其历史背景、建设过程、人员构成、劳动集中营的组织方式、工作生活条件、日军的迫害手段、暴力行为、战俘的人际交往、自然疾病、死亡情况等各个方面的内容。在搜集资料的过程中，我们也遇到了一些困难。与充足的西方统计数据和前战俘回忆资料相比，有关这条铁路亚洲方面的档案史料及日军方面的记录少之又少。联合国战争罪行委员会（United Nations War Crimes Commission）相关档案暂不公开；日军在从铁路线撤退时烧毁了大量文件和记录，仅少部分的文字记载有所保留；美国外交档案库（Foreign Relations of the United States）中也只有两条关于泰缅铁路的记录。在现有的条件下，我们尽可能地运用数据统计、史料解读、个案考察等方法，

① 郭洪茂：《二战时期日本的盟军战俘集中营及其监管制度》，《社会科学战线（区域历史与文化）》2009 年第 4 期，第 149—155 页。

② 郑传良：《"死亡铁路"与桂河桥》，《抗日战争研究》1995 年第 4 期，第 72—76 页。

③ 张效林节译：《远东国际军事法庭判决书》，上海：上海交通大学出版社 2015 年版。

希望通过对泰缅铁路建造过程中参与施工的战俘、各国劳工、日方监工在工程中病、伤、亡人员的数量和百分比等信息加以详细梳理和分析，从而对历史真相有更全面、直观的展现；通过对档案、证词、回忆录、日记、口述资料等各类史料进行整理、归纳和阐释，努力发掘其深层意义和内在联系，尽力还原作为整体的历史的真实面貌；选取典型性的人物和事件加以深入探讨，通过对历史横截面的展示揭示其背后所隐现的思想脉络。

本书共包含六章，大致可以分为以下三大部分：第一部分对泰缅铁路修建的基本信息进行介绍和阐释，包含铁路修建的原因、项目从提出构想到方案设计等前期过程。第二部分重点关注“死亡铁路”的几大骇人之处。其中，本书第二章聚焦日军征用战俘、强招或诱骗亚洲劳工的罪行，揭露战俘在运输过程中所遭受的非人待遇；第三章尽可能地还原泰缅铁路艰难的建造过程，重点对泰缅铁路的工作条件、施工困难进行整体阐述；第四章以战俘集中营为整体对象，对以战俘集中营为中心的劳动组织形式、营中的等级秩序和恶劣的生活条件进行全面考察，同时针对铁路修建过程中日军殴打、杀戮、凌辱、虐待等暴力行为的实施方式进行详细探讨。第三部分主要研究泰缅铁路的一系列影响。例如，通过对战俘及“劳务者”群体内部的交往和生存手段进行梳理和总结，来研究日军暴行对战俘的影响。当然这种影响不仅是即时的，更是深远的，因此这一部分还基于战后出版的与泰缅铁路有关的回忆录及口述史料对战俘的历史记忆进行分析，并从历史认知的角度对日军暴行及其美化宣传加以谴责和批判，同时部分涉及日军强迫战俘在1943—1945年对泰缅铁路进行维护的内容。作为其余绪，本部分兼及克拉地峡（Kra Isthmus）铁路和苏门答腊（Sumatra）铁路的部分修建过程。

# 第一章　泰缅铁路的修建背景

## 第一节　修建铁路的原因

### 一、泰缅之间交通道路情况

在泰国和缅甸之间坐落着特纳瑟利姆(Tenasserim)山脉，它是马来半岛的脊梁山脉，从北向南延伸，且有几条交通路线穿过其山口。自古以来，商人们就建立了泰国北部和缅甸毛淡棉之间的贸易路线。这条贸易路线还通过掸邦(Shan)延伸到中国云南，许多来自掸邦和云南的商人沿着这条路线来往。这些贸易路线中最南端的路线是从毛淡棉向东经泰国边境小城湄索(Mae Sot)到达府(Tak)的路线，它与现在湄公河(Mekong River)地区的东西向走廊重叠在一起。

另一方面，泰国中部和缅甸之间的交通路线穿越了马来半岛，连接泰国湾和缅甸海的东西两岸。以修建泰缅铁路的三塔山口(Three Pagodas Pass)路线为北部界限，直至南部位于巴蜀府(Prachuap Khiri Khan)的崇圣孔山(チョン・シンコーン峠)之间存在多条跨越山口的路线，它们自大约 2 000 年前海上丝绸之路出现时起就被用作贸易路线。在大城府时期，南部跨半岛路线主要用于连接缅甸一侧的土瓦（Tavoy）、丹老（Mergui）和特纳瑟利姆等港口城镇，而三塔山口路线尽管因陆路距离过长导致难以来往，但因为是连接大城府（Phra Nakhon Si Ayutthaya）[①]和勃固（Pegu）的最短路线，所以作为军事路线仍备受重视。尤其在泰国与缅甸的王朝战争期间，三塔山口路线是被利用最频繁的路线。

即使在引进现代运输工具之后，泰国和缅甸之间的运输路线的发展也相对缓慢。19 世纪 80 年代，英国人计划修建一条从毛淡棉经泰国北部到云南的铁路，并向泰方请求批准。泰方表示经由其国内的铁路将由泰方亲自修建，并承诺如果英国人的铁路修建到了边境，将在曼谷和北部之间修建一条支线将其与泰国铁路相连。而事实上，英国人在考察后最终采取了经由缅甸内部曼德勒（Mandalay）到腊戍（Lashio）的路线通往云南，该计划最终被放弃。随后，在 20 世纪 20 年代，泰国的甘烹碧（Kamphaeng Phet）亲王比较了英国人提出的与缅甸共同修建的国际铁路的三条路线：经湄索、经三塔山口和经崇圣孔山口，并得出了经崇圣孔山口的路线最合适的结论——它对泰国来说所需的建设时间最少，且军事和经济问题也最少。这位亲王对经由三塔山口的路线评价最低。他认为向东到乌泰他尼府（Uthai Thani），然后向南经素攀武里（Suphanburi）到佛统府（Nakhon Pathom）的路线，比后来作为泰缅铁路的一部分的桂河路线更能满足其国内需求。

在已有的交通线路方面，泰国和缅甸之间只有南邦府（Lampang）—清莱（Chiang Rai）—景栋（Kengtung）—东枝（Taunggyi）公

---

① 大城府原是古老泰皇朝的首都，平原广阔，汇合三条河流，境内溪流交互错落。

路对机动车开放。这条公路与以前的贸易路线重合,建于 20 世纪 20 年代,以改善没有铁路经过的清莱地区的交通条件。泰国境内其他贸易路线并没有被进一步开发,只有从宋加洛(Sawankhalok)到达府的公路在 20 世纪 30 年代前被开发为高速公路。1940 年,通往湄索的公路终于被指定为施工道路,且施工工作已经开始了小部分。至于三塔山口的路线,在到北碧府(Kanchanaburi)之后根本就没有道路。由此可见,出于多种原因,泰国和缅甸之间的交通线路是零散且不完整的。

## 二、"大东亚纵贯铁路"构想的出现

1931 年,日军挑起九一八事变,入侵中国东北。1937 年 7 月,日军再度发动卢沟桥事变,由此展开全面侵华战争。随着其侵略战争的推进,作战资源的消耗日益增长,日本需要更多的物资来维持战争。日本国内的物资相当匮乏,其主要战略物资对进口的依赖程度很高。据战后日本防卫厅统计,1935—1938 年,日本对外进口战略物资的比例为:铁矿石 8%、铜 43%、铅 92%、锌 74%、锡 71%、锰 68%、铝 55%、石油 92%,镍、棉花、羊毛、橡胶皆为 100%,[①]显然,日军依靠本国的资源并不足以支持旷日持久的战事,此时,坐拥丰富物产资源的东南亚和南太平洋群岛进入了日军的视野。

对于日军来说,东南亚在国际上的重要地位很大程度上源于马来亚享有的丰富自然资源。1939 年,马来亚生产了全世界 40%的橡胶和近 60%的锡,其中大部分为美国所用。1940 年,英属马来亚的橡胶产量居世界首位,荷属东印度群岛(Dutch East

① 日本防衛庁防衛研修所戦史室『戦史叢書第 046 巻:海上護衛戦』、朝雲新聞社、1976 年、2 頁。

Indies)[①]的锡产量居世界第二位，而对日本最具诱惑力的是荷属东印度群岛的石油，法属印度支那、泰国、缅甸的大米，[②]这些物资恰好可以解日本缺乏战争资源的燃眉之急。1941 年 6 月，美国、英国和荷属东印度群岛冻结了日本的资产，切断了其石油供应，日本也被剥夺了其在马来半岛的铁、铝土矿和航运利益，日本亟需这些资源以维持战争，因此在 1941 年 12 月入侵了马来亚。

该计划的制定并非一时之举，早在 1941 年 7 月，当时还是陆相的东条英机极力推动近卫内阁在 7 月 2 日的御前会议上肯定了“南进”扩张计划。首相近卫文麿赞同了东条的观点，认为日军的首要方针是先占领中国，进而“占领泰国、荷属东印度、马来亚诸地，夺取石油、橡胶、锡和大米等资源，建立自给自足的军事基地，以支持一场与英美争夺太平洋霸权的战争”。[③] 会上近卫宣读了《适应形势演变的帝国国策纲要》：“帝国将坚持建设大东亚共荣圈的计划，以南进为首要任务，为获得南方丰富的战略资源提供可靠的保障……”[④]10 月 17 日，东条取代近卫成立新内阁，野心勃勃的东条开战心切，决心对美、英、荷开战，日本的“南进”计划全面展开。“南进”计划的重要目的之一就是掠夺东南亚的资源，达到以战养战的目的，进而实现使“日本、‘满洲’、中国及西南太平洋地区为帝国‘资源圈’，澳洲、印度等地为‘补给圈’”的计划。[⑤]

---

① 今印度尼西亚。

② 李凡：《日苏关系史：1917—1991》，北京：人民出版社 2005 年版，第 104 页。

③ [美]利奥波德·罗森伯格著，马俊杰编译：《偷袭珍珠港》，合肥：安徽文艺出版社 2011 年版，第 13 页。

④ [美]利奥波德·罗森伯格：《偷袭珍珠港》，第 13—15 页。

⑤ 1942 年 2 月 12 日，大本营与政府联络会议再次明确了这一目标。见参謀本部『杉山メモ(下)』、原書房、1967 年、85 頁。

珍珠港事件发生后仅 6 个月，日军就控制了远东大部分地区，后人形容这是东方版的“希特勒闪电战”。不过日军还未完成“南进”侵略计划的全部，印度成为其下一步吞并的目标。在 1942 年 6 月的中途岛战役中，美军击败了日军，致使日本在海上的军事力量大受挫折。中途岛一战极大挫败了日军侵略扩张的计划，对日军而言，此时中转泰国的陆上交通成了供给缅甸最安全的路线。在战争中，火车能够穿越枪林弹雨、跨过高山峡谷运送物资、投送军队，是最适合帮助日军建立资源网络的运输工具，故日本政府充分考虑了修建铁路作为补给线路的可能性。1941 年 11 月 24 日，在太平洋战争爆发前夕，寺内寿一①就日本军队进入泰国的一系列军事问题与泰国进行谈判。由于日本的无理要求遭到泰国政府的拒绝，日军在谈判的同时就开始解除边境泰军的武装。当时在东部边境巡视的泰国亲日总理銮披汶·颂堪(Phibul Songkhram)得知日本军队已然登陆的消息之后，当晚火速赶回曼谷。谈判以銮披汶·颂堪于 12 月 21 日与日本大使签署《日泰同盟条约》而告终，表面上标志着日泰同盟就此成立，实际上只是宣告泰国已被日军变相侵占。经讨论，日军决定使用当时泰方已开始施工的途经湄索的公路路线。在日军和泰军的合作下，在大约 50 天内建成了一条只有在旱季才可以供汽车通行的临时道路，而部队的行军也与道路建设同步进行。②

另一方面，日军在同一时期也对缅甸方面的铁路规划产生了构想，希望建设一条更永久的通往缅甸的运输路线，也就是连接泰缅两国的铁路，即本书所讨论的泰缅铁路。自古以来西太平洋地

---

① 寺内寿一，1941 年任日军南方军总司令官，率军占领菲律宾、马来亚等国。

② 柿崎一郎「泰緬鉄道再考(第 1 回)構想と建設」、『タイ国情報』第 43(3)期、2009 年、70 頁。

区的国际运输就主要依赖于沿海水运，即使在曼谷和新加坡之间有铁路经过的地区，也没有使用铁路开展国际运输。战争的爆发使人们预感到其持久性很可能会导致船舶短缺，并迅速认识到仅依靠水路运输的危险性所在。前文提到，泰缅两国间的交通路线零星散乱。对缅甸来说，与邻国泰国之间的现代交通路线很少，而仅依靠水路运输很可能被敌人来自印度洋的攻击切断。事实也是如此。导论部分已经提到，自美军反攻以来，日军在西太平洋地区的船只频频遇到美国潜艇的袭击。日军只得放弃全面使用马六甲海峡的海路，运往缅甸地区的军队力量和补给物资不得不依靠陆路运输，运输效率的下降直接导致日军的部队力量愈发紧张。缅甸境内有一条天然的供应线——伊洛瓦底江（Irrawaddy River）贯穿整个缅甸，因此船只可供日军向印度推进，然而这种方案进军缓慢，不适合作为首选。缅甸的铁路覆盖了大部分国土，唯一的问题是马来亚和缅甸之间没有铁路，修建铁路就成为日军的当务之急。因此泰缅铁路的主要目的就是连通马来亚的轨道系统，为日本超出承受能力且日益脆弱的小型商船免去环绕马来半岛和仰光（Rangoon）的长途海上航行，这既规避了海上风险，又缩短了补给的时间。① 同时，日本在中国台湾和本土开采的矿产、修复船只的物

---

① 始于 1941 年的太平洋战争因美国投下原子弹成为占领军，所以给我们多数人留下了“这是与美国的战争”这一印象。但是日军之所以不惜在如此艰苦的条件下也要强行修建泰缅铁路，想必除了因为日军高度重视面向缅甸的物资运输，更是出于他们执意要切断从缅甸到中国云南昆明的支援中国国民党政权的物资援助路线的目的。早在 1940 年 7 月 2 日，日本御前会议上，参谋总长杉山元谈到：“在目前形势下，帝国除直接对重庆政府施加压力外，还要向南方扩展，切断从背后支援重庆政府的美英势力与重庆政府的联系，这是促进解决事变的极为必要的措施。”日本一直认为中国人民之所以能够长期坚持抗战，主要是外来援助的结果。因此，把太平洋战争看作是中日战争的扩展也是很重要的一种视点。参见［日］服部卓四郎著，张玉祥等译《大东亚战争全史》第 1 册，北京：商务印书馆 1984 年版，第 80 页。

料也可更为顺利地到达，有利于促进日军在缅甸和印度的作战计划顺利实施，使其得以更快地从英国手中获取缅甸的控制权，并进一步入侵印度。

"大东亚纵贯铁路"的构想此时出现，进一步强调了在泰国和缅甸之间修建铁路的必要性。1942 年，大东亚建设委员会在东京成立，并开始探讨"大东亚共荣圈"内的运输政策。会议探讨过程中正式提出了建设贯穿"大东亚共荣圈"的大东亚纵贯铁路的想法，随后委员会开始强力主张该想法的实施。

1942 年 6 月 20 日，日本大本营陆军部颁布了《泰国和缅甸之间的连接铁路建设纲要》，指出建设铁路不仅有确保对缅甸的陆路补给线的军用目的，也为了开拓泰国、缅甸之间的贸易往来之路。① 军事和经济这两个目的是"大东亚共荣圈"的交通基本方针，并且出现在 1941 年 2 月 14 日日本内阁会议决定的交通政策纲要中。纲要中提到的目标是，在确立包括东南亚在内的新交通体系方面，优先军事需求，同时满足经济需求，以便构建日本、"满洲"、"支那"相结合的"大东亚共荣圈"。在 1942 年 8 月 21 日举行的大东亚建设审议会上，日本也提出了大东亚交通基本政策，强调重视完善交通网，以便建立"大东亚共荣圈"全体贯通运输体制，并透露出建设连接日本、朝鲜、"满洲"、中国、东南亚各地区的"贯通亚洲的铁路"的构想。由此可见，泰缅铁路是日本交通建设计划中"贯通亚洲的铁路"中的重要一环。

根据原田胜正提及的有关"大东亚纵贯铁路"的说法，大东亚纵贯铁路的第一、第二和第三纵贯铁路群分别在东京与新加坡、东京与缅甸以及东京与柏林之间修建，第一和第二铁路群旨在实现

---

① 浅井得一「泰緬鉄道補遺」、『新地理』第 10(4)期、1963 年、7 頁。

"大东亚共荣圈"内的互通,第三条则用于亚欧交流。①（见下图）

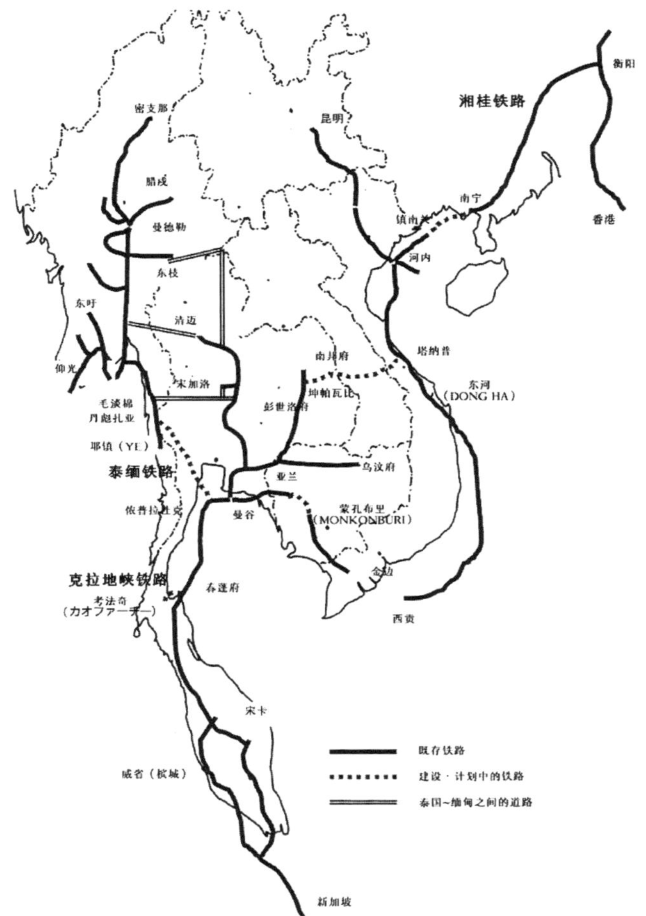


**大东亚纵贯铁路构想图②**

---

① 原田勝正编『大東亜縦貫鉄道関係書類』、不二出版、1988 年,转引自柿崎一郎「泰緬鉄道再考(第 1 回) 構想と建設」、『タイ国情報』第 43(3)期、2009 年、71 頁。

② 此图日文原版见柿崎一郎「泰緬鉄道再考(第 1 回) 構想と建設」、『タイ国情報』第 43(3)期,2009 年、71 頁。图中耶镇(YE)应译作耶城。

日本要实现第一和第二纵贯铁路群,必须解决三个缺失的环节,即中国与法属印度支那之间、法属印度支那与泰国之间,以及泰国与缅甸之间的铁路缺口。中国与法属印度支那之间需要建设由中国境内的衡阳出发,到毗邻法属印度支那的镇南关为止的湘桂铁路,而该铁路已经开始建设。法属印度支那与泰国之间有两条可行的路线,法国和泰国曾分别修建两条路线,均以放弃告终。最后的缺口则是泰国与缅甸之间的铁路,即规划中的泰缅铁路。该路线在大东亚纵贯铁路计划中的重要性由此可见一斑,被认为是三个缺失环节中最重要的一部分。

## 第二节　修建铁路的前期工作

### 一、修建构想的实现

日军南方军内部首先认识到修建泰缅铁路的必要性,铁路建设的构想最早可以追溯到 1941 年。浅井得一在战时作为研究人员被派往南部战场,在泰缅铁路的建设过程中以及建成竣工后,多次经由该路线往复考察。他曾与南方军铁道部队参谋长广池俊雄①通过书信往来梳理了有关泰缅铁路建设的时间与动机等事宜。

① 广池俊雄曾于 1941 年 10 月至 1943 年 3 月担任南方军铁道部队参谋长一职,参与了泰缅铁路建设的计划制定过程,并对工程的推进与实施做出指导。其中 1941 年 9 月,于津田沼集结而成的南方军第二铁道监部(下称"第二铁道监")进驻法属印度支那,并在那里组成了南方军铁道部队的基干组织。

据浅井得一记录，当年10月15日他和司令官服部晓太郎[①]在海上防御的运输船中看到了一份来源不明的地图，而后受到启发。在那之后，日军于1941年进驻法属印度支那的南部，这个构想的雏形也渐渐形成。

直到日军于1942年进驻泰国时，大本营陆军部尚未计划建设泰缅铁路，吉川利治在其《泰缅铁路建设与泰国的立场》[②]一文中推测，可能是因为当时日军还无法预测缅甸作战的情况和作战兵力。新加坡被完全攻陷前，南方军的铁道部队[③]两度向南方军总司令部呈报了泰缅铁路的建设计划，提议将泰缅铁路作为缅甸战线的补给线。1942年3月，时驻曼谷的陆军参谋总长杉山元[④]通过书信联系了作战科科长服部卓四郎[⑤]，陈述了有关意见。此外，广池俊雄也以口头方式向服部卓四郎提出了早日下令施工的建议。但大本营表示建设工程有难度，且没有足够的劳动力，因此没有批准建设计划。

然而南方军总司令部参谋部的中佐岩桥是铁道部队出身，在

① 服部晓太郎兼任南方军铁道部队和第二铁道监的司令官，此后转任工兵监部，再后来作为第一师团团长赴"满洲"就职，但还没有抵达，便死于肺结核感染。南方军铁道部队的第四代司令官是石田英熊，他在手记中记述道，铁道部队的组织结构非常复杂，无论是军队内部还是外界的人对其都不甚了解。因为有很多不清楚的事宜，故其用手记的形式记录下来（下称《石田手记》）。参见石田英熊「泰緬鉄道建設」（手記），日本法務省司法法制調査部藏。

② 吉川利治「泰緬鉄道建設とタイの立場」、『東南アジア史学会会報』第55号、1991年11月、10頁。

③ 南方军铁道部队司令部最初以名称区分各部队，后来到1943年2月24日才下达了制作成不同编制的命令，因此这也是在南方军才有的编制名称。

④ 杉山元，1940年10月至1944年2月任陆军参谋总长，与首相东条英机等策划发动太平洋战争。

⑤ 当时大本营陆军部（参谋部本部）的作战科科长为服部卓四郎（战争结束时任职步兵第六十五联队联队长）。

岩桥和广池二人的协力下，由南方军铁路部队负责的泰缅铁路建设计划的准备事宜渐渐推进。不久后领导泰缅铁路建设的第二铁道监的下田宣力①就任，他对该项目的强力支持使其更加可行。同年3月12日，南方军对铁道部队发出了铁路建设准备的指示，并开始进行实地调查。3月23日，日方通过“日泰联合联络所”②开始向泰方说明建设泰缅铁路的计划。

如前所述，关于连接泰国和缅甸的铁路建设，英国方面早年进行了调查研究，由于涉及经费、人力、自然环境等问题，该方案被搁置，并称实现这条铁路建设非常困难。日本方面对于修建泰缅铁路也做了长期的铺垫工作——早在20世纪30年代中期，他们就开始建造基础设施。1939年，日军实地调研修建铁路的可能性，以备战时之需。1942年3月，铁路建设准备的指示下达后，广池和铁道建设主任参谋入江俊彦赶赴奎内河（亦称桂河）③进行了实地考察。

---

① 下田宣力，陆军少将，继服部晓太郎之后任南方军铁道部队、第二铁道监的司令官。

② 泰方和日军谈判的窗口，设立于泰国国军最高司令部。

③ 美功河（Mae Klong River）毗邻夜功府（Samut Songkhram，现称沙没颂堪府），又称夜功河，位于泰国西部，与湄公河并非同一河流。美功河上源有奎艾河（Khwae Yai）和奎内河（Khwae Noi）两大支流，皆源于泰缅边界山区，由西北向东南流，在北碧府汇合，成为美功河干流，注入曼谷湾（B. of Bangkok）。其中，奎艾河为大支流，又称大桂河，奎内河为小支流，又称桂河。昔日的桂河上是没有桥的，盟军战俘在修建泰缅铁路时所建的“桂河大桥”实际是在美功河之上，后来有关当局唯有将错就错，把美功河改名为“大桂河”，把原来的桂河称为“小桂河”（泰语中Noi是“小”的意思，Yai是“大”的意思），俗称桂河（Kwai River）。因此，如今的地图存在把美功河上游的主要支流大桂河直接标为美功河的现象，而泰国本土的一些地图和铁路线路图仍然保留大小桂河的标法。泰缅铁路最开始是沿美功河左岸铺设的，经北碧府后不久，抵达小桂河支流处，稍稍向逆流方向越过大桂河，随后沿小桂河的左岸蜿蜒。伊藤正德在《帝国陆军的尾声Ⅱ》中写道：“电影《桂河大桥》中描绘的桂河大桥与现实相差甚远。铁路沿线现存的唯一的铁桥就只有桂河大桥了……”见伊藤正德『帝国陸軍の最後（2）決戦篇』、光人社、1998年、284頁。

此外，日军还对所有的预定路线全线进行了航拍，制作了比例尺为 1∶20 000 的地图。[①] 最后在 4 月 12 日，日军利用这份地图，开始了图纸上的选线和路线测量事宜。[②] 也就是说，在等待日军总部做出决定前，[③]南方军铁道部队就依据其自身立场逐渐推进了有关泰缅铁路建设的准备事宜。[④]

随后，第二铁道监的部分人员调查了连接缅甸和泰国的铁路路线，并比较列出了以下五条可能实施的路线：

1. 清迈（Chiang Mai）至东吁（Toungoo）；
2. 彭世洛府（Phitsanok）经来兴（Rahaeng）[⑤]到毛淡棉；
3. 北碧府至丹彪扎亚；
4. 北碧府至土瓦；
5. 春蓬府（Chumphon）到丹老。[⑥]

其中，1 号路线和 2 号路线将跨越大河，分别是萨尔温江（Salween）和湄南河（Menam），可能需要在边境开凿穿越山脉的隧道。4 号路线需要修建土瓦和耶城（Ye）之间的隧道和铁路。5 号路线很短，沿途风景也很好，但从丹老到毛淡棉一段需要使用船只。因此，日军认为 3 号路线是最优选择。接着日军根据本土 C56

---

① Clifford Kinvig, *Kiver Kwai Railway*, p. 45.

② 参见浅井得一与广池俊雄 1963 年 3 月 4 日的书信。

③ 日军大本营陆军部正式发布《泰国和缅甸之间的连接铁路建设纲要》指示准备建设铁路的时间为 1942 年 6 月。

④ 浅井得一「泰緬鉄道補遺」、『新地理』第 10(4)期、1963 年、5 頁。

⑤ 来兴为达府的旧称。彭世洛府现今的英文名称为 Phitsanulok。

⑥ 以上路线的归纳参见 Kazuo Tamayama (ed.), *Railwaymen in the War: Tales by Japanese Railway Soldiers in Burma and Thailand 1941-47* (New York: Palgrave Macmillan, 2005), pp. 7-8.

型蒸汽机车[1]的使用情况，制定了详细的施工方案。

浅井得一认为，从地理学角度出发，丹彪扎亚至依普拉杜克的这条路线的建设并没有很大挑战，线路中的最高点三塔山山口的海拔也不过450米左右。英国方面在关于铁路建设的调查中所称的"困难"，应该指这里是世界著名的恶性疟疾高发地区，[2]这一困难在日后的建设过程中也的确得到了验证。在《泰缅连接铁路建设相关俘虏使用状况调查书》[3]中，日本人自己提到，铁路建设的地区都是疟疾、霍乱、麻疹等热带疾病以及痘疮等流行传染病的高发地，加上雨季来临时有很多当地民夫迁入，更使得情势恶化。在整个修建过程中，死亡率最高达到20%。[4] 而日军最终选择这条线路施工，仅仅因为这是连接泰国和缅甸的距离最短的铁路线罢了。

## 二、建设计划的具体安排

日军大本营陆军指挥部（下文称"大陆指"）传令于南方军的泰缅铁路建设计划大致如下所述，下文中以"连接泰缅两国的铁路"作为名称对泰缅铁路进行指代。

---

① C56型蒸汽机车是日本铁道省专为日本地方铁路所设计制造的一款轻型蒸汽机车，被认为适用于此条铁路建设。

② 浅井得一「泰緬鉄道補遺」、『新地理』第10(4)期、1963年、3頁。

③《泰缅连接铁路建设相关俘虏使用状况调查书》（泰・緬甸連接鉄道建設に伴ふ俘虜使用状況調書，昭和17年〔1942〕6月），来自亚洲历史资料中心（アジア歴史資料センター）。

④ 防衛研究所戦史室の資料「泰・緬甸連接鉄道建設に伴ふ俘虜使用状況調書」を引用する場合 JACAR（アジア歴史資料センター）Ref. C14060251600—C14060253500、自昭和17年6月～至昭和20年8月「泰・緬甸連接鉄道建設に伴ふ俘虜使用状況調書」（防衛研究所戦史室）。

连接泰缅两国的铁路之建设计划的纲要(概述):

(1) 建设目的:本铁路的建设目的是为了保障缅甸方面的陆上补给,开辟泰缅两国之间的贸易交通之路。

(2) 建设线路:以泰国的侬普拉杜克为起点,沿奎内河延伸并经过尼基(Nikki)地区,最终抵达缅甸的丹彪扎亚,总长约400 公里。

(3) 输送能力:每日单程荷载 3 000 吨。

(4) 施工时间:计划于昭和 18 年(1943)底竣工。

(5) 所需物资:以当地物资为主,由日军中央提供所需的其余物资。

(6) 所需经费:700 万日元。

(7) 建设中投入的军力:以一个铁道监部、两个铁道联队、一个铁道材料厂为主体,包括其下属部队均参与建设。

(8) 建设中所需的劳动力:由本土的土著劳动力及盟军的战俘充当劳力。①

1942 年 11 月上旬,泰缅铁路的建设工程正式动土,“大陆指”对南方军的建设实施计划做出了一定调整。第二铁道监不仅管理南方军铁道第五联队和铁道第九联队,第一铁道材料厂、陆上勤务队两队、建设勤务队两队、野战作战队两队、野战防疫与给水部、协同作战的泰国战俘收容所、野战补给厂等部门亦均属其管辖范畴。②另外,铁道第五联队中的第四大队尚在中国广东待命,于1943 年 4 月与原队会师,并赶赴泰缅铁路建设工程的腹地。

---

①② 浅井得一「泰緬鉄道補遺」、『新地理』第 10(4)期、1963 年、7 頁。

随着工程的进展，除上述人力外，近卫工兵第二联队、工兵第二联队、工兵第五十四联队、手推车轻型铁路部队、第四特设铁道队等部门也先后被调至参与施工。参与修建铁路的盟军战俘人数可从各军事记录中获得，但与亚洲民夫有关的统计数据要么在日军投降时被销毁，要么从未被完全记录在案，且各类文献数据差异很大。另有统计数据显示，在铁路建设过程中使用了大约 6 万—6.4万名战俘和超过 20 万名亚洲民夫。据估计，有 12 626 名战俘和大约 1.5 万—9 万名民夫死亡。[①] 根据铁路工程师二松庆彦[②]在《泰缅铁道建设记》[③]中的说法，在整个施工期间，从事铁路建设的人数[④]略少于 100 万，即使在高峰期，每天参与施工的工人数目也

① 此处死亡人数的具体数据参见 Kazuo Tamayama (ed.), *Railwaymen in the War*, p. 8. 另见 Flower and Sibylla Jane, "Captors and Captives on the Burma-Thailand Railway," in Bob Moore and Kent Fedorowich (eds.), *Prisoners of War and Their Captors in World War II* (Oxford, Washington DC: Berg, 1996); Clifford Kinvig, "Allied POWs and the Burma-Thailand Railway," in P. Towle, M. Kosuge and Y. Kibata (eds.), *Japanese Prisoners of War* (London and New York: Hambledon and London, 2000).

② 二松庆彦，第四特设铁道队的工程师，为第四特设铁道队和南方军铁道第九联队第一大队工作，负责工程建设事宜。特设铁道部队是征用具备铁路建设知识的日本工程师组建的提供技术服务为主的部队，其目的是为方便南方军铁道部队进行工程拓展和负责铁路运营。

③《泰缅铁道建设记》(1955)，为二松庆彦的手记，又被简称为《二松建设记》。见浅井得一「泰緬鉄道補遺」、『新地理』第 10(4)期、1963 年、8 頁。

④ 参与施工的战俘人数及患病者人数在不同文献中均有所差异，也有版本显示参与人员包括 1 万名日本军人、5.5 万名战俘，以及大约 7 万名的土著劳动力，形成了总数共计约 13.5 万人的大部队。数据来源参见浅井得一「泰緬鉄道補遺」、『新地理』第 10(4)期、1963 年、3 頁。他在文中写道："参与施工的俘虏人数于 1943 年 8 月高达 47 737 人(其中患病者 27 053 人，劳动参与率为 42%)，土著居民劳动力在最多的时候高达 10 万余人。"有关同盟国方的统计数据见本书后文(第二章第一节)。

很少有超过 3 万人的。[①] 最终这条由南方军铁道部队受命督造的铁路全长 415 公里[②]，全程单轨，轨距为一米多，旨在连接缅甸、泰国和马来亚的铁路系统。

---

① 浅井得一「泰緬鉄道補遺」、『新地理』第 10(4)期、1963 年、8 頁。

② 关于泰缅铁路的长度，多数文献记载为 415 公里，也有不同的统计结果，更精确的版本为 414.916 公里，数据来源见 Kazuo Tamayama (ed.), *Railwaymen in the War*, p. 17；同样的数据也参见浅井得一「泰緬鉄道補遺」、『新地理』第 10(4)期、1963 年、8 頁。

# 第二章　劳动力来源及其运送过程

## 第一节　征用战俘和强制募工

日军在占领整个东南亚之后，把南方军总部设在新加坡。因此虽然日军的战俘收容机构遍布东南亚，但其战俘大多数最初收容于新加坡。参与泰缅铁路修建的人员主要包括日军铁道部队以及被俘的盟军战俘，此外还有一大批亚洲当地劳动力，日本人称其为“劳务者”①，他们来自东南亚地区的不同地方。在整个工程中日军共投入了两个铁道联队②、最初只有125人的战俘管理机构、大

① “劳务者”（労務者，romusha）。日军经常从东南亚等侵略地强征或绑架当地人以作劳工使用，这种做法导致“ROMUSHA”一词被沿用至今，特别是在印度尼西亚。参见江澤誠「今日も残る補償問題 凄惨だった泰緬鉄道建設：過酷な労働と劣悪な衣食住、蔓延する疫病」、『金融財政ビジネス：business』第10418号、2014年6月、11頁。

② 南方军铁道第五联队和第九联队，负责项目的技术方向。

约1 300名朝鲜人组成的警卫部队[①]，并在加速工程后期增派了多批增援力量。据同盟国方总结的资料来看，可以粗略估计曾参与泰缅铁路建设与管理的人数共计30万人左右，具体包括日军约1.2万人、同盟国联军战俘约6.2万人，以及亚洲劳工约20万人。其中盟军战俘约1.2万人、亚洲劳工约3.3万人在修建铁路的过程中死亡，[②]这样庞大的数字使人们再次体会到该建设工程的严酷。为考察各群体特征，本节将对参与铁路修建的人员按类划分，依照日军、盟军战俘、亚洲民夫的顺序依次考察，并在最后对铁路开通后的状况进行讨论。

## 一、日军

参与泰缅铁路建设的日军主要力量由南方军铁道部队组成，具体为驻扎泰国的南方军铁道第九联队[③]和驻扎缅甸的南方军铁道第五联队[④]。日本铁道联队是一支专门从事铁路运营和建设的特殊兵种，其中甚至包括被征召入伍的日本国营铁路的雇员。上述铁道部队所属陆军，成立于甲午战争之后。铁道部队起源于1900年义和团运动时被派遣去中国修复铁路，曾在日俄战争和出

① 日本雇佣的这类朝鲜警卫主要指除朝鲜军人以外的军队职员，他们被称为gunzoku，包括军队公务员（bunkan）、下级职员（koin）等，后者通常也被称为军事搬运工（gunpu）。见 Petra Schmidt, “Disabled Colonial Veterans of the Imperial Japanese Forces and the Right to Receive Social Welfare Benefits from Japan,” *Sydney Law Review*, Vol. 21(1999), p. 230.

② 布雷特报告(ブレット報告)，转引自柿崎一郎「泰緬鉄道再考(第2回)建設と運営に従事した人々」、『タイ国情報』第43(4)期、2009年、42頁。关于泰缅铁路修建全程的死亡人数，此处与前文众多文献得出的统计数据大致相符。

③ 以下简称“第九联队”。

④ 以下简称“第五联队”。

兵西伯利亚等军事作战时从事铁路网修复以及军用铁路建设的工程兵。参与泰缅铁路建设的第五联队于 1938 年在铁道联队的基地所在地——日本千叶县津田沼成立，而 1941 年第九联队也在同地成立。第五联队经由中国，从法属印度支那进入泰国，在马来亚战役时修复了被美军摧毁的马来亚铁路之后转移至缅甸，经缅北会战后开始从缅甸一端建设泰缅铁路。第九联队则是于法属印度支那加入了马来亚战役，在同铁道第五联队一样修复了马来亚铁路之后开始负责泰国方面的泰缅铁路的建设。这两支部队合计约 5 000 人。铁道联队因为成员接受了严格的培训，强调遵守规章制度、责任和纪律，一向有着出色的业绩记录。第五、第九两支铁道联队被派到泰缅铁路工地后，先修复了被撤退的英国人拆除的铁路，随后在泰缅铁路建设中的技术方面发挥了关键作用。

除铁道联队之外，特设铁道队也参与了泰缅铁路的建设。日军起初在泰国配置了第四特设铁道队，随后在"加速运动"阶段又派遣了第五特设铁道队进入缅甸，并计划投入更多建设部队作为特设铁道队。特设铁道队是主要由铁道省[①]的现役职员组成的军属部队，专门负责铁路建设及其管理经营，在泰缅铁路建设中负责铁道联队后方的铁路修复及建设工作。特设铁道队成员共计 4 000 人左右，也曾负责修建著名的桂河大桥。特设铁道队和铁道联队加起来共有铁路专家9 000人左右。

除以上主干力量之外，另有第一铁道材料厂约 1 000 人，通信、凿井、地勤等工作队约 1 500 人，负责防疫与给水、后勤、野战医院、战俘收容所的协力队约 1 000 人先后被调往泰缅铁路工地参与工

① 如今的日本国营铁路。

程修建。[①] 据此推算，当时参与建设泰缅铁路的日军总数约有1.25万人，与前文浅井得一记录的数据大致相符。在建设这条臭名昭著的“死亡铁路”期间，盟军战俘和亚洲民夫所受的待遇毋庸置疑是十分残酷的，客观来说，这一工程本身也给日军带来了一定伤亡。根据柿崎一郎的统计，日本军人和朝鲜雇佣兵死亡人数约为1 000人，即每 12 人中就会出现 1 名死者。[②] 与其他劳动力相比，日军的食物及卫生状况应是最为优良的，却仍然产生了如此多的死者，那么盟军战俘和亚洲民夫的死亡率必然更高。

## 二、盟军战俘

在第二次世界大战期间，盟军士兵虽然不断奔赴战场，但他们对日本军人并没有深刻的认识，许多人参战前都收到了来自长官的“错误”信息，一位驻扎在新加坡的年轻英国军官回忆当时的情况道：“那些长官告诉我们，日本人晚上看不见、他们打仗很差劲等等。”[③]尽管盟军尽己所能顽强抵抗，但还是没能抵挡日军进攻的步伐，最终只得接受失败，他们于 1942 年 2 月至 1944 年 2 月期间做了日军的战俘，随即经海路或陆路被运离投降地。其中，驻扎在新加坡的英国和澳大利亚军队由于作战准备不足、缺乏装备，经过短暂的抵抗后，于 1942 年 2 月 15 日向日军投降。美国盟军方面，

---

①② 数据来源见柿崎一郎「泰緬鉄道再考(第 2 回)建設と運営に従事した人々」、『タイ国情報』第 43(4)期、2009 年、43 頁。

③《世界战史：战争中的火车》，http://tv.cctv.com，查阅时间：2020 年 10 月 3 日。

1942 年 3 月,"失落营"①,即美军第三十六步兵师②第一三一野战炮兵团第二营的官兵,在荷属东印度群岛的爪哇岛向日军投降。该营官兵在投降后不久与日军俘获的美军重型巡洋舰"休斯顿"号的幸存官兵一起,被日军收押在其位于马来半岛的战俘集中营中。

尽管战俘参与军事作战是被《日内瓦公约》所禁止的,日方仍然坚持主张泰缅铁路充其量只是民用交通道路,且位于后方区域而非战区,所以修建该铁路并不属于军事作战的范畴。据统计,曾被迫从事泰缅铁路建设的盟军战俘共计约 6.2 万人,具体包括:英国战俘约 3 万人、荷兰战俘约 1.8 万人、澳大利亚战俘约 1.3 万人和美国战俘约 700 人。在这约 6.2 万名战俘中,有 5.1 万人被派遣至泰国,约 1.1 万人被安排在缅甸,③也就是说战俘大多数负责泰国方面的铁路建设。

在战俘运输方面,被送至泰国工地的战俘基本上由日军从新加坡用列车运至班蓬(Ban Pong),随后徒步进入沿线的工地现场。下图所展示的是泰缅铁路建设记录中到达班蓬的军事运输车的数量。泰缅铁路的建设物资被送往铁路的起点侬普拉杜克,而劳动力则暂时被收容进了班蓬的收容所。据此,我们可以从中推断从马来亚出发的车辆大部分都被用于运输劳动力。

---

① 由于这支部队在投降后的两年内杳无音讯,因此,美军第三十六步兵师第一三一野战炮兵团第二营(以下简称"美军第二营")也就有了"失落营"的称号。在被日军俘虏的美军战俘中,美军第二营和"休斯顿"号的战俘被押送前往泰缅"死亡铁路"工地参与修建工作,他们也是美军战俘中仅有的参与此工程的人,共计 668 人。在后来的时日里,共有 133 名美军战俘因为日军的残酷虐待永远长眠于马来半岛的湿热丛林中。

② 其前身是得克萨斯州国民警卫队。

③ 数据来源见柿崎一郎「泰緬鉄道再考(第 2 回)建設と運営に従事した人々」、『タイ国情報』第 43(4)期,2009 年、43 頁。

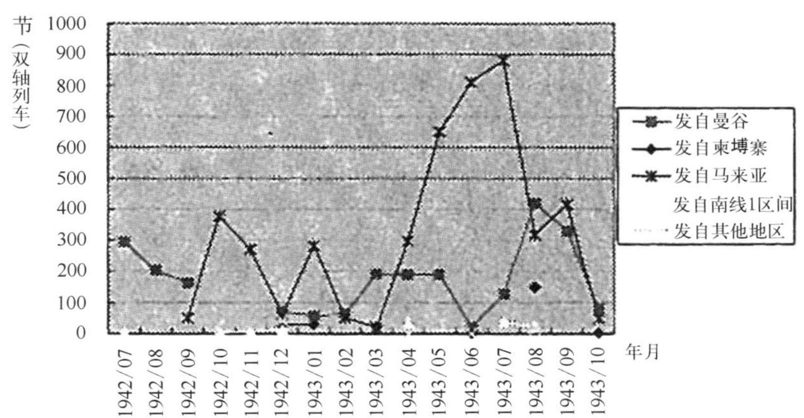


**1942—1943 年东南亚各地发往班蓬的日军军事运输车辆统计图**①

由上图还可以看出，从马来亚出发的车辆运输始于 1942 年 9 月，在 10—11 月呈增加趋势，12 月开始出现暂时性的减少，经确认这些车辆均用于 1942 年内的战俘运输。随后 1943 年 1 月再次增加，进入 2—3 月有所减少，而 4 月又急剧增加。这也是与新加坡方面的战俘运输有所关联的。据估算，1942 年 6 月日军首次从新加坡运出了约 3 000 名战俘，在中断了一段时间后又于 10—11 月送出了大约 1.8 万人。在 1942 年内到达班蓬的战俘全都是英国人，而进入 1943 年后有澳大利亚人、荷兰人和美国人陆续到达。在 1943 年 1 月份有 1.1 万人送达之后，又于 3 月、4 月、5 月份各追加了约 5 000 人、1 万人和 3 000 人以上，使得 1943 年派遣至工地的战俘约有 3 万人，超过了 1942 年。② 1943 年的派遣量增多的起

① 上图日文原版由柿崎一郎根据泰国国家档案馆军队最高司令部文件制作。见柿崎一郎「泰緬鉄道再考(第 2 回)建設と運営に従事した人々」、『タイ国情報』第 43(4)期、2009 年、44 頁。

② 数据来源见柿崎一郎「泰緬鉄道再考(第 2 回)建設と運営に従事した人々」、『タイ国情報』第 43(4)期、2009 年、43 頁。

因是同年2月份为缩短工期而增派劳动力。不过,战俘的运输工作本应在1943年5月份就基本完成,但运输量的上升却一直延续到了7月。我们可以推测,该现象是下文提及的亚洲民夫运输的一种反映。在总计到达班蓬的4 547节次列车之中,假设所有车辆都用于运输工人,那么以1节车厢搭乘30人为基准计算,一共就运输了约13.6万人。考虑到从新加坡运来的战俘有大约5万人,从马来亚运来的亚洲民夫约有7万人,①可以说与上文的估算结果十分接近。

始于1943年的缩短工期的命令所致的战俘增员成为泰缅铁路被冠以“死亡铁路”这一恶名的重要原因。战俘们人数众多,因此以英文字母来编排。战俘中死亡率最高的是1943年4月和5月离开新加坡的最后增援部队“F”部队和“H”部队,其中“F”部队被派往的是泰缅边境缅甸一侧条件最差的施工区域,这里山高林密,毒虫肆虐;在从5月到8月仅仅4个月的时间里,就有超过1 700名战俘因各种原因死亡,到了1943年年底,死亡人数更是超过3 000人;最终,原先的7 000名壮劳力中,只有不到3 900人最终得以返回新加坡。即便是为数不多的幸存者,也是肢体残缺、满身病痛,并长期为噩梦所困扰。② 在被派去修建泰缅铁路的约6.1万名战俘中,总共有约1.2万人在战争结束前死亡,③这意味着约每5人中就有1人死亡。关于盟军战俘在修建铁路过程中的具体折损

① 柿崎一郎「泰緬鉄道再考(第2回)建設と運営に従事した人々」、『タイ国情報』第43(4)期、2009年、44頁。

②③ P. Towle, M. Kosuge and Y. Kibata (eds.), *Japanese Prisoners of War*, p. 46. 此处参与泰缅铁路建设的战俘总人数与前文的众多数据大致相符,笔者倾向于参与的战俘总人数为同盟国统计的6.2万人左右,而此处统计的战俘死亡人数与同盟国统计结果相同,与后文国内学者范国平给出的数据也一致。

率，国内学者范国平在其《白骨堆砌的泰缅死亡铁路：美国“失落营”官兵证词》一文中给出了一项较为全面的数据统计：

> 英军参与修建铁路的战俘人数是 30 131 人，死亡 6 904 人，死亡率 23%；荷军战俘参加修建铁路的总人数是 17 990 人，死亡 2 782 人，死亡率 15%；澳大利亚军队参加修建铁路的战俘总人数是 13 004 人，死亡 2 802 人，死亡率 22%；美军参加修建铁路的战俘人数是 668 人，死亡 133 人，死亡率 19%。还有少数的加拿大、新西兰和印度战俘参与修建，他们人数较少，就不计入统计。以上四支主要参与修建死亡铁路的盟国的战俘人数为 61 811 人，死亡 12 621 人，死亡率 20%。①

在修建铁路期间，沿线的日本军人和朝鲜雇佣兵死亡的人数大约在 1 000 人，死亡率约为 8%，战俘的死亡率是日本和朝鲜士兵的两倍多。据此可从侧面推知，同样生活在铁路工地，这些日本和朝鲜看守的生存条件明显要好于战俘。无论战后摆出什么借口，日军给予战俘的待遇存在问题仍是不可否认的事实。

盟军战俘本身也是一个非常混杂的群体，主要包括英国、澳大利亚、荷兰、美国战俘，其中人数最多的是英国战俘，总计约 3 万名。他们大多来自东盎格鲁预备役部队第十八师，其中两个旅在投降前两周才抵达新加坡，对于周边环境并不熟悉。与他们一起被收押的还有训练有素的正规步兵部队，这些部队则在远东驻扎了较长时间。同样熟悉热带地区的是当地马来亚和新加坡的后备部队的欧洲战俘，他们对当地语言、环境和人文等方面的知识在

---

① 范国平：《白骨堆砌的泰缅死亡铁路：美国“失落营”官兵证词》，http://www.sohu.com/a/65580591_115427，查阅时间：2016 年 3 月 24 日。

整个被俘虏期间都体现出了充分的价值。印度陆军师和其他在当地招募的部队中也存在一定数量的英国军官,他们很快就被日本人从亚洲士兵中分离出来,完成了英国战俘群组的组建。澳大利亚战俘共有约 1.3 万名。其中澳大利亚运输部队的官兵大多是非正规军,人数最多的是在马来亚大陆或帝汶岛(Timor)和爪哇短暂作战的退伍军人,他们当中剩下的其他人则是一些生涩且缺乏纪律性的新兵,在战役的最后几天才抵达新加坡,几乎没有受过任何训练。荷兰特遣队战俘主要来自爪哇战场,大约 1.8 万人。最后是美国战俘,前文已经提到,他们主要是曾协助保卫爪哇的美国陆军第三十六师第一三一野战炮兵团的士兵,隶属第二营。剩余的美国战俘包括美国海军重型巡洋舰"休斯顿"号沉没时船上的幸存者,共计约 700 人。① 此外盟军战俘劳工中也有少量来自新西兰的战俘。

## 三、亚洲民夫

最初,日军计划在泰国方面的建筑工地上只使用战俘,并不打算招募战俘以外的劳动力。然而送往缅甸的战俘只有 1.1 万人,②因此获取当地劳动力变得至关重要。在缅甸,最初是在当地招募平民作为民夫参与铁路建设,但应召民夫的数量远低于所需的劳

---

① P. Towle, M. Kosuge and Y. Kibata (eds.), *Japanese Prisoners of War*, pp. 44-41.

② 关于被送往缅甸的战俘人数很少的原因之一,可能是日军对英国战俘进入本国殖民地缅甸产生了戒心,且英国战俘的数量占盟军战俘总量的比例较高。事实上送往缅甸的战俘主要是荷兰人约 5 600 人和澳大利亚人约 4 500 人,英国人只有约 500 人。该数据见柿崎一郎「泰緬鉄道再考(第 2 回)建設と運営に従事した人々」、『タイ国情報』第 43(4)期、2009 年、45 頁。

动力数量，于是日军要求由日本在当地建立的缅甸政府提供劳动力，并从更广泛的地区招募“劳务者”，但最终到 1943 年 1 月也只招募到了约 1.4 万人，仅达到目标人数的一半左右。这一批民夫被称作“汗之军队”，但据说其中只有极少一部分是自愿参加的，其余大部分是被强迫加入的。

因上所述，为缩短工期，日军决定在增加战俘人数的同时增加亚洲民夫的数量。据柿崎一郎提供的数据，从 1943 年 3 月至 1944 年 8 月，日军共向缅甸政府要求招募了总计约 17.7 万人的“劳务者”，其中实际到达丹彪扎亚的施工现场的只有约 9.2 万人。之所以在 1943 年 10 月铁路开通后仍在要求补充劳动力，想必是因为建成后铁路的维修仍然对劳动力数量有很大的需求。虽然基本上没有亚洲民夫撰写的有关泰缅铁路建设的记录，但从可谓唯一存在的记录——缅甸人林勇・缇尔温（リンヨン・ティッルウィン）的著作中也可看出当时的劳动条件极其恶劣，劳工的折损率很高。①

另一方面，虽然起初日军并没有在泰国工地招募亚洲民夫，但事实上已有泰国人参与了铁路的修建工作。简单来说这是由于当时已决定由泰国负责从依普拉杜克到北碧府的铁路的土建工程，于是泰方从周边省份征用了当地“劳务者”。1942 年 10 月，约有 840 人从碧武里（Phetburi）、1 000 人从佛统府、3 000人从素攀武里

① 根据他于 1968 年出版的著作《死亡铁路——缅甸劳工对泰缅铁路的记录》来看，亚洲“劳务者”中缅甸人占了 18 万人，其中有 8 万人死亡。参见リンョン・ティシルゥィン著、田辺寿夫訳『死の鉄路ー泰緬鉄道ビルマ人労務者の記録』、毎日新聞社、1981 年，转引自江澤誠「今日も残る補償問題 凄惨だった泰緬鉄道建設：過酷な労働と劣悪な衣食住、蔓延する疫病”」、『金融財政ビジネス：business』第 10418 号、2014 年 6 月、11 頁。

抵达班蓬，[①]并被派驻到沿线各地从事建设工作。到了 1943 年 3 月，为缩短工期，在泰国招募劳动力成为当务之急，于是日军要求泰国方面提供人员和设备。日方共要求提供 1.3 万名当地“劳务者”，其中 11 350 名是一般工种，最多的是泥瓦匠；此外还要求提供 550 名石匠、1 000 名伐木工人、100 名铁匠和其他技术工匠。日方表示，如果难以征召到泰国人，也可以使用中国人。而泰方也表示，与其通过招聘强迫泰国人，不如利用中国的社会网络来招集“苦力”[②]，于是向中华总商会请求合作。[③] 尽管总商会对日本的条件也提出了一些附加要求，但最终还是同意了泰方的请求，并于 4 月开始派出劳动力，这批华工主要是从曼谷出发的。他们还在佛统府和北碧府招募人员，并从北部的清迈派出约 500 人。截至 5 月底，中华总商会共派出 15 577 人，为苦力的招募画上了句号。

随后在 6 月，日方又要求增加 2.3 万名民夫，于是泰方再次与中华总商会联系。总商会虽亲自负责在曼谷的招募，但在其他地区，总商会决定经由内政部挑选华商代表，并把他们召集起来讨论。讨论最终决定在曼谷招募 1.3 万名，在其他地区招募约 1 万名劳工。后来，日本方面的要求减少了 1 万人，所以计划改为曼谷 8 300人，其他地区 4 700 人。[④] 但因为已经在曼谷开展了招募工作，

---

① 柿崎一郎「泰緬鉄道再考(第 2 回)建設と運営に従事した人々」、『タイ国情報』第 43(4)期、2009 年、47 頁。

② 苦力(Coolie)，也称小工，是对东方国家里没有专门技能或未受过训练的工人的鄙称。

③ 关于泰缅铁路是否招募华人劳工，中国台湾“国史馆”收藏的有关国民政府对泰缅铁路被遣华工救济费问题的相关公文可以佐证。参见《国民政府文官处函主计处检送行政院函请将泰缅铁路被遣华工救济费预算应更正改由侨委会主管案希请查照》(1947 年 7 月 26 日)，台北：“国史馆”藏，国民政府档案，001/023000/00010/006。

④ 以上劳工数据参见柿崎一郎「泰緬鉄道再考(第 2 回)建設と運営に従事した人々」、『タイ国情報』第 43(4)期、2009 年、47 頁。

很难再修改行动，总商会于是决定在其他地区仍按计划行事，不足部分用在曼谷招募的人数补充。派遣民夫的工作从7月开始，到8月底，总商会发送的人数差不多已经满足了规定的1.3万人之数。

然而，问题出在了随后发生的劳工逃亡上。据柿崎一郎的数据，在这第二轮招募得的约1.3万名民夫中，有1 702人在抵达班蓬前逃离，另有5 641人在抵达施工现场旺邑(Wang Yai)前逃离，因此，最终只有5 595名民夫抵达旺邑，不到原来人数的一半。想必民夫们对泰缅铁路施工现场的恶劣条件早有耳闻，而且大多数人应该是在前往施工现场的途中目睹了施工惨状而选择逃亡。虽然民夫们的日薪已经从日方最初提出的2泰铢提高到了3泰铢，但本应由日军免费提供的粮食却很少，导致他们多多少少需要有一部分的现金支出。根据泰国国家档案馆军队最高司令部文件记录，1943年2—12月期间，日军曾从曼谷运输约1.9万名劳工至班蓬，这很可能是上述两次在曼谷及泰国其他地方额外征召的民夫。① 最后，仅在铁路建设期间泰方就贡献了约28 500名劳工，但这个数字并没有出现在盟军资料中的亚洲劳工数字中。

泰方的施工现场虽然响应1943年初缩短工期的命令追加了泰国本地征召的民夫，但大部分民夫是从马来亚被运往泰国工地的。据柿崎一郎统计，在额外征召的劳工之外，到战争结束为止，被招募至泰国的约9.1万名亚洲民夫中，除去来自爪哇的7 500人、来自泰国的(苦力)5 200人、来自法属印度支那的200人，共有约7.8万人是从马来亚带来的。这些民夫中，被称为“第一批马来亚劳工”的团体人数最多，具体为在1943年4月至9月被派往工地

① 以上数据参见柿崎一郎「泰緬鉄道再考(第2回)建設と運営に従事した人々」、『タイ国情報』第43(4)期、2009年、46頁。

的约 7 万人。此外,在施工期间,有 200 名来自法属印度支那的工人和大约 270 名其他人员被派来,[①]其余都是在线路开通后派来的民夫。在上文"发往班蓬的日军军事运输车辆"折线图中显示,1943 年 4 月至 9 月从马来亚到达班蓬的车辆数很多,而经佐证,这些车辆多数用于运输来自马来亚的民夫。

亚洲民夫的命运甚至比战俘们还要悲惨,他们中的绝大多数本就是被日军诱骗、强征到泰缅铁路的修建中的。战俘多少受到他们上级军官的庇护,战俘军官们常常为了争取利益与日本人据理力争,同时,有些情况下国际条约对于战俘们也还存在一丝保护,但是亚洲民夫只能得到更差的待遇,也没有任何组织机构来保障他们的权益。[②] 在被招募至泰国的约 9.1 万名亚洲民夫中,到战争结束时死者数高达 3.3 万人。这个数字还不包括那些在战争结束前回国的人、逃跑的人,以及在战争结束后仍在从事劳动的人当中的死者,所以不一定能准确反映死亡人数,但进行简单的换算后便可知大约每 3 名亚洲民夫中就有 1 人死亡,死亡率之高比战俘更甚。尤其是在施工期间被派来的约 7 万名"第一批马来亚劳工"团体的民夫之中就产生了 2 8928 名死者,死亡率高达 41%以上。[③]缅甸方面没有关于死亡人数的记录,所以详细情况不得而知,但就投入的劳动量大致相同这一点来考虑,可以判断其伤亡情况大致相同。依照《远东国际军事法庭判决书》,"在铁路工事所使用的劳动者全数约为 15 万人"。民夫的折损率与前文的计算结果类似,

---

① 以上数据参见柿崎一郎「泰緬鉄道再考(第 2 回)建設と運営に従事した人々」、『タイ国情報』第 43(4)期、2009 年、46 頁。

② 郑传良:《"死亡铁路"与桂河桥》,《抗日战争研究》1995 年第 4 期,第 73 页。

③ 柿崎一郎「泰緬鉄道再考(第 2 回)建設と運営に従事した人々」、『タイ国情報』第 43(4)期、2009 年、46 頁。

“15 万人中在建筑铁路期间至少死了 6 万人”。[1] 亚洲民夫是在泰缅铁路建设过程中贡献最大且死亡最多的群体，但事实上在战后战俘们所描绘的“死亡铁路”的印象中，亚洲民夫的存在却往往被遗忘。

## 四、日军的诱骗手段

针对已经收押的盟军战俘，日本人首先采取欺骗的方式对其进行动员。1942 年 6 月至 1943 年 10 月，日军利用水上、陆地等方式将盟军战俘运往泰缅铁路的工地现场，并在出发前假意向战俘们承诺会优待他们。根据樟宜（Changi）、普达（Poodu）、巴达维亚（Batavia）和巴东（Padang）等战俘营的盟军战俘回忆，日军向他们保证，他们将被送往北部地区与其他盟军战俘们会合。当时日军把战俘的下一个目的地描述得像度假营一样，并在谈及泰缅铁路工作的时候开出优厚条件：“有好吃的，工作三天休息三天”，殊不知“‘度假营’纯粹是胡说八道”。[2] 这一条件优厚的“度假营”的承诺，说服了许多战俘自愿离开樟宜。然而，当第一批战俘被编成队伍通过火车和船只离开新加坡前往目的地后，就直接被驱赶到了工地为日军修筑铁路。此外，对于樟宜监狱的美军战俘来说，他们自 1942 年 10 月起陆续离开樟宜，日本人再次承诺，这批战俘的新目的地将是一个更适合居住的地方。日本人解释说，战俘将参与一个非常重要的项目，参与这一项目意味着获得更好的生活条件——更充足的食物、更好的住处、更好的医疗条件和更细致的治疗。战俘间开始流传有关他们下一步行动的消息。一些人说他们要去日本的工厂工作；还有人说是煤矿；一些人甚至表示，他们希

① 张效林节译：《远东国际军事法庭判决书》，第 536—537 页。

②《世界战史：战争中的火车》，http://tv.cctv.com，查阅时间：2020 年 10 月 3 日。

望在美国和日本交换战俘的过程中被遣返回国。然而,他们很快意识到,改善条件的承诺只是一个计谋,日本人的真正目的是要诱骗他们到泰缅铁路上工作。澳大利亚第二十七旅的战俘肯·威廉姆斯(Ken Williams)下士在踏上"地狱船"之前被日本人告知,向北迁移的队伍并不是被派去工作,因此不需要他们携带医疗补给和任何装备,士兵们相信了这样的话,按照日军的要求丢下了这些东西。当威廉姆斯已经排队等待被押运上船,看见一旁有成百上千的镐头、铁锹等工具一并被装上船时,他才意识到之前从日本人那里收到的命令很可能并不属实。在《远东国际军事法庭判决书》的判词中曾提到日军欺骗战俘,从而将他们押送往铁路工地的事实:

> 在新加坡出发前,担任管理俘虏的日本陆军将官,就曾告诉俘虏说:因为新加坡俘虏营缺乏食粮和卫生状态不良,所以许多俘虏发生疾病,为营养不良所苦,现在将他们送往食粮情形较好且便于休养的山中俘虏营去。所以这个将官就坚持要将生病的俘虏也包括在送往这种劳动营的俘虏之中…… 又告诉俘虏说:不必携带烹调用具,因为会重新换发给他们。但一直没有换发给他们。此外,给予俘虏的唯一食物只是稀薄的菜汤。在铁路旅程的最后 24 小时,竟没有发给任何食物,连水都没有给过。①

英国神父达克沃斯(Padre J. N. Duckworth)在一篇对伦敦民众的广播稿中同样证实了日军对他们的欺骗。日本人告诉他们,他们将要去一个疗养胜地。日本人甚至告诉他们"7 月份将供应留声机",还假装允许他们携带留声机唱片。战俘们高兴极了,随后,

---

① 张效林节译:《远东国际军事法庭判决书》,第 533 页。

疲惫的神经和身体以及逐渐减少的口粮、严重的疾病让他们开始产生怀疑。日本人开始转移战俘前往铁路附近的营地时对他们说："把病人也一同带去吧，在疗养院对他们有好处。"他们相信了，于是带上了所有生病的战俘。渐渐地，他们发现第一阶段的"度假"并不是那么令人满意。直到日本人拿走了他们的工具包，对着他们大喊"集合！集合！"他们还有些茫然："什么？我们是来度假的。"日本人听过后只是笑了，神父回忆道，在那种只有日军手下的战俘才能理解的恶毒、嘲弄和轻蔑的笑声中，"我们知道了这是另一种日本武士道——欺骗"。①

在招募普通民夫时，日本人起初使用刊登广告的方法诱骗当地居民。日军在广告中承诺修建铁路时民夫可以与他们签署短期合同，甚至还允许民夫携带家人前往工地。不仅如此，被雇佣的民夫享受的食宿条件也相当优越，还可领取不菲的工资。这样的广告着实吸引了一批亚洲民夫前来应征。日本人招募亚洲民夫的广告承诺工期3个月，包食宿医疗，日薪1美元。即便如此，回应广告的人并不多，因为修建铁路毕竟不是一件轻松的差事。日军见招募人数依然无法补充这项工事上的人力缺口，于是借着种种许诺进一步吸引。逐渐地，日军开始明目张胆地强迫被占领地区的居民从事劳动，大量被占领地区的缅甸人、泰米尔人②、爪哇人被日军集中起来，在日军的武力强迫下前往铁路工地。这种行为在马来亚地区尤为猖獗。日军在马来各地影院张贴免费放映电影的广告，等到观众坐满，就把门锁住，把所有的男性都押上运往泰国的

---

① J. N. Duckworth, "A Japanese Holiday", http://www.britain-at-war.org.uk/WW2/Death_Railway/html, Retrieved 10 July, 2019.

② 居住在马来亚的印度人。

火车去修建铁路。因为所有的平民都需要登记去领限量供应的大米，日军得以预测男性总人口，并预备征募50%—70%的男性公民去充当"劳务者"。面对铁路修建的压力，日军越来越难以招到足够的新民夫去替换那些死去的民夫，于是在爪哇岛，招募广告的条件变得更加诱人，日军承诺了更高的工资。在缅甸，他们也如法炮制。但毫无疑问这些广告都是假的，到达目的地后，民夫们不可能在3个月后回去，他们的生活如堕地狱。这些民夫所受的待遇和生存状态与战俘相比情况更为恶劣：他们没有工资，日军也不重视其健康状况，他们是比盟军战俘更加廉价的劳动力。随着被诱骗的民夫越来越多，诸如"去了泰缅铁路就不能够活着回来"的传言扩散开来，日军的手段就以绑架为主了。①

荷兰医生亨利·赫金(Henri Hekking)②是与印度尼西亚民夫一同被掳走的，随后他被日本人单独押走，与后续到达的美国战俘分配到一起。赫金在回忆印尼民夫被日本人诱骗装载进满是煤灰的陈旧货船时感慨，印度尼西亚人是一个温和善良的民族，这是他们第一次暴露在人类的不人道面前。当他们被邀请上船时，他们以为自己将为"大东亚共荣圈"工作，并将受到有尊严的对待。相反，他们被扔进货船舱底的煤尘中，饥肠辘辘，饱受欺凌，其日后的经历更是万分悲惨。

---

① 江澤誠「今日も残る補償問題 凄惨だった泰緬鉄道建設：過酷な労働と劣悪な衣食住、蔓延する疫病」、『金融財政ビジネス：business』第10418号、2014年6月、11頁。

② 亨利·赫金是东印度群岛荷兰皇家部队的一名医疗军官。当日本人入侵东帝汶时，他因为救治了日本宪兵队的一名军官而躲过了被枪决的命运。尽管如此，他还是被迫离开妻子和孩子，跟随当地的民夫们来到新加坡，在后来的集中营生活中，这位荷兰医生凭借在帝汶岛的长期生活经验和对热带疾病的深入钻研，在铁路上拼尽全力，无私地救助了很多被病痛折磨的战俘，并因此受人敬仰。

## 五、铁路开通后的劳动力

虽然泰缅铁路在 1943 年 10 月成功开通，但因仓促施工造成了许多缺陷，加之自然灾害和爆炸事件造成的破坏，需要不断有人维护，并以人力砍伐木柴为蒸汽机车提供燃料。这些因素致使铁路开通后，仍需要大量劳力。约 3 万人的战俘直至战争结束前一直工作在泰缅铁路上，除去死者，只有约 1.7 万人得以离开这条“死亡铁路”。1944 年 4 月，“F”部队和“H”部队的 6 340 人被遣返回新加坡，同年 6—12 月有 8 454 人被遣返回日本，而同年 12 月及次年 2 月有 2 316 人被遣返回西贡。另一方面，铁路线开通后死亡的战俘人数也不少：从 1944 年到次年战争结束，除去“F”部队和“H”部队，共有 2 242 名战俘死亡。① 此外，除 1944 年 2 月补充了 30 人之外，铁路线开通后没有再派遣来新的战俘。

**1944 年日军战俘运输量统计表（以物资运输报告为基准）②**

（单位：人）

| 年 | 月 | 从柬埔寨发至曼谷 | 从泰缅发至曼谷 | 从曼谷发至柬埔寨 | 从马来亚发至柬埔寨 | 合计 |
|---|---|---|---|---|---|---|
| 1944 | 4 | | 960 | 2 100 | | 3 060 |
| | 5 | | 30 | | 60 | 90 |
| | 6 | 400 | | 400 | | 800 |
| | 7 | 50 | | 350 | | 400 |
| 合计 | | 450 | 990 | 2 850 | 60 | 4 350 |

---

① 柿崎一郎「泰緬鉄道再考(第 2 回)建設と運営に従事した人々」、『タイ国情報』第 43(4)期、2009 年、第 48 頁。

② 该表日文原版由柿崎一郎根据泰国国家档案馆军队最高司令部文件制作。见柿崎一郎「泰緬鉄道再考(第 2 回)建設と運営に従事した人々」、『タイ国情報』第 43(4)期、2009 年、48 頁。

在泰国关于货物运输的报告和火车服务时间表中，提到了铁路线开通后的战俘运输问题。上表中显示了货物运输报告中记录的战俘运输情况，其中有 2 850 名战俘从曼谷被运往柬埔寨，990 名战俘从泰缅铁路被运往曼谷。虽然这些数据并不详尽，但从中可以猜想战俘是从金边（Phnom Penh）经西贡被运往了日本。另一方面，也有从柬埔寨到曼谷的运输，但这可能是因为经由西贡的运输由于船只短缺而被推迟，所以战俘们被转移到新加坡，再从新加坡运到日本。

下表则总结了在列车时刻表中被标记为战俘运输列车的车厢数量，这些列车主要是从泰国开往马来亚，可能是为遣返新加坡的战俘而设。按照每节车厢 30 人计算，仅运往马来亚的战俘人数就有约 9 000 人。其中可能不仅包括被遣返到新加坡的战俘，还包括一些经由新加坡而非西贡送往日本的战俘。而从曼谷到马来亚的运输，想必也是被用来将暂时在西贡集合的战俘转移到新加坡。

**1944—1945 年日军运输战俘车辆数统计表（以列车运行时间表为基准）**①

（单位：辆）

| 年 | 月 | 从泰缅发至马来亚 | 从曼谷发至马来亚 | 从曼谷发至东北线 | 合计 |
|---|---|---|---|---|---|
| 1994 | 5 | 112 | | | 112 |
| | 6 | 133 | 15 | | 148 |
| | 7 | 60 | | | 60 |
| | 2 | | | 15 | 15 |
| 合计 | | 305 | 15 | 15 | 335 |

① 该表日文原版由柿崎一郎根据泰国国家档案馆军队最高司令部文件制作。见柿崎一郎「泰緬鉄道再考（第 2 回）建設と運営に従事した人々」、『タイ国情報』第 43(4)期、2009 年、49 頁。

缅甸方面直到施工结束后的 1944 年 8 月一直在派遣“劳务者”，并要求在铁路开通后每月派遣 5 000—1.5 万人。最后总计派遣了约 9 万人，其中实际到达丹彪扎亚的只有约 4.2 万人。光从数字来看人数十分庞大，但实际上这约 4.2 万人中也包括了短时间换班的劳工，所以并非是在铁路沿线同时有这么多人一同工作。另一方面，前文提到在泰国除被称作“第一批马来亚劳工”的约 7 万人之外，大部分来自马来亚和爪哇等地的民夫都是在泰缅铁路建成后送来的。也就是说，大约有 2 万名民夫是在铁路开通后补充的。来自爪哇的民夫全都是该时期内被派来的，而马来亚还派出了在铁路、电力和邮政方面具有专业技能的人才。最后，直到战争结束，泰国方面从事铁路运营的民夫人数为 21 616 人，比中途逃离的28 594人还要少。①

在泰国，铁路线开通后也陷入了需要再次派遣劳工的状况。1944 年 4 月，日方要求泰方提供 5 000 名劳工来维护铁路，随后又要求提供每月 100 名，总计 1 800 名劳工。在北碧府，5 月份的应聘人数超过了 700 人。虽然在 17 日移交了 152 名民夫作为第一批劳工，但当他们得知要被带到内陆时，就因为觉得每天 1 泰铢的工资和 1.5 泰铢的奖金不值而放弃了。结果，泰方因水稻种植季出现了劳动力不足的现象，于是决定再次向中华总商会招募中国劳工。中华总商会认为工资太低，日本人起初将工资提高到每天 2.5 泰铢，但最后双方同意给劳工发放每天 4.5 泰铢的工资加上 1.5 泰铢的餐费，即在餐费自理的基础上日薪 6 泰铢。随后双方决定，泰方将在曼谷招募 4 800 人，从周边省份招募 2 000 人，而中华总商会将从 12 月起依次派遣在曼谷招募的劳工。虽然泰方的资料里没有记载进一步的信息，但盟军资料中列出了泰国中华总商会在铁路线开通后派遣了

---

① 柿崎一郎「泰緬鉄道再考(第 2 回)建設と運営に従事した人々」、49 頁。

5 200人,这个数字很可能就是当时派遣的华人苦力人数。①

泰缅铁路开通后,劳工的死亡率比施工期间要低。据盟军资料记载,在铁路开通后被派遣的亚洲劳工中共有 4 030 人死亡,即大约每 5 人中有 1 人死亡。不过,这一时期劳工的死亡率仍高于战俘的死亡率,尤其是爪哇民夫,共有 2 806 人死亡,约占其总人数 6 173人的一半。我们可以推测有很多人由于逃亡或其他原因而失踪,所以这个数字未必准确反映死亡人数。而泰国中华总商会派出的 5 200 人中只有 500 人死亡,相对而言死亡率较低。②

最终,由于在泰缅铁路开通后仍然需要大量的劳工,在战争结束时,尽管因为有一部分人逃亡而使得后来人数有所下降,但总共有超过 5 万名战俘和亚洲民夫被派遣以维持铁路的运营。这利用人海战术修建的泰缅铁路最终也是利用人海战术来运营,整个过程中总计有约 30 万人支撑着这条铁路的建设和维护。

## 第二节 运输途中的非人待遇

到 1942 年秋,日本的战俘分配已经形成了一种规律性的模式。在一种情况下,缅甸的铁路项目利用爪哇和新加坡作为庞大的人力资源中心,将大量战俘劳动力从各个外岛向亚洲大陆运输。战俘们主要从樟宜出发,他们在那里被编入不同的队伍,直到日军可以集结适当数量的战俘并提供足够的运输工具后,再乘坐货船或火车前往日本各项工程的施工地,主要前往缅甸和泰国修建铁

① 该数据与前文中统计的泰国的苦力人数相同,由此可推测这 5 200 人就是由泰国中华总商会派遣的华人苦力。

② 以上数据参见柿崎一郎「泰緬鉄道再考(第 2 回)建設と運営に従事した人々」、『タイ国情報』第 43(4)期、2009 年、50 頁。

路。在另一种情况下，日军将白人战俘带到北方，以震慑朝鲜当地民众。在几次这样的小规模试验成功后，日军意识到战俘可以不单单用于宣传目的，他们被成群结队地运往帝国各地充当“劳务者”。日本本土及各占领地区的船坞、煤矿、工厂、铜矿等地均有战俘在其中充当劳动力，承担不同程度的繁重的体力工作。此外，除去大批量收押的战俘，对于临时俘虏的战俘群体，日军则将其作为流动的人力资源，在各占领地区的岛屿之间来回调遣，充当后备力量。

日军在东南亚的政府基本建成后，接着转向管理各地的其他事务，其中，战俘资源的利用以及运输就是首要问题。这些战俘在泰缅铁路工程启动之前分散在日军的各个基地完成其他项目的建设。从 1942 年 3 月直到第二次世界大战结束，战俘们在日军的多个战俘营间不断辗转，承担的都是非常繁重的任务，为日本的战争经济“输血”，绝大多数战俘被迫前往泰缅铁路的工地修建铁路。至于战俘们在运输路途中受到了怎样的待遇，我们从运输战俘的两种交通工具就可看出一二。在涉及运送战俘的内容方面，大量回忆泰缅铁路的资料都提到了缅甸线、泰国线的主要水运工具“地狱船”(Hellships)和主要陆运工具“运牛车”(Cattle Trucks)。

## 一、地狱船

联合国对当时日军运输战俘的方式曾有明确抗议，其调查记录中记载了 1942 年初战俘乘坐“缅甸”号船只的经历。运输过程中船只的状况十分糟糕，船舱只有 4 英尺高，人不能直站立，只有天井可以透光通风，人群拥挤，甚至无法躺下。① 因此，所谓“地狱船”是指日军运

① 防衛研究所戦史室の資料「泰・緬甸連接鉄道建設に伴ふ俘虜使用状況調書」を引用する場合 JACAR(アジア歴史資料センター)Ref. C14060251600—C14060253500、自昭和 17 年 6 月～至昭和 20 年 8 月「泰・緬甸連接鉄道建設に伴ふ俘虜使用状況調書」(防衛研究所戦史室)。

输战俘时使用的各种船只,并非特指某一型号的船。由于日军将战俘安排在船内本应放置货物或动物的船舱,或是其他狭小的空间,加之日军在船上提供的食宿条件极其恶劣,故战俘们认为这样的运输环境与地狱无异,“地狱船”由此得名。

例如,“A”部队由49岁的陆军准将亚瑟·L. 瓦利(Arthur L. Varley)麾下约3 000名澳大利亚战俘组成,他们于1942年5月14日被押往码头,开始装船。他们大约每1 000人被分为一个营,第一营要乘坐货轮“西里伯斯丸”(Celebes Maru),指挥官是原第十八团第二营中校G. E. 拉姆齐(G. E. Ramsey)。第二营则由原第十野战团第二营的少校D. R. 科尔(D. R. Kerr)带领。最后一营被分配到7 031吨重的货船“丰桥丸”(Toyohashi Maru)上,指挥官是原第四团第二机枪营的查尔斯·B. 格林(Charles B. Green)少校。[①] 这些人被安排在日本货轮上,由于舱内空气稀薄、人满为患,从新加坡的马来亚西海岸到缅甸的这90小时的旅程中,战俘们很快就在磨难中生病了。当时战俘们所在的船舱空气不流通,在拥挤的狭小空间中本来就很容易胸闷气短,加上卫生条件非常差,还有士兵们的汗臭使得船舱内的情况更糟,因而对于战俘们而言,“地狱船”的名称可谓名副其实。这些人首先被派往缅甸机场工作。9月底,机场工作完成后,“A”部队又通过这些船只被运往毛淡棉,然后由公路到达丹彪扎亚。到10月份,拟建铁路线的缅甸一侧的集中营大本营已经准备就绪,更多的战俘从巴达维亚战俘营抵达,他们依照命令开始沿着铁路线进一步建造新的

① 拉姆齐指挥的队伍后被广泛称作“拉姆齐部队”,科尔少校的部队于5月26日到达土瓦后听从资深军官查尔斯·安德森(Charles Anderson)中校的指挥,被称作“安德森部队”,格林少校的部队则代号为“格林部队”。

营地。大部分战俘都有乘坐日本货轮前往铁路工地的经历，其乘坐船只的舱内条件与“A”部队经历的情况如出一辙，甚至不断有战俘因为船上的恶劣条件而失去生命。在众多的战俘回忆中，可以根据战俘们在不同的航船上的遭遇，总结出有关“地狱船”航行的一些共同特点：

（一）拥挤的船舱空间

在“A”部队瓦利准将带领的第一营的澳大利亚战俘中有一名曾在费里曼特尔（Fremantle）工作过的战俘，当他见到他们要乘的船是“西里伯斯丸”后直呼“上帝啊”。他对“西里伯斯丸”十分熟悉，用他的话说：“如果我们乘坐这艘船出海，那就和住在羊圈里没什么两样。我曾在战前往这艘‘老木桶’里装过成千上万只羊，那些可怜的羊群都没有地方放蹄子。”如他所言，这艘货船上有羊圈，而战俘们也被安置在货舱里，前货舱里装着 360 人，后货舱则有 640 人。① 整个货舱拥挤不堪，战俘们在船舱内肩背紧挨着，拥挤的人群加上相对密闭的船舱使得新鲜空气成为宝贵的资源，没上船多久就开始有胸闷窒息的感觉。战俘指挥官请求船长装上通风装置，让空气流通，后来日军在帆布上开洞让空气透进货舱里，这才让战俘们支撑着到达了苏门答腊岛。通过海上航线运输的战俘往往经历了不止一次的“地狱船”航行，“A”部队紧接着又经历了比在“西里伯斯丸”上还要拥挤难熬的旅程。他们随后乘船从丹老漂泊到土瓦，由于船只的吨位不同，整支部队被拆分登上多艘“地狱船”。501 吨重的渡轮“龙丸”（Tatu Maru）是这一次航行中最大的船只，即便如此，战俘们在船舱内拥有的空间还是比上一次航行更

① ［美］格雷戈里·F. 米切诺著，季我努译：《地狱航船：亚洲太平洋战争中的“海上活棺材”》，重庆：重庆出版社 2015 年版，第 20—21 页。

小,船舱内的人们不得不以下巴抵着膝盖的姿势坐在地上,并且由于太过拥挤,战俘们选定一个姿势后就必须一路保持这个姿势直到目的地。

再比如,在"自行车营地"①,日本人把战俘划分成两组,离开爪哇岛的单独分组。第一组由澳大利亚中校 C. M. 布莱克(C. M. Black)指挥,总共有大约 1 500 名不同国籍的战俘。这一分组中的美国高级军官是来自第二营的阿奇 · L. 菲茨西蒙斯(Arch L. Fitzsimmons)上尉,他的部下是 191 名士兵、水手以及跟随他的海军陆战队员。1942 年 10 月 4 日,这批战俘被装载进 4 500 吨位的"地狱船""银空丸"(Kinkon Maru)。② 第二组人数众多的美国战俘连同几百名其他盟军战俘由美军第二营的布卢彻 · S. 萨普(Blucher S. Tharp)上校指挥,于 1942 年 10 月 11 日被装载进"大日丸"(Dai Nichi Maru)离开爪哇。在装载第一组的 1 500 名战俘之前,日本货轮的货舱内早已挤满了货物,而战俘们则要挤入三个小货舱。船舱由两部分组成,每部分等分为三层,每层都包含一个木制的平台。当初日本人正是考虑到船上的空间非常有限这一事实而建造了这些平台。每层平台都只比上一层低 30 英寸左右,这使得战俘们在航行过程中只有足够的空间坐着。③ "银空丸"在用于运输来自爪哇岛的"人类货物"之前,主要的用途是运载大米和

---

① "自行车营地"是二战期间日本在爪哇关押战俘的几个集中营之一,位于巴达维亚(现印度尼西亚雅加达)郊区尼格普林,占地约 700 乘 900 英尺。这一营地曾驻扎巴达维亚的荷兰第十步兵营,因自行车为该营地的主要交通方式而得名。见 Jonathan F. Vance, *Encyclopedia of Prisoners of War and Internment* (Millerton, NY: Grey House Publing, 2006), p. 42.

② [美]凯利 · E. 克拉格著,季我努译:《太阳旗下的地狱:美军战俘修建缅泰死亡铁路秘闻》,重庆:重庆出版社 2015 年版,第 69 页。

③ [美]凯得 · E. 克拉格:《太阳旗下的地狱》,第 69—70 页。

其他谷物。常有谷物在旷日持久的旅途中翻洒出来，再加上从船舱漏水处渗进来的海水，这些洒出的谷物开始腐烂，发出的恶臭让战俘们几乎无法忍受，船舱里也没有办法呼吸到新鲜空气。

这些战俘在到达新加坡樟宜后，又被混杂组合，塞入前往下一目的地的船舱。菲茨西蒙斯率领的队伍与其他英国、荷兰战俘，还有一些日本士兵，在 1942 年 10 月 14 日登上了另一艘 7 005 吨位的船只"前桥丸"（Maebashi Maru）。然而"前桥丸"上的拥挤情况更甚，竟然装载了大约 1 800 名战俘。战俘们被日军以前所未有的方式塞到一起，在船上的 36 个小时里，他们只能挤作一团，周身的汗水恨不得能把战俘们的身体煮沸。"前桥丸"的使命是把他们带到缅甸仰光，战俘们被赶下船后马不停蹄地踏上跳板，登上了更小的 3 807 吨位的"山形丸"（Yamagata Maru），这艘船是日本邮船株式会社 1916 年建造的货船，已然十分老旧。战俘队伍中大约有 150 名澳大利亚人因为重病而被留在当地充当劳工，剩下的人则全部进入货船。① "山形丸"比"前桥丸"小得多，在塞满了货舱后，剩下的战俘便只能留在甲板上，不过这样依然不能装下所有战俘，没有上船的人只能乘坐更小的轮船继续他们的旅途。来自"休斯顿"号的战俘们记得舱内的高度不到 1 米，进入舱内人是无法站立的，因为头顶上是另一层架子。战俘们被驱赶进入船舱时恨不得匍匐前进，进入舱内也只能找到一个位置躺下。由于船舱高度实在太矮，而盟军战俘中又有不少身形高大的士兵，往往对于这些战俘来说根本无法坐直。

显然所有"地狱船"的船舱条件本就令人极为不适，而日军的过度填鸭使得船上的情况变得更糟。战俘们通过梯子匍匐前进，

---

① [美]格雷戈里·F. 米切诺:《地狱航船》,第 68、70 页。

到达船舱后又继续爬到各自平台的后面，直到他们全部进入船体。一旦每个平台都被填满，日军看守们就通过叫喊、脚踢和殴打的形式迫使更多的战俘们进入，直到他们屈服并堆叠在一起。美军第二营"F"炮兵连的中尉朱利叶斯·海涅(Julius Heinen)描述了这个过程："[警卫们]首先安排船舱最底层的人，叫他们各就其位后躺下。当这批人填满底部以后，他们依次填塞中间的一层，然后是填满顶部。现在，当三层都被填满了，你觉得已经很拥挤的时候，仍然有一些人在外面进不来却不得不下到货舱里来。日本人为了继续创造空间开始拿起枪托，对准了离他们最近的那个人。当然，这些被枪托抵住的战俘下意识反应就是试图躲开向他袭来的枪托，于是战俘们以最大的力量向后移动，这就留下了另一个人可以进入的区域。所以你被挤在那个水泄不通的货舱里。[每一层]都没有办法再把其他任何人塞在里面了。"①依照美国著名海军史专家格雷戈里·米切诺(Gregory F. Michno)在其作品《地狱航船：亚洲太平洋战争中的"海上活棺材"》(*Death on the Hellships: Prisoners at Sea in the Pacific War*)中的说法，每个战俘在前往铁路前线之旅中都仅有"大约 2 英尺乘 5 英尺的空间来居住"。因为没有地方让所有的人同时躺下，战俘们不得不轮流睡觉。当一个人想要翻身的时候，他周围的人也要翻身，以免被人压在下面。②

过度拥挤的空间、缺乏新鲜空气、腐烂的谷物，再加上赤道的热量使得钢制的船体温度上升，整个船舱就仿佛一座海上地狱。

---

① Kelly E. Crager, *Hell under the Rising Sun: Texan POWs and the Building of the Burma-Thailand Death Railway* (College Station: Texas A&M University Press, 2008), p. 55.

② Gregory F. Michno, *Death on the Hellships: Prisoners at Sea in the Pacific War* (Annapolis, Maryland: Naval Institute Press, 2001), p. 60.

面对如此拥挤的场面战俘们都已被迫接受，但是拥挤带来的问题才是他们真正害怕的：狭窄的空间加剧了战俘们的恐慌，其间不断有战俘被日本人强迫继续下到舱里来，由于日军的恐吓和棍棒的催促，战俘们不得不加快速度进入，导致不少战俘摔倒，踩踏事件时有发生。并且，为了尽可能腾出空间容纳这些盟军战俘，有的日本军人强迫他们将随身携带的物品都丢掉，直到战俘只剩身上的衣服，随后驱赶更多的人进入船舱。舱内的空气随着战俘人数的增加越发稀薄，战俘们陆续出现晕倒、窒息，还有因疾病死亡的情况。①

（二）短缺的食物和水

伴随着战俘堆积的情况，"地狱船"上的战俘们继而面临食物和水资源短缺的问题。日本人不允许他们携带任何额外的装备，分发煮熟的米饭给战俘，但总是不够。"休斯顿"号上的水手唐纳德·布雷恩（Donald Brain）描述了他们是如何发放一日三餐的："[日本人]会把米饭装在木桶里传给我们。我们在船上吃饭的第一天，当第一桶米被送下来的时候，并不是每个人都有饭吃。一部分人得到了相当不错数量的大米，我们认为会有另一桶下来。然而并没有。大家发现竟然只有这么一桶米饭。最后，如果每个人都能平均分到一点口粮的情况下，你可能只会得到一汤匙半那么多的米饭。就这些，这还是假设每个人都能分到一些米饭的话。"②在"大日丸"上，日本人为战俘煮饭，他们要么每天两次各提供一桶米，要么让战俘们到甲板上排队领取口粮。军官们会仔细地监视

① [美]琳达·格特兹·赫尔姆斯著，季我努译：《不义之财：日本财阀压榨盟军战俘实录》，重庆：重庆出版社 2015 年版，第 60 页。

② [美]凯利·E. 克拉格：《太阳旗下的地狱》，第 70—71 页。

着米饭的分配,确保每个战俘都能得到一整杯浑浊的胶状米糊。"龙丸"上的战俘们在长达 241 公里路程的两天航行期间,就只得到了 5 盎司的面包片作为口粮。日本人从陡峭的木梯子顶端朝下盯着战俘们,到了晚上从甲板上扔下来一袋面包,饥肠辘辘的战俘们就像野兽一样厮打争抢,用英国皇家空军上尉约翰·弗莱彻-库克(John Fletcher-Cooke)的话来说,面包和人"都在脚下遭到践踏"。① 澳大利亚皇家部队二团二十九营的二等兵威廉姆·杨(William Young)成为战俘时只有 16 岁,他讽刺地形容运输船上日本人给予战俘们的待遇:"他们不想触及作为人类的底线,给我们食物:柠檬绿色、散发硫磺气味的米,用这种米做成的稀粥的确是与地狱船最相配的食物。"②

当然,日本人提供的米饭数量远不能满足战俘们的胃口,可无论战俘们再怎么恳求,也不能让日本人把他们眼中的"废料"加到战俘们的稀汤里去。战俘们带到船上的食物很快就被吃光了,他们只能勉强糊口,不断翻找任何能吃的东西。特别是对于那些在船上染上疾病的战俘,只能通过其他方法来增加他们的口粮。一些勇敢的战俘会偷溜进日本人的储藏室,将食物偷出来和其他人一起分享。最幸运地要数"山形丸"上的澳大利亚战俘们,他们与船上会说英文的日本船员聊天,得知这艘船曾经航行到过悉尼,船上的船员们在当地受到澳大利亚人的热情接待,船员们也因此对这些战俘产生了一丝好感,有些船员会在分发食物时把较好的部分提供给这些澳大利亚战俘,还有的甚至愿意把自己的饼干等食物分给战俘。尽管乘坐"山形丸"的航程只持续了一天,也给这群

① [美]格雷戈里·F. 米切诺:《地狱航船》,第 73 页。
② [美]格雷戈里·F. 米切诺:《地狱航船》,第 24 页。

战俘提供了巨大的安慰和能量。

食物和水都是战俘们赖以生存的关键性物资，然而不论是哪一艘船上日本人都没有给战俘们提供水，有些船上只是偶尔给他们分一些茶，战俘们只得用各种方法获得少量水源。“吉田丸”（Yoshida Maru）上有一个水龙头，战俘们起先还可以用它接水，但是人们必须快速行动，否则毫无耐心的日本警卫就会抽打战俘或者把战俘手上的水罐踢倒。每当这种情况发生，甲板下层聚集在舷梯周围的战俘们就会呼号，他们担心警卫们一旦过于烦躁，就会禁止战俘使用水龙头，而他们的担心最终变成了现实。①

休斯顿·T. 莱特（Houston T. Wright）是来自美国的炮兵团第二营士兵，跟随“休斯顿”号的其他官兵们一起投降被俘。他与其他战俘们在“前桥丸”上被相互身上的汗水熏得不成样子，汗液散发出的热气给身边的人带来黏浊的窒息感，莱特记得他在船上时舌头异常肿大。莱特上船前随身带了一个小桃子罐头瓶，他看到一旁的蒸汽管接缝处有热水缓慢渗出，就想要用罐头瓶接水，日本警卫见了立马对其一顿毒打。幸运的是，莱特从自己和其他战俘多次被日军殴打的经历中，总结出如何在棍棒下保护自己的眼镜不被损坏。日本警卫离开后，莱特并未放弃，起身再次尝试用罐头瓶接水，不巧又被另一个日本警卫发现，遭到再一次的毒打。在第三次被发现后莱特终于放弃了。在这样屡次因接水而遭受的殴打中，莱特的鼻梁被打断，肋骨也有折损。② 战俘们在日军的管理之下早就认识到了对方的残暴无度，大多对日军采取服从和避免

① [美]格雷戈里·F. 米切诺：《地狱航船》，第73—74页。

② [美]格雷戈里·F. 米切诺：《地狱航船》，第69页。

招惹是非的态度，如果不是船上的环境恶劣到极致，谁会这样为了接上那几滴微弱的救命之水而付出如此大的代价呢？

“大日丸”上的战俘们也同样没有足够的水源。日本人拆除了船上的储水罐，以便在船舱里腾出更多的空间来装战俘。他们将战俘的饮水量限制在每人每天只能喝一小罐的水。朱利叶斯·海涅记得当时船上的情况：“每个人都完全脱水了……人们缺水到一定程度后没人能尿出尿来，因为身体里根本没有尿液可以排出……就是没有液体。”①战俘们获取水的方式和“银空丸”上的同伴们一致，他们不得不从船上的蒸汽管道中捕捉冷凝水来解渴。美军战俘阿尔夫·布朗(Alf Brown)冒着被狠狠揍一顿的危险，从警卫无人看管的煮锅里偷了茶，“那是浓茶，而且特别烫，真够可怜的了。可是我坐在那儿，把那该死的东西全喝光了”。②然而当他们到达目的地时，日本人却拿着橡皮管浪费地到处喷水，冲刷这些疲惫的战俘。

“地狱船”上的恶劣条件最终引发了战俘因此死亡的情况。1942年11月11日，英国皇家空军士兵格莱尼斯特(Glenister)成为第一个在“大日丸”号上丧生的战俘。有人要求举行葬礼，令所有人吃惊的是，日本人照办了。事实上，他们举行了一个令人印象深刻的仪式。有人做了英国国旗用来盖住尸体，战俘们用国旗把尸体裹紧。当俘虏们在甲板上立正时，一队庄严的日本高级军官从船中央走了出来，他们戴着勋章、白手套和武士刀。号手们跟在后面，四名士兵端着盛有牛奶、鱼、糖果和其他日本食品的托盘。一名军官主持了葬礼，军号响起，尸体被扔进了海里。每个军官依次拿起一件食物抛到海里以示祭奠，葬礼圆满结束了。虽然战俘

①② [美]凯利·E.克拉格：《太阳旗下的地狱》，第72—73页。

们对这种仪式印象深刻，但许多人指出，如果战俘还活着的时候有人给他一些葬礼上被扔进大海的食物，也许就没有必要举办葬礼了。日本人非常尊重死者，尤其是那些为国家服务的死者。约翰·弗莱彻-库克认为，日本人虽尊重死者，但是他们不尊重战俘，在他们看来，战俘并不以人的身份存在。对战俘来说，重新获得尊重的方式就只有死亡。[①]

死亡在“大日丸”上继续上演，接下来的几名死者也得到了同样的贵宾待遇。但是很快，随着死亡人数的增加，日军高级官员们就再没有出现，丧葬号也不再吹响。从那以后，日本人就不再为亡灵准备奠祭食物了。最后，唯一出席的日本代表是一个邋遢的警卫，他对整个事件相当恼火。就这样，80 名战俘先后被直接丢到海里。[②]相较于“大日丸”上死者的待遇，其他船上的情况则更是落寞，死去的战俘会被抬到船尾，日军的低级军官对这些弃尸不闻不问，直到上级下达命令把这些尸体丢入海里。[③]

（三）简陋的卫生条件

由于日军把战俘们安排在货舱，可想而知，“地狱船”上的卫生状况惨不忍睹。船上没有任何沐浴设施，战俘们在拥挤狭小的空间里只能用自己的汗水来洗澡。空气中弥漫着恶臭，上层甲板上的人流下的汗水直接滴落在下层战俘的米饭里。船只在海上航行难免会遭遇风浪，战俘们许多都是第一次背井离乡，并不习惯坐船，于是很多人在航行期间会有晕船的反应。“丸二”号（Maru Ni）的厕所位于甲板上，下层船舱晕船的战俘时常无法及时爬上去，许多人还来不及爬上甲板就呕吐在舷梯上或甲板上。他们

①② ［美］格雷戈里·F. 米切诺：《地狱航船》，第 75 页。

③ ［美］琳达·格特兹·赫尔姆斯：《不义之财》，第 60 页。

的呕吐物在罐子里堆积过多，在船舱的晃动下溢出罐子，溅到了战俘们的身上，这样的环境无疑加速了细菌的滋生，导致更多的战俘患上痢疾等疾病。患了痢疾的战俘们控制不住地要排泄，身上肮脏不堪。[①]

“吉田丸”上的日军稍近人情，允许战俘们登上甲板使用船沿的两个厕所，每次十个人，然而战俘们许多都患有各种热带肠道疾病，因此第一天航行结束时这些人身上就已经污秽不堪。[②] 然而在“银空丸”上，日本人只在船的甲板上建造了一个简陋的便池。这个装置是用木头做的，看起来很不稳定，但更糟的是，它是挂在船甲板上的。为了使用这种“有两个出口的厕所”，战俘们必须设法离开人满为患的船舱，并说服警卫自己很着急。一旦登上甲板，小心翼翼地进入厕所，战俘们排便时可以看到下面的海水流过。[③] 对于更为拥挤的“大日丸”，为了腾出空间来运送更多的战俘，日本人把厕所设施从船舱里搬了出来，在甲板上搭建了一个临时的便池，类似于“银空丸”上挂在甲板处的便池。战俘们必须先要向警卫申请获得去厕所的许可，如果得到批准，他们首先要爬过前面堆叠的人，爬上舷梯才能到甲板上使用设施。[④] “西里伯斯丸”的厕所系统更是令人震惊得不愿提及。战俘指挥官拉姆齐向日本人再三恳求才得以让战俘们使用仅仅是两三个窟窿的所谓的“厕所”。战俘们

---

① Jan A. Krancher(ed.), *The Defining Years of the Dutch East Indies, 1942-1949: Survivors Accounts of Japanese Invasion and Enslavement of Europeans and the Revolution that Created Free Indonesia* (Jefferson, N. C.: McFarland, 1996), pp. 25-28.

② [美]格雷戈里 · F. 米切诺:《地狱航船》,第 73 页。

③ [美]凯利 · E. 克拉格:《太阳旗下的地狱》,第 71 页。

④ [美]凯利 · E. 克拉格:《太阳旗下的地狱》,第 72 页。

不得不克服难堪的情绪当众方便，即便如此，厕所的数量也远不够用，甲板上污秽满地，粪便横流。①

日本人完全没有为战俘们提供药品的举动，也没有任何在这些船只上照顾病人的措施。那些患有痢疾的人，如果他们能从船舱里爬出来，就需要无数次利用船上简陋的排泄设备。那些感染腹泻或痢疾的人每天要进行多达20次这样的跋涉。然而，在这样的情况下，并不是所有的人都能在失去对肠道的控制之前逃出舱室，于是这些病人被允许在船舱内排泄。许多不能到甲板上如厕的人便到定制的桶里排泄，人的粪便、尿液和体味与船舱内令人窒息的热气结合在一起，形成了令人作呕的居住环境。

“地狱船”内部的卫生设施令人难以忍受，外部环境也加剧了战俘们的困境，美军第一三一野战炮兵团的中士弗兰克·藤田(Frank Fujita)是一名日裔美国战俘，据回忆他于1942年10月11日早晨被日本人用轮渡载到5 813吨位的“大日丸”上，这艘船的动力来源于烧煤，发动机舱里的热气从舱壁传递到货舱。再加上航线处于与赤道交叉的热带，战俘们猜测气温约为120华氏度。地板上布满了害虫。一支日本骑兵部队的马匹就安置在俘虏们所在货舱的正上方，下面货舱的顶棚开口用厚木板封住，木板之间有1—2英寸的缝隙。马匹身上的尘土、排泄物就直接倾泻在下层战俘的头顶上、身上。藤田得了痢疾，爬得不够快，弄脏了衣服。日本人不希望病人污染他们的马，所以藤田和其他病人被赶出了货舱。藤田被迫脱掉裤子扔到海里，但他并不介意。他认为被允许留在上层甲板上是他能够从这趟“地狱船”航行中幸免于难的唯一

① [美]格雷戈里·F. 米切诺：《地狱航船》，第21页。

要素。[①] 的确如此,因为在船舱里,那些垂死的、身体过于虚弱的战俘没法爬上舷梯,只能躺在自己的排泄物中。舱内暗无天日,不少死者裹在自己的毯子里,数天后都没有人发现。[②]

还有些船只近期运送过煤料,因此甲板之间到处都是黑色的细沙,这些微小的颗粒似乎要渗透进人身体的每一个毛孔。乘坐"乾坤丸"(Kenkon Maru)的战俘们在到达目的地后被赶下船在码头上列队排好,他们看到比自己境况更惨的亚洲民夫从旁边的一艘名为"丸五"(Maru Go)的"地狱船"上下来,这 1 000 多名印度尼西亚民夫无一不是灰溜溜的,他们全身上下仿佛被均匀地敷上一层黑色的煤灰。这些人成群结队站在一起,眼睛、耳朵和鼻孔里都有煤烟,甚至渗透到了他们皮肤的毛孔里。[③]

这些"地狱船"上的情况与战俘们最坏的想象都相去甚远。缺乏足够的食物、难以忍受的高温、舱内令人作呕的恶臭、人满为患的船舱,再加上战俘们体内严重缺水,以及日本警卫们的粗暴对待,使得这次"旅行"成为许多人都想要忘记的经历。美军水手保罗·帕普(Paul Papish)评价了这段经历:"这是一个恐怖的故事……那是一个活生生的地狱。人们住在自己的污秽里,在自己的污秽和周围人的污秽中进食。这是何等的不人道!我不能理解,也永远不会理解一个活着的人如何能像我们在那些船上那样生活下来。"[④]这也是为什么这些货船被战俘们统称为"地狱船"的原因,以至于之后战俘们一旦被带到港区时就害怕地大喊:"哦,

① [美]格雷戈里·F. 米切诺:《地狱航船》,第 67 页。

② [美]格雷戈里·F. 米切诺:《地狱航船》,第 76 页。

③ [美]格雷戈里·F. 米切诺:《地狱航船》,第 68 页。

④ [美]凯利·E. 克拉格:《太阳旗下的地狱》,第 73 页。

不！不要再乘船了，已经坐太多了！”①

在日军海上运输战俘的过程中，因为以上种种恶劣的条件，一部分战俘丧命于途中，剩下的战俘也饱受折磨。我们可以从1942年12月10日日本陆军省发布的“陆亚密电第1504号”训令的内容中看到，战俘们处于极度衰弱的状态，即便到达了铁路施工地也失去了劳动能力。训令中说到，在运输俘虏时，“由于旅途中的不足，他们中的很多人生病了或死了，以致常有不能立即利用其劳役的现象”。②

（四）遭遇袭击

“地狱船”航行最为可怕的是，战俘们除了要忍受船上各种惨不忍睹的生存环境，还要担心被盟军突袭时的性命安危。

1943年1月15日，3架美国B-24轰炸机袭击了护卫船只“大门司丸”(Dai Moji Maru)。袭击开始时，大多数战俘们都在甲板下打牌，或者在主甲板上呼吸新鲜空气。他们听到一阵低沉的隆隆声，开始猜测声音的来源，却不料飞机直接开始轰炸。B-24瞄准这艘船是因为它是船队的护卫船中最大的一艘，美军的弹药多次瞄中。“大门司丸”上的日本人在面临美军的空袭时争先恐后地保护这艘无助的船免遭攻击，他们命令、强迫俘虏回到船舱里。日本人用机关枪威胁他们，如果他们试图逃跑就扫射他们。日本士兵操纵着“大门司丸”的高射炮，并对B-24开火，但只击中了船桥，误杀了一些日本士兵。为了躲避炸弹，日本船长突然掉转船头，走“之”字形航线，希望能在危险中迂回前进。然而炸弹落在船的周

---

① Kyle Thompson, *A Thousand Cups of Rice*: *Surviving the Death Railway* (Austin, Tex: Eakin Press, 1994), p. 62.

② 张效林节译:《远东国际军事法庭判决书》，第546页。

围,在船沉下去之前激起了几米高的海浪。这艘船不到 30 分钟就沉没了,船上大部分日本工程师和荷兰战俘遇难,幸存者被迫跳进了缅甸海。当炸弹击中海上孤立无援的"地狱船"时,战俘们被困在拥挤不堪的船舱里,根本没有机会出去。炸弹发出的巨响和冲击使战俘们惊慌失措,他们晃动着被甩出了船舱。船只被海水不断地冲击,船舱里的空气中充满了恶臭和铁锈味,激起的水花模糊了战俘们的视线。一些人尖叫着试图逃离船舱,结果却被甲板上的其他战俘绊倒了。日本人没有为战俘提供救生圈或救生筏,所以如果炸弹瞄准他们的船只,战俘们的命运只能是随船沉没。①

1944 年 9 月,另有一艘载着大约 1 300 名英国和荷兰战俘的船只被盟军袭击沉没,船上所有的日本人都获救了,但是日本人却放弃救援战俘。日本人轻视和虐待战俘的态度显而易见,最后袭击日军的美国潜艇不顾危险浮出水面救助了落水幸存的战俘,但大部分人已丧命(1 000 多人死亡),只有几十名战俘被救出送到泰国,这一事件还引发了英国和荷兰政府的抗议。② 正是因为对于俘虏的非法待遇,使得盟军在结束对德战争后,仍然坚持要推翻日本有害的军国主义专制,彻底打破军部专制。

盟军对于"地狱船"的袭击不仅频繁,袭击方式也不单一。1942 年 10 月 24 日,一艘 4 621 吨位的"地狱船""神佑丸"(Shinyu Maru)在前往丹彪扎亚的过程中就遭遇了海上袭击。当时船上装的是美国和荷兰战俘,一同运走的还有数千条铁路枕木。船只驶向槟城,离开吉宝港

---

① [美]凯利·E. 克拉格:《太阳旗下的地狱》,第 94—96 页。

② 防衛研究所戦史室の資料「泰・緬甸連接鉄道建設に伴ふ俘虜使用状況調書」を引用する場合 JACAR(アジア歴史資料センター)Ref. C14060251600—C14060253500、自昭和 17 年 6 月~至昭和 20 年 8 月「泰・緬甸連接鉄道建設に伴ふ俘虜使用状況調書」(防衛研究所戦史室)。

(Keppel Harbour)不久,荷兰潜艇O-23在第三次巡逻时锁定了“神佑丸”。潜艇舰长沃尔克伯格(Valkenberg)驾驶潜艇进入战地,向“神佑丸”发射了一波鱼雷。一枚鱼雷击中目标后,沃尔克伯格宣布敌舰沉船后就驾驶潜艇离开了。“神佑丸”虽遭到严重打击,船长也一度打算弃船,但船只最后并没有下沉。船上放下很多救生艇,许多漂浮物从船边漂过,包括铺设铁路的枕木。许多战俘在漂浮的枕木上坚持了几个小时,然后才被一艘拖船接回新加坡。

在盟军的飞机和船只离开后,“地狱船”上的战俘展开各种自救,日军也开始利用未受袭击的船只进行救援。例如来自“休斯顿”号的水手格里夫·道格拉斯(Griff Douglas)是“大门司丸”上的战俘,在“大门司丸”返程救起沉没的“日目丸”(Nichimei Maru)上的幸存者后,他拿着自己的医疗包去照顾那些重伤的战俘们。他遇到一个荷兰战俘躺在甲板上,伤口看起来太过严重,以至于他起初以为这个人已经死了。格里夫·道格拉斯描述了这个场景:“他的右脑……他的右耳不见了,头的一部分也不见了,就像被斧子砍过一样。我转过身来,看着他,然后走开了,周围还有很多伤员……那天晚上晚些时候,我们把死者堆在船边,当我把他抱起来时,他竟然还活着……他的脑子里还有木头碎片和骨头碎片。这恐怕是你能在一个人身上见到的最惊奇的事……他就在那躺着,过了一会儿,他开始大喊‘哦! 在马来亚。’这一句话叫了三四天。”①同在“大门司丸”上,美军第二营营部直属连的无线电操作员凯尔·汤普森(Kyle Thompson)记得他看见一名荷兰幸存者爬上绳梯,然后倒在了甲板上,浑身是血,到死手都紧紧捂住腹腔,不让

① Kelly E. Crager, *Hell under the Rising Sun*, p. 76.

胃掉出来。[1] 由于获救的生还者也涌入了船舱,加上原本的船舱空间已满,一些船只的情况急剧恶化,舱内变得更加拥挤,配给也相应减少。

在袭击中幸存下来的船只继续其行程,"大门司丸"于 1943 年 1 月 16 日抵达毛淡棉。一艘拖船将"大门司丸"在萨尔温江上拉了一小段距离后到达码头。在那里,战俘们下了船,进入毛淡棉。

然而,这些经历过"地狱船"苦难的人并未来得及喘口气,就遭受到营地日军的虐待。他们在夜晚从港口走到监狱营地,日本人带领战俘们像游行一样穿梭在城市的各大街道,让平民百姓在路两旁观看,最后把他们带到了毛淡棉监狱。缅甸人也见证了战俘们在海上航行的恐怖,他们对来到毛淡棉的战俘表示同情,并在他们上街行军途中悄悄把食物塞在他们的口袋或手里。在接下来的几天里,这座监狱成了战俘们的家。在毛淡棉监狱的经历再一次加深了战俘们的印象,那就是俘虏他们的日本人的彻彻底底的毫无人性。毛淡棉监狱是一座三层楼高的混凝土堡垒,阴暗而雄伟。日本人在缅甸建立了一个傀儡政府,把他们的政敌都送进了这个肮脏的监狱。美国人报告说,他们看到饥饿萎靡的缅甸战俘在院子里拖着绑在腿上的沉重铁镣蹒跚行走,并且男女都一样。美国战俘到达监狱时,天已经黑了,日本人把他们塞进一间极小的牢房过夜。第二天早上醒来,这些美国人才发现他们在监狱的麻风病房里过了一夜。大家都睡在地上,每个人的头枕在一块凸起的木头槽上,就像断头台的垫石那样。"和西朗(Serang)比,这里已经算豪华监狱了,至少你翻身的时候不会碰到旁边的人。"[2]战俘们在

---

① Kyle Thompson, *A Thousand Cups of Rice*, p. 65.

② Rohan D. Rivett, *Behind Bamboo*, p. 173.

监狱待了十几天，其间每天都只能吃米饭和大量的瓜，只有最后一两天吃上了一点肉，随后他们天不亮就从监狱开始转移。

## 二、运牛车

另一种可怕的运输工具就是泰国线路上的"运牛车"，指的是运输战俘所用的铁皮火车。北方"度假营"的承诺说服了许多战俘自愿离开条件相对较好的樟宜，并由卡车将他们运到新加坡火车站。尽管大多数往来于新加坡的战俘都是通过"地狱船"运输的，但也有一些路段需要通过陆路运输。1942 年 6 月 18 日，一批运往新加坡的战俘首先乘坐"运牛车"从樟宜战俘营出发，这批战俘人数在 600 人左右，他们在到达新加坡后再一次踏上旅途，前往北方。"运牛车"运送的队伍往往是由一些零散的部队组成的，例如新加坡军营的部队、英属印度驻军的部队、英国第十八师的部队等。这样的部队经历过火车运输的折磨之后，到达班蓬战俘集中营，此处的铁路成为曼谷、缅甸两地新修建的铁路的交会枢纽处，班蓬战俘营随后也成为像樟宜那样的数千名战俘的聚散地。

"运牛车"所经路段都非常险峻，所有的运输都使用有盖厢式车，每节车厢都挤着 30—50 人。铁皮货车的内部白天会非常热，但除几扇门被打开通风外，其他地方都是封闭的，车厢内空间拥挤，别说在车内躺下，就连蹲下都十分困难。战俘们被迫挤在一起，站着、煎熬着完成整个行程。例如，在美军萨普上校的指挥下的一批战俘于 1943 年 1 月 9 日离开了樟宜。这批人包括 463 名美国人，以及澳大利亚、英国和荷兰战俘，他们乘火车离开新加坡，前往马来半岛西海岸的港口城市槟城。在新加坡的火车站，战俘们被装进了开往槟城的小车厢。这些车厢原本用于运牛，车厢长约 20 英尺乘 8 英尺，日本人往每节车厢里都塞入 30—35 名战俘。这些“运牛车”由钢材制成，白天很热，晚上很冷。车厢金属车顶和侧面吸收了强烈的热带阳光，使得车内白天的温度飙升到100华氏度以上。[①] 来自美舰“休斯顿”号的比尔·威辛格(Bill Weissinger)回忆道，他们设法用短棍把门撬开，让新鲜空气进来。车厢的门无法正常关紧，雨会吹进车厢，战俘们在这些狭窄的空间里想要睡觉几乎是不可能的。日落之后，金属车厢冷却下来，室温极速下降，空气都变得很冷。当他们抵达吉隆坡时，已经过了午夜，战俘们被带去吃了一顿米饭炖菜。火车上了水又继续前行。下一站是怡保(Ipoh)，当战俘们被允许下车去填满他们的水罐时，当地的马来亚人偷偷地向他们比划胜利的“V”形手势。[②] 最终，“运牛车”抵达了马来亚西海岸的槟城，战俘们踉跄着走出车厢，才呼吸到正常量的空气。然而，刚下车厢不久，他们又要继续坐“地狱船”前往下一个目的地。

“运牛车”的车厢里没有厕所设施，所以战俘们只能沿着车厢壁方便，那些由于生病或人群拥挤而无法走到门口的人只能在他们站立的地方解决。大多数战俘患有痢疾，情况好时每节车厢有一个桶用来上厕所。然而痢疾导致一个人一天拉上很多次，战俘们只能利用车厢的敞开的门来减轻自己的负担。这些患有痢疾或营养不良的战俘在旅途中变得非常虚弱，可即便他们在车厢里昏倒了，却仍然挺直身子，因为实在没有空间允许他们跌倒在地板上。日本人定期停下火车给燃木机车的火车头加燃料，他们批准战俘们从车厢里出来呼吸新鲜空气，此时患痢疾的战俘们不得不放弃他们的面子蹲坐下来。当火车装完燃料和水后，战俘们又在

---

① Kelly E. Crager, *Hell under the Rising Sun*, p. 72.

② [美]格雷戈里·F. 米切诺:《地狱航船》,第102页。

刺刀尖的逼迫下被塞回车厢里，火车跌跌撞撞地继续行驶。食物是装在一个桶里提供的，每天每节车厢发一桶煮熟的米饭，在炎热的夏天米饭都变馊了。每天火车在一个车站停下，食物桶里就会装满米饭。警卫们虽然没有虐待战俘，但最后一个装满自己饭碗的战俘总会得到一个尖锐的提醒，说当最后一名是不好的。每当火车停在沿途的车站时，当地人都会用食物换取战俘们随身的贵重物品。到达目的地时，战俘们已然非常疲倦，浑身肮脏，他们肢体上的疼痛也无法得到缓解。

战俘们到达目的地后，或者坐卡车或者徒步进入丛林。日军规定不论是否有交通工具，距离新营地还有 5 公里处所有人都要徒步进入。战俘们往往因为没有等候他们的交通工具而不得不通过当地的街道走到他们的第一个营地，有许多战俘在卡车来接他们前就必须徒步 35 公里。相比之下，到达班蓬的战俘在行军途中情况要稍稍好些。这个地区约有 5 000 名泰国人，主要街道都非常泥泞，在小街上设有小商店，市里有混乱的市场。战俘们从班蓬出发徒步到铁路沿线的各个营地，由于营地位置不同，有些人只需要短途旅行，但对于其他像“F”部队这样的战俘来说，则意味着长途跋涉，途中还会有人不断死去。日军承诺的“度假营”在哪里，战俘们从来没有找到过，相反，他们是为日本人建造铁路的劳工，每 3 名战俘中能有 1 名幸存下来已经十分可贵。即便这些人到了营地，一身的病痛也无法解决：

> 在车站我们被牲畜运输车装着，有一节载客车厢有木座椅，从毛淡棉市到叶县，终点为丹彪扎亚。在丹彪扎亚，我们发现了陆军准将瓦利的总部成员，一支大约 100 名营地工人的队伍以及几百伤病员，在被日本人称为“医院”的几个破旧昏暗、饱经风霜的小屋中占据了一半地方。这些屋子没有地

板，只有竹子搭成的平台落在地面上方几英尺高处，有一条大约 8 英尺宽的梯子沿着小屋的中心向下延伸。在这些平台上，病人很拥挤，随着越来越多的男子在丛林营地生病，过度拥挤的情况逐渐恶化。

我们在此抛下了一些病员，包括 2 名军官，剩下的人必须黎明即起，出发去 40 公里外的丛林营地。①

与"地狱船"稍有区别的是，"运牛车"在战俘们修建铁路期间也使用得较为频繁。此外，伴随着这些腐旧的运输工具，还有日本人混乱的队伍周转安排和管理。日军与朝鲜卫兵之间总是存在分歧，因此战俘的转移也经常遇到麻烦。英国战俘军官查尔斯·斯蒂尔(Charles Steel)少校一直保持着给妻子写信的习惯，尽管这些信从未被寄出去过，但它们是斯蒂尔坚持下去的希望和动力。在斯蒂尔参与修建完"桂河大桥"路段后，他们的分队被运离塔马克姆(Tarmarkham)②，而这一路也是一段凄凉的"运牛车"旅途，他在 1943 年 5 月于箭山(Arrow Hill)给妻子写信：

我最亲爱的，

这是当我躺下的时候，写下的一个简短的便条。我们在这个月的第一天离开了塔马克姆。一辆火车停了下来，我们不得不爬上满载铁轨的车厢——太阳把它们晒得通红。这是一段可怕的经历，当火车在大致铺设好的铁轨上颠簸时，铁轨会发生位移。

在温堡伯格(Wunberg)，火车停了好几个小时，一场可怕

① Rohan D. Rivett, *Behind Bamboo*, pp. 175-176.

② Tarmarkham，又称 Tha Ma Kharm，意为"罗望子的渡轮"。塔马克姆营地位于北碧府的中心。

> 的雷暴在几分钟内就把我们都淋湿了。倾盆大雨下了好长时间,最后天气终于变冷了。火车开了一整夜,我们冻得浑身发抖,又湿又冷,在黑暗中紧紧地抓住潮湿的铁轨。
>
> 大约凌晨2点,火车停了下来,我们下了车,被告知要在铁轨旁躺下。天又下雨了,我们试着生火把自己弄干。指挥官队伍的基恩(Keane)上尉让我在凌晨4点带着大约50人的战俘队伍到河边的营地去吃早餐,据日本帝国军队的人说早餐已经准备好了。在黑暗中找到人都是非常困难的,更糟糕的是还要在丛林中找到营地。然而更让人失望的是,当我们到达那里时,却发现那里的人们对我们的到来一无所知。不过这是日本帝国军队安排中常见的情况。①

箭山是日本人运送战俘中转的地方。斯蒂尔和他的战俘伙伴们不得不忍受5天艰苦的行军,直到他们到达117公里外的金赛约克(Kinsaiyok)营地:"我们中午从箭山出发。这条路是沿着轨道旁延伸的,我们走得非常艰难。大家带着所有的家当和炊具。天气太热了。在一些地方,我们只能沿着狭窄的轨道行走。"②在这5天的行军之中,斯蒂尔一行人的脚磨出了水泡,只有干菜可以吃;途经了丛林边缘的沼泽地区,战俘们整夜生火不敢睡觉,仔细防范着野生动物的袭击;路过疾病肆虐的病院区;忍受大雨滂沱;跨越曲折的河道和湍急的水流;没有住所只能睡在地上……在经历一系列磨难之后,他们终于到达金赛约克。然而日本人根本不允许他们休息,斯蒂尔和他的同伴们在抵达的第二天就出去工作了。

---

① Charles Steel and Brian Best (eds.), *Burma Railway Man: Secret Letters from A Japanese POW* (Barnsley: Pen & Sword Military, 2013), p. 66.

② Charles Steel and Brian Best (eds.), *Burma Railway Man*, p. 67.

# 第三章　泰缅铁路的建造

## 第一节　恶劣的施工条件

### 一、恶劣的地理环境与气候

泰缅“死亡铁路”是在日军强迫下匆匆建成的，工程量巨大，不利因素众多。首先其地理环境十分复杂。泰国西部和缅甸东部有众多的山脉，从喜马拉雅山脉延伸出的横断山脉支脉构成了泰缅两国之间的天然国境线。这里的地质层都是二叠纪时期形成的石灰岩，并夹杂着花岗岩。观察横断山脉支脉的地理走向便可得知，它基本上是南北走向的山脉，在北纬 15°左右的位置恰与泰缅铁路的路线重合。而在西北—东南走向上，美功河流域的山地与土瓦山脉的走势几近呈平行线，美功河的上游部分便沿着两山的山谷顺流而下。其中，土瓦山脉的最高点为海拔 1 328 米。①

泰缅路线部分路段已修有现成的铁路，需要新建的路段约 250

① 浅井得一「泰緬鉄道補遺」、『新地理』第 10(4)期、1963 年、14 頁。

英里,也就是约合 400 公里的铁路路段,这一线路必然横贯缅甸和泰国两国之间的自然边界,即令人生畏的比劳克山脉(Bilauk Taung)地区。比劳克山脉的大部分地区完全未开发,雨季的季风降雨量非常大,而且铁路沿线的 70%经过的是疟疾、霍乱和其他热带疾病肆虐的茂密丛林。

修建铁路除了要克服泰缅边境的艰难环境条件,沿着三塔山山脉直下,还有许多段铁轨需要横穿水流湍急的河道。该地区的雨季时间颇长,一般达到 6 个月之久,雨季常伴有暴雨山洪,更是增加了施工的危险系数和难度。根据南方军铁道第九联队第四大队第七中队的一名中尉大月回忆,1943 年 7 月中旬发生了两次灾害:一次是山体滑坡,影响到了土堤和铁路 155 公里处的路堑,一夜之间就形成了一条运河;另一次是第四小队负责地区一座临时桥梁的倒塌。这些都是战俘们竭尽全力建造的。大月还记得当时对整体建设进度的延误感到深深的忧虑和遗憾。① 此外,泰缅两国边境地区的降水有大概 2/3 集中于 5—9 月;与之相反,在旱季,则由于河川水量过少,导致上游地区无法通航。一些河段的河流水位在旱季时仅为 1.2 米,雨季时却可暴涨至 12 米左右,足足是其原来的 10 倍;而在奎内河下游的金赛约克,则有一晚涨水超过 7 米的现象。② 泰国的雨季往常于 5 月份开始,于 10 月中旬左右结束。但是在 1942 年,自 10 月底起至 11 月 10 日,泰国仍旧暴雨不断,在

---

① Shuji Otuki, "A New Company Commander at Konyu and Hintok," in Kazuo Tamayama (ed.), *Railwaymen in the War*, p. 111.

② 浅井得一「泰緬鉄道補遺」、『新地理』第 10(4)期、1963 年、15 頁。

美功河、奎内河流域引发了30年一遇的大洪水。[①] 除此之外，次年也出现了类似的现象，1943年，泰国的雨季于4月下旬便开始了，缅甸则是4月中旬，和往年相比，雨季提前了1个多月。

雨季给施工带来更大的困难，这样的天气让本就困苦的修建工作雪上加霜。持续不断的暴雨往往把战俘们历尽艰难筑好的路基冲毁；连日的雨水还会造成河流水位的高涨，溪流汇成了大河，河水更加湍急，当河水冲过堤岸，河堤上的所有工程都会被冲刷殆尽。雨季来临之后，铁路工程的重点便转为对已经修筑好的铁路或桥梁的维护。瓢泼大雨冲垮了铁路周边摇摇欲坠的木桥，日军会强迫战俘在狂风暴雨中把它们重新修建起来。那些进行挖方和填方的人在大雨中搬运的是淤泥而不是散土。他们把箩筐填满后，步履艰难地在没膝的淤泥里跋涉，运到公共的倾置场，并爬上泥泞的土丘把“土”倒出来，可等他们刚回到土丘脚下，大雨已经把他们刚刚倒在土丘顶上的泥土冲刷得无影无踪。

战俘们每天都要经历成千上万次这样的旅程，在狂风暴雨中踏着泥泞的路面运输材料，修建路基和铁轨，然而一转身季风和雨水就把所有的成果一并抹去。铁道第九联队第二大队第三中队的少尉樽本记得大雨给他们的建造成果带来了毁灭性的打击：

---

① 1942年10月，泰国俘虏收容所在美功河与小桂河交汇处的崇介(Chungkai)开设第二分所后，分所长中佐柳田记述道：“一般而言，到了10月下旬便进入旱季了，但1942年直到11月7日，仍然连日暴雨，河道不断涨水，美功河和桂河那狭小的交汇处，竟然涨水20多尺深……第一炊事场已经被水位淹没了，第二炊事场勉强能够正常运营，原本能够容纳400人的营房也因为渐渐浸水，而不得不放弃使用，收容所的3 000名俘虏中，有大约一半、即1 500名俘虏到11月9日的时候只能露营野外。直到12日水位才渐渐降低，18日后浸水的营房才恢复了使用，露营的问题才得以解决。”《柳田手记》，转引自浅井得一「泰緬鉄路補遺」、『新地理』第10(4)期、1963年、18頁。

> 当时每天都下大雨，桂河和我们架桥的所有河流都被水淹没了，第四座桥附近的地底浸满了水，这使得兵营之间很难运送食物。一些战俘走过几乎完工的桥，但他们中的大多数都涉水前行或在水中游泳，然后湿淋淋地回到营地。第五和第六座桥的脚手架被冲走，不得不在汹涌的水流中重建。①

樽本认为马托马（Matoma）地区的工程②之所以是“铁路上我们和战俘们所做的所有建筑工程中最悲惨的”，正是因为他们碰上了季风时节：

> 我们刚到马托马时很少下雨。5月中旬以后，每天都会有狂风，它们来得突然，很快就结束了，刚好能弄湿干涸的土地，工人们的衬衫也很快就干了。然而，每次淋雨的长度逐渐增加，每天下雨两次。6月来的时候，连着好几天整个上午都在下雨，然后停了一会，总是在中午过后又马上开始下雨，一直持续到晚上，好几天都是这样。我们在崇介经历了10月和11月的大雨，但我们不知道6月在丛林里会是什么样子。我们听说有两个洪峰时期，一个是6月到7月，另一个是10月到11月。但我们不能因为雨季而停止工作。下雨时，士兵们像晴天一样出去工作。即使他们被推迟离开兵营，或是在大雨中不得不躲进临时收容所，但当暴雨变成细雨时，他们又要开始工作。③

---

① Tarumoto Juji, “Matoma, the Hardest Time of All,” in Kazuo Tamayama (ed.), *Railwaymen in the War*, p. 142.

② 樽本带领部下的战俘以及亚洲民夫在马托马地区的任务是建造7座木桥，分别长30米、10米、40米、120米、20米、12米和12米。

③ Tarumoto Juji, “Matoma, the Hardest Time of All,” in Kazuo Tamayama (ed.), *Railwaymen in the War*, p. 139.

铁道联队的士兵出去工作时会戴着帽子,穿着衬衫,以防直接淋雨,但即使这样,他们晚上回来时还是湿透了。那些留在帐篷里的人的工作就是烧柴,把湿衣服挂起来烘干。然而一夜的时间往往不足以烘干衣物,以至于到了最后,没有衬衫的人数逐渐增加,许多人只穿一条腰布。同时,在山间工作的战俘们还要忍受早晚间巨大的温差,查尔斯・斯蒂尔说:"除了营养不良,我们的主要问题是寒冷和雨水。我们虽然在热带,但这里的夜晚很冷。我们在雨中不停地工作,所以大家都在忍受着倾盆大雨的折磨。"①

虽然在进入雨季前,缅甸方面的工地已经开始着手准备防洪公路建设,但雨季的提前到来还是使得该计划大大受挫,公路桥梁开始倒塌,铁路桥梁也是如此。苏门答腊营的英国战俘 A. A. 阿普索普(A. A. Apthorp)记得,他们抵达东尊(Taungzun)营地时,澳大利亚人已经从此营地搬走。东尊是一个大型营地,距离营地 2 公里有火车站,到达车站需要建造一座大型木桥,长 70 码,上游是一座公路桥。季风来临后公路桥、铁路桥相继出现倒塌,桥上的碎片和倒下的树木堆积加速了桥梁状况的恶化。日本人让战俘们彻夜不眠地清理这些障碍物,有时候会有大象被带来帮忙,但一座桥需要至少 10 天的时间才能在如此可怕的天气下重建,战俘们在及腰的汹涌洪水中连续工作,然而千辛万苦重建起来的桥梁很可能在完成后的 12 小时内再次坍塌。辛托克(Hintok)营地位于丛林覆盖的山脚下,因此被称为"山地营地",这里铁路沿线的一座桥梁也是建在一个非常险峻的地方,战俘们称这座桥为"卡片桥",因为它在季风施工期间已经倒塌了 3 次,像卡片一样脆弱,有 31 名战俘在抢修时掉到桥下的瀑布中丧生。不仅是天气,这样反复进行无

---

① Charles Steel and Brian Best (eds.), *Burma Railway Man*, p. 70.

用功的绝望也致使很多人在精神上自我放弃，加速了他们的死亡。

另一方面，雨季不仅威胁到工程的进度，还给物资的补给带来巨大障碍。进入 1943 年 6 月后，河流上架设的铁路桥梁和公路桥梁均被冲毁，导致上游地区无法通航；大雨还破坏了临时铺设的陆上车道，导致卡车也不能通行。① 腹地尼基地区②附近的补给一度中断，日军部分铁道联队的兵力不得不向后撤退。原本在 4 月份，泰国方面的运输公路终于开通，日军的兵站机关也已设立，但连日的降水冲毁了公路，使其化为泥海，卡车等完全无法通行。根据《石田手记》，因为这里的土地是黏土质地的，在旱季看似坚硬的石头却会在雨季化为泥土，其深度甚至可以没过人的膝盖。在这种状态之下，刚刚设立好的兵站也不得不停止使用。特别是腹地 100 公里处的路段，补给量缩减至 1/2 甚至 1/3 不等。由于雨季影响阻碍汽车运输，导致粮食供应不足。在《浅海诚供述书》中提到，当时在孔库塔地区附近施工的日本近卫工兵第二联队向其司令官高崎申请驻地后退 50 公里。接到电报，司令部派出参谋实地考察后，近卫工兵第二联队从第五联队那里得到了相当于 1 个人 10 天分量的 5 公斤大米作为口粮，病人也被竹担架抬着，以每天 5 公里的速度行军撤退。③

即便在没有季风和暴雨的日子里，热带地区也存在其他的隐患。由于铁路线逶迤在热带的高山密林之中，人烟稀少，工地附近还盘踞着不少野兽和毒蛇，这些动物在丛林出没时，人们根本来不

① 浅井得一「泰緬鉄道補遺」、『新地理』第 10(4)期、1963 年、16 頁。

② 尼基虽属泰国境内，但是缅甸一侧铁道第五联队所负责的地区。

③《浅海诚供述书》。如果每个人 10 天能分到 5 公斤大米，折算下来每人每天只有 500 克，这大约是日军陆军主食定量的 1/2。转引自浅井得一「泰緬鉄道補遺」、『新地理』第 10(4)期、1963 年、15 頁。

及反应。此外,热带地区蚊虫叮咬严重,战俘们身处险峻的山地开凿山体时,还有苍蝇或像飞蚂蚁一样的小昆虫不停地咬着他们的耳朵、脖子、鼻子等,战俘们稍不留神就可能因躲避蚊虫而跌落山崖。这些蚊虫还会携带细菌或病毒,有时甚至只要被咬一口就足以昏厥。山蚂蚱在这一地带极为猖獗,战俘在前往工地的路上很容易受到山蚂蚱的袭击,它们从树上掉在战俘的脖子、手臂等部位,一旦爬到人体上就会迅速叮咬并且吸食人血,被山蚂蚱叮咬的战俘很快就会晕倒甚至殒命。南方军铁道第五联队的勘测员毛利曾在向其工程师汇报情况时说:"丛林里太热了,我们有时候会头疼。雨后天气特别糟糕,我们不能在那里持续待上很长的时间。地面是柔软的,上面覆盖了成堆的落叶,我们的脚和帽子经常被藤蔓或草丛缠住。除了蛇,丛林目前没有发现大型动物,但是我们发现有蝎子和红蚂蚁的困扰。当我们进入森林的时候,我们立刻失去了方向感,很难沿着地图上所示的路线走。"①总而言之,这铁路沿线地貌复杂、地形险峻、气候恶劣、毒瘴熏蒸。战俘们曾回忆,事实上并非集中营的警卫们真正能阻止战俘们逃跑,而是无法穿越的丛林、大海和悬崖峭壁使得逃跑等同于自杀。

## 二、铁路建筑材料和设备的缺乏

建设泰缅铁路的材料除木材和其他可在沿线采购的材料外,其余材料都需要从其他地方运来。因此,我们也可通过铁路建筑材料和设备的运输情况,判断铁路工程修建的条件如何。就公路

① Norihiko Futamatu, "The Zero Mile Post," in Kazuo Tamayama (ed.), *Railwaymen in the War*, p. 80.

而言，只需用土和沙子筑起路堤或在山中开凿洞口并清理路面，而铁路则需要铺设道砟、枕木和铁轨。枕木和道砟可以在当地采购，事实上日军也确实要求泰方进行协助，但铁轨还是必须从其他地方运来。另外还需要为桂河大桥提供铁桥所需的钢材和相应建造设备。因此，泰缅铁路的建设过程中不可避免地会产生建筑材料和设备的运输需求。

在泰国方面，这些材料和设备是通过南线铁路运输的。也就是说，材料和设备是通过铁路运输到了泰缅铁路的起点依普拉杜克。下图是根据泰国国家档案馆军队最高司令部文件中的日军列车时刻表和泰国铁路局编制的给日本军方的军事运输发票数据所总结的到达依普拉杜克站的车辆数量统计图，可以看出运输车辆主要是从曼谷、柬埔寨和马来亚发出的。而在1942 年底，由于中部地区的一场大洪水阻断了南线铁路，交通量出现了暂时的下降。后来在 1943 年交通量开始增加，施工也稳步推进。

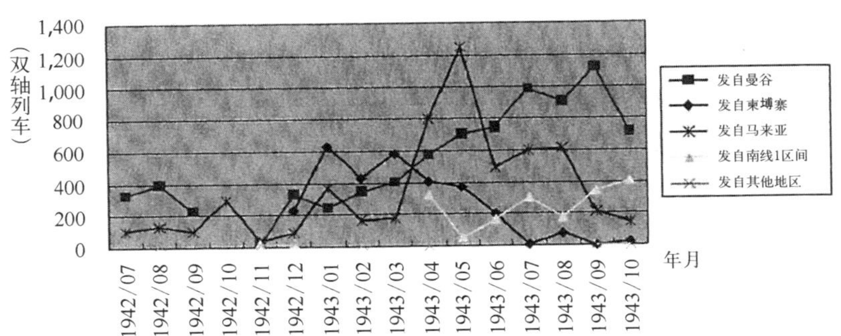


**1942—1943 年东南亚各地到依普拉杜克的日军军事运输车辆统计**

就出发地而言，在这一时期抵达依普拉杜克的 18 494 辆车中，来自曼谷的车辆最多(8 051 节次)，其次是马来亚(5 606 节次)和柬埔寨(2 963 节次)。[①] 不过,考虑到时刻表只显示了从柬埔寨出发的列车,而这些列车有时在柬埔寨和曼谷之间以及曼谷和侬普拉杜克之间分流,所以实际从柬埔寨出发的列车数量应该比图中数据要多一些。这些车辆通常每辆可以装载多达 10 吨的货物,因此,如果所有这些车辆都用于货物运输并满载,那么总共应有 18 万吨左右的材料和设备抵达侬普拉杜克。然而事实上因为车辆也被用于运送士兵、劳工和战俘,所以实际到达的货物数量可能比预计的要少。

虽然图中没有显示运输的具体物资,但从下表中可以了解到达侬普拉杜克的货物的具体分类。下表是由泰方关于日本军用列车的物资运输报告中的数据汇编而成,由于该报告本身是针对曼谷站出发和到达的军用列车而设计的,因此几乎没有包含来自马来亚的运输信息。

由表中可见,从柬埔寨边境出发的运输量最大,足有 1 856 节次,远远多于从曼谷出发的运输量。其中具体物资包括枕木、铁轨、杂物和木材,表明这些车辆主要用于运输建筑材料。此外,由除杂物外大部分货物都来自柬埔寨边境这一点来看,从西贡经柬埔寨运输的铁路建筑材料的比例远远高于在曼谷卸货的部分。其中,枕木和铁轨的运输量之大尤其值得关注。枕木大多是在泰国采购的,但根据表中数据来看也有相当数量是通过柬埔寨运输而来。另一方面,关于铁轨的采购和获取,据柿崎一郎提供的资料记载,泰国工地方面利用了南方军在西贡和马来亚东部海岸线储存的约 120 公里铁轨,而通过柬埔寨的运输就是为此服务的。因此,

---

① 该图日文原版由柿崎一郎据泰国国家档案馆军队最高司令部文件制作,文中数据出处均见柿崎一郎「泰緬鉄道再考(第 1 回) 構想と建設」、『タイ国情報』第 43(3)期、2009 年、74 頁。

**1943 年 2—12 月到达依普拉杜克的日军军事运输品明细①**

| 发送车站 | 牛车、二三轮车 | | 汽车 | | 马 | | 食材（辆） | 生鲜品（辆） | 米（辆） | 杂货（辆） | 金属类（辆） | 机械类（辆） | 军用品（辆） | 医用品（辆） | 木材（辆） | 枕木（辆） | 铁轨（辆） | 水泥（辆） | 建设材料（辆） | 石油（辆） | 石油空罐（辆） | 混载（辆） | 合计（辆） |
|---|---|---|---|---|---|---|---|---|---|---|---|---|---|---|---|---|---|---|---|---|---|---|---|
| | （辆） | （台） | （辆） | （台） | （辆） | （头） | | | | | | | | | | | | | | | | | |
| 考诺伊（KHAO NOI） | | | | | | | | | | | | | | | 2 | | | | | | | | 2 |
| 萨外东凯（サワーイドーンケーオ） | | | 4 | | | | | | | 170 | | 8 | 17 | | 384 | 656 | 536 | 40 | 12 | 1 | | 28 | 1 856 |
| 帕丹贝萨（パーダンベサール） | | | | | | | | | | | | | | 3 | | | | | | | | | 3 |
| 邦似 | | 20 | 29 | 28 | | | | | | 11 | | | | | | | | 7 | | | | | 47 |
| 曼谷 | 3 | 25 | 135 | 65 | 59 | 330 | 8 | 11 | 13 | 230 | 1 | 9 | 1 | | 3 | 52 | | 19 | | 3 | 8 | 197 | 752 |
| 蒙孔布里 | | | | | | | | | | | | | | | | | 6 | | | | | | 6 |
| 合计 | 3 | 45 | 168 | 93 | 59 | 330 | 8 | 11 | 13 | 411 | 1 | 17 | 18 | 3 | 387 | 710 | 542 | 66 | 12 | 4 | 8 | 225 | 2 666 |

① 该表日文原版由柿崎一郎据泰国国家档案馆军队最高司令部文件制作，见柿崎一郎、「泰緬鉄道再考（第 1 回） 構想と建設」、「タイ国情報」第 43（3）期、2009 年、75 頁。其中萨外东凯位于柬埔寨边境。

铁轨可能是从马来亚东部海岸线南端运来的。同时在缅甸方面，为提供铁轨，日军拆除了耶城铁路线的一部分，并将仰光和曼德勒之间的部分主线改为单线。而修建钢桥使用的大梁则是从爪哇的荷兰铁路商店抢走的，并与非常原始的挖掘机和其他重型设备一起运输到塔马克姆。由于缺少铁轨，马来亚被迫拆毁了300多英里的铁路，同时日军还没收了其1/3的机车和一半的货车车厢。因为泰国名义上是一个独立的国家，所以不可能要求从泰国的一些铁路线上拆除铁轨，必须从远方采购。由此可见，修建铁路的材料除了利用旧时的铁轨，大多从外地采购，且运输情况复杂，这也为铁路的修建增加了难度。

从上表中还可以发现，到达铁路工地的金属类和机械类物资很少，这也是修建泰缅铁路中的一大问题，匮乏的修建物资是造成战俘伤亡的重要原因。战俘们在筑造铁路的全程中没有使用大型机械，诸如开凿、劈山此类的工作全都由战俘以及缅甸、泰国等地的民夫人力完成。樽本记得，修建铁路过程中很多处爆破钻孔也都是由战俘人力完成的。一个战俘军官曾经向他询问为什么要用这种原始的方法，使用钻床不是更有效吗？其实铁道联队的日军官兵们对这样的问题也很明白，不仅是钻床，战俘们工作甚至还缺少斧头和锯子等工具。樽本在回忆他在崇介的修建工作时说道：

> 我们不仅没有机器，连手工钻用的凿子也不够。虽然我向营里要求派给我所需要的：战俘工人、带钻床的压缩机、硬凿子和锤子、点火引信、焦炭和锻铁炉（用于凿子再硬化）、强力铲子等等，但他们很少派到我们这里来。每次我在码头看到船，我都会跑到他们那里，但大多数货物都是炸药。又是炸药！我们的人似乎很失望，还是不得不把货物送到了我们的

储藏室。①

此外，针对前文提到的日军在当地采购的修建材料，也存在质量好坏的顾虑。曾有战俘回忆，他们得到了日本铁道联队在泰国购买的一些铲子，但是这些铲子的质量差得很，稍微施加一点大的压力，铲子就会弯曲。铁道第九联队的大月记得，当时只有5台钻孔机，其余的钻孔都是由战俘人力完成的。岩石坚硬，战俘们必须非常努力才能钻出1米深的孔洞。然而，提供给他们的钢棒凿子是联队供应站制造的，很快就不能使用了。因此，大月的工具部门不得不用炉子和劣质的当地木炭对这些工具进行二次加工，尽量使钝的部分再次变得锐利。②

## 第二节　工程环节及其实施经过

### 一、修建沿线营地

战俘们在开始建造铁路之前，首先要沿着将要修建的铁路安营扎寨。战俘居住的小屋大多已经由缅甸人、马来人和泰米尔人民夫建造好，他们沿着计划轨迹反向清理着丛林。这些营地已经被使用过，在纪录片《世界战史：战争中的火车》中，曾参与铁路修建的哈罗德（Harold）回忆："有个地方堆了许多腐烂了的尸体，我们连屋顶都没有，当时正值雨季中期，我们做任何事，比如睡觉、干

---

① Tarumoto Juji, "My Touchstone-the Chungkai Cutting," in Kazuo Tamayama (ed.), *Railwaymen in the War*, p. 95.

② Shuji Otuki, "A New Company Commander at Konyu and Hintok," in Kazuo Tamayama (ed.), *Railwaymen in the War*, p. 110.

活、吃饭，都是在雨中。"有些营地要从头搭建，比如侬普拉杜克这样的铁路起点附近的营地则由先到的战俘们自行修建。"每天我们都要徒步从班蓬跋涉到侬普拉杜克，建造我们要居住的小屋，然后再回来。渐渐地，我们开始建造一条从这一点到缅甸的铁路线"。[①] 沿着河流漂浮着大量的竹筏，战俘们的工作就是将竹子从河里运到施工现场。将竹子运到建筑工地之后，还要完成切割和架设这些竹屋框架的任务。框架用当地的树木等材料连接在一起，除去外面的树皮，将柔韧的内皮剥离成条状，这些条带是极好的绑定材料，用于将水平支柱绑在垂直柱上。接下来，战俘们要将竹子切成约 6 英尺长的段，然后横向剖开，直到连成 6 英尺长 1.5 英尺宽的竹片。随后，用大约 3 英尺长的亚答树叶两片重叠固定在竹片上，再绑在屋顶上，一片片相互堆叠起来，就算完成一项任务。床是由离地面两英尺的框架构成的，竹子被劈开、压平，然后尽可能铺平，就形成了床板，营地建造完毕后才是铁路工程。

## 二、开辟工程

在修建铁路之前，先是开辟工程。丛林地形复杂，要修建铁轨必须创造平面，日本人命令盟军战俘们在前期逢山开路、遇水架桥。逢山开路需要开凿、劈山；工地位于低洼地形的时候，战俘们就要进行填补工作，通过搬运土石填平低洼的方式解决地形问题。在缺少机械的情况下，战俘们每开始一段新的铁路路段的修建，就不得不重复着开凿、劈山和填补的流程，通过把工地周围的丛林砍伐殆尽，或者用炸药劈山等手段来开凿场地；其次是在开辟的土地上修造路基，才算完成修建铁路的前期工作。整个泰缅铁路有几

---

① 《世界战史：战争中的火车》，http://tv.cctv.com，查阅时间：2020 年 10 月 3 日。

处因修建条件特别危险而闻名的路段，主要包括“万浦高架桥”（Wampo Viaduct）、“淡格拉西桥”（Tham Krasae Bridge）、“崇介切割”（Chungkai Cutting）以及“地狱之火”（Hellfire Pass）等。其中“崇介切割”和“地狱之火”就属于开凿、劈山的工作。

“崇介切割”是当年战俘们用人工把整座山头劈开而开凿出的路段，在其附近有一座“崇介切割”坟场，安葬了 2 000 多名在修建铁路时死去的战俘，可见当年工程之艰辛，它是用战俘们的宝贵生命换来的。“地狱之火”也是当年建造“死亡铁路”时最困难的路段之一，整段铁路全长 4 公里，位于森林之中，需要开山劈石而建，在缺乏适当工具的情况下损耗了大批宝贵的生命。战俘们需要在岩层里凿出一条沟，6 米宽、7 米深、半公里长，在夜晚时，战俘们将浇上汽油的破布塞进竹子，做成粗劣的火把，在竹子点燃的火光下工作，点点微弱的火光加上战俘疲惫瘦弱的身影，场面仿佛地狱一般，“地狱之火”的名字由此而来。澳大利亚的小说家理查德·弗兰纳根（Richard Flanagan）形容这一幕为“赤裸肮脏的奴隶们在一个诡异的世界里开始干活——这世界地狱般充满跳跃的火焰和滑动的黑影”，他们手中照明的微弱光亮，仿佛是来自地狱的“地狱之火”。

具体来说，开山劈石主要的施工方式是人工凿洞后用炸药进行爆破。战俘们先是被分配到重量为 7 磅、10 磅或 14 磅不等的 3 英尺长的凿子和锤子，一名战俘用这些两只手才能举起的锤子把钢条慢慢砸进岩石，直到达到所要求的深度，另一名战俘作为帮手，把牢钢条，紧接着每一锤将钢条旋转 90 度，以便把它钻下去。等洞够多了，一名日本工程兵在里面填上炸药，轰开岩层。一般战俘们都是在石灰岩中钻 3 个 1 米深的洞，然后把炸药填充进这些洞内进行爆破。比如在“崇介切割”段工程，就需要用到爆破。樽本当时参与负责了"崇介切割"其中一段的爆破工作：

> 我们一安顿下来就必须开始工作。9月14日，我和专门组织爆破工作的第二段去了崇介山。中队长把中队里有爆破经验的士兵调到我小队的第二段去了。我到铁道联队后做了一个爆破演习，但由于我没有土木工程经验，我对爆破没有信心。所以我学习了大队指挥官借给我的爆破手册，然后给手下们做了一些临时的讲座。士兵们也许注意到我很担心，有人鼓励我说，"一切都会好起来的，别担心"。我们在爆破之前做了一个试验，我们挖了一个大约30厘米深的洞，放上炸药，然后爆破。结果，大约有1立方米的岩石出来了。我们总共有1万立方米的岩石必须爆破掉，这次试验只完成了万分之一的工作。我们接到命令要在2月初完成这项工作，这意味着平均每天要爆破67立方米的岩石！然而，我们仍然没有足够的凿子、锤子和人手来承担这项工作量。即使我们有，我也不确定能否在狭窄的岩层上挖这么多洞，我还有其他的疑问。我担心我的工作不能在规定的时间内完成，我感到十分孤独和凄凉。
>
> ……
>
> 条谷军曹原计划利用跟随他来的60名战俘为第二战俘营房建房，因为他接到了这样的命令，要把第二战俘营房搬到崇介。但我想立即把这支劳动力队伍用在我们的爆破工作上，我也有我的上级命令。所以我和他商量了一下，我们同意把战俘们分成两半，30个人负责营房的建设，另外30个人和我们一起爆破。我们的士兵想尽快开始工作，但是我们这60名劳动力也太少了，我们需要更多的劳动力。营地必须尽快完工。为了补偿我借了30个人在岩床上钻孔，我把我们第一

段的10个人借给了他们，由一个有经验的木匠带领他们盖营房。①

人力资源短缺对于樽本来说是亟待解决的问题，而铁道联队本身也受到上级工期任务的压力，任务量和困难程度又远远超过了原本的预期，故此铁道联队也十分焦虑，好在不断有战俘被运送到施工地点，帮助铁道联队加快进度：

大约在9月底，一名工程师从铁道指挥部来，改变了设计方案，并将岩石爆破量减少到8 000立方米，同时增加了搬运土方的工作量。这是一个很大的帮助。10月初，泰国第二战俘营搬到崇介，许多战俘都在等着我们。我们每天早上能向战俘营借到500名战俘。

我派有经验的第二段部队爆破最大的第一个岩层(6 000立方米)，第三段部队爆破较大的第二个岩层(2 000立方米)，第一段部队在我的区域(61公里至63公里处)修建土堤，第四段负责破碎的岩石块并移动岩屑。此外，我还将一半以上的战俘分配到有足够空间工作的地方，并将150名战俘分配去爆破。这150个人住得离我们的营房很近，这样我们就可以让有经验的人一起工作，舍弃轮班制。他们的饭菜和卫生设施都由营地负责，两名军官作为领班与他们住在一起。②

这是“崇介切割”其中一段的施工状况，可见现场爆破的技术并不成熟，而战俘们所住的营地离施工地点又很近，这也增加了战

① Tarumoto Juji, “My Touchstone-the Chungkai Cutting,” in Kazuo Tamayama (ed.), *Railwaymen in the War*, pp. 91-92.

② Tarumoto Juji, “My Touchstone-the Chungkai Cutting,” in Kazuo Tamayama (ed.), *Railwaymen in the War*, pp. 94-95.

俘们的性命危险。爆破开始后，炸碎的岩石就会冲向他们的营地，许多人在爆炸中受伤或死亡。由于炸药威力较大但精细度不够，往往在钻错洞时炸药的威力就会向外扩散而不能达到劈山的效果，这时就要进行更多次的爆破，这意味着会有一批战俘牺牲在炸药的威力下。铁道第九联队第四大队第七中队的中尉神室给出的命令是每人每次要引爆30份炸药，尽管神室知道这可能是鲁莽的，但还是下了命令"准备点火"，然后"点火！"在这种情况下，当第30根导火线被一名士兵或战俘点燃时，第一根和第二根导火线已经开始引爆。"我们没有足够数量的保险丝，所以我们只能用40到50厘米的保险丝来引爆。缓慢燃烧的保险丝的燃烧速度是每秒1厘米。因此，如果一个点火器可以分配到一个孔，[点火的人]有足够的时间逃逸。但是我们没有足够的点火器，因为我们没有让战俘或当地工人在雨中用一种外号为'蚊子线圈'的引线点火，这是一项危险的工作。这就是为什么我们每个士兵都要点燃30根引线的原因。"①战俘们戴着沉重的钢盔不能完成这项工作，所以他们戴着用树枝编织的帽子。如果一块被炸碎的岩石的锋利边缘击中一个人的头，他会立即毙命，因此，爆破现场的每个人每天都面临着死亡的危险。虽然针对这类危险的工作，日本人声称会支付三倍的工资，但少有人能坚持到发放工资的那一天。

遇水架桥顾名思义就是在河流上方先修桥，再建铁路。修桥的工程是极为困难的：支撑大桥的木柱是战俘们通过最原始的打桩方式立起来的。以英军菲利普·图西(Phillip Toosey)上校和荷兰战俘们在美功河上建造的两座木桥和一座钢桥为例，当时日本

① Takumi Kamuro, "The Konyu Cutting," in Kazuo Tamayama (ed.), *Railwaymen in the War*, p. 116.

人需要在塔马克姆建造两座桥梁，第一座桥是由木头建造的，位于美功河上游 50 英尺处，它与 800 英尺跨度的小桂河相连。建造这座桥的桥桩十分巨大，战俘们要在齐腰深的水中跋涉一整天。此外，他们工作时也只能用一个相当原始的打桩机敲击立柱。打桩机是一个用滑轮支撑在木框上的金属重物，战俘们不得不拉紧绳子才能让重物被提升到足够的高度把木材敲进河床去。日本铁道第九联队的鹤田回忆："要建造的那座桥是我们铁路部门的标准桥梁。我们要把 390 个柚木桩打入河床。我们小队被命令从右岸打桩，而第三小队汤坂从左岸打桩……只有一台煤油发动机，它将被第三小队汤坂那一小队的士兵使用，所以我们不得不利用战俘的人力，利用联合艇上的脚手架塔来打桩。船上大约有 30 个战俘拉起一个重锤，当它到达塔顶时，绳子松开，重锤落下来打到桩顶部。"①战俘们拉着绳子，看守在旁边用日语喊着"1，2，3，4"，战俘们在喊到"4"的时候集体松开绳子。此时战俘们的分工是：一组人员从下游 30 英尺的河床上用滑轮拖运柚木木材；一组搬运和堆放木材；一组坐在地上把桩的两端削尖；一组负责打碎石头和打桩工作。整个流程中最困苦艰巨的环节就是拉着绳子打桩。整座桥都是使用那些未经处理的潮湿的木桩堆砌而成，因此不断有甲虫侵蚀木材，桥的质量和寿命可想而知十分糟糕。季风时节河水水位上涨得非常快，有时候一个晚上就抬高了 7 米。鹤田记得："当打桩完成 80％时，即使我们的场地没有下雨，河流的水位也上升了。水量迅速增加，经过临界水位，非常接近桥梁。整个晚上，铁道联队的所有人都在保护大桥远离浮在水面上的大树和竹根。如果它

① Tsuruta Masaru, "The Volga Boat-Song and the Bridge," in Kazuo Tamayama (ed.), *Railwaymen in the War*, p. 83.

们粘在桥桩上，就会形成一种堤坝，由于大河的巨大压力，桥梁会被冲走。幸运的是，第二天水位就降了下来，我们和桥梁都没有受到损害。几天后，工作又重新开始了。”①

另外一座桥是混凝土和钢结构的，用来抵御空袭。日本人在爪哇拆除了一座桥，并将其中 72 英尺长的钢梁运到泰国。战俘们先要在美功河上修建一座临时木桥，之后再由钢桥代替。当周边线路和临时木桥的工作完成后，设备和物资开始能够到达塔马克姆，用于主要的钢桥项目。这座混凝土钢桥位于木结构桥上游几百码处，实际上这座桥的设计与电影中描述的“桂河大桥”没有任何相似之处。此外，它并没有横跨桂河（即小桂河），而是横跨美功河，距与小桂河交汇处约 2 英里。② 10 个混凝土墩将支撑起 11 个约 20 米长的钢梁，所有钢梁的总长度为 238 米。考虑到季风时节桥下水位高涨，北岸又建造了 19 个 5 米长的木质桁架。即使这些桁架很容易被洪水淹没，日本人还是坚持要建。

由于缺乏现代机械，桥墩的施工是一个严峻的工程问题。钢桥桥墩采用沉于河床的双环木模建造，在基底上浇筑沙、卵石和混凝土，接着在基底上采用异形模具建造支撑和固定钢梁的桩，然后建造脚手架。首先，战俘们在每个桥墩的位置建造一个圆形的围堰，在一个大型坡道上排着队提着装满沙袋、卵石和水泥的篮子，依次将这些材料送入模具里，直到其中的河水被排出。然后，战俘们要在现场铸造一个个巨大的混凝土环，挖空其中心的泥土，再将这些混凝土环提升到围堰的位置放下。每增加一个环，混凝土环

---

① Tsuruta Masaru, “The Volga Boat-Song and the Bridge,” in Kazuo Tamayama (ed.), *Railwaymen in the War*, p. 90.

② Charles Steel and Brian Best (eds.), *Burma Railway Man*, p. 60.

的重量就会帮助围堰内的土不断下沉，最终桥墩才能扎实地伫立在河床上。即使有精密的设备，这也是一项精细而困难的工作，而战俘们几乎每一次作业都必须徒手完成，所用的工具包括镐，粗木棒，铲子，用来搬运泥土、沙子和鹅卵石的篮子，运斧头和锛的手推车，手动打桩机以及后来的英国搅拌机和抓斗。同样辛苦的工作是打桩，桥上的打桩机被吊在两艘驳船之间的木质脚手架的滑轮上，每艘驳船上用大约 20 根绳子打桩。战俘们拉着绳子，每拉一次，绳索荡起来，最后配重得以打在桩上。这样的操作要持续重复一个又一个小时。有些战俘负责从驳船上卸下金属轨道，运到河岸，他们认为这项工作甚至比打桩还不如：每段轨道都需要十几对战俘用铁钳抬起，两人分别在两侧抬起铁轨，弯曲的手肘承受着巨大的压力。总之，建造这座混凝土钢桥是一项极其艰巨而危险的任务，即使对营养充足、身体强健的人来说也是如此，更不用说虚弱和饥饿的人了。“成千上万的半裸瘦弱的战俘爬上脆弱的竹架和坡道，扛着装满泥土的篮子，场面就像好莱坞拍摄的与《圣经》有关的史诗大片里的场景”。① 参与修建工程的英军少校查尔斯·斯蒂尔曾经写道：

> 混凝土柱子现在已经嵌入河床。分组的工作是三班倒的——两个组轮流在一个柱子上工作，每个组由一名日本军官或准尉看管。我能负责一个这样的组，相对来说，我对这份工作已经很满意了。
>
> 这项工作真的很辛苦，但好在不是一般的劳动项目，而是男人感兴趣的事情，所以人们也更情愿做这件事……柱子一直在我们下面下沉。有时候你甚至能感觉到它在动！实际上

① Charles Steel and Brian Best (eds.), *Burma Railway Man*, p. 60.

所有的工具都是英国或美国人自带的——日本人根本没有自己的工具。

另外,太阳是我们最大的敌人:烈日当空真的很糟糕。①

整个泰缅铁路数百公里的路段,修建了 600 多座铁路桥,②从大型钢结构桥到小型木结构桥,大多数的桥墩是 6—8 个,而且工程的难度非常大。现今唯一留存下来的是约 1 000 长的万浦高架桥,是这一段最大的高架桥,是由英军战俘们耗时 17 周的时间建成的。修建这座高架桥是因为日本工程师们想把铁路坡度维持在合理的水平,所以他们不是把铁路建在与河面持平的陆地上,而是让整个路段形成一条直线。日本工程师选择在这一路段修建高架桥,以防河流水位上升,这样,即使在非常潮湿的雨季,路堤也不会被冲走。现役英国皇家工兵团中校休·帕克(Hugh Park)在实地考察这座桥时曾感叹道:"即使用现代化的设备,也要花几个月时间才能建好一条这样的栈桥。而他们只用 17 周就建好了。"③像万浦高架桥这么长的桥,一面是山崖,一面还离美功河这么近,这意味着要进行精心的准备。战俘们到这来时,这里还是名副其实的原始丛林,所以他们要把林木砍掉,这样日本工程师才能设计一条呈直线穿过的高架铁路。每隔 5 米左右,战俘们就要建造一个柱基,再在上面建栈桥,在混凝土柱基上面、在栈桥的底部,再安一个木地梁或泥地梁,然后在上面竖起木桩。修建栈桥的战俘们住在河边的一个营地中,每天一大早他们乘坐驳船来到美功河,开始艰苦的劳作。有时候他们用大象把木头从丛林里拖到工地上,但剩

---

① Charles Steel and Brian Best (eds.), *Burma Railway Man*, pp. 60-61.

② 据《桂河铁路》记载具体为 688 座桥梁。

③《世界战史:战争中的火车》,http://tv.cctv.com,查阅时间:2020 年 10 月 3 日。

下的工作完全依靠滑轮组和人力将建筑材料吊起来，再立起来，包括桥桩顶上安装的支座。

在悬崖上修高架桥时，河的一边是巨大的悬崖，另一边是则平坦的，战俘们需要沿着悬崖修建铁路，他们需要挖掘并架起架子来固定轨道。桥的表面有两条支撑在柚木上的方形木材，这些木材由横梁一段一段固定，但由于没有扶手，战俘们需要时刻维持平衡，一个错误的步骤就意味着死亡，最多的情况就是战俘们从桥上掉下去摔死了。一个修建过高架桥的战俘回忆道："首先，离开营地必须沿着一条陡峭的河岸再经过日本人和战俘建造的铁路高架桥。我们开始在这一个危险的、湿滑的岸边行走，这里一边是沟壑，另一边是河流……桥梁宽6 或 8 英尺，做工非常糟糕，里面有洞，还没有扶手栏杆防止人跌倒。如果不是非常谨慎，可能很容易滑入下面的峡谷和湍流的河水中。"①查尔斯·斯蒂尔在转移营地的行军途中就曾路过万浦高架桥，他写道："在万浦，我们跨过一座神奇的桥，桥上的栏杆沿着陡峭的悬崖在河的一个弯道上延伸。整个建筑都是用木头做的！而且桥的高度非常高。"②万浦高架桥是一座摇摇欲坠的建筑，它紧贴在河上高高的悬崖边，远看仿佛不受重力的影响。1943 年 5 月，斯蒂尔在金赛约克修建高架桥的时候就遇到了上述的情况：

> 目前的情况是，该地区的进度落后，但这条铁路必须按时通过。如果你看到这个国家，你绝不会相信会有铁路通过。大致说来，正常的情况是，这条河是在一个深邃而陡峭的岩石峡谷中。铁路必须紧贴着这些岩石的表面，顺着河流的路线

---

①② Charles Steel and Brian Best (eds.), *Burma Railway Man*, p. 67.

(类似于万浦高架桥)。

> 所有的工作都是在岩石上打孔,以便装上炸药把岩石炸掉。然后,还有把石头运走的任务。有许多长长的高架桥要建——这些高架桥是用森林里的木头建造的。砍倒这些树并把它们拖出来是所有工作中最困难和最艰巨的。有些泰国人可以与大象一起工作,但我们完全依靠人力和肩上的竹竿。泰国人不会让他们的大象工作得太辛苦。而我们却没有保护措施。①

高架桥是战俘们在修建泰缅铁路期间必须完成的最困难的任务之一。的确,它们的建造以众多生命为代价。不止如此,日军在管理修桥者时会从制高点向战俘军官和其下属的头上丢掷铁钉。对战俘们来说,只要当天警卫和工程师们不是特别不可理喻,没有把劳工当做奴隶或牲畜虐待,那么一天的辛苦劳累对他们来说都不算特别难熬。令人难以置信的是,在添加了混凝土基础后,至今万浦高架桥仍然在使用中。

## 三、修建铁路

大桥建成,紧接着就是修建铁路。铺设铁轨之前,更重要也是更为艰辛的工作是铸造路基,只有路基足够稳固时,枕木和铁轨的铺设才能顺利进行。战俘们靠着日本人分发的粗糙、原始的手工工具来搬运建造铁路路基所需的大量泥土。他们四人一组工作,其中一名战俘用镐或沉重的亚洲挖沟锄(称为"粗锤")挖松泥土。另一名战俘把土铲进篮子或米袋里,最后由两名战俘抬走。这些战俘使用的搬运法被称作"悠悠球"式搬运法,通常用铁丝把米袋

① Charles Steel and Brian Best (eds.), *Burma Railway Man*, p. 69.

绑在两根 6 英尺长的竹竿上，两个人把竹竿扛在肩上，米袋挂在他们中间。当袋子装满后，战俘们把泥土运到公共转储区后卸下来，然后再转去装另一袋。工程师每天给每一个组员都分配了定额的任务。对于普通战俘来说，基础的工作量是每个人每天挖 1.2 立方米的土，日本人会用米尺量好，然后让战俘们运到 100 码以外的铁路路堤。土壤较松的地方，运送土方还不算太沉重，1.2 立方米的量也算合理，但工作量却并不止步于此。因为搬运土方一般是四名战俘为一组，每组的工作量就是 4.8 立方米，但是日军工程师很快发现，战俘们还有剩余时间休息，于是会相应地增加每组工作的总量，从每人每天 1.2 立方米增加到 1.3 立方米，再到 1.5 立方米，最后增加到 2 立方米等。战俘们日出而作，日落而息，每天都要工作到太阳落山才能完成任务。随着进度的推移，土壤越来越硬，搬运路程又很远，很多人天不亮就要去工作，到深夜才回来。工作过程中，战俘军官们担负起了在俘虏与警卫之间充当联络员的责任。在铁路上，军官们与警卫交谈，以转移他们的注意力，战俘们此时就把运过来的土石都堆在一起来减轻些工作量。警卫们显然从来没有看穿过这个把戏，而战俘们也从来没有厌倦过表演这个把戏。

铺设铁路枕木需要大量的木材。前文提到，日军采购了所需的部分铁轨和枕木，但战俘们仍需要非常努力地获得原材料。每天有两三个人从事砍伐树木的工作，将树干切成 7 米长的段，用于塔架时则要挑选更高的树。他们两人一组，手持双把对锯伐木。平均一小组两个人每天砍伐 6—7 棵树，然后这些原木由大约一组 10 人用肩膀扛到工地，浓密的灌木丛中，道路泥泞湿滑，滑倒的人更容易受伤染病。大象是唯一的修建助手，这些大象算是日军从缅甸人那里获得的资助，在一些有条件的地方，日本人会用大象来搬运格外庞大的建筑材料。大象们的另一项主要工作是在悬崖上排除岩石,大象能轻松地爬上狭窄的悬崖小路,它们的象牙被放在大石头下,用庞大的力量将岩石推到边缘。日军虽然有时会优先照料大象的起居生活,但它们同样被日本人虐待,因此大象在营地存活的时间也不长久,不多时就因为疾病、饥饿或过劳相继死去。

1943 年 1 月,日军参谋本部要求泰缅铁路尽快完工。此时,盟军潜艇对缅甸仰光港附近的日本商船构成了严重威胁,而美国的 B-24轰炸机每月在该地区击沉数万吨的日本船只,甚至包括"大门司"号在内的护航舰队也遭到严重攻击。此外,美国人还在仰光周围的水域进行空中布置水雷。随着时间的推移,美国轰炸机的射程和打击能力都在增加。到 1943 年 1 月,战争的大部分战线都对日本不利,因此驻扎在缅甸的日本军队别无选择,只能依靠陆路补给和增援。美国工厂正以日本无法匹敌的速度大量生产船舶和战争物资,日本人无法赶超,他们再也不能失去船只和给养了。东京总部最初规定,这条铁路不迟于 1943 年 5 月完工。如果这条铁路在那时开始运营,日本人就可以在从 5 月持续到 9 月的季风季节通过铁路向缅甸境内分布广泛的日本军队提供补给。由于危险的飞行条件和降雨造成的低能见度,季风可以保护铁路不受盟军飞机轰炸。当季风结束时,日本军队将有充足的补给和增援部队来占领缅甸的其他地区,然后打击印度。新陆路路线的开通也将加快原材料从东南亚流向日本的速度。总部称,需要加倍努力才能在最后期限前完成任务,但日本的胜利将证明牺牲是值得的。

尽管东京方面态度坚决,希望在 1943 年 5 月之前完成铁路,但线路上的工程师和指挥官还是向他们的上级恳切要求延期,直言在 11 月以前不能完工。工程进展迟缓,泰国一侧的线路只推进到美功河过去一点,那里的钢筋混凝土桥梁桂河大桥距离完工还有几周的时间，桥梁对于安全运输修筑铁路所需的重型材料又必不可少。而另一头的缅甸，这条铁路只延伸到丹彪扎亚附近，测量员们还没有标出通往东部山区的铁路路线。他们需要更多的资源、更多的劳动力、更多的时间来完成这条铁路，而这是东京总部计划之外的。最后，双方达成了妥协，并确定 1943 年 8 月底为这条铁路的完工日期。

于是自 1943 年 5 月起，日军为缩短工期开始了臭名昭著的铁路“加速运动”。日军像驱赶牲口一样将战俘赶到铁路上干活，看守们用不标准的英语不停地朝这些来自英语国家的战俘们高喝：“加速！加速！”不停地催他们干得再快一点儿。在这场“加速运动”中，战俘遭到了作为战俘期间最残酷的虐待，只有病得太厉害实在不能干活的，才被转移到医疗营地恢复。这段时间里，死亡人数比其他任何时段都要多。

日本人根据工程师的需要，把工作小组转到不同的地方，所以不是所有的同营地的战俘都在同一个工作单位。有些战俘病得太重，无法在铁路上工作，他们被转移回医院的营地休养。到“加速运动”开始时，铁路的修建进度已抵达 80 公里处的营地，几乎所有的战俘都受到热带疾病的折磨，日本警卫随心所欲的殴打使他们更加萎靡。尽管战俘的身体状况很差，日本人还是变本加厉地压榨他们。工作量也从原来的每组每天 3 立方米激增至每人每天搬运 2.5 立方米甚至 3 立方米的土方，直到完成配额，战俘才被允许返回营地。美军第二营中尉伊洛·哈德(Ilo Hard)还清楚地记得，警卫们对新工作时间的解释非常简单粗暴：“不完成，就不回来。”一名营地的指挥官曾对劳工们说，当日本人准备工作时，他们必须得工作；当日本人准备好去死时，他们必须准备好去死。① 在“加速

①《世界战史：战争中的火车》，http://tv.cctv.com，查阅时间：2020 年 10 月 3 日。

运动"期间，不光警卫们如此凶残，宋库拉集中营指挥工程师兵团的中佐曾一度威胁说，除非增加一倍劳动力，否则就把所有不管生病的还是健康的战俘都赶到丛林去自谋生路，给健康的亚洲民夫让路。当时正是季风最强烈的时候，一组 20 人的战俘被工程师从行军路线上带走，他们从第一缕光线照射大地直到深夜 10 点，一直泡在漫到腋窝的河水里打桩。他们这样整整干了两个星期，直到最后交接了工作，这些战俘随后相继死去。

早期在樟宜战俘营内，战俘的生活虽然也受到日本人的严格管理，但是起居时间还算相当舒适。1942 年 3 月份日军规定的作息时间为：早上 8 点整吹起床号；9 点吃早饭；10 点半到下午 1：30 劳动；1：30—2：30 期间为午饭和午休时间；下午 2：30—6 点继续劳动；6：30 吃晚饭；晚间 9：30 点名；10：15 熄灯。[①] 不过当时的战俘营自 2 月 19 日起就开始使用东京时间，这就意味着以上的一系列作息安排实际要比当地时间早 1.5 个小时。然而到了泰缅铁路修建最繁忙的时候，战俘们已经劳累不堪，每天的作息却越来越辛苦。约翰·考斯特在其作品《死亡铁路》中描述了他工作的日程：

> 一个典型的工作日开始时会在早上 6：30 天还没亮时吹响哨子，早上 7 点吃早餐，早上 8：30 分行前往工地，日本工程师带领各方在上午 9 点收集工具。战俘们戴着老人帽子、留着三四天都不能修理的胡须，身体瘦弱但肚子肿得厉害，各种疾病症状都十分明显，皮肤上的皮炎、皮癣都会在身体上形成

① R. P. W. Havers, *Reassessing the Japanese Prisoner of War Experience: the Changi POW Camp, Singapore 1942-45* (London & New York: Taylor & Francis e-Library, 2003), p. 54, Quoted from Major Thompson, diary entry for 13 March 1942, Canberra, Australia War Memorial (AWM).

> 大片。季风季节已经开始(从 5 月份开始,持续了 4 个半月),工作条件已经恶化。一阵阵厚厚的雾气从营地两侧的丛林中慢慢升起,飘到树木间,早晨过后渐渐消失。营地周围的看守们都在吹哨子。工程师们在棚子里绘图,战俘们则走向堤岸,他们把自己的个人装备放在雨中,然后投入工作。建桥是最艰苦的任务,大家要牵引绳索,而桥上其他的人则将大型立柱放在适当位置。2 个小时后,有一个 10 分钟的“Yasme”(茶歇)时间。12:30 分,战俘们回到营地吃午饭,从下午 1 点到 2:30 分,战俘们坐在丛林边缘试图休息、吃饭和避雨,然后回到工地工作直到下午 6:30 分,工程师检查、看守们清点工具并将战俘带回营地。随后,战俘们到河边去洗澡,晚餐还是米饭,发放时间为 7:30 分。晚餐过后他们躺在床上听雨,到了晚上 8:30 分,天黑了,这一天他们幸免于难。①

在泰国施工段,季风肆虐,那里几乎没有遮掩处,通信速度滞后,河流上涨,路堤被冲走,供给物资减少,食物量减少,人们越来越虚弱,每天工作时间从之前的十七八个小时增加到每天 20 小时,即便如此,还是很少有人能完成定额的工作。在正常工作日,战俘们一般在黎明前离开营地,在当晚 10 点到第二天凌晨 2 点之间返回。现在小分队的队员们必须在凌晨 4 点离开,才能在第二天凌晨 2 点返回营地,并且睡上 2 小时后再返回工作地点。由于日本人没有赶上新的最后期限,他们取消了小假期,所以这些战俘们必须每周工作 7 天。“D”部队的分队成员马丁・钱伯斯(Martin Chambers)回忆,在“加速运动”的一段时间里,他们连续工作了整

---

① John Coast, *Railroad of Death* (Liverpool, London & Prescot: The Commodore Press, 1946), pp. 111-112, 116-118.

整133天，经常在丛林里24小时轮班。朱利叶斯·海涅曾这样评价日军的意图："[战俘们是]可消耗的劳动力，日军并不将战俘当作正常的民夫对待，而是为了榨出一个人的最大体力，所以战俘是死是活没人关心，也无足轻重。他们就是打算让你工作到再也无法工作，最后死去。"①大雨来时，战俘们仍然得继续在丛林中干活。战俘们每天都在不断地和大雨及淤泥斗争。只有少数人在丛林中一个月又一个月地工作，直到11个月后工作完成，绝大多数人都被单调的工作压力和微薄的食物拖得疲惫不堪。

对警卫和工程师来说，他们毫不在乎布置多么艰苦的任务，或地表情况和自然障碍如何阻碍开掘工作。修路工作必须要完成，不论战俘每天要付出7小时还是10或12小时的苦工。日复一日，绵延400多公里的丛林，来自两个战俘营的人们挑、挖、掘，长时间和毒辣的太阳慢慢地耗尽了他们的抵抗力，他们从未吃过一顿饱饭。

二战结束后，在《远东国际军事法庭判决书》有关泰缅铁路的判词中，包含了来自美国"失落营"的战俘的证词。这些"失落营"的官兵们在回忆泰缅死亡铁路修建时，第一印象就是拼命劳作，却是在耗费生命。的确，由于泰缅铁路沿线艰难的施工条件，劳工们经常重复完成同一个项目，并且即便他们如此卖力，其付出生命代价筑成的铁路也未能保留运输功能——二战之后，这条铁路几乎完全废弃不用，只有泰国重建了一小部分，并加宽铁轨。1949年4月修复北碧府到侬普拉杜克的路线，1952年重修至万浦，1957年7月再修复到南多(Nam Tok)，目前大约有50公里长可以使用。至于"死亡铁路"的缅甸部分已经完全报废，没有再行修复。20世纪90年代，有计划重修整条铁路，但是一直没有施行。

---

① [美]凯利·E.克拉格:《太阳旗下的地狱》，第118页。

# 第四章　罪恶集中营

## 第一节　以集中营为中心的劳动组织形式

为修建泰缅铁路，泰国战俘集中营总部于1942年8月15日成立，这是一个军事管理组织，目的是在工作地点安置大量战俘。因为培训铁路员工需要一段时间，集中营总部于1942年10月1日正式开始运作。8月16日，南方军发布命令，开始将第一批战俘从新加坡转移到修建工地，3 000名战俘抵达泰国方向铁路的第一站依普拉杜克，1 240名战俘抵达丹彪扎亚。这些战俘暂时由铁道联队指挥，直到10月1日，他们被转移到泰国战俘集中营。

泰国战俘营地有6个分支机构，每个分支机构有7名军官、17名士官和大约30名文职军人，负责管理6 000—1.1万名战俘，他们被分配到沿线的营地（段、子段）当中。除此之外，大约有1 000名朝鲜警卫被分配到各个分支机构，其数量随营地大小而变化。①按规定，泰国战俘营地必须在南方军司令部的支持下，尽一切可能

① Kazuo Tamayama (ed.), *Railwaymen in the War*, p. 160.

改善战俘的生活条件,包括修建兵营,筹措食品、服装等物资以及运输战俘。铁路每一段或子段的战俘营容纳 500—2 000 名战俘,各自构成独立的部队。这些战俘部队在总体上受日本指挥官的监督,内部管理则由战俘自己执行,病人由战俘医务人员治疗。理论上来说,在铁路上工作的民夫是自愿从马来亚、缅甸和泰国等地应日军招募前来的,期限不超过 3 个月。与战俘不同的是,他们直接受日本铁道联队的监督,铁道联队负责他们的住宿和大部分的内部管理。许多铁道联队都处于人力资源不足的状态,这是由于各联队在实际工作中可役使的铁路工人数量几乎在任何时候都不超过 1 万人,其中一部分原因是许多当地民夫在体验了工地的恶劣待遇后都会从营地逃跑。因此,战俘是铁路建设工程的主力军。①

铁路沿线的各战俘集中营直接向日本南方军指挥官报告;同时,负责铁路建设的南方军铁道联队也向其报告。这两个组织是相互独立的。集中营同时负责战俘的起居等各类事宜,例如给战俘提供食物和衣物等,即使他们在铁道联队的指导下工作,却不属于铁道联队管辖,铁道联队可以在营地规定的条件下征调战俘。战俘集中营每天将战俘调到铁路建设工地上施工,并根据铁道联队的要求,派遣尽可能多的战俘以实现他们的工期目标。负责每一段轨道的铁道工程师决定当天的工作日程和所需的战俘人数,营地方则负责提供劳动力。每天早上,铁道联队的人来到战俘营接收战俘,并把他们带到工作地点。战俘们在工作单位(主要是铁道排)的监督下工作,并在规定的时间内返回营地。

因此,铁道联队和战俘集中营属于不同的组织,即使是一个铁道联队的军官也不能命令战俘营的普通士官。当铁道联队的军官

---

① Kazuo Tamayama (ed.), *Railwaymen in the War*, p. 161.

想以不同的方式雇佣战俘时，只能与战俘营协商。下图则具体显示了日本对于泰缅铁路战俘的管理操作系统：

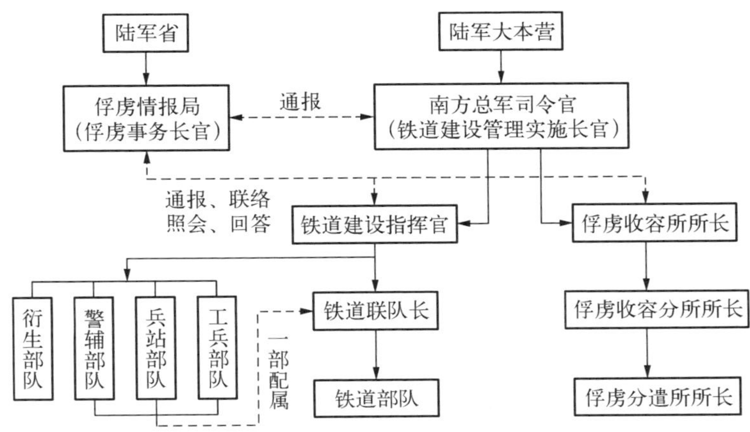


**泰缅铁路战俘管理操作系统关系图**①

日本铁道联队与战俘营之间的关系在战后在新加坡举行的战争罪法庭上，由铁道联队的军官樽本证实。在他的案件之后，没有铁道联队的军官被判处死刑，同时总共有 33 名战俘集中营的管理人员被绞死，因为战俘营被认为是日军虐待战俘的主要负责方。②

在日军建立的战俘集中营里，最为特殊的是新加坡樟宜战俘营（Changi POW Camp），这个战俘营被称为"亚洲最臭名昭著的战俘营"。樟宜战俘营位于新加坡的最东面，虽然从地图上看与泰缅铁路有很远的距离，但是它与缅甸和泰国都有着千丝万缕的联系。战前，樟宜曾被认为是"世界上最现代化、装备最好的军事基地之一"，尽管在新加坡岛战役中遭受了多次炮击，但基本上没有受到

① 该流程图为笔者根据《关于泰缅铁路建设及其战俘使役情况的调查书》（泰・緬甸連接鉄道建設に伴ふ俘虜使用状況調書）绘制。

② Kazuo Tamayama (ed.), *Railwaymen in the War*, p. 163.

破坏。从 1942 年 2 月持续到 1944 年 5 月，樟宜战俘营容纳了众多战俘，由于人员流动，战俘营的人数始终在变化。据不完全统计，1942 年 2 月，在新加坡投降后不久，樟宜战俘营共收容了45 562名战俘，主要是英国人和澳大利亚人，荷属东印度群岛沦陷后，荷军战俘也加入了樟宜战俘营。之后，樟宜战俘营负责向日军的各大工程输送劳动力，到 1942 年 10 月，战俘人数已降至 15 744 人；到 1943 年 6 月，只剩下 5 359 人，是整个战争过程中人数最少的时期。① 樟宜战俘营的战俘人数随日本对劳工的需求而消长和流动。起初，许多人被派往新加坡做劳工，后来，随着日军的要求越来越高，战俘以“部队”为组织形式，被派往多个目的地，包括中国台湾、日本，当然也包括前往缅甸、泰国修筑“死亡铁路”。这条铁路需要大量战俘，成为樟宜战俘营的主要输出目的地。绝大部分从事泰缅铁路工程修建的战俘都在樟宜战俘营生活过，或是在修建铁路之前，或是工程竣工之后，许多是两者皆有。

在樟宜战俘营建立初期，日本人对于战俘的控制主要依靠盟军战俘中的军官管理，这种内部自我管理的形式使得战俘们获得了相对更多的自由和适应空间。前往泰缅铁路的战俘首先被送到由战俘军官管理的分遣队（Parties）中，当战俘到达泰缅铁路沿线后，日军再将他们编入工作组（Work Groups）中。② 根据前马来亚总指挥官、英国陆军中将阿瑟·帕西瓦尔（Arthur Percival）在战后的一封信中记载，樟宜战俘营在初期被划分为几个区，每个区由一名美军指挥官负责，一名美军参谋协助管理。当时整个樟宜战俘

---

① R. P. W. Havers, *Reassessing the Japanese Prisoner of War Experience*, p. 11.

② FEPOW community, “Camps: Thailand-Burma Railway,” ,http://www. britain-at-war. org. uk/ww2/Death_Railway. html. camps. htm,Retrieved 10 January,2014.

营都由帕西瓦尔负责，英军马来亚司令部协管，他们甚至还可以保留自己的宪兵部队。日军指挥官则是在战俘营入口设立办公室，通过帕西瓦尔等人向樟宜战俘营传达指令。至于樟宜战俘营营地内的区域位置划分，英国军官 H. F. G. 马利特（H. F. G. Malet）上尉有过详细描述：

> 3 月 13 日……战俘营营区迄今为止只有沿岛一带才会被刺铁丝网围起来，现在根据我们的军事分区，用铁丝网围成单独的“区域”。因此，澳大利亚皇家部队（Australian Imperial Force，AIF）距离主干铁丝网（樟宜平民监狱端）最近，他们占据了主干道以西的史拉兰战俘营（Selarang Barracks）。在澳大利亚战俘部队的对面、主线东面是印度第十一师（11th Indian Division）营地的分区。然后靠近樟宜终点，在主干道的两侧分布的是英国第十八师炮兵团（18th Division British Artillery）、赫茨团（Herts），还有贝福特团（Beds）、剑桥郡团（Cambridgeshire's）、诺福克团（Norfolk's）等等。更远处，路的尽头是我们的区域——樟宜半岛的南部区域，包括樟宜村、岬角、政府大楼、游艇俱乐部等，非常漂亮，北部和东部被大海包围。这里有炮兵部队、工兵部队、两个马来亚步兵旅（Malayun Infantry Brigades），忠诚军（Loyals）、戈登斯军（Gordons）、曼彻斯特军（Manchester's）、党卫队（S. S.）以及非联邦国家志愿军（F. M. S.）等，在我们营地和第十八师之间的夹角是庙山（Temple Hill），它容纳了第三司令总部（3rd Corps H. Q.），然后是作战信息中心支队（C. I. C. Divisional）参谋部，第九师（9th Div.）、第八和第二十八印度旅（8th and 28th Ind. Bdes.）的参谋人员。还有罗伯茨营区（Robert's Barracks），现在是医院了，不

幸的是,那里已然赭衣满道。①

战俘们从樟宜等战俘集中营出发被运往铁路沿线工地。缅甸一侧的劳动力主要由爪哇分遣队组成,泰国一侧分遣队的构成复杂一点,有少数爪哇分遣队的人员,另外,还有一些分遣队以地名命名,除此以外,人数最多的是以字母命名的部队。这些战俘前后以英文字母“A”至“L”作为部队名称,分别由樟宜战俘营出发,其中,“B”部队抽调了400人组成特别小组被派往台湾地区,剩下的全部和“E”部队一起,被送至婆罗洲(Borneo)修建飞机场;“C”、“G”及“J”部队被送往日本的一些工厂、船坞及矿场工作,剩余部队全体在1942年5月14日到1943年8月24日陆续被送往泰缅边境修筑“死亡铁路”。这些铁路修建部队的具体去向为:1942年5月14日“A”部队6 000名战俘前往缅甸及泰国;1943年3月14日“D”部队5 000人前往泰国;1943年4月18日至30日“F”部队7 000人被派遣支援泰国方面工程;同年5月5日至17日“H”部队3 270人继续支援泰国部分工程;1943年6月25日和8月24日,“K”部队230人以及“L”部队115人成为最后增援泰国方面工程的部队。② 最后前往泰国的“K”和“L”部队是日本人迫于集中营劳工伤病人数过多,为了继续赶工而派出的医疗官和护理人员分队。

日本人按照铁路的公里数每隔8—17公里建立一座战俘营,每座营地至少容纳1 000名民夫或战俘。根据铁路修建需要,这些民夫及战俘就沿着铁路线上下移动,260英里的铁路线,沿线共建

① R. P. W. Havers, *Reassessing the Japanese Prisoner of War Experience*, p. 56.

② 以上数据指自1942年2月至1943年12月从樟宜战俘营派出的盟军战俘,且该数据指在新加坡被捕战俘,不包括从爪哇等其他地区暂时被押樟宜战俘营的人员。数据来源见R. P. W. Havers, *Reassessing the Japanese Prisoner of War Experience*, Appendix 1.

立了 40 多个战俘集中营。营地就按照所在公里数命名，比方说有 18 公里营、100 公里营等。营地的名称由日本人命名，然后由战俘翻译成英文。不同的民族和方言还会有不同的发音和拼写，这些营地名称拼写在关于泰缅铁路的各种书籍中纷纷出现。近些年许多研究者和前战俘也在努力制定铁路上使用的名称标准，根据学者尼尔·麦克弗森(Neil MacPherson)和罗德·贝蒂的划分大体有六个段落。有些营地对于那些在缅甸工作的人来说，会使用离丹彪扎亚大本营的距离作为营地的名称，但也有人倾向于使用最近的村庄的名称，例如“35 公里集中营，坦音”(35 km Camp, Tanyin)是在泰国的一个营地，“35”表示其距离，而其附近的村庄为坦音，所以有“坦音”和“35 公里集中营”两个营地名称。[①] 一段铁路上有众多大大小小的营(Camp)，营地之间有站(Station)，或者有些是既有营地又有车站的地点，沿途当然还有一些大的“医院”和邮局，一定数量的营和站构成一个段落(Section)。

在集中营里，军事组织框架对战俘的生存特别重要。它由一个庞大的军官团体领导，在大多数被俘人员中，这个组织都得到了保留。在初期阶段，日本人把中校以上的盟军军官与其他部队人员分开，并把他们安置在其他地方，在 1945 年剩下的军官被转移到泰国那空那育府(Nakho Nayok)的一个单独的集中营，但在铁路修建的关键时期，这些军官还是跟自己的下属们在一起的。日军的等级制度相对严格，因此，日本军官在管理手下的营地时，往往指派自己的士官[②]作为营地的指挥官。日军指挥官负责营地的整

① FEPOW community, “Camps: Thailand-Burma Railway”, http://www. britain-at-war. org. uk/ww2/Death_Railway. html. camps. htm, Retrieved 10 January, 2014.

② 日军士官军衔有曹长、军曹、伍长。

体管理，当涉及一些细节的管理和分配问题时，指挥官拥有一定的个体主权，对于很多事务都可以依照自己的解释和规则处理，这种特权尤其体现在体罚战俘和分配食物等方面。可以说，对于盟军战俘的日常管理，日军的士官就是权力的顶级，并不会有日军军官来过多地干涉和过问营内事务，士官才是行使更多的权力的角色。尽管日本人只用自己挑选的战俘军官负责管理每组战俘，但总体上他们还是通过战俘们原有的军事等级分配铁路修建和日常管理的任务，战俘中的军官负责将战俘安排到各工作点，然后充当战俘与看守之间的联络员。当日本人任命的军官不得不让他们曾经的上级接受他们的决定时，这就不可避免地导致了管理和指挥上的困难。不过这种保留原有的秩序、管理和行政框架的方式保证了任务的安排，也在战俘们承受巨大压力时有助于保持些许集体凝聚力。

每天日军派遣一定数量的战俘上工。以分队为单位，每一个分队被划分出不同的组，每组由 3—4 名军官管理 30—50 名战俘，战俘们就叫做"组员"(kumi)，负责管理这些人的战俘军官被称作"组长"(kumicho)，通常是中尉级别；两个组的组员组成一个班，由上尉级战俘军官负责，负责人被称为"班长"(hancho)。这些战俘军官戴着臂章，其任务是确保战俘按时完成指定的工作任务。[①] 基层战俘就是按照这一劳动组织形式到各个地区修建的铁路。战俘们知道只有靠自己和彼此扶持着才能度过每一天，每天保持着松散的军纪和严格的卫生秩序，这多少让他们过得舒服些。战俘军官在营地中扮演着战俘指挥官的角色，主要负责战俘队伍的日常管理，他们是战俘与日军长官之间的关系枢纽，负责与日军的协调

① Clifford Kinvig, *River Kwai Railway*, p. 65.

与沟通。正是有了这些战俘指挥官，他们手下的分遣队在工作时才有可能免受或少受日军虐待。战俘指挥官们还负责准备和分发食物，保障战俘们基本的卫生安全，为战俘们争取各种利益。另外，亚洲民夫和战俘们是分开管理和工作的，往往亚洲民夫的条件更差，工作任务也更加艰巨，同时他们还要为战俘们建造住宿的屋子和医院。当一个集中营资源缺乏时，民夫们要转移往另一个集中营。由于水源缺失，曾经有战俘们去往另一个营地，“那里同样由泰米尔和缅甸民夫建造，他们也同样已经离开，集中营依旧脏乱，这个营地曾出现霍乱，战俘们在营地边缘的草丛中就发现了两具尸体，在稍远处的山顶又发现一具”。①

## 第二节　集中营中的等级秩序和惩戒机制

面对不断增加的大量俘虏，战时日本采用了一套相对统一的俘虏管理体制及俘虏政策。首先，在战俘管理机构及指挥系统之下分设俘虏收容所和战俘业务指挥管理系统。依照《俘虏收容所派遣所的有关称呼之件》以及《俘虏收容所派遣所的有关处理之件》，日本俘虏收容所本所于 1943 年 7 月 15 日开设了派遣所。同年 8 月以后，依据俘虏处理规则，由俘虏收容所分所设立分遣所。此时俘虏收容建立了“本所—分所—分遣所”和“本所—派遣所”两种管理方式。②

其次，在对待俘虏的政策方面，二战期间，日本使用的有关战俘管理的法令、法规结合了日俄战争时期、第一次世界大战期间以

---

① Rohan D. Rivett, *Behind Bamboo*, pp. 187-188.

② 内海愛子『日本軍の俘虜政策』、青木書店、2005 年、284—286 頁。

及1941年太平洋战争爆发之后三个阶段的特征：

**俘虏关系法规一览表①**

| 法规名称 | 法规类别 | 公　布 |
| --- | --- | --- |
| 俘虏收容所令 | 敕令第1182号 | 1941年12月23日公布 |
| 俘虏情报局官制 | 敕令第1246号 | 1941年12月27日公布 |
| 俘虏管理规则 | 陆达第22号 | 1904年2月14日公布 |
| 俘虏管理细则 | 陆达第29号 | 1943年4月21日公布 |
| | 陆达第139号 | 1904年9月10日公布 |
| 俘虏劳役规则 | 陆达第40号 | 1905年修改 |
| | 陆达第34号 | 1914年修改 |
| 俘虏给与规则 | 陆达第8号 | 1942年2月21日公布 |
| 俘虏派遣规则 | 陆军省令第58号 | 1942年10月21日公布 |
| 俘虏处罚法 | 法律第41号 | 1943年3月9日公布 |
| 军抑留者处理规程 | 陆亚密第7391号 | 1943年12月7日公布 |

从上表可见，日军对俘虏的管理从收押、派遣到劳役、处罚都有法令、法规可循，看似比较严谨，然而具体的执行也有一定的随意性。例如在泰缅铁路的工程建设中，对于日军来说，他们把最优秀的兵力都派往了战场，而不会留在集中营内，因此，战俘军官们也不难发现他们的看守都属于“军队系统里的渣子”②。这里就要提到参与铁路建设的日军等级制度。铁路沿线的部队里只有日本的铁道联队属于高技术、高素质、高要求的部队。以铁道第五联队为例，其正式组建时总共有2 235人，其中有些人毕业于京都大学，

① 郭洪茂：《二战时期日本的盟军战俘集中营及其监管制度》，《社会科学战线（区域历史与文化）》2009年第4期，第154页。

② P. Towle, M. Kosuge and Y. Kibata (eds.), *Japanese Prisoners of War*, p. 50.

专攻土木工程。泰缅铁路上的工作人员是从铁道联队里挑选出来的士兵，他们接受了 3 个月的测量训练，还有联队内的工程师以及助理工程师对他们进行加强训练。联队指挥部在联队长小村修二郎的带领下，还有如下等级成员：副官（大佐）、4 名军官、8 名士官（伍长）和 8 名士兵，总共 22 人。联队包括 4 个大队，每个大队由 1 名大佐指挥，由 1 个司令部和 2 个中队组成。中队在联队内连续编号，即第四大队应辖有第七、第八中队。供应部队和机械车间由大佐指挥，包括 4 名军官、1 名军需官、2 名准士官、15 名士官、1 名医务官和 125 名士兵，共 148 人。① 这支队伍从中国境内开始就主要负责铁路维修工作，1941 年 8 月 20 日，他们在泰国到印度支那边境附近修好铁路后转移到曼谷，然后沿着马来亚主线向南走。他们修复了马来亚宽度达到 400 米的最大河流霹雳河（Perak River）上的桥梁。该联队的高级列车于 1942 年 1 月 31 日到达柔佛巴鲁（Johore Bahru）站，并于同年 2 月 16 日，也就是英军投降的第二天到达新加坡站。随后该联队于 1942 年 3 月 25 日离开新加坡，抵达仰光。铁道第九联队和第五联队的组织是一样的，但是大约 15% 的人没有受过训练。② 该联队于 1940 年 10 月在印度支那的海防登陆，其中第四大队的大部分人移驻海南岛，1941 年 8 月 8 日登陆新加坡，然后向南维修和运营曼谷和新加坡之间的铁路主线。1942 年 3 月至 6 月，第九联队第一大队到达苏门答腊，4 月 12 日，该联队的主要部分被安排驻扎在仰光，参与维修和运作曼德勒线。缅甸被占领后，该联队于 7 月从仰光乘船抵达曼谷。1942 年 6 月 10 日日军开始计划修建连接缅甸和泰国的新铁路，于是第五、第九

---

① Kazuo Tamayama (ed.), *Railwaymen in the War*, pp. 3-4.

② Kazuo Tamayama (ed.), *Railwaymen in the War*, p. 6.

两个铁道联队开始测量铁路线，第五联队在缅甸一侧，第九联队在泰国一侧。

前文提到，战俘集中营和铁道联队是两个完全独立的组织。战俘集中营本身独立于铁道建设单位，因此食物、住房和其他必需品的供应主要都由战俘营地自己负责。但事实上，铁道联队和战俘营在工具的租借、建筑材料的转让和运输等方面都有部分合作，但这只是偶尔发生在施工现场，并不是普遍现象。日本人之所以在修建铁路方面建立军队组织，就是要使各部队集中精力完成上级下达的命令，而不去管别的事情。虽然指挥系统是在严格的规章制度基础上建立起来的，但横向联络和合作之中可能出现的问题却被大大忽视了。一般这种矛盾存在于较低的层次上并达到了相当严重的程度。越低级的单位越计较，除非上层做出安排，否则就不能进行合作。然而，即使在最高级别，各自捍卫各自部门权威的倾向也很强烈。例如，在第二战俘营营地的柳田向所有雇佣战俘的单位提出了尊重和保护战俘基本权利的要求后，日军铁道部队中也不乏反对的声音，有些人认为，"当一名日本士兵玩忽职守时，他会被上级打耳光。为什么我们不能扇战俘的耳光?"或者，"我们来这里是为了修铁路还是为了学习如何对待战俘?"①因此，修建泰缅铁路时，日军本身的铁道部队与铁路沿线各战俘营地管理部门之间的关系也处于最糟糕的时期。

除去上面提到的日军高级军官和铁道联队官兵，剩下的就是战俘营地管理部门的日军。具体看管战俘的大都是些日军队伍里素质比较低下的人。由于需要掌控数量庞大的战俘，加之铁路的修建工程还需要更多人手，日军在国内征召了数千人入伍，但人员

---

① Kazuo Tamayama (ed.), *Railwaymen in the War*, p. 95.

素质各异，导致军队整体专业性被削弱。军官素质下降，许多人被赋予了超出其能力范围的组织职责，这对无助的战俘造成了更为不利的影响。大量半文盲士官被任命为初级军官，许多士官最终被分配负责看守监狱和战俘集中营，由于这些人缺乏管理技能，往往导致战俘食物供应问题激化，日本看守对战俘的虐待加剧。而再往上日军指挥部里大多是些年老的军官，他们偶尔来巡视营地的情况，每当他们视察战俘们的待遇时，看守们早已做好准备，不露破绽。由于日本国内人力资源已被挖掘殆尽，因而日军低级士兵、军官的录用标准大幅下降。许多日军队伍里都是低水平的新兵，他们中甚至包括了一些反社会的人，比如酗酒者和精神失常的人，这些人中的大多数来自穷困潦倒或社会环境恶劣的地方。在这些曾经处于社会食物链最底端、受他人鄙夷的失败者中，有很大一部分人在战俘营猛然发现自己成为盟军战俘的看守，他们第一次处于权威地位，便开始兴奋地大肆滥用权力来对付他们手下的无助的战俘劳工们。而那些年老的军官不仅管理无力，同时也无法阻止队伍里无能的人节节晋升。日本陆军一名叫坂野的大佐就是最好的例子。他作为“F”部队的指挥官，在战后受到了审判，而在修建铁路期间，他却无法阻止一个滥竽充数的下级军士被提拔。另外还有一名战俘指挥官回忆说，有一名日军下级军官，在战俘们看来明显有精神疾病或障碍，但是坂野对此置之不理、不闻不问。①

在内部阶级方面，日军等级森严，每当不同级别的军车路过时，士兵们都要大声致敬。路过的车辆上插蓝旗的是中尉，插红旗的是上尉，插黄旗的是陆军校官，级别越高，路过时日军致敬的喊声越大。日军在军纪管理方面本身就比较暴力，军队内部的高级

---

① Clifford Kinvig，*River Kwai Railway*，pp. 204-205.

官员可以用殴打的方式惩罚下一级官员，只要是层级低于自己的官兵都可以殴打。至于最低层级的日军士兵，在泰缅铁路修建期间，则转而殴打朝鲜士兵。这些朝鲜服役者被日军认为是低于他们的，因此总是将他们分配在后防梯队，朝鲜士兵的任务也大多是监督战俘干活，都是在第一线的苦差事。日本军人将朝鲜士兵视为军事结构等级的最底层，因此对于他们也进行虐待。朝鲜士兵们受到日军的不公正待遇，于是将情绪发泄在盟军战俘身上。

朝鲜士兵是战俘们日常接触最频繁的群体，战俘普遍对其成员感到恐惧和憎恶。严格来说朝鲜人是志愿兵，他们往往为了避免其他形式的兵役而选择这项工作，因为在任何情况下征兵都有地区配额。日本于 1941 年 12 月发动太平洋战争，由于志愿服役制度已经启动，朝鲜的年轻人不可避免地将被征召参军。当时，日本警察会到朝鲜当地招募战俘警卫。卫兵不需要在前线打仗，两年的合同期和 50 日元的月薪都很吸引人，所以很多朝鲜年轻人都申请了。申请成为战俘警卫一般需要经过面试和笔试，两项都通过的人最终被录取。由于日本政府已经掌握了朝鲜每个地区的男性人数，所以征兵工作确实是强制性的，如果不接受强势的日本警察的建议，可能会导致朝鲜青年及其家人的食物配额减少，这一点对朝鲜的普通民众来说至关重要。

从 1942 年 6 月开始，大约 3 223 名朝鲜青年在釜山的临时平民训练队接受了很短一段时间的军事训练。9 月下旬，除了 100 名留在朝鲜的警卫以外，剩余所有人都离开了釜山，分成四组，分别前往马来亚、爪哇、苏门答腊和泰国。朝鲜警卫的训练内容和步兵的训练是一样的，包括行军、步枪射击和刺刀训练。南方军泰国战俘营地总部第四分队第三段的朝鲜警卫李汉纳（Lee Han-ne）指出："我们没有接受预期中关于战俘的文化、习惯和食物的课程，如果我们要当警卫，我们认为这是必要的。我们都签署了一项协议，即严格遵守军民法典，在任何情况下都要执行上级的命令。”①

然而值得注意的是，在朝鲜警卫的训练中体罚是常事，却没有对他们实际要执行的看守和监督战俘的任务进行有针对性的指导训练。“每天我们都被打几次。在接受了两个月的培训后，我们被派往东南亚”②；“我们经常因为一个小错误或不当行为而被扇耳光。有时大家因为一个人的错误都被打了一巴掌，或者我们不得不面对面站成两队，在严密的监督下打我们面前的同志。这些坚持不懈的做法给我们灌输了一种感觉，那就是打耳光是一种常见的、可接受的惩罚形式，而打耳光之后，这个错误就可以被原谅了”。③这一概念的灌输直接导致了日后朝鲜警卫对待战俘们的态度。李汉纳回忆，在各种恶劣的环境中，战俘中的一些人往往不服从命令、逃避工作、偷东西或相互争吵。“因为我们，只有 17 岁的年轻人，必须使 500 名性格复杂的战俘们保持良好的秩序，所以我们必须打那些性格不检、脾气不好的人。因为我们不会说英语，所以不可能要求他们通过我们有限的词汇和手语来反思和修正他们的行为。我们打他们几乎是不可避免的，尤其是在釜山的训练中，我们被灌输打耳光是一种更好的教育手段，也是一种可取

①③ Lee Han-ne, “Korean Guards,” in Kazuo Tamayama (ed.), *Railwaymen in the War*, p. 157.

② Yi Hak-Nae, “The Man Between: A Korean Guard Looks Back,” in Gavan McCormack and H. Nelson (eds.), *The Burma-Thailand Railway: Memory and History* (Silkworm Books, 1993), p. 121; Saburo Ienaga, *Japan's Last War* (Oxford: Oxford, 1979), pp. 156-159.

的即时惩罚方法。"①战俘比这些年轻瘦弱的朝鲜警卫们高大,体格也更好,所以朝鲜人起初都是敬畏地看着他们。大多数时候,朝鲜警卫势单力薄,有时只有 7 个人在营地里对抗 500 名战俘,虽然指挥官和负责补给的士官大约每隔两三天从主营地来到各个分营巡视,但每次也只会待上几个小时。所以这些朝鲜警卫总是担心他们可能会失去对这些强壮的战俘的控制,毕竟无论从体型还是人数上朝鲜人都很可能会被战俘们压倒,所以这些朝鲜警卫控制战俘的唯一方法就是在他们开始大规模抵抗之前迅速攻击和惩罚他们。李汉纳记得他从开始的胆怯和后悔到被伙伴们同化的过程:

> 一天早上在集会上,我看见一个人在吹口哨,精神不集中,所以我警告他,但他继续吹口哨。由于他不服从我的指示,我打了他一耳光,这是我们在训练中养成的一个坏习惯,但他不仅没有服从,而且还采取了敌对的态度。我意识到打耳光没有效果,于是开始后悔自己的行为。然后,我的两个战友发觉我的处境,把他从对峙中拉出来,狠狠地打他,直到他摔倒在地。他们告诉我,无论我们做什么,我们都必须让战俘立即服从我们,这样他就永远不会不服从。我不得不同意,因为这七个卫兵和我是同一级别的,我不能阻止他们的行动。②

并且,日本人对于朝鲜警卫的服役时间也是强制规定的。1944 年 6 月,李汉纳的两年服役期届满,但日本人没有提出要送他和他的同伴们回家。他们在卫兵中抱怨这件事,但却不能要求上

---

① Lee Han-ne, "Korean Guards," in Kazuo Tamayama (ed.), *Railwaymen in the War*, p. 159.

② Lee Han-ne, "Korean Guards," in Kazuo Tamayama (ed.), *Railwaymen in the War*, pp. 159-160.

级解聘他们，因为有人告诉他们，曾有要求解聘的朝鲜人被一名日本军曹殴打得很厉害。日军也许是为了减轻他们的抱怨，将这些朝鲜人中的一些成员，包括李汉纳自己，提升了一个等级。李汉纳也承认，即使是微不足道的一点权力也能让他们满足："这意味着我的等级徽章的位置从上臂移到了脖子上。虽然我们军队的文职员工对自己的评价比信鸽还要低，但在军队的等级制度中，晋升对我来说有点威望。"①

朝鲜人很少受到日本人的尊重，他们中只有极少数人不愿意把自己的挫折感和自卑感转移到这些不幸的战俘身上，虽然一些人试图帮助战俘甚至与他们做朋友（当战争矛头逐渐转向日本后，这种做法变得更加普遍），但他们所在群体的残酷行为的证据流传太广，以至于他们作为对战俘最恶劣的施虐者的名声已无法挽回。这些朝鲜人也不断遭受日军的歧视和暴力，他们被要求每天将战俘强制送往铁路建设现场，并承受着巨大的压力，需要完成每天的定额。

在铁路营地相对孤立的环境中，朝鲜警卫们对战俘有完全的权力，几乎没有什么监督，这使他们也很容易成为腐败的牺牲品，这是众所周知的结果。战后，在同盟国以虐待战俘罪判决 BC 级战犯时，战俘们愤怒的矛头都指向了负责监视的朝鲜军队看守。事实上在新加坡法庭等地的战犯审判中，有许多来自朝鲜和台湾的看守及后勤人员被判死刑（绞首）、无期徒刑和有期徒刑，其中也有人被减刑后移送至东京巢鸭监狱。这些人即使被释放也因没有日本国籍而无法受到给予日本军人和后勤人员的恩惠；另一方面，由

---

① Lee Han-ne, "Korean Guards," in Kazuo Tamayama (ed.), *Railwaymen in the War*, p. 160.

于背负着日本协助者这一污名，对同胞谴责的恐惧也使他们难以回国，就算回国了也只能被迫隐姓埋名地过日子。①

战俘是组织结构的底层人员，负责一切苦力，同时还受到虐待。为防止战俘逃跑，日军通过发放赏金，鼓励当地缅甸人抓回逃跑的战俘或者提供相关逃跑者的信息，并且盟军的这些白人战俘在亚洲人种中是很容易辨识的。即使有战俘逃跑，成功的可能性也很低，因为那意味着要穿过几百公里的雨林然后成功地游到被盟军占领的领土上。正如被分配到美军第二营"F"连的赫德尔斯顿·瑞特(Huddleston Wright)中尉所说："只要我们想，任何时候都能逃，但我们又能逃到哪儿去呢?"②

对于战俘内部来说，军官与士兵们更为团结。战俘军官们主要负责为战俘群体争取利益，美军第二营的伊洛·哈德对这样的关系评价道："这不是'由数字'组成的纪律，而是基本的素养，官员们会在正确的时间做正确的事，我们都很期待，当我们同长官谈话时，他可以全神贯注，十分尊敬地聆听。"③

在集中营中等级最低的就是亚洲民夫，其次是战俘们。日军确立了层级关系后，所有人都必须严格遵守，否则就会遭受可怕的对待。看守们对战俘们总是很粗鲁，因为一点儿过错就鞭打他们；有时候战俘们莫名其妙地就会挨打。一名战俘军官曾报告说，朝鲜看守们"收到过书面指示，这些指示张贴在他们的警卫室里，说

---

① 从巢鸭监狱释放的囚犯会被随意扔在他国的大街上，所以监狱中甚至出现了囚犯拒绝出狱的现象。

② [美]凯利·E. 克拉格：《太阳旗下的地狱》，第 88 页。

③ [美]凯利·E. 克拉格：《太阳旗下的地狱》，第 50 页。

他们当值时拥有最高权力，有权杀死我们[战俘]，不需向任何人汇报”。①

整个日军警卫部队的巨大权力的执行方级别可以非常低，仅仅一个极低级别的行政人员所做的决定都可以对劳工造成生死攸关的影响。一支几千人的战俘队伍分散在一系列孤立的营地里，有些营地甚至没有相应管辖的军官。可见泰缅铁路战俘集中营的底层管理十分混乱。

## 第三节　恶劣的工作、生活环境

自盟军投降，一夜之间士兵们从自由人变为奴隶，步兵、水手、飞行员比苦力的地位还不如，被运送到泰缅铁路工地的战俘们从此与外界隔绝，生死都与铁路的一切相连。在早期的战俘回忆录代表作《竹林背后：日本战俘营的内幕》（以下简称《竹林背后》）中，作者罗恩·D. 里韦特曾回忆道：

> ……整整3年半的时间里，我们与外界失去了联系；我们的家人和朋友对于我们的命运所知甚少。我们6万多人，包括1.2万澳大利亚人②被运送到缅甸和暹罗，好几万人再也没能回到家乡。
>
> 很多人即便回到家乡，也是落得个终身残疾或是未老先衰的下场。没人是没有受过伤的。我们的价值观、目标甚至

---

① Lieutenant-Colonel P. J. D. Toosey, "Report on Behaviour of Japanese Guards," appendix D, unpublished ms., IWM, p. 1.

② 实际来自澳大利亚的战俘数量笔者倾向于前文第二章第一节中柿崎一郎统计的1.3万人。

信仰都已改变。在“艰苦的学校”(指战俘集中营),我们所学会的东西影响着余生。①

本节将从住宿条件、公共卫生设施、衣物、食物供给以及疾病与医疗等方面对战俘在集中营的生活进行考察。

## 一、住宿条件、公共卫生设施

就早期在印度尼西亚港口丹戎不碌(Tanjong Priok)的战俘们的生活条件来看,战俘营设在码头与城市之间的沙质地带和平原上,他们的住所是露天的营房,每一间营房挤满了100多名战俘。日本人对于逃跑采取零容忍态度,任何尝试逃跑的人都会被枪毙。这批战俘在丹戎不碌停留了大约6个星期。在这个营地,不少士兵实现了转变为真正的战俘的过渡:他们学习如何对待看守、如何减少被虐待,以及如何学习技能来帮助自己生存。整个营地最少的时候容纳了大约300名战俘,虽然营房没有床,但是一些人睡在阳台,一些人睡在走廊,还能享受起码的“个人空间”,到了后期,泰缅铁路沿线的集中营即便有竹板作为床板,战俘们却连翻身的权利都没有。

巴达维亚战俘营的厕所是荷兰的传统型——在地面上有数个孔,组成简单的“开缝战壕”,战俘们得蹲下方便。厕所屋顶是木制的,并且被三面墙包围着。一些战俘难以适应这种类型的设施,因为厕所里没有提供卫生纸,方便后只能用手和一瓶水来清洗。美军第三十六步兵师第一三一野战炮兵团第二营辎重连的P. J.斯莫伍尔德(P. J. Smallwood)形容巴达维亚为“液体卫生纸的土地”。因为美军水手保罗·帕普提及美国人的建议时说,“不要和荷兰人

---

① Rohan D. Rivett, *Behind Bamboo*, p. VIII.

握手”。[①] 不过，早期的营地提供了丰富的水源以及战俘可以充分利用的沐浴设施。在《竹林背后》中，无论某个营地的条件多么差，只要是能有口井，对他们来说就是健康的保障。由于痢疾的威胁，日军允许战俘们每餐后用开水浸泡餐具消毒。多亏这一政策，以及营地的执行官和医疗官的不懈努力，使得这里痢疾和其他疾病的发生率比没有预防措施的暹罗美军集中营低很多。

樟宜战俘营与巴达维亚的情况类似。每一座三层楼高的大营房里都住着数百名战俘，但过度拥挤还算不上是一个严重的问题。更糟糕的是日本人不给战俘们提供床铺，而美国人则开始熟练地四处搜集材料来建造他们自己的床铺，尽可能地临时搭建睡眠设施，包括用废弃的医用担架，从日本人那里偷木头做自己的床铺。还有一些人收集了一金属碎片，制成床架，然后用毯子或临时床垫覆盖在床架上面。

尽管他们的聪明才智帮助自己造出了床铺，大多数战俘仍然被樟宜的臭虫剥夺了一夜好觉。当他们爬到床上享受睡眠时，这些昆虫折磨着他们，吸食他们的鲜血。战俘们在对抗臭虫方面尝试了各种各样的方法，也取得了不同程度的效果。他们发现，如果把装着水或油的罐子放在床的四条腿下面，臭虫就不会穿过那些液体，然后就不会来骚扰人们。在经历了一个特别艰难的夜晚后，美军第二营勤务连的战俘夸脱・戈登(Quaty Gordon)把他的床拖出营房扔到地上，想把床垫里面的这些小生物赶走。他回忆起从床上掉下来的臭虫的数量，好像把胡椒粒倒在地板上了。[②]

到了铁路修建时期住宿等各种条件则更为恶劣，一般情况下，

---

① [美]凯利・E. 克拉格：《太阳旗下的地狱》，第 53 页。

② [美]凯利・E. 克拉格：《太阳旗下的地狱》，第 76 页。

战俘的居住地都是由亚洲民夫建造的竹屋，竹屋150英尺长、20英尺宽，每间竹屋被一条长长的通道隔开，通道两边都有竹台，日军没有给战俘们提供床铺，所以他们只能睡在这些竹台上，离地大约1—1.5英尺。每个人只有仅够躺下的位置，也只有躺下才能勉强不触碰到旁边的人。临时营房的墙壁高3英尺，并对外敞开，榈叶做的房顶架在墙上用来阻挡雨水注入屋内。战俘只能像填鸭一样尽可能地挤进来，很难睡个安稳觉。澳大利亚小说家理查德·弗兰纳根的父亲是修建泰缅铁路的日军战俘营中第335号战俘。弗兰纳根用了12年完成了其最著名的作品《深入北方的小路》（*The Narrow Road to the Deep North*）①。2014年10月14日，他凭借《深入北方的小路》获得布克奖。这不仅是他个人写作生涯的一个高光时刻，也是澳大利亚文学得到国际肯定的一个标志性时刻。这部小说的反战情绪在澳大利亚文学中很常见，然而其新颖之处在于，它生动描述了澳大利亚战俘在修建铁路时的悲惨经历。这部小说是弗兰纳根基于其父亲的亲身经历写成。除了描写以他父亲为代表的澳大利亚战俘的记忆，弗兰纳根也在小说中展现了对营地住宿条件的记忆。小说中的"土人"伽迪纳（Gardiner）就睡在漏雨的棚屋里。白天的劳碌让他在夜晚疲惫不堪，而棚屋的环境实在简陋，雨声敲打在棚屋顶上，也敲打在他心里：

> 季风雨在击打A形顶架长形棚屋的帆布屋顶——棚屋用竹子支撑，四面透风……雨的喧嚣直使夜晚比白天更荒凉，在某种意义上更难忍受——在白天，虽然他的唯一要务是尽力活下来，但至少有同伴相陪。在层层噪声的障幕中颤抖的丛

---

① Richard Flanagan, *The Narrow Road to the Deep North* (North Sydney, N. S. W: Random House Australia, 2013).

> 林，雨水猛击泥土，翻腾发出像击鼓似的无休止的闷响，看不见的水流发出诡异的响声，像耳光和拳击，在他听来都让人郁闷。
>
> ……
>
> 二十名战俘慢慢地挤睡在两张虱子肆虐的竹搭平台上，他在其中寻找他的地方，结果发现睡他右边的俘虏小不点儿米德尔顿翻身把他的铺位几乎全占了。土人只能侧身挤在小不点儿身旁，正好在一根竹竿下面，雨水顺竹竿流下，滴到他的脸上。①

在1943年11月以前一直从事这项建设工程的证人魏特(Colonel Wild)上校，也曾针对战俘们的居住环境予以较为准确的描述。魏特上校因为懂日文的缘故，曾充当俘虏与日本军官间的联络官，访问过许多收容俘虏的俘虏营，对于俘虏所受的待遇他具有直接的认识：

> 当我在1943年8月3日最初进松克雷俘虏营(Songkrei Camp)的时候，首先进的是那儿最大的收容着700人的草棚。这个草棚是一个普通形式的草棚。当中是一条泥土的过道，两旁是用竹片编制的长达12尺的寝台。屋顶很简陋，是用椰子叶盖的，而椰子叶也极稀薄，以致到处漏雨。墙是完全没有的，[雨水]在正当中的泥道流成了一条小溪。草棚的架子是用蔓草捆绑起来的。
>
> 在这个草棚中有700名病人。他们两人一组直躺在草棚两旁的竹片寝台上。从草棚的这头到那头，他们的身体都是

① [澳]理查德·弗兰纳根著，金莉译：《深入北方的小路》，北京：人民文学出版社2017年版，第155页。

> 一个挤着一个的。他们都非常瘦，差不多完全是裸体。在草棚的正中间，约有150人是热带溃疡病患者。得了这种溃疡病的人，差不多从膝到脚趾的肉都要脱掉。所以发散着令人忍受不了的烂肉臭味。唯一可以得到的绷带是香蕉的叶子。唯一的药品是热水。另外一个同样的草棚设在稍高处的山上，收容着所谓健康的人。此外还有一个屋顶完备、建筑较好的草屋住着日本的卫兵和军官。①

魏特上校的描述不仅证实了战俘们的住宿环境十分糟糕，同时他提到了战俘与日本官兵的待遇差距，这一细节反驳了日军在战后所称的自然环境恶劣导致战俘伤亡数大的理由。

雨季时，季风雨进一步恶化营地的条件。泥浆溢满地面，疲惫不堪的战俘们要艰难地蹚过泥泞才能到达他们原始住宅般的棚屋。棕榈屋顶根本不适合季风雨，雨水肆无忌惮地把战俘们睡觉的地方淋湿。有战俘回忆说，早上起床，睡觉的一侧会湿到皮肤皱缩。美军战俘西德尼·马特洛克（Sidney Matlock）说："我躺在那里，晚上浑身发抖，空气太潮湿了，当温度降到5摄氏度左右的时候，湿气就渗入到人的身体里来。"在100公里集中营，战俘们还能记得雨水在茅屋汇集成河，水深直没过脚面，就在战俘们睡觉的平台下流过。②

## 二、服饰衣物

虽然劳工们所处的地带为热带地区，但是除了炎热难耐的天

---

① 范国平：《白骨堆砌的泰缅死亡铁路：美国"失落营"官兵证词》，http://www.sohu.com/a/65580591_115427，查阅时间：2016年3月24日。

② [美]凯利·E.克拉格：《太阳旗下的地狱》，第119页。

气外，一到季风时节，雨水和温度变化也让人措手不及。11 月底时季风横扫了整个区域，气温急剧变化，原本天气温和的夜晚一下变得非常寒冷。在雨林中，有足够的衣物抵挡昆虫、岩石和雨林植物的侵扰非常必要，但对这群战俘来说十分困难。

因此，在丛林中，衣服也成了战俘们的主要问题之一。在他们被囚禁的几个月里，战俘们的制服开始破烂不堪，日本人也懒得给他们提供新衣服。当他们到达丛林的集中营时，战俘们只剩下最基本的衣服了。平日里，绝大多数人身上只剩下短裤，如果幸运的话，他们的背上还挂着一件破烂不堪、脏兮兮的衬衫。雨季期间，丛林腐蚀了他们的衬衫、短裤，还有鞋子上所剩无几的皮革，暴雨则让衣服坏得更快。然而，另一些人就没那么幸运了——不少人只有数条围绕在腰间和胯部的仅仅能遮羞的残破布片。美国人把这种腰布称为“G 字裤”，而澳大利亚战俘将这些剩下来的遮羞布称为“日本小乐趣”。

他们大多数人的鞋子也坏了，不能穿了，所以就想方设法自己做鞋子，有些用破损的轮胎，有些削了一些木头来当鞋子。美军第二营勤务连的托马斯·怀特海德(Thomas Whitehead)总结了当时战俘的典型形象：“我赤着脚，光着上身，下身只有一条打了 15 层补丁的满是虱子的短裤。”①就算是质量最好的衣服在雨林里也穿不了多久，布料纤维很快就被潮湿的空气、滋生的霉菌和酸性很高的泥土腐蚀，战俘们勉强穿着的衣服也很快破碎不堪。体力劳动本就使战俘们营养不良，血气衰弱，又没有御寒的衣物和床铺。季风时节白天天气炎热，人们大汗淋漓，到了晚上温度迅速下降，黎明前的几个小时尤其寒冷，寒气从他们躺着的竹板缝隙间透上来。

---

① [美]凯利·E. 克拉格：《太阳旗下的地狱》，第 102 页。

很多人都没有毯子,人们惯常的做法是牺牲睡眠时间到竹屋尽头的火堆旁取暖。

一名战俘曾经回忆:"我把所有的家当全部穿在身上,两件旧衬衫,一条短裤,一条长裤,一条莎笼①,羊毛袜子和一条薄毯子,还是常在夜里冻醒,就再没法继续睡着了。数百人都没有这些东西御寒。"②很快的,支气管病和感冒超过热带疾病成为流行在战俘间的主要疾病,由于战俘们不规律的作息和恶劣的生活环境,脚气和热带性溃疡又开始蔓延。

关于衣物还有这样一个小插曲:1943 年 1 月前后,苏门答腊战俘营的阿普索普上尉曾按照日军的命令成立了战俘足球队,参加大本营的宣传片拍摄,球队分别是英格兰、澳大利亚、荷兰、美国和马来亚队。因为要拍摄电影,每一支球队都获得了新制服,但拍摄过后又都被收回去了。

## 三、食物供给

食物在战俘心目中总是至关重要的。在最初的几个月,主要有两方面的困难需要这些刚成为战俘不久的欧美士兵们消化解决。首先,例如在樟宜战俘营这样重要的大型战俘中转营,战俘们很快就发现,要保证充足和均衡的饮食变得越来越困难,如果唯一的来源是那些不可靠的日本人,那几乎是不可能的,并且日军看守们已经在鼓励战俘自己生产食物。第二个障碍部分是心理上的,部分是生理上的:那就是要适应亚洲地区的饮食习惯,在食物供给不断减少的基础上,他们最不能习惯的是每餐的主食主要由大米

---

① 莎笼是马来西亚人和印度尼西亚人裹在腰或胸以下的长条布,男女均穿。

② Rohan D. Rivett, *Behind Bamboo*, pp. 191-192.

构成。于是大米作为一种主食的普及产生了大量幽默的引用，这为战俘们在集中营的娱乐活动之一——戏剧的写作和表演提供了主题。例如一部叫做《又是大米》(*Turned Out Rice Again*)的剧本就是最好的例子。1942年2月25日，日军制定了许多不同的配给表，不过实际发放的数额往往远低于这些规定的数字。来自樟宜战俘营的其中一份配给表如下，即每天：

米饭500克　肉/鱼50克　面粉50克
蔬菜50克　糖20克　油5克
茶5克　盐5克　牛奶15克①

由此我们看到，樟宜战俘营初期的食物还是相对比较理想的，虽然数量难以保证，但是起码的质量和营养是足以让战俘们健康地生活下去的。类似的，美军战俘们在其印象最好的“自行车营地”时，食物的供给和厨房的条件已经达到了所能记录的最高等级。② 1942年2月至3月初，樟宜的战俘们多次要求到樟宜城外补充食物，但都被拒绝了。在此之后，日军终于允许战俘们成立采购小组进入新加坡，以便获得口粮供医院使用。3月初，日军宣布，由于供应短缺，他们将无法提供既定的配给，更不用说增加数量了。澳大利亚战俘很早就认识到这一点，他们最先开始尝试开垦战俘营的荒地种植农作物，派采购小组购买额外的食品来弥补日军供应的缺口。为了达到这个目的，澳大利亚皇家部队分派了800名战俘士兵在樟宜地区开荒种地，并探索周围可以用来耕种的肥沃

---

① R. P. W. Havers, *Reassessing the Japanese Prisoner of War Experience*, p. 43, Quoted from Major Thompson, diary entry for 19 May 1942, Australian War Memorial (AWM).

② [美]凯利·E. 克拉格.《太阳旗下的地狱》,第52页。

土地。① 澳大利亚人的这一倡议后来被纳入整个樟宜集中营地的农田开垦计划，他们的小园圃也变为了战俘营大园圃的一部分，最终樟宜所有的战俘几乎都参与了这项自给自足的耕种活动。最初主要种植红薯，后来农作物品种逐渐增加，开始有人种植木薯、锡兰菠菜、苋菜、空心菜、豆类、辣椒和茄子。这个庞大的项目名义上由日本人监督，但从 1942 年 11 月开始，所有实际和日常事务都是由一个名为"园地控制组"的战俘委员会管理的。② 然而，种植园的计划在 1942 年 8 月接替帕西瓦尔将军成为樟宜战俘营美军最高指挥官的 E. B. 霍尔姆斯(E. B. Holmes)中校眼中并非一件利大于弊的事。种植园变成了战俘们生活中的必要责任，并且产出的蔬菜只能算是日军供应的定量口粮，而不是加菜，因此，战俘们为了得到可怜的食物必须付出更多的劳动，这样依然不能保证他们摄入足够的营养。只不过战俘们在为自己的食物耕种的时候，会在精神上更有动力和安全感。③

在食物方面，不仅数量成问题，饮食结构的单一也是一种隐患。澳大利亚帝国陆军 2/30 营的詹姆斯·罗克斯博格军士(James Roxburgh)就在日记里抱怨过饮食的单调，他称自己在樟宜战俘营的生活"过得简直像奶牛一样"。④ 他还提到：

---

① R. P. W. Havers, *Reassessing the Japanese Prisoner of War Experience*, p. 44, Quoted from British and Australian POW Camp, Changi, March 1942, Public Record Office(PRO), WO222/1352.

② [英]R. P. W. 海沃斯著，季我努译：《樟宜战俘营：1942—1945》，重庆：重庆出版社 2015 年版，第 64 页。

③ [英]R. P. W. 海沃斯：《樟宜战俘营》，第 155 页。

④ R. P. W. Havers, *Reassessing the Japanese Prisoner of War Experience*, p. 44, Quoted from Sergeant Roxburgh, diary entry for 5 March 1942, AWM.

> 我们早餐吃米饭，晚餐吃米饭，下午茶还是吃米饭，配给是1品脱的杯子。里面没有一点盐来调味。有时会有牛肉、鲑鱼或沙丁鱼与之混在一起，但这不会改变味道，因为一罐11磅重的牛肉或鲑鱼需要10个人分着吃。我们被告知岛上只存有8个月的食物，因此，如果事情不改观，我们就必须比现在更勒紧腰带了……①

在这种情况下，食物在战俘生活中引起越来越多人的重视，成为集中营讨论度最高的话题。例如，英军第十八师的R. M.霍纳尔(R. M. Horner)上尉在他的日记中花了相当大的篇幅讨论这个问题：

> 毫无疑问，讨论最多的话题是“食物”。我们的日常饮食使我们不由自主地、随时随地感到饥饿，尽管我们已经习惯了大米是每顿饭的主食，我们还是讨厌米饭……实际上随着时间的推移，厨房越发努力地制作能掩盖大米原形的食物，饼干、面包、粥、米布丁、馅饼、派等等，所有尝试就是为了让我们看不到米饭的白色颗粒，然而我还是不喜欢，后来对米饭也还是深恶痛绝。我们已经有两个星期没有从日本人那里得到什么了，要不是我们随身带了相当多的野战口粮，我们就什么也没有了。现在我们每周吃两次冻肉，还有面粉、茶叶、罐头牛奶、印度熏肉、盐、肉干和风干蔬菜，或者用爱尔兰炖菜代替蔬菜——但这些都是非常少量的。我们的面临更严重的问题是缺乏新鲜蔬菜，营养缺乏类疾病已经在悄悄蔓延，除非我们的配给能实现更平衡的饮食结构，否则随着时间的推移，病患将

---

① R. P. W. Havers, *Reassessing the Japanese Prisoner of War Experience*, p. 44, Quoted from Sergeant Roxburgh, diary entry for 5 March 1942, AWM.

> 达到惊人的数量。看看这是今天的菜单：稀饭、米饭和洋葱……汤汁、茶(马来西亚风味，淡而无味，不加牛奶和糖来调动甜味)——这是我们吃的早餐，通常9点半开餐。午餐时间是下午1点半，今天包括甜米饭、椰子饼干和茶。晚餐在下午6点半，是罐头和米饭馅饼，然后是椰肉面包。这是相当普通的一天的菜单，你会发现米饭在每天的菜单中占据了非常重要的位置。椰子也在我们的日常菜单中扮演着重要的角色，虽然给米饭添加了额外的味道，但是每天吃也产生了厌烦情绪。总而言之，我们现在已经习惯了每天挨饿。①

到1942年7月5日，樟宜战俘营的食物供给依然没有改善，甚至全靠战俘们自给自足。在皇家工兵部队服役的中尉W. R.杨(W. R. Young)在日记里记载，食物缺乏导致战俘们都十分压抑，并且"在最近吃过的8顿饭中，有7顿饭食材都来自我们自己的营地园圃"。②

杨的描述直观反映出战俘们的饮食在很大程度上依赖于自己的营地园圃，也就是说，战俘们的食物更多地来源于自身而非日军的物资。这也论证了日军并未正常保障战俘的食物供给。

随着战俘们的饥饿感持续增加，美国人找到了补充口粮的新方法，即与当地人以及营地里的澳大利亚人和英国人进行额外的食物交易。英国战俘们还在樟宜开了一家小卖部，一些英国军官每周被护送到战俘营外的城镇购买额外数量的食物、肥皂和烟草，

---

① R. P. W. Havers, *Reassessing the Japanese Prisoner of War Experience*, pp. 44-45, Quoted from Captin Horner, undated portion of diary, pre-May 1942, diary transcript, IWM, p. 24.

② R. P. W. Havers, *Reassessing the Japanese Prisoner of War Experience*, p. 45, Quoted from Lt. Yong, diary entry for 11 July 1942, IWM.

美国人则用日益减少的资金从那里购买食品。有的战俘非常想吃蔬菜，甚至从自己的粪便中捡出樱桃、番茄的种子，这样他们就可以播种更多的蔬菜。①

伴随着雨季到来，交通严重受阻，食物的供给也更加困难。战俘们在集中营的食物供给本就少得可怜，尽管厨师们尝试了不同的方式，但能提供的主要食物还是米饭。战俘们的一日三餐都围绕米饭展开：早餐是碎米粥，正午是煮米饭汤，到了晚间还是大米，偶尔日军会牵来一头活阉牛或水牛，把最好的肉切给日本军官或卫兵，但一头牲畜无法喂饱所有人，日军最多在汤里放点儿肉。晚饭或者是米饭布丁，这是一种由米饭制成的黏状物，战俘们常常搭配果酱吃。

自 1942 年 5 月份起，樟宜战俘营的战俘们开始被送往各个施工营地，铁路沿线的集中营生活条件急剧恶化，食物的供应情况也让曾经懒散的战俘们不敢再抱怨或要求更多。日本人虽然照常提供食物，但是质量很差，数量也更少。留给战俘们的米饭往往是烂的，还有象鼻虫和蠕虫，以及存储大米仓库楼层地板间的小卵石。但他们还对外声称战俘的待遇优厚，马来亚联邦志愿军(FMSVF)②连队军士长 P. H. 罗姆尼(P. H. Romney)注意到日本主办的《昭南时报》(*Syonan Times*)上的一份报道，声称“英国战俘已经收到并欣喜地享用他们最近的亲人寄来的包裹”。罗姆尼讽刺地指出：“我们从前没有收到包裹现在也没有，事实上，食物的状况变得非常恶劣，大米变得易腐烂，总是发霉，难以吞咽。”③

---

① [美]凯利・E. 克拉格：《太阳旗下的地狱》，第 77 页。

② 马来亚联邦志愿军，英文全称为 Federated Malay States Volunteer Force。

③ R. P. W. Havers, *Reassessing the Japanese Prisoner of War Experience*, p. 106.

战俘们最初会从恶心的米饭中挑走所有的昆虫和蠕虫，然而逐渐变少的食物和单一的品种让他们不得不把这些虫子视为"蛋白质"直接吃下去。美军军医雷蒙德·里德(Raymond Reed)曾回忆到：

> 米饭和炖煮的食物里充满了蠕虫和象鼻虫……我会把每一个选出来，但我挑出来之后，食物已经冷掉，而且味道像从地狱飘来。它的味道开始的时候就不太好，但是当它冷掉之后简直糟糕至极。最后，也就不再关心挑拣东西这个问题。你只是用眼睛看着那劳什子的蠕虫，想着咀嚼它、吞下它。你已经过了那个挑剔的阶段。①

食物供应在战俘的整个囚禁时期呈现直线下降趋势，到 1942 年 12 月，战俘营开始大量进入供应贫瘠阶段。日本人首先是停止了肉类的供应，取而代之的是鱼类配给。他们对此的解释是，新加坡冷库中的所有肉类现在都已经用完了。还有人向日本人指出，虽然用鱼代替肉似乎很有效，但实际上是减少了口粮，因为鱼类在实际配量上会造成更大的浪费。日本人获悉，所提供的口粮与维持健康所需的最低量口粮之间仍存在很大的差异，以前是由红十字会的救济填补了空缺，现在红十字会供应的食物也已经用尽。战俘们在 1942 年还度过了一个物资相对丰盛的圣诞节，但由于食物定量的减少，新年的景象却是与之天壤之别。

到 1943 年，在"加速运动"的政策下劳动量更加繁重而维生素更加匮乏。米饭每天的供应量波动极大，从 100 到 700 克不等，蔬菜只有瓜类、甘薯、白萝卜和其他根茎类植物，这些都缺少战俘们所需要的维生素和铁元素。1943 年 2 月，澳大利亚陆军后勤部队

① [美]凯利·E. 克拉格：《太阳旗下的地狱》，第 46 页。

的林赛·奥尔(Lindsay Orr)中尉写下了这样的话:“现在除了米饭、少许蔬菜和鱼,日本人什么也没给我。”一个月后,他又写道:“食物变得非常糟糕。人们抓蛇、狗、猫、猴子、鸟来充饥。还有他们到处寻找山药和红薯。”就连像澳大利亚参谋军士 E. W. 巴瑞(E. W. Burrey)中士这样一个月前还表现得很积极的战俘,3 月时也指出,“我们的大米配给已经被削减了……食物很差,大多数晚上睡觉的时候肚子里都是空空的”。①

为了维持食物供应,日本人减少了战俘的粮食份额,一天只能吃到象征性的两顿半食物。那些病得太严重没法在铁路上干活的人得到的更少,每天只能吃一顿到一顿半的饭。大雨使得战俘们吃饭更加困难,他们在工地上,必须迅速把食物囫囵吞下,否则吃饭的家伙里很快会积满雨水。美军军医雷蒙德·里德回忆说:“别说你吃饭的家伙湿透了,你全身都要被雨水淋透。要赶紧吃,否则饭团的米就会被雨水冲走。”②即便战俘们能容忍大米的问题,他们也绝适应不了令人厌恶的米糠。从 1943 年 2 月初开始,日本人强制要求战俘必须食用米糠,并附加了条件,即规定战俘们“必须在接受监督的情况下把米糠作为药物公开食用”③。

在这期间,战俘们想尽办法来填饱肚子。蔬菜方面,他们在丛林中搜寻辣椒和可食用的叶子或草,为他们提供急需的维生素。战俘们还被迫从白茅草(lalang grass)中获取一种“草提取物”,作

---

① [英]R. P. W. 海沃斯:《樟宜战俘营》,第 156—157 页。

② 范国平:《白骨堆砌的泰缅死亡铁路:美国“失落营”官兵证词》,http://www.sohu.com/a/65580591_115427,查阅时间:2016 年 3 月 24 日。

③ [英]R. P. W. 海沃斯:《樟宜战俘营》,第 157 页。

为维生素补充剂。[①] 这种情况也持续了很长一段时间,尽管战俘们从未对此产生多大兴趣甚至颇为反感。

战俘们对肉类的获取方式则更为疯狂,马来亚司令东部约克郡团(East Yorkshire Regiment)的 D. M. 肖恩(D. M. Shean)少校目击了以下令人不安的事件:

> 4 月 6 日。昨晚发生了一场可怕的骚乱,有个小伙子因为没有食物喂养自己的宠物猴子而把它电死了。随后他被一群饥饿的家伙围着营地团团转,他们想买那只猴子的尸体吃。猴子的主人因为对宠物抱有感情而不愿意卖掉尸体,但他也不敢埋起来,因为他知道尸体会被挖出来吃掉。我相信他必须等到天黑,然后偷偷把尸体带到某个黑暗而秘密的埋葬地点!所以即使是我们的饥饿也给我们的生活带来了一点幽默。[②]

食物短缺的程度通过上述事件足以衡量。此外战俘们还想办法捕捉各种野生动物,有些人会捕食营地周围的蛇和蜥蜴,还有些战俘抓到过麻雀并把它们油炸了。据巴瑞中士的一位朋友说,事实上"尝起来很美味"。尽管已经处于极度饥饿的状态,巴瑞仍然轻蔑地评论荷兰战俘们吃老鼠的行为,他始终认为"没有理由屈尊至此"。奥尔中尉也在考虑食物的情况,含糊其辞地说,"猫和狗现在是一种奢侈品",然而他是指宠物还是一顿饭还不清楚。1943 年 11 月,樟宜的狗太多了,以至于日方发布了命令,所有新生动物的

---

① R. P. W. Havers, *Reassessing the Japanese Prisoner of War Experience*, p. 107, Quoted from Major Thompson, diary entry for 11 July 1943, AWM.

② R. P. W. Havers, *Reassessing the Japanese Prisoner of War Experience*, p. 157, Quoted from Major Shean, diary entry for 6 April 1945. IWM.

幼崽都必须被杀死。食物缺乏的问题太过于迫切才导致日方出台这样的规章制度，并且着重声明任何违反规定的人都要受到严重处罚。①

战俘们除了利用野外环境寻找食物，日本人的厨房自然也是他们打主意的重点。由于日本人为防止战俘们偷食物在厨房附近埋了不少地雷，美军第二营的华裔美国人艾迪·冯(Eddie Fung)等人学会了如何更加聪明地从日本人那里偷食物："你唯一能弄到食物的地方就是日本军的驻地。我最喜欢的目标是日本厨房……后来我决定观察日本人是从哪条路进到厨房的，那必然是一条安全进出的路线。所以，地雷并没有让我们的行动迟缓太多，只是我们必须更为小心谨慎而已。"②

战俘生活接近尾声的时期，日本人制定了新的配给规定，将战俘们分为三类人，他们分别是重劳务工、轻劳务工以及无劳务工。并且，日本人规定取消储备粮，将粮食全部分配下去，保证重劳务工都能获得相应的配给。这项规定是为了确保那些还能在工地为日本人工作的人能够继续全力工作下去。然而这些规定对虚弱的患病战俘产生了巨大的影响，特别是对那些食物配给量已经很少的病人和正在康复的人。他们完全恢复健康的机会实际上在这样的规定下变得更加渺茫，他们只有挣扎着努力工作才能获得更多的食物，但这些食物给身体提供的能量显然早已被繁重的体力劳动所抵消。

新的口粮分配规定实施后，一次日本人对战俘进行了健康人口普查。根据汤普森少校的日记记录，战俘们的人均体重如下表：

---

① ［英］R. P. W. 海沃斯：《樟宜战俘营》，第 234 页。

② ［美］凯利·E. 克拉格：《太阳旗下的地狱》，第 134 页。

| 国家 | 人数 | 平均体重 |
| --- | --- | --- |
| 英国 | 4 166 | 61.026(134 磅) |
| 澳大利亚 | 3 846 | 61.624(136 磅) |
| 美国 | 51 | 63.564(140 磅) |
| 荷兰 | 1 010 | 62.287(137 磅) |
| 其他 | 54 | 64.876(143 磅) |
| 合计 | 9 127 | 61.450(135 磅)平均减重 0.342 千克① |

然而,一个月后日本人再次进行同样的普查时,战俘们平均减重为 1.136 千克。其劳动力状况层级分布情况如下表:

|  | 军官 | 士兵 | 总和 |
| --- | --- | --- | --- |
| 健康人群(重劳务工) | 294 | 1 946 | 2 240 |
| 非健康人群(轻劳务工) | 299 | 2 329 | 2 628 |
| 医务人员 | 118 | 643 | 761 |
| 非健康人群(内部工作) | 357 | 2 851 | 3 208 |
| 无劳务工 | 179 | 170 | 349 |
| 合计 | 1 247 | 7 939 | 9 186② |

从第二张表格的数字可以看出,非健康人群的战俘数量远远超过了健康人群的数量,战俘们越来越无法负荷后期高强度的工作。此外,在配给下降的同时,工作日程也加紧了,非健康人群的数量比例只会继续增加,而且随着建设的压力增加,日本人不得不大量使用患病的战俘来工作。

① R. P. W. Havers, *Reassessing the Japanese Prisoner of War Experience*, p. 158. Quoted from Major Thompson, diary entry for 22 February 1945, AWM.

② R. P. W. Havers, *Reassessing the Japanese Prisoner of War Experience*, p. 158. Quoted from Major Thompson, diary entry for 20 March 1945, AWM.

## 四、疾病与医疗

在健康方面，许多战俘在樟宜期间就开始患上各种疾病，例如美军第二营的弗兰克·菲克林(Frank Ficklin)在樟宜患上胃溃疡，在医院呆了 3 个多月。夸脱·戈登勉强同意在医院接受手术，外科医生从他的头上摘除了一个肿瘤。日本人提供的医疗用品非常少，所以樟宜的医生和护理员只能将就用他们带进集中营的东西，或者他们可以通过集中营繁荣的黑市交易获得的东西。在战俘营，疟疾、登革热、痢疾、脚气病和热带溃疡是剥夺盟军战俘生命的五大热带疾病杀手。热带丛林潮湿不已，蚊虫滋生，可怕的是无处不在的蚊子身上携带着多种可怕的病毒和病菌。

在战俘们以大米为主的饮食结构下，缺乏维生素的情况首先引发了一系列与营养不良有关的疾病，如脚气病和糙皮病。一些战俘还出现视力退化的情况。霍纳尔上尉就记录了营养不良对其产生的影响："我那双快乐的老眼睛越来越昏昏沉沉了，虽然还没有某些人那么糟。我一次还能短时间读书，相当多的官兵根本不能阅读了。"到 1944 年 12 月，澳大利亚皇家部队已经有 103 名战俘因为长期的营养不良而部分失明或彻底失明。[①] 日本人也观察到了这些现象，才默许樟宜的战俘开荒种菜，补充一些维生素。

除去营养不良导改的疾病外，当属热带疾病在战俘群体中最为普遍。泰缅边境地区的疟疾病状极为险恶，其表现以热带热为主，并有很多病例发展为黑水热的情况。[②] 一般而言，除恶性热带

---

① R. P. W. Havers, *Reassessing the Japanese Prisoner of War Experience*, p. 106.

② 在使用奎宁治疗疟疾时，其副作用包括红细胞的急性崩坏，表现为血尿，患者的尿呈红褐色，再加上黑水热，死亡率高达 5%—25%。

热以外，几乎没有因疟疾而死亡的病例，但该地区的疟疾并发症症状非常恶劣，并发症还会影响到患者脑部健康，致使患者腺体出血、血尿、心脏衰弱等等，有人甚至发病后不久便去世了。在泰国南部的地区，疟疾在雨季来临的前夕，即3月至4月左右便爆发了；另外，儿童脾腺肿大的病例高达80%—90%。① 例如，铁道工程师二松在拜访塔卡奴地区（Takanum）时，便发现那里的居民几乎全部患有疟疾，甚至儿童也都出现了肝脏肥大的症状。②③ 在塔卡奴，共生活着20多户人家，在泰缅铁路沿线上来讲，那里的人口聚集度算是比较高了。附近还有钨矿矿山，工人往往驱使大象驮着原矿石下山，然后再利用水路将矿石运输到北碧府。因此，这个村落中住的都是矿山的矿工，以及几位政府工作人员。

柳田正一于1943年3月也对塔卡奴地区一带进行了考察。当时，因为工程的推进，需要将战俘收容所第二分所从崇介转移至塔卡奴。而根据所长佐佐木提供的报告：“塔卡奴地区共有20多户居民，村民们都面黄肌瘦，患有恶性疟疾。为了推进施工，因此需要额外调配5 000人3个月所需的盐规药片。”此外，柳田也在其他的文件中写道：“说起治疗疟疾的药物，奎宁的供给格外不足。”④ 对奎宁的大量需求做出了特别的要求。如此一来，工程建设的有关

① 疟疾患者往往脾脏肿胀，疟疾发展病情的判断标准之一便是脾肿率。

② 患有慢性疟疾的病人往往不止脾脏肿胀，后期还会发展为肝硬化。

③④ 浅井得一「泰緬鉄道補遺」、『新地理』第10(4)期、1963年、16頁。

人员便都知道塔卡奴地区是恶性疟疾爆发的核心地区了。[①] 自1943年初起，疟疾便从缅甸一侧逐渐扩散开来，并于4月越过边境波及泰国。随着雨季的到来，疟疾疫情愈发严重，直至6月到达高潮，患病人数一度多达6 000人，其中有4 000人因此丧生。因为疫情，铁路施工一度中止，日军的工作重心不得不一度转移至防疫上来。柳田就任泰国战俘收容所第二分所所长时，该分所的驻地正是塔卡奴地区。5月24日便出现了疟疾的患病病例，病发身亡者相继出现。这场疫情于8月下旬才渐渐平息，在380名患病战俘中，有270人死亡。为了抗击疫情，柳田曾经做出不少决定，其中包括隔离患者、消灭苍蝇等，他还令各中队及各炊事班每天报告灭蝇数目，并为灭蝇有功者提供奖励。[②]

此外，樟宜战俘营的人最开始时也多感染了痢疾，生病的战俘被送往营地医院，在那里他们只接受最基本的治疗。由于环境的恶劣和食物的匮乏，不断有人因高烧和痢疾倒下。战俘营内没有流动的水源，也没有电，厕所也就是在地上的浅滩处找了一个坑，离住所很近，露天坑厕总是爬满蛆虫，在雨天屎尿横流，这些造成战俘痢疾发病率很高。苍蝇和蚊子在战俘营内大量繁殖，尤其是在战俘们住的房子里，虫霉病蔓延，厨房四处乱飞的蚊蝇导致痢疾的大量传播。厨房缺少厨具和器皿，更不用说有东西遮挡食物远

---

① 浅井得一在《泰緬鉄道補遺》中写道："我们想尽一切办法控制疟疾发展。首先是为了预防疟疾的盐规药片，强调不论如何都要记得每日服下一片。暴露在外面的脸和手等部分，为了预防蚊虫叮咬，所以配发了防蚊药膏。在野外露营时，即使酷暑难耐，也要戴着防蚊面具。如此苦心防疫，最终战胜了疟疾，也算是不幸中的万幸了。我和佐野先生都曾在仰光染疾，我本人经历过热带热和三日热这两种疾病。"见浅井得一「泰緬鉄道補遺」、『新地理』第10(4)期、1963年、18頁。

②《柳田手记》。转引自浅井得一《泰緬鉄道補遺》、『新地理』第10(4)期、1963年、16頁。

离蚊蝇了。营里还有很多巨大的蝎子和蜘蛛，都有毒性，大约六七英寸那么长，被咬上一口虽然不致命，但疼痛难忍。日军的殴打虐待、热带疾病和缺乏维生素摧毁了生活在丛林中的战俘的健康。他们几乎没日没夜地上工，口粮也不充裕，食物里几乎没什么营养。战俘们大都营养不良，免疫系统也无法抵抗疾病，加上营内糟糕的环境，战俘们很快都患上了痢疾，集中营所谓的医院迅速挤满了因为痢疾和疟疾而倒下的病人。战俘们转移到新的集中营之后，往往 3 周之内几乎一半的人都因疾病而无法上工。有些日本军官会因为情况过于严重而给战俘提供一些医疗援助，而大本营的战俘通过与当地人的交易能获得的物资稍多一些。美国水手詹姆斯·赫夫曼(James Huffman)得过痢疾，他这样描述他的感受："你感到身体里的水分快要流干了，拉肚子拉得直肠都要翻过来，你身上剩不下一点肉，空留一副骨头架子。拉肚子拉出来的全是黏液，而且源源不绝。"患上痢疾的人体液流失，患者会开始脱水，体重下降，并导致手足无力。一众罹患痢疾的战俘们大多数要拉肚子的时候都来不及赶到厕所，他们控制不住，往往拉在自己身上。樽本曾这样描述患有痢疾的战俘："当我在工作地点的时候，一个面色苍白的战俘会走到我跟前说：'Benjo(厕所)，speedo(速度)！'因为大便不畅，他想放松一下。但在大多数情况下，他都控制不住自己，在我有时间回答之前，他很快就跑到附近的灌木丛里去了。"①美军第二营的斯勒格·瑞特在(Slug Wright)"加速运动"期间瘦了 50 多磅，主要是痢疾所致。他解释了这件事对他的影响："我太虚弱了。当我发现自己不由自主跪下来，却无法走到坑

① Tarumoto Juji, "Matoma, the Hardest Time of All," in Kazuo Tamayama (ed.), *Railwaymen in the War*, p. 140.

厕的时候，我就吓坏了！我眼睁睁看着粪液顺着我的腿往下流。我乞求能有一些东西来清理自己，因为我无法忍受。当你得了痢疾时，你所经历的精神抑郁对你自己的心灵和你的肠道都有巨大的影响……我无法控制[我的肛门]或收紧它。这很令人沮丧，气味难闻，我想要去死。但我还是在努力活下去。"①得了痢疾的战俘一天可能要跑几十趟厕所，由于没有药，战俘中的医生们只能让他们吃一些烧焦了的锅巴，有些战俘还会吃一些木炭，这些东西都能清理肠道，吸收引发痢疾的微生物，让病菌排出体外。除了痢疾还有登革热，许多战俘刚到新集中营几天后就感染了登革热，五六天的时间里病人高烧不退，整个人都没有力气，对任何事物都提不起兴趣。

阿米巴性痢疾和疟疾一样，也是热带地区常见的传染病。但在泰缅铁路施工现场，这种疾病往往与疟疾同时发病，造成更为严重的临床表现，更有甚者影响到患者的生命。另外，天花也多发于泰国和缅甸一带，在泰缅铁路的施工中就曾有不少人染疾。除了这些，热带溃疡也是另一种山地高发的疾病，尤其是在日常生活中裸露着小腿的人，大多容易中招。而由于鞋靴供应不足，战俘们往往大面积暴露着小腿部分，患病者皮肤溃烂，溃疡处甚至可以看见骨头，样子极为凄惨。1946 年 10 月 21 日至 12 月 3 日，盟军在新加坡举行了对柳田、和田外松②等 5 人的战犯审判。面对关于卫生政策的审讯，曾任铁道部队司令官的石田英熊说道："日军为了预

---

① Kelly E. Crager, *Hell under the Rising Sun*, pp. 96-97.

② 战俘收容所第一分所所长。

防热带溃疡,还曾下令制作草鞋。"①②

相比于脚气病和痢疾之类的疾病,热带溃疡才是最厉害的杀手。《深入北方的小路》中描述了这样一个令人震惊的场景:澳大利亚医生多里戈·埃文斯(Dorrigo Evans)发现杰克·雷恩博(Jack Rainbow)的伤口在流血。他已经做了两次溃疡手术。由于溃疡侵蚀了杰克·雷恩博的胫骨和脚踝,他的大腿上部以下的部分被截肢。但现在,坏疽又在残端周围形成,所以他不得不接受第三次手术。手术室也是一间简陋的小屋,没有合格的医疗器械,就像"孩子对手术室的想法"、"用成型锡罐制成的反射器中设置的蜡烛、用煤油罐制成的消毒器、竹子手术台、用从发动机上偷来的磨光钢制成的手术器械"。③ 不幸的是,尽管多里戈尽力了,但杰克·雷恩博最终还是因为没有止血带和绷带而死去。在病人的小屋里,每天都有许多人像杰克·雷恩博一样死去。

除了以上提到的热带疾病,最可怕的疾病之一要属霍乱。战后新加坡满目疮痍,霍乱在当地居民中大肆爆发,为了防止霍乱入侵战俘营,所有进入新加坡的战俘都必须接种疫苗。日本人向樟

---

①《柳田手记》。转引自浅井得一《泰緬鉄道補遺》、『新地理』第10(4)期、1963年、17頁。昭和21年(1946)12月3日的判决中,石井获绞刑,柳田被判处有期徒刑20年,石田、和田被判处有期徒刑各10年。

② 昭和28年(1953年),读卖新闻社的特派员石田乘坐部分残留的泰缅铁路抵达越南,关于被称作"南方溃疡"的热带溃疡这一疾病,他如是描述道:"被蚊虫叮咬的部分会肿至两钱铜板那么大,如果放任病情发展的话细菌会继续腐蚀皮肤,患者会发烧、发疯。"见「泰緬鉄道はどこなつた」、『読売新聞』、昭和28年(1983)7日。热带溃疡是患者发生皮外伤之后的并发症,与受蚊虫叮咬有关,患者需要从感染源地被隔离开来进行治疗。但在泰缅铁路的建设中,根本做不到隔离患者,而且患者往往身染阿米巴性痢疾、热带溃疡、疟疾等多种疾病。此外,虽然热带溃疡名为此,但其往往并不是由一种细菌感染所致,而是由多种细菌造成的一种热带皮肤病。

③ Richard Flanagan, *The Narrow Road to the Deep North*, p. 231.

宜集中营的医院和医疗站提供了大约 200 万片维生素 $B_1$，要求这些医疗机构根据疾病情况发放给战俘。并且，战俘营中只要是需要接触和制作食物的人也都接种了霍乱疫苗，在战俘们迅速有效的预防措施下，最初阶段的战俘营并没有遭受霍乱的侵袭。① 邓禄普在 1941 年底前往印尼万隆管理一家后方医院，他本是有机会躲避日军抓捕的，但他坚持留下来与伤员在一起。在他的日记中提到，战俘们有机会接种霍乱疫苗，但民夫们是不可能有的。日军非常害怕传染上霍乱等疾病，对待霍乱的态度也极为冷酷：为防止疾病蔓延，会活埋患病的民夫；为减少传染的风险，他们不会自己动手，而是用刺刀、枪口强迫民夫自己或是战俘活埋患病的民夫。或是将病人丢弃到丛林中任其自生自灭。有时甚至直接拿榔头敲击病患头部，将其活活打死。战俘们回忆，曾有一名印度民夫在路边奄奄一息，没有水和食物。路过的当地人从不会来给他一些救援或温暖，日本人则禁止战俘走近他，说他马上就要死了。一些战俘把自己的米饭和水分给他，4 天后他还是死了。日军对他的尸体依然置之不理，直到蚊虫和蛆虫开始叮咬，才下令战俘把他埋了。②

但是，“加速运动”期间，是战俘们压力最大、抵抗力最弱的时候，霍乱最终还是袭击了集中营。“F”部队中最先出现这种疾病，同时也是受感染最严重的。霍乱沿着铁路线上下蔓延，对泰国部分的战俘集中营造成了巨大的破坏。“F”部队损失 637 人，“H”部队有 217 人死亡。亚洲苦力民夫群体受到的打击更大。在尼基地区附近的一个营地有 1 750 人死亡，其中很多是泰米尔人。当时情况非常糟糕，日本人只好让步，试图从新加坡紧急运送医疗人员和物资。“K”部队由 30 名医务官和 200 名护理员组成，于 1943 年 6

---

①② [英]R. P. W. 海沃斯著：《樟宜战俘营》，第 69 页。

月 25 日从樟宜乘坐火车被押运到集中营营地。8 月,另外由 15 名医务官和 100 名护理员组成的"L"部队被派往泰国一侧的北方。但是,到 6 月底,在原本拥有 7 000 名战俘的"F"部队中,已经只有 700 名战俘还能够勉强工作了。

查尔斯·斯蒂尔少校也曾见证了霍乱带来的混乱。尽管斯蒂尔和他的同事们努力不懈,霍乱还是降临在了 154 公里营地。斯蒂尔的新朋友普里姆罗斯(Primrose)中尉,陷入了一个戏剧性的道德困境,并以悲剧告终:

> 最糟糕的事情发生了。昨天,日本人愚蠢地从金赛约克调来一个新伙伴(译者注:金赛约克不久前爆发了霍乱)。今天,一个人就因为霍乱而奄奄一息。一名日本军官听闻这件事后,立即命令朝鲜守卫射杀这名战俘。罗伯茨少校和普里姆罗斯中尉都强烈反对,但朝鲜守卫已经瞄准了目标。普里姆罗斯中尉随后从朝鲜人手中夺过步枪,他说宁愿自己开枪打死这个人,因为日本人和朝鲜人都因为害怕被感染而不愿靠近他。他们虽然戴着护面,但害怕得发抖。霍乱是世界上最快也是最致命的疾病。普里姆罗斯中尉在抗议中开枪打死了他。
>
> 许多人在金赛约克死去。我的手下有一个战俘当天晚上 9 点还感觉很好,而隔日凌晨 3 点就死了。人们不能埋葬这些人,因为担心土壤和水也会受到病毒的污染。所以这些尸体都必须被焚烧,然而这也很困难,因为日本帝国皇军根本不能提供足够的汽油……前景不是很光明。我不知道下一个是谁。我不知道谁会经历这些危险。①

---

① Charles Steel and Brian Best (eds.), *Burma Railway Man*, p. 72.

各种疾病在热带地区肆虐，然而战俘营的药品供应相当有限。尤其是对于参与施工的战俘们而言，他们很多人患病后根本没有机会见到军医便去世了。日军在初期采取了一些防治疾病的措施。1942 年 4 月末，樟宜集中营的联合医疗机构向战俘们发放了每人每日两盎司的酵母粉，用以给战俘们治疗脚气病。日本人还曾经坚持给战俘接种疫苗预防痢疾和伤寒，①然而更糟糕的是，在预防痢疾的过程中，通过接种疫苗控制痢疾传播的措施被证明是失败的，甚至有人因为打疫苗而染上了痢疾。

实际上，因为日军控制着全世界的供给，因此战俘营有充足的奎宁，但医院的其他所需根本无法满足。数百人遭受着热带溃疡和各种癣类疾病的折磨。治疗美国战俘最成功的医生当属亨利·赫金。在战争之前，赫金在荷兰殖民地行医，对当地植物和热带疾病的治疗有丰富的知识。日本人将赫金派给菲茨西蒙斯带领的第三分队，他在战俘中赢得了传奇般的声誉，因为他能够在英国、澳大利亚或美国医生无能为力的时候帮助他们。赫金通过传统的本土疗法治疗战俘，比如在伤口上涂抹某些草药，取得了很大的成功。赫金的勤务兵斯勒格·瑞特把他的成功归因于他同时治愈了精神和身体上的疾苦：赫金努力保持战俘们的斗志，增强他们的士气，这样病人们才能生存下去。瑞特回忆说，赫金经常在晚上溜出营地去搜集药材，这样他才能在疾病突袭的时候在当地村庄就可以医治病人。

赫金医生提出的绷带和草药的方法缓解了许多病症，但绷带和绷带材料带来了更大的问题——日本人显然不会给战俘们百分之百的材料。有个战俘很幸运，他腿上缠了几码绷带，但是不得不

---

① ［英］R. P. W. 海沃斯：《樟宜战俘营》，第 158 页。

反复使用长达数月。通常没有剩下什么绷带还可用，只能把原来的绷带剪成一小块一小块覆盖在伤口上作衬垫，还必须用附近树上的液体树胶固定。1942 年 12 月初有些战俘腿上缠了三段绷带，但是他们的腿需要每天换绷带，只能不停地重复清洗些绷带，直到 1943 年 4 月才找到一些其他废料来替换。①

由于军医们秉承医者之心极力向日军索要物资，导致日本人对医院的军医也有不少怨气。日本人曾无缘无故殴打军医，事后也只是道歉但也并不弥补，并且还是要求他们见到警卫要全体鞠躬敬礼。

医疗设备的紧缺则体现在诸多方面，小到医生没有工具进行手术，大到营地缺少医院或医疗组织。首先，集中营的军医们想方设法利用现有资源救治生病的战俘。英国战俘史密斯少校（Major Smyth）是医术精湛的医生，他在治疗战俘的工作中表现得十分出色。他没有通过截肢去治疗坏疽性溃疡，而是用碳水溶液清洗患处，然后用勺子去除腐肉。另外荷兰医生亨利・赫金和菲利普・巴奥马斯玛（Philip Bloemsma）也弄到了小咖啡勺，他们把咖啡勺尖端磨快，做成了一把小小的手术刀。不过他们用这种办法帮战俘清理溃疡时，战俘特别痛苦。由于没有麻醉剂，要硬生生地用咖啡勺把腐肉挖出来，手术时往往需要四个战俘按住病人才行。另外两种方法则较为少见：一些战俘用当地草药或者泥浆敷在溃疡创面上；一些战俘站到溪流中，让鱼儿吃掉腐肉。②

其次，在建设医院方面，日军几乎没有提供任何有力的帮助。

---

① [美]凯利・E. 克拉格：《太阳旗下的地狱》，第 100、102 页。

② 范国平：《白骨堆砌的泰缅死亡铁路：美国“失落营”官兵证词》，http://www.sohu.com/a/65580591_115427，查阅时间：2016 年 3 月 24 日。

例如，樟宜战俘营的医院以前是一个住宿区，因此没有用于任何医疗用途的设计。于是，一个雄心勃勃的项目，即设在罗伯茨战俘营的罗伯茨医院(Roberts Hospital)由战俘军官提交给日军审批。在决定开始初步工作的同时，战俘们还要向日军提交一份计划，帮助建造医院这一项目尽早变为事实。然而他们没有考虑到的是，尽管处于被俘初期的这一阶段，即 1942 年 7 月初，但看守与战俘之间的对抗关系已经形成。日本人对战俘们提出的频繁要求往往不予理睬，霍尔姆斯中校的结论是，这些书面报告实际上从未有人读过。没有日本人对这一提议进行正式的决议，战俘们便自行组织劳力进行他们认为对集中营的福祉至关重要的活动。如果在等待日本人做出决定的同时，推迟这项至关重要的建设行动，很可能会给战俘们的健康造成严重的后果。1 个月后，樟宜集中营的医院最后由战俘们自行改造完成。①

在新加坡举行的战犯审判中，面对法官的审讯，石田英熊如是答道："根据南方军总司令寺内的指示，泰缅铁路建设的总参与人员有 14 万至 15 万，相当于日本 7 个师团的人数。所以共派遣了 12 所野战医院。当被要求增加两所医院时，原计划前往缅甸的第五十四师团的野战医院被临时派遣至这里，除此之外别无他法(增援医疗)。然后我去了昭南面见寺内以及清水，再次向他们申请野战医院的设立事宜。之后，我又向青木军医申请增加药品的补给，但与申请数目相比，我只拿到了相当少量的药物。1943 年 12 月，才终于争取到关于野战医院的重新派遣驻地事宜，对象即是原计划前往缅甸的第二师团野战医院。"可见日军在建设医院方面的效

---

① [英]R. P. W. 海沃斯：《樟宜战俘营》，第 70 页。

率之低、资源之紧缺。①

到泰缅铁路修建后期,"加速运动"的开始更是让集中营的疾病情况雪上加霜。最终,由于各个营地病人总数过于庞大,日军指定了一些集中营为医院或医疗站。斯蒂尔所在的154公里集中营就有一家专门接受霍乱病人的"医院",他在给妻子的信中回忆道:

> 这对我们来说是糟糕的时期。这里有一家霍乱"医院",但实际上它是一个垂死的小屋,因为没有任何真正的治疗方法。得病的日本人、泰国人、英国人、荷兰人和泰米尔人,男人和女人都挨着躺在一起……有一天,4个男人被派去送1个病人到这家医院。当他们到达那里时,那里的日本人让他们焚烧了1名死去的泰米尔妇女。然而那天晚上他们自己也死了,这足以说明霍乱是多么具有传染性……日本人带走了所有健康的人,留下病人自己照顾自己。我们被迫让病人起床做饭和做其他工作。不能走路的人不得不坐在那里剥洋葱。②

斯蒂尔口中的"垂死的小屋"在战俘集中营不止一个,最为著名的是日军指定80公里集中营作为医疗营地。此时铁路修建的进程已经超过了80公里路标,这处营地已经对日军没有任何用处,于是它被抛弃,更加破败。棚屋急需修葺,附近营地曾有霍乱爆发,没有安全的饮用水,地上到处是老鼠和昆虫。但是,这里就是生病战俘的"康复所"。日军对战俘的健康和生死毫不关心,很少有警卫陪同生病的战俘到80公里集中营。80公里集中营中,那些腿上和身上长满疮的人的痛苦与患有痢疾的人相比还逊色一

---

①《柳田手记》。转引自浅井得一《泰緬鉄道補遺》、『新地理』第10(4)期、1963年、17—18頁。

② Charles Steel and Brian Best (eds.), *Burma Railway Man*, p. 74.

些。有些荷兰医生声称对热带疾病尤其是痢疾有专门研究，他们在一间肮脏、阴暗、不通风的小屋里负责处理疑难杂症。荷兰医生认为得了痢疾的人不应该洗澡，因此数十名可怜的人在这个臭烘烘的小屋里躺了一周又一周，连洗手洗脸的机会都没有。胡子拉碴，被细菌性和非细菌性痢疾缠绕，很多人在1943年的最后几周悲惨地死去，直到澳大利亚战俘共同抗议，要求把得痢疾的人转移到自己营地的超负荷的医疗人员处治疗，大本营的医院才又建了几座新屋。遗憾的是，许多澳大利亚人已经命丧于此。曾有战俘记得平安夜那天给一些得痢疾的澳洲病人额外的水，其中一个人告诉他这是他一个月以来洗的头一次澡。开水非常宝贵，但荷兰医生拒绝给病人们每人每天超过一瓶的水。由于在这个营地里，没有任何人的疾病得到治愈，没有足够的医护人员，病情最轻的人要负责照顾那里的其他战俘，给他们喂食，并尽其所能提供安慰。死去的战俘人数不断增加，因此，80公里集中营很快就获得了“死亡营地”的名号。

战俘们明白，一旦被送到80公里集中营，很可能就回不来了。为了保住生命，许多美国战俘即使已经挣扎在死亡的边缘，也拒绝前往80公里集中营。美军第二营的丹・布索(Dan Buzzo)说被送往80公里集中营就等同于被判“死刑”，在被带到那里之前，他坚持了尽可能长的时间。乔治・伯恩斯也知道在80公里集中营待的时间越短越好，尽管他饱受溃疡、痢疾和疟疾的折磨，他还是强迫自己回到105公里营地的铁路上工作，铺设铁轨。美军第二营勤务连的克拉克・泰勒(Clark Taylor)在80公里集中营期间体重降到了90磅，他还感染了疟疾和痢疾，并伴有热带溃疡。由于营养不良，他失明了好几个星期。他知道，如果他留在那里，无论如何都会死的。因此病入膏肓的泰勒和伯恩斯一起，挣扎着前往105

公里集中营，并最终幸运地活了下来。

夸脱·戈登是为数不多的在泰国段铁路终点工作的美国人之一，他把80公里集中营描述为“等死的地方——那里没有药，什么也没有。你要么康复，要么死亡……大多数情况是会死”。① 戈登记得，他最终达到了这样一个境界：为了能在医院里生存下去，他愿意做任何事情。他描述了一个特别令人咋舌的事件：“有一个澳大利亚人[在这个营]休养，还有一个英国人，还有我自己。这名英国人在我们中间去世了，所以我们琢磨着，近几天内最好不要告诉任何人，这样我们俩就可以得到他的那份口粮了。于是，我们就分食了他的那份。直到[英国人的尸体]臭气熏天，我们不得不告诉日本人他死了。他们开始把他拖走。他有一条很好的毯子，于是，我们对自己说，‘见鬼，他去的地方不需要那条毯子！’所以，我们把它扣下，轮流用他的毯子。万能的上帝啊！”②

80公里营地成了被日本人抛弃的营地后，只有少数的医护人员被派往这里，其中一些人甚至自己都还生着病，这样的牺牲者之一便是美军第二营的医官休·兰普金(Hugh Lumpkin)上尉。兰普金无私地为病人治病，人们都很尊敬他。虽然他拯救了数十名战俘的生命，但他最终无法挽回自己的性命。1943年8月1日，痢疾夺去了他的生命。克拉克·泰勒是兰普金的挚友，他在兰普金生命的最后时刻伴其左右，那是一段痛苦的回忆：

> 我记得休病得很厉害。他同时患有疟疾和痢疾。他脱水也很严重。我们在地板上挖了个洞，这样他就可以把屁股放进去[排便]，因为他每天要去拉10次、12次、15次……他想要一个荷兰医生烧开一些水，然后把水注射到他的静脉里去。

---

①② [美]凯利·E.克拉格：《太阳旗下的地狱》，第125—126页。

> 他觉得能想到的拯救自己的唯一办法就是往身体里灌水。这是但是治疗霍乱和痢疾的一种方法。他生前一直在做尸体解剖，寻找霍乱源头，因为沿河地区已经出现了霍乱恐慌。然而这个荷兰医生不敢做休要求他做的事，他害怕这会杀了他……不过，休最后还是死了。他是一个英俊的男人。我们好好安葬了他，为他祈祷。我相信萨普上校为其读了布道文。当一个人去世时，他的长官要在他下葬时宣读布道词。老实说，我始终不敢相信，休已经不在人世了。①

兰普金的去世对战俘们的士气是一个沉重的打击。他们目睹了这个人在不可能的条件下依然帮助拯救他们的生命，现在他走了。如果像兰普金这样的人——懂得医学，懂得如何照顾自己——都能够死去，那么对他们其他人来说，死亡也就不远了。

不过，战俘们在 80 公里营地失去了兰普金，但他们又发现了另外一个无私奉献的人。日本人把美国“休斯顿”号上的水手查理·普莱尔(Charley Pryor)送到 80 公里营地，因为他们认为他活不下去了。当普莱尔和 45 名美国人和 40 名澳大利亚人一起搬到 80 公里营地时，他得了严重的痢疾，腿上有一个巨大的溃疡，还有疟疾。尽管普莱尔的身体状况极为不佳，但他是唯一一个坚持不卧床的美国人。普莱尔把水和食物蹒跚地拖到其他生病的美国战俘们身边，给他们洗澡，护理他们的溃疡。当他的一个同乡去世后，普莱尔还挖了他的坟墓，帮助埋葬了这个倒下的人。普莱尔从不指望得到赞扬，他只是认为这是正确的做法。

---

① Kelly E. Crager, *Hell under the Rising Sun*, p. 100.

如果80公里集中营是一个"死亡营地",那么100公里集中营也是如此。这个营地坐落在一个低矮的山谷里,在整个季风季节,大部分营地都淹没在1—2英尺深的水中。战俘们在漫过膝盖的泥泞中艰难跋涉,随之而来的擦伤、瘀伤和刮伤导致了无数的热带溃疡。整个营地的积水为丛林中携带病菌的数百万只蚊子提供了一个完美的媒介,无论是蚊虫还是疟疾带来的困扰有增无减。查理·普莱尔称这是他遇到的最糟糕的营地:"它几乎完全建在一片沼泽地里,这个地方的泥浆似乎深不见底。你就得生活在无尽的潮湿之中。"①

在"加速运动"期间,47名美国人死于80公里集中营,另有52人死于100公里集中营的病室。据旅居泰国的华侨郑传良记述:"在筑路工程经过的坎布里地区,日军专门设有一间'死亡屋',用于处置重病号,被送进里面的1 200名病人中,只有10人保全了性命。"②死神每天会光顾这些集中营,有时仅仅一天就带走多达12名不同国籍的战俘的生命。生病但还可以走动的战俘们每天都要组成小分队去埋葬逝去战友的尸体,参与这些埋葬工作是战俘必须完成的最困难的任务之一。他们本身病得很重,住在这些"死亡营地"里的人都不应从事挖掘坟墓这么艰苦的劳动,但是战俘们都懂得埋葬死去的战友的重要性。从事埋葬工作的人为他们的朋友挖出浅浅的坟墓,因为缅甸这个地区的水位很高,这就意味着坟墓如果挖得太深尸体会被地下水冲走。死者被剥去了身上可能有的衣服或饰品,裹在薄竹席里,然后才被放进坟墓。幸存者们瓜分了死者的财产,他们

---

① [美]凯利·E.克拉格:《太阳旗下的地狱》,第125—126页。

② 郑传良:《"死亡铁路"与桂河桥》,《抗日战争研究》1995年第4期,第73页。

辩解说，多一条毯子或一条短裤可以帮助那些还活着的人，而对死者却毫无用处。另一个原因是缅甸当地人往往会挖出尸体并掠夺他们的财产。

最可笑的是，日本军队在泰缅铁路泰国路线上建了一座名为“那空巴风”(Nakon Pathon，笔者音译)的医院，这是一个虚假的示范营地，用以给国际红十字会的代表留下深刻印象——此前并没有任何战俘曾被接受到此进行治疗。日本人受到国际新闻和救援机构的压力，不得不提供证据证明：与外界传言相反，盟军战俘在此处受到了良好的待遇。然而，真正的情况是，只有在日本人看来没有工作价值的战俘们才会被送到“那空巴风”这个虚假的示范医院营地。可以想象，这个营地实际收纳的都是大量被“淘汰”的战俘们。

1942 年 2 月，面对日益恶化的战略形势，日本计划将工期缩短 4 个月。日军又从缅甸、马来亚和爪哇征召了数量庞大的“劳务者”；与此同时，成千上万的战俘被带到铁路上，更多的工程师部队被分配到这个项目中。人们看见一些工地上在季风最猛烈的时候人们 24 小时轮班工作不停歇，导致死亡率惊人地上升，尤其是在许多集中营爆发霍乱的时候。劳工大量生病：1943 年 7 月，在泰国宋库拉集中营1 300人中有1 050人患病。劳工伤亡惨重：超过 1.2 万名战俘死亡，更多的平民民夫死亡，多达约 9 万人。战俘死亡率最高的是在“加速运动”时期的增援部队“F”和“H”部队，他们于 1943 年 4 月和 5 月离开新加坡。“F”部队被派往缅甸边境附近最糟糕的路段。这些部队与其他部队分开管理，也是唯一可以得到详细医疗统计数字的部队。“F”部队离开樟宜时有 7 000强壮劳力，到 8 月底 25%的人死亡，剩下的人中 90%患病。截至 12 月，死亡比例已达 40%。第二年 4 月，当该部队的剩余人员返回新加坡时，死亡总数已超过44%。① 幸存者均孱弱多病，其状态震惊了留在樟宜的战俘。许多战俘遭受心理的创伤，这种伤害在他们的身体疾病得到治疗并恢复健康之后还持续了很长时间。《深入北方的小路》里记录了日军对于生病战俘的不屑与轻蔑。每天早上，多里戈和日本人的办公室都在为铁路上工作的战俘数量讨价还价。有一天，多里戈报告说，只有363人可以工作，因为"有更多的死亡，更多的疾病和更少的工作能力"②，然而，日本警卫中村坚持认为，至少有500名战俘应该去工作，无论他们是否生病。当他们争吵时，前排的一个战俘倒下了。中村没有照顾他，而是在喊叫他却没有回应后狠狠地踢了他一脚。最后，可怜的战俘就这么惨死了，没有人能帮助他，甚至多里戈也无能为力。当日要工作的战俘人数是429人。多里戈禁不住悲恸，他每天都会输掉这场以战俘们的生命为代价的比赛，因为他知道真正的数字是0。"没有一个战俘能达到日本人的期望。尤其所有人都忍受着不同程度的饥饿和疾病。"③

关于战俘的食物和医疗用品，经常有人指出，在季风条件下，无法将物资运送到缅甸和泰国边境附近的遥远营地。这也许在季风正盛的短时期内是正确的，但在其余的时间里却不是。日本人自己很少缺粮，在最糟糕的时期，战俘们的米饭配给只有日本人的1/5。日本人还把不适合工作的病人的配额降低到原来的一半，而且没有工资，导致营养不良的情况更加严重，日军中甚至有人认为这是鼓励战俘恢复健康的一种手段。疾病意味着精神衰弱，这似乎

---

① 数据来源见 P. Towle, M. Kosuge and Y. Kibata (eds.), *Japanese Prisoners of War*, p. 46.

② Richard Flanagan, *The Narrow Road to the Deep North*, p. 188.

③ Richard Flanagan, *The Narrow Road to the Deep North*, p. 190.

是日军中一种流行的军事信仰。就在这条铁路完工的同一年，缅甸第十四军每有 1 名士兵因伤撤离，就有 120 名士兵因病撤离。

按照正常标准来说，这些战俘们的集中营地配备了充足的军医，但是他们面临着一项艰巨的任务。他们经常发现自己在最常规的健康和医疗事务上的专业建议被初级日本警卫驳回。医生们长期缺乏药品和医疗设备，尽管日本人的药房似乎有充足的药品和医疗设备。有一种不太确凿的解释是，警卫们在进行药品交易。尤其是奎宁。据“失落营”的美国军官们回忆，当其他普通营地的医院还有充足的奎宁时，日军从未给“失落营”的战俘们提供过奎宁用以对抗疟疾。如果战俘得了疟疾，除非能从战俘们的地下黑市中换到奎宁，否则只能运用自己的抵抗力干熬，如果能够熬过一星期，在经历了高温和脱水的煎熬后还能存活下来，就算是很幸运的了。不过由于没有彻底治愈，几个月内，疟疾又会复发。日本人当时依然占据了世界上主要的奎宁供应，这也有助于证明奎宁在当时是一种相当具有可交易性的商品。最后日本投降时，战俘们突然可以获得以前从未有过的大量药品和红十字会的包裹。一位军医在看到被扣留的红十字会物资移交后愤怒地写道：“[战俘们可以获得]任何剂量的阿的平（一种治疗疟疾药品的商标名）、铁、维生素，实际上我们所需要的一切。他们究竟为什么不让我们立刻就拿到呢？”①

在医疗资源紧缺的基础上，日军还对生病的战俘进行迫害。为了确保每天早上都有足够的战俘填满人员空缺，警卫们会在医院的棚屋里走来走去，进行可怕的“闪电战”。没有受过任何医疗训练的警卫把重病的战俘叫醒，迫使几乎所有人都去铁路

---

① Robert Hardie, *The Burma-Siam Railway*(London: IWM, 1983), p. 176.

上工作，只有那些看起来快死的人才能免除去遭罪。美军第二营营部直属连的本杰明·邓恩(Benjamin Dunn)描述了一次在医院小屋里发生的典型"闪电战"："某些警卫最残忍的伎俩之一就是把病人从医院里面赶出来，用棍子打他们的溃疡处。除了带给战俘们剧烈的疼痛，这会使溃疡发展得更快。这是警卫们钟爱的一种手段。当时我们无能为力，目睹了这样的经历之后，我们彻夜未眠，只希望并计划着有一天能实施报复。"①这样的"闪电战"并未给修筑工程带来更多的劳动力，相反，医院集中营的战俘往往没有到达工地就失去了生命，更多生病的战俘死于日本人的殴打，或是在被驱赶至工地的途中就咽下了最后一口气。

并且，生病的战俘如果没有很明显的症状就必须轮班工作。疟疾患者被迫像健康人一样工作。根据美军第二营勤务连的加思·斯莱特(Garth Slate)的说法，"如果日本卫兵看不出什么问题，他就不明白你为什么不能去工作。即使是自己的军队，病人对他们也没有好处。他们会很快离开，让病人躺在沟渠里自生自灭。因此，如果他们没有足够的战俘来参加工作，他们就会去把病人找出来并把他们送出去工作。"那些被分配到轻活的人通常坐在地上，用榔头和大锤砸碎石块，作为铁路的道砟材料。飞起的石屑往往会在战俘们暴露的腿上造成小切口，而在缺医少药又无比潮湿的战俘营，这些切口几乎总是演变发展成溃疡，最终很可能要了他们的命。② 总而言之，遭受日本警卫虐待的伤病员们很少能够活着回到病房。

---

① Benjamin Dunn, *The Bamboo Express* (Chicago: Adams Press, 1979), p. 95.

② [美]凯利·E. 克拉格:《太阳旗下的地狱》，第 120 页。

营养不良和维生素缺乏症会严重影响病人们的视力，很多人已经近乎失明，他们因无法看到卫兵而时常被暴打。最后为了保护他们，医护人员申请给他们佩戴一个日文标志来表明他们的情况，但频繁巡逻的警卫还是不断因为战俘们没有士气而怒殴他们，导致许多人在强压之下患上伴随疟疾的急性抑郁症。

在日军自己的档案中记载，在雨季，所有工作的劳工中，疟疾的发病率，日军为7％，俘虏为11％，劳工则为20％；俘虏能够正常参与工作的比例只有60％—70％（也就是说30％—40％的俘虏属于长期患病的状态），在条件最恶劣的内陆地区，能工作的比例甚至降到40％（即60％的俘虏属于长期患病状态）。① 这样的记录客观地表明了日军对待战俘以及亚洲劳工与对待己方士兵的区别。从日军俘虏和劳工患病的比例也可以看出，日本人对于自己的军人保护程度要远大于其他两类劳工。下面的图表显示了泰国一侧战俘的总人数，以及因疾病、受伤等其他意外事故患病的人数、比例和趋势②：

---

①② 以下表图为笔者根据档案数据绘制，档案来源见防衛研究所戦史室の資料「泰・緬甸連接鉄道建設に伴ふ俘虜使用状況調書」を引用する場合JACAR（アジア歴史資料センター）Ref. C14060251600—C14060253500、自昭和17年6月～至昭和20年8月「泰・緬甸連接鉄道建設に伴ふ俘虜使用状況調書」（防衛研究所戦史室）。

**战俘劳务状况月别统计一览表(泰国战俘收容所 1943 年 12 月)**

| 年份 | | 1942年 | | | | | 1943年 | | | | | | | | | | |
|---|---|---|---|---|---|---|---|---|---|---|---|---|---|---|---|---|---|
| 月份 | | 8月 | 9月 | 10月 | 11月 | 12月 | 1月 | 2月 | 3月 | 4月 | 5月 | 6月 | 7月 | 8月 | 9月 | 10月 | 11月 |
| 总员(人数) | | 2 987 | 2 987 | 9 947 | 23 176 | 28 167 | 29 663 | 33 776 | 40 554 | 45 113 | 47 922 | 45 858 | 47 558 | 47 737 | 45 873 | 45 130 | 44 945 |
| 事故数 | 患者数 | 381 | 463 | 1 636 | 6 021 | 8 668 | 8 968 | 2 400 | 2 488 | 13 923 | 15 683 | 21 616 | 22 761 | 27 053 | 26 202 | 24 999 | 26 548 |
| | 比例 | 0.13 | 0.16 | 0.20 | 0.30 | 0.30 | 0.38 | 0.29 | 0.27 | 0.31 | 0.32 | 0.38 | 0.44 | 0.58 | 0.57 | 0.55 | 0.58 |
| 总就业率 | | 0.87 | 0.84 | 0.80 | 0.70 | 0.70 | 0.62 | 0.71 | 0.73 | 0.69 | 0.67 | 0.62 | 0.56 | 0.42 | 0.43 | 0.45 | 0.42 |

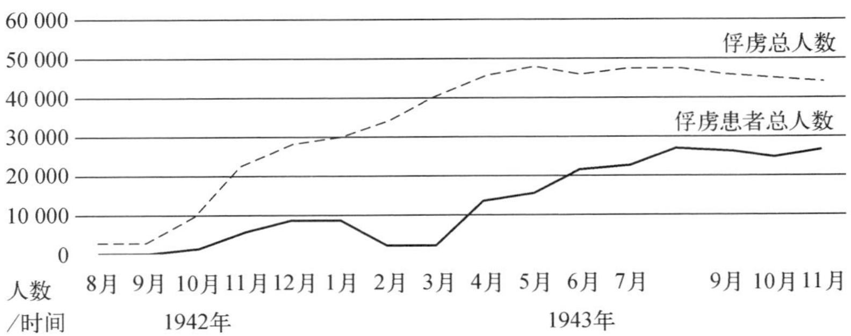


**1942—1943 年泰国战俘收容所战俘人数变化图**

我们可以看到，战俘中患病、受伤的人数基本呈逐月增长态势，到工程末期，仅 42%的战俘能够正常工作。而日军却将责任推卸到直接负责管理俘虏的朝鲜卫兵身上，宣称是他们的管理不慎和缺乏卫生指导，造成战俘大量死亡。

在战俘日记中，对民夫缺少医疗救治，民夫营地疾病蔓延的记录非常多。虽然战俘们的情况已经很糟糕，但民夫营地内的情况更为可怕。战俘们尚有自己的医生和医护人员，但民夫们完全没有。住在旁边的战俘医护人员有时会给民夫提供一点帮助，但是民夫必须征得日军的同意才能向战俘寻求帮助，并且即使日军同意了，往往依旧于事无补，因为战俘的医护人员也缺医少药，自顾不暇。直到 1943 年 6 月，日军意识到民夫营地内问题的严重性，才派了两队战俘医护人员去民夫营地，但即使这样，民夫依旧大量死去。据邓禄普的日记记载，所谓铁路修筑工地简直就是人间地狱。疾病肆虐、看守残暴、食物匮乏，即使是青壮年没几天也会变得瘦骨嶙峋，活似骷髅。日本和朝鲜看守残暴地逼迫衣不遮体、眼神空洞、病恹恹的“活僵尸”们在丛林间永不休止地劳动。

当然，在这漫长痛苦的集中营的日子里，也不乏许多正直的形象带给战俘们一丝温暖：上文提到的集中营的荷兰医生赫金常年研究热带疾病，成为集中营里受欢迎的人物，同时他为人风趣幽默，给战俘们带来不少欢乐；山田是缅甸集中营唯一对战俘有所尊重的日本军官，他会聆听战俘们对食物、医疗匮乏和条件破败的抱怨，但由于当时上级的严加管理，他也无能为力；一名被战俘叫做"圣乔"(Holy Joe)的警卫，自称是一名基督徒，常善意地对待战俘；[①]更有一名朝鲜看守乔治，明辨是非，不受日本人洗脑，即使受同伴排挤，被日本上级殴打，也要善待战俘的事迹流传甚广。

## 第四节　日军的日常暴行

1943年，铁道第九联队第二中队中队长陆军中尉藤井洁向患霍乱死亡的战俘以及战俘的战友开枪射击，这一事件引发了战俘的强烈抗议，被称为"尸体侮辱事件"。日方军官给出的理由却是要驱散战俘防疫，事后日军内部举行军法会议对藤井洁公开判决，继而泰国当地法庭判处其无罪。虽然藤井洁所属部队指挥官认为其应受到惩罚，并上报陆军省，但最终上级仅仅要求对其停职遣送回国作为折中惩罚。在联合国对日军虐待战俘的抗议中提到：在修建铁路过程中，有600名战俘从悬崖上跌落死亡，然而日军否认其死亡。[②] 在泰缅铁路的修建中，诸如此类的残暴行为不胜枚举，日军虐待战俘的行径导致了无数战俘死亡。本节就泰缅铁路修建

---

① [美]凯利·E.克拉格：《太阳旗下的地狱》，第56页。

② 防衛研究所戦史室の資料「泰・緬甸連接鉄道建設に伴ふ俘虜使用状況調書」を引用する場合JACAR(アジア歴史資料センター)Ref. C14060251600—C14060253500、自昭和17年6月～至昭和20年8月「泰・緬甸連接鉄道建設に伴ふ俘虜使用状況調書」(防衛研究所戦史室)。

期间日军的暴行进行探究。

前文提到，日军对战俘的态度从《日内瓦公约》缔约前后开始发生变化。1942 年最初被俘的一批战俘还是享受了短暂的安稳时光的。这时的战俘们看上去似乎不是真的战俘，只是一帮闲人而已。有时他们会被派去港口和仓库工作，任务也不繁重，甚至还有许多士兵为了和当地人交易而志愿前往。例如，当美军第二营和"休斯顿"号的战俘来到战俘集中营后，许多日军对战俘们在美国的生活还蛮感兴趣。一些人记得，有些会说英语的日本人经常问他们有关美国的情况，特别是会问起好莱坞。美军第二营营部直属连的莱斯特·拉斯伯里（Lester Rasbury）回忆："如果你跟他们说你来自得克萨斯州，他们马上会觉得你就是个牛仔。"① 日军会给那些战俘们一些糖和香烟，也会帮他们从其他城市带些日用品。

当然这些美国战俘被如此优待，除去日军需要潦草兑现其在国际上的承诺以外，还有很多原因。第一，也是最重要的原因，1942 年 3 月期间，日军还得接管安抚整个爪哇岛，他们没时间也没兴趣来折磨这帮乌合之众。再说两军基本没怎么交战，盟军主力就已经败落投降。第二，美军遇到的是第一批日军，都是训练有素、严守纪律的前线部队，他们不会沦落成残酷的占领军。第三，日军没想到会有成千上万的战俘，当时的爪哇岛还暂时不需要那么多劳力。而且，这些美国士兵的行为也不足以让日军对他们实施虐待；当然战俘们也很听话，并没有打扰日军。最后，有些日军还挺同情战俘的——同样都是军人，他们之间能有共鸣，没有理由去迫害羞辱战俘。

之后，由于太平洋战争演化得越来越残酷，战线越拉越长，两

① ［美］凯利·E. 克拉格：《太阳旗下的地狱》，第 39 页。

军的种族歧视也渐渐演变成了各自的残暴行径。泰缅铁路修建工程开始后，日军将优秀的兵力集中输送往前线战场，军队中的下级军官和士兵负责监管施工，这些人的素质本就低下，加上长期的战争让人丧失理性，战俘们便成了砧上鱼肉。

在英美盟军战俘营里，曾关押过在太平洋战区被俘的41位盟军将军和100位校级军官，其中包括接替麦克阿瑟的盟军太平洋战场总指挥乔纳森·温莱特(Jonathan Wainwright)将军。① 这些高级军官曾在各自国家的战场上起着重要的作用，受到国人的重视和尊敬。他们有着不同于亚洲人的生活习惯和饮食习惯，而在战俘营里他们不但不能享受符合其自身级别的待遇，而且还要听从日军的命令。例如，奉天战俘营司令官是松田和松山，他们接受上级的指示后，对所有战俘进行训令。其中比较有代表性的两则书面训令的译文如下：

训令一

所有人员必须遵守如下规定：

1. 没有战俘营司令的许可，严禁吸烟。

2. 没有得到指示，严禁使用炉子。

3. 目前不允许邮寄信件。

4. 小卖部暂时不开放。

5. 除了有红色标记的灯以外，营房内的灯必须在晚9:30分熄灭。

战俘营所长：松山大佐

1942年11月12日

① 朱宇：《梦魇觅踪——二战英美盟军战俘营中的刑罚述略》，《中国及太平洋抗战与战俘问题研究》，"中国及太平洋抗战与战俘问题国际学术研讨会"论文，中国辽宁沈阳，2008年，第319页。

训令二

经过批准我们很快将允许你们给家人写第一封信，我希望你们在写信的时候遵守如下规定：

1. 任何人如果企图打探或交流日本的有关局势或在战争条件下所限制交流的任何事情，将依法受到严厉的惩罚。同时，我要强调任何人不要曲解这项规定。

2. 任何人的交流内容如果超出规定的限制或特殊规定，其信件将被扣留。

3. 处理信件的具体细节将由村田中尉进一步通知，我希望你们严格执行有关规定。

战俘营司令官：松田大佐

1943 年 3 月 16 日①

此类训令经常被传达至每一位战俘，以便时刻约束战俘们的行为。战俘们在这种严厉管制的环境中生活，失去了应有的自由。日军的上述训令已经公然违反了《日内瓦公约》。当时日本政府虽然签署了公约，事实上却一直有着热衷于战争的想法和做法。

日军奉行武士道精神，接受军国主义思想，认为战争是不可避免的，甚至认为战争本身是美好和令人神往的。日本军队严苛的等级制度使得军人将责任和命令视为最重要的事情。他们把听从命令作为自己的责任，他们只对战争负责，只知道执行命令，并遵守严格的纪律。他们以作为日本军人为荣，以成为日本战争的牺

---

① 朱宇：《梦魇觅踪——二战英美盟军战俘营中的刑罚述略》，《中国及太平洋抗战与战俘问题研究》，"中国及太平洋抗战与战俘问题国际学术研讨会"论文，中国辽宁沈阳，2008 年，第 319—320 页。

牲品为荣。因此，他们在实施残暴的行为时，认为自己是在尽日本军人的职责，并没有一点罪恶感。在这种思想支配下，日军对战俘们进行残酷的刑罚似乎也在情理之中。日军甚至利用天皇的形象为自己的暴行辩解，在战俘活着的时候不在乎其生命，战俘死后立碑纪念：俘虏及亚洲民夫死后，当地日军司令官会下令在泰国、缅甸各地修建很多慰灵塔，向他们表示日本天皇对其灵魂的安慰。如今这样的慰灵塔遍及泰缅境内，①由此可见战俘和亚洲民夫死亡数量之庞大。

久而久之，战俘们在战俘营里接受刑罚已经是见怪不怪了，甚至这些刑罚已经成为日军取笑解闷的工具。训令的要求其实是表面上的借口，实际上，很多时候日军在没有借口或者强词夺理的情况下，对战俘们进行刑罚。国内学者朱宇在其文章《梦魇觅踪——二战英美盟军战俘营中的刑罚述略》中介绍了几种主要的刑罚手段：

> 最“文明”的刑罚——“重谨慎”和“重营仓”。其实就是关禁闭。禁闭室是用4×4的木方制作成的装置，在里面既站不起来，也躺不下，必须从一角到另一角待着，里面没有摆设，就连桌椅和床都没有。冬天寒冷潮湿，没有取暖设备，就连喝的水都会结冰；夏天闷热虫咬，没有通风口，散发出难闻的气味。地上洒满了水，没有可以坐的地方。巡视的日军用刺刀时刻看守着，不允许里面的人睡觉。这种刑罚分为轻者和重者2

---

① 防衛研究所戦史室の資料「泰・緬甸連接鉄道建設に伴ふ俘虜使用状況調書」を引用する場合JACAR（アジア歴史資料センター）Ref. C14060251600—C14060253500、自昭和17年6月～至昭和20年8月「泰・緬甸連接鉄道建設に伴ふ俘虜使用状況調書」（防衛研究所戦史室）。

种。轻者叫"重谨慎"，只要坐在自己的铺位上，不许做任何事情包括说话、乱动等。重者叫"重营仓"，就必须关单独禁闭，战俘们称之为"冰箱"。受到"重营仓"的战俘至少需要关3天，但是一般关上10天以上的战俘就很难再生存了。

最"普通"的刑罚——记"黑点"管理制度。这是用来记录战俘们平时"不良"表现的方法。如果战俘在平日里，违反了战俘营的规定（比如见日军时鞠躬没达到90度，抽烟时离烟灰盒很远等）就会被记上"黑点"。一星期内"黑点"最多的战俘就要受到惩罚。

最"残酷"的刑罚——"跪坐顶水"。受罚的战俘要双脚交叉跪坐在一个木头箱子上，头上顶着一个盘子，盘子里面装满水。受罚的战俘不许弄洒一滴水，否则就要从头再来。

最"受青睐"的刑罚——"竹剑抽打"。用随身佩带的战刀刀鞘击打战俘。①

24号战俘罗贝特·皮蒂（Robebt Peaty）少校的日记中曾清楚地记录了一些战俘所受的刑罚：

1943年6月27日，一个营房的头儿被判了30天监禁，因为他和一个逃跑战俘住在同一房间，而住在逃跑战俘上铺的被判7天监禁。1943年6月28日，24号战俘罗贝特·皮蒂（也就是作者）被判25天监禁，原因是对"日本人态度不好"。1943年7月8日，英陆军忠诚团第二营列兵瑞蒙（Rimmer）的

---

① 朱宇：《梦魇觅踪——二战英美盟军战俘营中的刑罚述略》，《中国及太平洋抗战与战俘问题研究》，"中国及太平洋抗战与战俘问题国际学术研讨会"论文，中国辽宁沈阳，2008年，第321页。

下巴被"公牛"(刑罚的执行者)重重地打了3拳,倒在地上,随后又被猛踢一通。挨打的原因是给日本人鞠躬时没有把手中的煤筐和铁锹放下。还有3名战俘也被"公牛"用3尺长的木板毒打一通,因为他们把毯子拿到营房外面随意晾晒。1943年7月9日,今天三木处罚了犯错误的3个人,处罚的方式(让他们自己选择的惩罚方式)是用棍棒给予10次重击或30天监禁。1943年7月14日,2个美国士兵被打,原因是抽烟并拿了一点纸。1943年10月3日,三木用木棍打了英陆军忠诚团第二列兵梅森(Mason)和西顿(Heaton),原因是他们去工地的路上带了钱。1943年10月12日,4个美国勤务兵被打,原因是美国军官的脸盆太脏了。954号战俘被"公牛"的剑托打了30多下,是因为一个日本兵与他说话,他没听懂。1943年10月22日,英陆军忠诚团第二列兵罗伯森被判了20天"重营仓",原因是他偷了其他战俘的粪便欺骗医生。1943年10月30日,英陆军忠诚团第二列兵瑞莫尔,两天前买苹果被抓,今天被打。1943年11月1日,因为抗议,瑞蒙被判了10天监禁。1943年11月18日,因为偷酒精,哈瑞斯(Harriss)和其他几个人被判了5天监禁。1943年1月3日,哈奥德斯(Hodgs)被判了10天"重营仓",因为他下楼时拿着烟。一个美国海军比伦(Billon)上士被判了5天禁闭,原因是他偷酒精并把它放到战俘营里。1944年1月14日,整个战俘营的人都被处以30天的"住所限制",原因是在圣诞节那天的敌对行为,即对日本军官不尊敬、不服从。1945年8月5日,137号战俘瑞哈尔德(Reinhardt)中士被判处5天一般禁闭,原因是他与其他劳工联络。1945年6月12日,佛瑞恩特(Farrant)中士被判处10天监禁,原因是在规定的范围外抽烟。1945年6月

> 12 日，瑞莫尔被判处 20 天禁闭，原因是在站岗时睡觉……纸和笔包括任何和写字有关的东西都是价格很高的商品，战俘哈克（Hank）仅仅因为 1 瓶墨水就被关了 3 天禁闭，又被暴打了一顿。另外，由于发生战俘逃跑事件，3 个逃跑战俘所在营房的战俘们从 1943 年 6 月 22 日到 7 月 4 日都处以限制自由的处罚。1943 年 7 月 4 日，有 3 个人未按规定晒毛毯（事实上他们没有违反规定）而被暴打一顿后送到禁闭室关了 4 个月禁闭。①

这些日记真实地揭露了日军当时在战俘营对盟军战俘所犯下的不可抹杀的罪行。当时的日本政府却一直积极销毁证据，否认这一切。在 1944 年 8 月 1 日的日军处置暴动的密令中指出：如果发生难以镇压的军事暴动或俘虏逃跑（可能成为敌方的有生战斗力）的情况，依据当时的具体情况可采取各个击破式、集团镇压式或其他可行的方法，施以群体轰炸、施放毒气或毒物、溺杀或斩首等任何手段。并强调，无论任何情况，绝不允许任何一人逃跑，全部镇压，不留任何证据。在 1945 年 8 月 20 日的转移密令中指出：对于曾经虐待过俘虏和在押军人的人员，或俘虏对其极度反感的人员允许帮助他们迅速转移，或在不留线索的前提下予以遣散。此外，对于落入敌方手中后将对日方产生不利影响的文件应按照秘密文件的处理方式处置，用完后进行销毁。日本政府的如意算盘并没有因为大量的销毁证据和矢口否认而得逞。曾经的一幕幕暴行在每个战俘的心里都无法消失，伤口永远无法愈合。②

---

①② 朱宇：《梦魇觅踪——二战英美盟军战俘营中的刑罚述略》，《中国及太平洋抗战与战俘问题研究》，“中国及太平洋抗战与战俘问题国际学术研讨会”论文，中国辽宁沈阳，2008 年，第 321—323 页。

## 一、精神折磨

对于年轻的欧美士兵来说，战俘生活中首先要面临的就是情绪上的冲击。起先，日军对其人格的羞辱往往更甚于身体上的痛苦。在日本人运输战俘前往铁路工地期间，大多数人就已经经历了"地狱船"的洗礼。然而，当有幸撑完全程的战俘们走下"地狱船"后，他们就被迫在码头上做两件事。第一，战俘们在码头上一排排立正，日本人因为嫌弃他们身上肮脏不堪，用橡胶管子接上水龙头，对着这些人粗暴地冲刷。第二，战俘们按照命令排成一排，脱下裤子、弯腰提臀，日本人用玻璃棒塞进每个战俘的肛门，旋转后取出，放进一个标着名签的盒子里。战俘们至今未能明白这样做的用意，只记得当码头上数百名苦力和日本人饶有兴致地观看着这场"表演"时，他们的羞耻感简直无法用言语来形容。①

铁路集中营生活开始后，各种令人难以忍受的规则接踵而至。查尔斯·斯蒂尔记得一名日本军营司令官曾经在召集所有英国军官和准尉开会时，直接对他们说："你们是堕落的白人种族的残余，是乌合之众军队的碎片。即使你们的身体被用作枕木，铁路也要修建通车。"②

战俘营周围架起铁丝网限制战俘们的行动，并且日本人下令取消了所有战俘军官的军衔标志。所有战俘军官不论等级高低，一律在左胸前佩戴一枚五星来表示军官身份。比这更甚的是战俘们永远记得自己不得不屈服于身材矮小的日本警卫的情景，这是他们那时经历过的最糗的事。日军对战俘们的规定中一项特别而

---

① ［美］格雷戈里·F. 米切诺：《地狱航船》，第 74 页。

② Charles Steel and Brian Best (eds.), *Burma Railway Man*, p. 52.

坚决的要求是向所有日军军官敬礼。这项命令一般是通过战俘司令部传达给战俘的,有些司令部并没有严格执行,导致战俘们心态松懈吃了不少苦头。英国和澳大利亚军队为了所有战俘能受到更好的待遇,严格遵守了日军的指示。英军驻马来亚司令部就反复强调战俘们一定要向日本人致敬,并不断保持警惕,以避免任何“事故”发生。也有前车之鉴:曾有一次战俘们因为所处位置不佳而没有及时向日军中将信平的汽车敬礼,尽管战俘们解释了他们只在汽车驶到近处时才看见,但日军完全不接受这样的理由。[①] 战俘们都感受到极度的羞辱,但为了集体免受惩罚还是不得不遵从这样的规定。美国人本杰明·邓恩说道:“向日本警卫鞠躬是羞辱。我从没忘记它。在敬了个礼之后,内心会说:‘同样回敬给你,你娘的!’”[②③]也有的战俘试图投机取巧以减少敬礼的次数。例如,在“F”炮兵连的战俘格罗弗·赖希勒(Grover Reichle)总是借助一点来减少屈辱感:“从内心来说,你恨日本人,但你不得不随时随地卑躬屈膝地向日本人致敬,除非你有头饰否则你不得不低头。嗯,我总是放东西在头上因为我不想向那群小混蛋低头。”然而,在樟宜战俘营,战俘们不仅要向日本人敬礼,还要向背叛他们的印度人低头。[④]1942 年 3 月 31 日,英属印度战俘中的锡克族士兵被招募到日本人赞助的“印度国民军”中,日本人派这些锡克人在战俘营边界的铁丝网周围站岗。日本人规定,樟宜战俘营内的所有战俘要随时向这些印度兵敬礼。肖恩少校认为这是对战俘们最极端的侮辱,战俘们也非常愤怒:

① [英]R. P. W. 海沃斯:《樟宜战俘营》,第 167 页。

②④ [美]凯利·E. 克拉格:《太阳旗下的地狱》,第 47—48 页。

③ [英]R. P. W. 海沃斯:《樟宜战俘营》,第 202 页。

> 我们的脸都是铁青的——日本人命令我们向叛徒锡克哨兵致敬。我们都希望战俘指挥官对日本人说"不"。但他没有这么做。我想这是唯一一次。我们向日本人致敬，因为他们是我们合法的俘虏者，但压死骆驼最后的稻草是向叛徒致敬。我不允许自己这么做，但希望我不会被枪杀。战俘营内已经发生了几起严重的冲突事件和殴打事件，而且指挥官们已经提交了"抗议"文书，但是日本人只是用我们的"抗议"书来做卫生纸。我们所做的一切都是既不团结也无人领导的。所有的事情都在于战俘个人，取决于他的顾虑，遭受的痛苦，否则，就像写文书和为此而进行的整个运动一样，如果我们的指挥官告诉日本人他不能支持战俘们向锡克教哨兵致敬的话，日本人恐怕早已开始折磨战俘了。①

即便如此，大部分战俘们还是服从字面上的规则，因为任何违反这些规则的行为都将导致体罚。在丹戎不碌集中营战俘们第一次遇到这样的体罚，通常日本军人会用钉靴、枪托或竹竿殴打那些无助的战俘。

语言不通更是为日军虐打战俘提供了理由。在战俘营，战俘中几乎没人懂日语，但他们却需要明确遵从日本人的指示。警卫们强迫战俘用日语报数，因为没有几个战俘学过日语，能正确的计数这件事使每个战俘都遭受了无数的"软暴力"。几乎所有的命令都是用日语说的，如果战俘们没有足够快地回应他们的警卫，他们就会被殴打。如果他们步履蹒跚的话，他们会遭到殴打；如果他们移动得太慢或太快，也会遭到殴打；他们被迫在"战俘集合"(tenko)

---

① R. P. W. Havers, *Reassessing the Japanese Prisoner of War Experience*, pp. 58-59, Quoted from Major Shean, diary entry for 1 April 1942, AWM.

时用日语计数，如果没点对人数，还会遭到殴打。

日军在重视敬礼规范的同时，另一项日常活动就是点名。1942年下旬，在使尽浑身解数强迫俘虏们签署“不逃跑”的承诺书一个月后，日本人宣布采用战俘营生活中最传统的方式——列队点名。例如，在樟宜战俘营，为了防止对战俘的人员数目进行任何操纵或伪造，日本人规定所有级别的战俘包括军官在内，都要由一名日军代表直接检查。每天有两次点名，分别是下午1:15和晚上8点整，所有级别的人员都要求到场，“除了生病的人员可以留在宿舍外，没有例外”。无论有军衔与否，所有的战俘被告知，如果不参加列队点名，日本人就会认为相关人员试图逃跑，而“经验证明，日本帝国军队绝不宽容”。1942年9月，英国军官D. W. 吉利斯（D. W. Gillies）少校体验了日本人试图建立的列队点名制度的初步成果：

> 昨天日本人点名检查，这一过程持续了整整一个早晨，我是痢疾病区的检查军官，当检查结束时我已经筋疲力尽，而且厌烦极了。在被俘的初期，我们觉得日军能在战场上击败我们是因为他们的组织比我们更严密。以后，我看到了很多日军的状况，我意识到他们在对人的尊重方面要比英国军队差很多。我想，昨天他们应该尽了最大努力了吧。在医院的这个病区，找任何借口掩饰50人缺席非常容易。①

日军列队点名，一方面是为防止战俘逃跑，确保人数，在更深层的目的是在提醒战俘们日军的权威。詹姆斯·斯科特（James Scott）的研究也适用于此。正如斯科特所言：“大多数人类统治形

---

① ［英］R. P. W. 海沃斯：《樟宜战俘营》，第170页。

式的政治象征都隐含着这样一种假设,即下属只有在得到统治者授权时才能聚集在一起。"[①]换句话说,这些令人生厌的点名正是突显了日本人在战俘营的权力和权威地位,也只有通过点名,日本人才更能感受到自己被需要的价值。无数的战俘在挨打中学会了列队点名的口令和要求。美军第二营士兵卢瑟·普兰迪(Luther Prunty)对此回忆道:"一名警卫说要点名,但我们并没有照做,就在那时日本人开始殴打战俘。这是非常糟糕的,第一次有一个男人扇我耳光,而我并没有试图割断他的喉咙……这种忍耐是世界上最难的事情,我真的难以忍受。"[②]

## 二、肉体酷刑

调整战俘生活对情绪的影响只是生存的一个方面,另一个重要的部分是改变他们对于战俘逃跑的观念。盟军士兵对战俘的地位和行为方式有着与日军截然不同的看法。西方人的观点是,战俘不仅有权利,甚至有义务试图逃跑。法律规定,如果重新被捕,这些逃跑者只能受到纪律处分或从轻处罚,因此,这些欧美战俘只要一有机会就会试图逃跑。然而,日本人一贯遵从的武士道精神首先不允许他们投降,对他们来说,战败就意味着自杀,因此日本人不但鄙视战俘们的投降行为,对于逃跑的战俘更是采取零容忍的态度。他们不管战俘军官们如何愤怒地争辩,只要遇到逃跑的战俘就会将其处死。1942 年 5 月 30 日,有 8 名澳大利亚人目睹了 1 000 名"A"部队的战俘到达土瓦后决定逃跑,被日本人和缅甸特

---

① James C. Scott, *Domination and the Arts of Resistance: Hidden Transcripts* (New Haven & London: Yale University Press, 1990), p. 61.

② [美]凯利·E. 克拉格:《太阳旗下的地狱》,第 48 页。

工抓住。日军藐视国际法，执意要将他们枪毙。陆军准将瓦利带着军法手册和日军也曾签署的日内瓦公约、海牙协定去日军司令部据理力争，但日军依然坚持枪毙战俘。瓦利警告他们如果这么做，他将在战争结束后以谋杀罪将他们全部送上国际法庭审判，然而他自己却遭到日军的性命威胁。几个小时后，一些战俘被迫在一块空地边缘挖坑，作为受刑者的坟墓。瓦利还被命令必须目睹行刑且不能与受刑者交谈。几天后，又有 2 个澳洲人因为越过铁丝网被击毙；7 月 30 日，1 个越过丹老集中营试图与缅甸人做交易的人也被击毙了。这些处决都公然违背了国际法。

在逼迫樟宜迁至史拉兰战俘营广场的英国和澳大利亚军官签署“不逃跑”承诺书期间，日本人还击毙了 4 名试图逃离樟宜的战俘，勒令战俘中的高级军官们一起观看行刑过程。1942 年 8 月 31 日，弗朗西斯·马吉（Francis Magee）少校作为副助理中将接见了一名印度司机，司机递给他一张写有 4 个人名字的便条。这些人是澳大利亚皇家部队的布雷文顿（Breavington）下士、盖尔（Gale）列兵，东萨里团的沃特斯（Waters）列兵，英国皇家陆军条例部队的弗莱彻（Fletcher）列兵。这 4 名战俘被带到日军处罚地柯伦（Curran）兵营准备接受枪决。① 第二天樟宜战俘营英军最高指挥官霍尔姆斯中校就迅速指示马吉起草请愿书，希望日本人宽恕这 4 个人的性命，马吉完成请愿书后立刻指派英国皇家部队第一二二野战团的巴兹尔·卡德伯里·琼斯（Basil Cadbury Jones）上尉前往樟宜监狱的日本总部，直接向日本高级军官提交申诉，然而结果却不尽如人意。琼斯记得：

中午 12 点刚过，我就到了监狱，见到的第一个人是一名

---

① 以上事件资料来源于［英］P. W. 海沃斯：《樟宜战俘营》，第 101 页。

> 日语翻译。我解释了我的任务，并强调要求宽大处理的请愿书将提交给将军。他想拿走那些文件——我拒绝交出。然后他带来了一位日本军官，由于他没有徽章，我没法（琼斯强调）辨别他的军衔。我把请愿书递给他。他似乎懂英语。他读了这封请愿书，非常生气，把它撕成碎片，扔在我的脸上。然后他把它们捡起来塞进我的腰带。然后我只能回到马来亚司令部，向马吉少校做了全面的汇报。①

也正如琼斯见证的那般，军官们企图挽救逃跑战俘性命的尝试是徒劳的，最终4名逃跑的战俘在樟宜海滩上被印度军队当着目击者的面开枪打死。斯坦利·韦克菲尔德·哈里斯（Stanley Wakefield Harris）中校是当时在场的目击者之一，他回忆那时的画面：

> 日本人提供了眼罩来蒙住他们的眼睛，但被拒绝了。然后我们向那4个人敬礼，他们也向我们敬礼。开枪的命令下达了……枪声响起时，4个人都向后倒了下去。大约20秒后，布雷文顿用一只胳膊肘撑着身体起来，说道："看在上帝的份上，开枪打穿我的心脏。你打穿在我的手臂上了。"于是印度人失去了理智，开始不分青红皂白地开枪……反复射击之后，他们都一动不动地躺着。然后印度人走到距离每具尸体的1码之内，又向每具尸体开了几枪。②

① R. P. W. Havers, *Reassessing the Japanese Prisoner of War Experience*, pp. 69-70, Quoted in Captain Basil Cadbury Jones, 21 August 1945, AWM, 3DRL2313.

② R. P. W. Havers, *Reassessing the Japanese Prisoner of War Experience*, p. 71, Quoted in Lt. -Col. Stanley Wakefield Harris, Commanding 148 Field Regiment RA, 23 August 1945, AWM, 3DRL2313.

死刑让在场的战俘军官们感受到了日军的冷漠与残忍，却也更加坚定了他们维护自己下属的决心。枪击事件的消息在事发后数小时内就在樟宜地区的战俘营中传播开来。事后战俘们得知是锡克士兵执行的处决。可想而知，这一事件同时也抹去了战俘们对印度国民军"叛徒"的最后一丝同情。当然，通过雇用印度国民军的人来执行死刑，日本人也达到了在某种程度上转移战俘对日本帝国指责的目的。日军对于逃跑者的零容忍态度一直保持到最后。1945 年 8 月 15 日，日本宣布无条件投降。次日，荷兰战俘弗雷德・塞克(Fred Seiker)所在的战俘营有一名战俘试图逃跑。这次事件被塞克称为一次失败的逃跑行动："这是个多么愚蠢的举动啊！我们四周全是热带雨林。当地山民通常不可信，逃跑者很快就被发现。他被当地山民捆绑着抓回战俘营。"[①]原来，日本人为了防止战俘逃跑，给战俘营周边的山民相当丰厚的奖赏，即便战俘们好不容易逃出营地，也不熟悉地形，山民们出于金钱的诱惑和日本兵的威胁往往不会给他们带路，反而还会把逃跑的战俘抓回来。在塞克的回忆中，这名战俘在逃跑的几个小时后就被送回并被刺死了，而这一悲剧就发生在战争正式结束的第二天。

此外，日本看守对战俘执行斩首也出于很多不同的原因。在惩戒逃跑的战俘的同时，通常也是为了表演。往往在处决战俘之前，整个战俘营的战俘都被全副武装的日本兵押送去观刑。依据弗雷德・塞克的说法，偷盗日军的财产、侮辱日本军官或者试图逃跑，都会成为战俘被砍头的理由。[②] 斩首对于日本兵来说仅仅是为

---

① [荷]弗雷德・塞克著，该书翻译组译：《永远不能忘记：日军战俘营的岁月》，北京：人民出版社 2014 版，第 55 页。

② [荷]弗雷德・塞克：《永远不能忘记》，第 29 页。

了练习，从而提升砍头的“技术”。如果第一刀不是致命的，那么将是非常恐怖的场景。据塞克的回忆，他就被迫目睹了这样惨痛的场景：

> 一天黄昏，看守命令全营战俘集合，让我们目睹3个被绑在木桩上的水手受刑。听一个日本军官说，这3个人试图从集中营逃跑，但很快就被抓回来，现在正等待处决。战俘们私下里开始小声议论。这是个紧张的时刻，但我们很快就安静下来了，因为看守正用机关枪对准我们。开始执行死刑了——看守用步枪上的刺刀用力刺向水手们的喉咙、肚子和下身。日军设计的这种死刑，犯人会很缓慢、但很痛苦地死去。这是为了警戒那些试图逃跑的战俘。
>
> ……这也让我们清醒地认识到，我们面对的是一群多么穷凶极恶的歹徒。①

更多时候，日本人也会指使自己的低级官兵来处决逃跑的战俘。在《竹林背后》一书中曾描述了这样一个情景：3个荷兰人想逃跑被抓住，日本铁道驻缅分队指挥官长友吉田想处决他们但不敢自己下命令，便要求另一名军官内藤执行。这名军官受过教育、颇有良知，他万般无奈只能喝酒壮胆才能下令枪决。② 对于那些病患来说，当自己在医院无助地躺着，听到他们的战友被无情处决的枪声，那种愤怒和痛苦是无法言喻的。里韦特在《竹林背后》中回忆道：

> 来自8公里营地的1名逃跑的澳大利亚战俘由于实在无

① [荷]弗雷德·塞克：《永远不能忘记》，第67—68页。

② Rohan D. Rivett, *Behind Bamboo*, p. 204.

> 法从丹彪扎亚到达仰光而来到我们营地自首，放弃了他的逃跑之路。他明显有精神问题，我们的医生也证明他精神水平异常，并为这位精神错乱的人辩护。由于他是自首，理应有极大的希望保住性命，日本人答应考虑他的情况并把他安置在医院。然而第 2 天早上 10 点，4 个面生的日本兵突然闯进医院并用刺刀对准他，整个营地的小屋都被警卫包围了，他被架上 1 辆武装车开往墓地，5 分钟后枪声就响了。这是今年在缅甸被处死的第 12 个澳大利亚人。[①]

又一天晚上，隔壁集中营有 1 名战俘失踪了，日本人开始兴奋起来，在晚上进行搜寻，其间许多日本人随意对战俘进行打骂，战俘军官们因此和警卫们经常发生冲突，尤其因为语言不通又没有翻译，军官们往往受到不公正的待遇。

其他战俘还遇到更令人愤慨的事。曾有一年圣诞节期间日军破例允许宰杀一些丛林里的野兽给战俘们吃，这本是一件令人愉悦的事，然而好景不长，12 月 27 日丹彪扎亚又有 3 名企图逃跑的荷兰人被击毙。[②]

当战俘不再企图逃跑后，他们需要做的就是严格遵守警卫们的每个命令。当战俘违反规则时，警卫会毫不留情立刻惩罚，惩罚主要是通过打耳光和殴打的方式。与平民在营外贸易会被殴打，不标准的敬礼或鞠躬也会被警卫揍一顿，被抓到从日本人那里偷窃更是要承受一顿毒打。一些战俘赤着脚，也没有帽子，身后的日本警卫对其不断地吼叫，他们的步枪挎在肩膀上，竹棍挎在另一个肩上，随时准备殴打看不顺眼的战俘。“加速运动”期间因为铁路

① Rohan D. Rivett, *Behind Bamboo*, p. 205.

② Rohan D. Rivett, *Behind Bamboo*, p. 206.

修筑的进度赶不上上级给出的最后截止时间，负责铁路工程的日军军官和工程师们就转而向战俘和民夫们施压，以加快修建速度。这些日本警卫们本来就有虐待战俘的习惯，在这一严峻的情势下更是变本加厉，他们企图通过更频繁的殴打来增进效率，故此，"加速运动"期间警卫们愈发肆无忌惮地虐待和惩罚战俘。艾迪·冯把这种演变称为"恐怖统治"。

朝鲜籍看守们酷爱的一种刑罚是抽打肩骨。他们要求战俘立正，然后从后面抽打他的背部肌肉。起初，这种疼痛是可以忍受的，逐渐地战俘们就麻木了，但看守还会不停地鞭打战俘的背部，"慢慢地你就能感受到背部的疼痛逐渐向全身蔓延"，看守会命令战俘继续立正 1 个小时才解散，"一会儿，钻心的疼痛就会卷土重来。疼痛一般要持续 3 天才会逐渐缓解"。①

除去日常的殴打，日本人在折磨战俘的方式上表现出相当的"创造力"，分别用来供日本人娱乐、惩罚战俘的小错误和诱供。查尔斯·斯蒂尔称在他们修建"桂河大桥"期间，日本人最惯用的惩罚方式是让战俘跪下或躺在地上，这样滚烫的地面就会给战俘造成膝盖和背部的灼伤。他在当时写给妻子的信里感叹道："我怀疑我们是否还能重回文明社会了。"②在众多刑罚中，日本看守普遍最喜欢的娱乐方式是让战俘举重石。这种刑罚的执行不是为了惩戒，而纯粹是为了取乐。通常在休息的时候，日本看守会随意挑选一个战俘，强迫他伸直手臂举着一块非常重的石头。之后，日本看守用步枪从后面袭击他。看到战俘摔倒，日本看守哄堂大笑，而战

① [荷]弗雷德·塞克：《永远不能忘记》，第 43 页。

② Charles Steel and Brian Best (eds.), *Burma Railway Man*, p. 62.

俘却要忍受极大的痛苦。[①] 另一种惩戒被战俘们称为“人类能想出来的最恶毒、最下流的刑罚”[②]。日本看守要求被选中的战俘跳进河里，在众目睽睽下给旁边裸体的“女护士”搓背；或者让战俘站在河边看着河里的“女护士们”挑逗性的淫荡动作。如果这个战俘产生哪怕一点点性兴奋反应，日本看守就用细软的竹条抽打他的下身。这种生理上的痛苦和心理上的羞辱是空前的。这也可以解释，为什么这些战俘被解救之后，巨大的心理创伤长久无法愈合。

有些刑罚是用于惩处诸如忘记给看守鞠躬这样的小错误。有一种刑罚是强迫战俘跪几个小时，并用竹竿嵌在膝盖之间，这是特别令人痛苦的刑罚。弗雷德·塞克在二战结束 71 周年时庆祝了自己 100 周岁的生日，在其回忆录《永远不能忘记：日军战俘营的岁月》(*Lest We Forget*：*Life as a Japanese Prisoner of War*)中，他曾详细地通过手绘和文字的方式记录过这一刑罚：三角状的木头放在箱子上，受刑者要将膝盖刚好放在三角状木头的棱角上，他们的膝盖和胫骨会全部压在尖锐的木头棱上。日本看守还要求受刑者双手举着一块相当重的石头，以增加膝盖和胫骨需要承受的重量。这样的刑罚承受的极限时间是 3—4 个小时，之后，日本看守会让受刑者放下石头。[③] 然而这种刑罚对膝盖骨的伤害是永久的。类似的还有“膝盖后竹刑”(Bamboo Behind Kneecaps)[④]：在受刑者半坐的姿势下，膝盖后面放一根竹棍。这种刑罚会导致小腿失血，而膝盖承受巨大的压力，稍微动一下就钻心地疼痛。这种刑罚给战俘的膝盖骨带来很多后遗症。另一种普遍惩罚忘记鞠躬

---

① [荷]弗雷德·塞克：《永远不能忘记》，第 25 页。

② [荷]弗雷德·塞克：《永远不能忘记》，第 41 页。

③ [荷]弗雷德·塞克：《永远不能忘记》，第 21 页。

④ [荷]弗雷德·塞克：《永远不能忘记》，第 26 页。

这一类小错误的刑罚叫做“拇指悬吊”。通常,日本看守都是藏在阴影处,很难被发现。根据弗雷德·塞克的记载,“当你走过,看守就会突然间跳出来用他的步枪攻击你,你会被他们拖到看守营房里毒打。接下来,你的拇指会被吊在看守哨所旁边的树上,脚趾刚刚够到地面。这样的刑罚给胳膊和腿部肌肉带来巨大的伤害”。[①]

由于集中营内的食物等各类物资都极度匮乏,战俘们往往会在获取物资的过程中受到惩罚。许多战俘利用微薄的钱财在上工时去营地外与当地人交易,他们学会把食物隐匿在衣服中,通常放在他们裤子的胯部逃避回营时的检查。一旦看守发现违禁的食品或其他物品时,他们自然会无情地殴打战俘。有一次,看守发现十几名美国战俘偷偷携带违禁物品——钉子和蜡烛。进入营地后他们强迫战俘裸露双腿跪了几个小时锋利的碎石。当时战俘们已经不能走路,看守便开始殴打他们。美国战俘赫伯特·莫里斯(Herbert Morris)目睹了这一幕:如果一个人的腿麻木得不能站立,日本看守就会用一根和手腕一样粗的大竹竿打他,直到他爬起来。“特别是有一次,我看到一个美国人脚疼得不能触地,警卫队用竹竿打了他 5 分钟后,用竹竿强拉了拉他的脚,帮助他走了几步,然后又让他返回到相同的位置。”[②]这种虐待从清早持续到日落之后。此外,还有战俘因为食物问题被日军绑在看守房前的树上。这是又一种刑罚,日本看守会在受刑的战俘面前放一桶清水,时间长达 48 个小时。这种刑罚足以让受刑的战俘崩溃,并且任何试图走近受刑者的战俘都会被处以同样的刑罚。更可怕的是,第二天日本看守会要求受刑者继续回到铁路工地上劳动。在《永远不能

① [荷]弗雷德·塞克:《永远不能忘记》,第 19 页。

② [美]凯利·E. 克拉格:《太阳旗下的地狱》,第 62 页。

忘记：日军战俘营的岁月》一书中，弗雷德·塞克就记录了自己经历的一次“厨房事件”：

> 泰国北部的一个战俘营里，我负责去厨房找点吃的。这些吃的，是红十字会交托日本军队供给战俘的，却被他们没收了。我成功地偷了一个水果罐头。在我奔向着急等待的难友的路上，突然，我的面前出现一支闪亮的刺刀。我害怕极了。我被刺刀顶着押送到日本看守的住处。随即他们开始残忍地鞭打我。好几个日本看守一起抓着我毒打，直到一个巡视的军士命令他们才停下来。我几乎看不到任何东西，那种感觉非常痛苦。
>
> 这个军士用他的刺刀对准我的脖子，狰狞地笑。他用蹩脚的英语告诉我：偷大日本皇军的东西是违抗日本的重罪，是要被砍头的。我一度试图跟他解释：我拿本应属于战俘的供给不应该被认定为偷盗。但他不认同我的辩护，命令人将我捆在卫兵房间前面几米的树上。之前，我见过日本看守对战俘施行这种刑罚，没想到这次轮到自己了。日本看守将我背对大树，胳膊往后，双手和双脚都捆绑在树上。然后，他们开始打我耳光，之后就将我独自扔下。过了一段时间，身体开始钻心地疼痛。天亮后，日本看守将一桶水放在我的面前。这是一种未曾有过不能想象的煎熬。①

“灌水刑罚”（The Water Treatment）则是日本看守特别设计用于诱供的刑罚。日本看守会将水灌进受刑者的胃里，受刑者因胃被灌满撑大而承受极度的痛苦。这还远远不够，日本看守随后

① [荷]弗雷德·塞克：《永远不能忘记》，第73—74页。

就在受刑者被撑大的肚子上踩踏，还有士兵踢受刑者的头以满足他们变态的快感。① 很多受刑者为了避免这样的痛苦而“认罪”，但这只会带来日军的满足兴奋感以及施加在受刑者身上的更重的惩罚。

相当多的人受到日本人的酷刑，有些人受到的肉体惩罚太过严重以至于加速了他们的死亡。类似的暴行还有很多，早在日本运输战俘前往铁路沿线营地期间，就有非自然死亡的战俘。一些“地狱船”上的战俘回忆，尽管日军在其海军战俘条例中对战俘们承诺日本海军不会用死刑对待船上的战俘，但是事实上不少船上都有因为“举措失当”而被斩首的战俘，行刑者往往是随船监看的日本海军军官。他们命日本士兵把这些战俘们赶到甲板上，还强迫其他战俘观看这一惩罚过程。

在澳大利亚战争纪念馆有一张著名的照片。照片上，一名澳大利亚战俘被蒙着眼睛，跪在地上，旁边站着一名日本军官，高高举起军刀，朝他的头上砍去，他的家人直到1946年才得知他的死讯，而他的尸骨已无处可寻。战后，澳大利亚审判庭还揭露了几起最恶劣的罪行。在新几内亚的一个法庭上一名日本军官被指控犯有食人罪，他吃了一名澳大利亚战俘的肉。该战犯被处以绞刑。令人惊骇的是，这并非个别行为。1944年底，日本第十八军司令部曾发出命令，让部队吃盟军的尸肉。当时盟军在太平洋战场给日军以沉重的打击，双方战斗激烈，日军虽困兽犹斗，但其军舰不能靠岸，士兵粮尽难以为继，补给线完全中断，日军便把美国和澳大

① [荷]弗雷德·塞克:《永远不能忘记》,第23页。

利亚战俘杀死，从其尸体上割下腿部肌肉和内脏充饥。[1]

即使到了被俘的后期，日本人也丝毫没有减轻对战俘们的折磨。1944 年年中到年末，海员格斯·福斯曼（Gus Forsman）就与臭名昭著的日本宪兵队有过一段痛苦的纠葛。福斯曼在法属印度支那为日本人放羊时，一位与越南人地下组织合作的葡萄牙医生与他取得了联系。他们交换了情报，福斯曼详细介绍了战俘营的情况，医生提供了有关战争的情况。一次福斯曼偷偷地买了些药品和报纸带回到营地，宪兵队抓住了福斯曼，并把他押送新加坡接受审讯。宪兵队把福斯曼绑在一张桌子上，用竹竿和电线无情地打他，试图获得情报。

美国战俘们最终承认了他们的间谍活动，日本人对他们的认罪感到满意，于是将这 3 人判处 6 年监禁。据福斯曼说，"当时罗杰斯对他们说，'6 年的地狱生活，如果我们只服役 6 个月（即战争还有大概 6 个月结束）我们就是幸运的！'日本人马上就把他打倒在地"。[2] 在接下来的 6 个月里，这 3 名男子被单独监禁在新加坡欧南姆路监狱。他们的混凝土牢房有很大的木门，守卫每天 2 次通过木门提供食物，没有窗户。战俘们被剥光了所有的衣服，在整个服刑期间不允许洗澡或与他人交流。福斯曼描述了他是如何渡过难关的：

> 我整天自言自语。我问了自己几个问题，数了数砖头，又数了数砖头上的裂缝，然后找来一只苍蝇，把他的翅膀扯下来，这样他就不能飞走了。我就跟它聊天，和它玩。我住在一

① 《他吃了澳大利亚战俘的肉：二战日军对澳战俘残酷秘闻》，https://www.sohu.com/a/226516953_241556，查阅时间：2018 年 3 月 27 日。

② ［美］凯利·E. 克拉格：《太阳旗下的地狱》，第 146 页。

> 间奇怪的牢房。墙这边有437块砖，那边却有435块砖。我一直数，一直数，都不知自己为什么要这样做。我逐渐忘记了日子。你也没有办法计算，所以你不知道今天是什么日子。你根本不知道发生了什么……虽然丛林很糟糕，但我不得不说这更糟。我认为这6个月的单独生活和其他3年一样艰难……也许，如果，只是如果，常规的牢狱生活偶尔被打破，那可能还会有很大的不同，但它从来没有，每天都是相同的，日复一日。①

可想而知，这条泰缅铁路同样也是那些卑劣暴行施加在亚洲"劳务者"身上的地方：注射死刑药水（在医院里）、拷问、致残。对于民夫来说，他们在被骗到集中营时，由于听信广告中的优厚条件，往往不是只身前往——在征募民夫的广告中，日军承诺给予家属照顾，于是许多亚洲民夫被虚假广告欺骗，带着妻子和孩子前往修建铁路，而妇女和儿童的出现无疑招致了更多暴行。

## 三、朝鲜看守的暴行

施加暴力的不仅仅是日本军人，还有很大一部分暴力来自朝鲜籍看守。大量的朝鲜人加入日本天皇的部队，他们的职责主要是看守铁路沿线集中营里的战俘，他们对此乐此不疲。朝鲜服兵役者对待战俘和民夫尤其严酷，作为日本殖民地的兵员，是二等公民，在日军中地位较低，所以他们将从日本人那边受来的歧视发泄在战俘和民夫身上。并且，这些看守深信，他们必须以极度残暴来向日本主人表达绝对的忠诚。② 有一个朝鲜看守惩罚战俘的方法

---

① Kelly E. Crager, *Hell under the Rising Sun*, pp. 116-117.

② ［荷］弗雷德・塞克：《永远不能忘记》，第13页。

是让战俘站着不动，抬头紧盯着太阳，如果战俘们眨一下眼睛，他就用枪托打他们的后脑勺。

所有的战俘都害怕这些残酷无情的朝鲜看守，当然战俘们也会苦中作乐，根据看守不同的特点给他们起各种绰号。美军第二营的战俘麦克斯·欧菲勒（Max Offerle）给出了他对这些朝鲜看守的印象："我们有一群刻薄的朝鲜看守。我们会给他们取绰号。我们有'迪林格'（Dillinger）[①]；我们有'米老鼠'；我们有'肝唇'（Liver Lip）。"提到"肝唇"，欧菲勒是这样评价他的："哦，他是个卑鄙的家伙——又矮又丑，戴着眼镜，小眼睛，大嘴唇。他坏透了！他只知道砰！砰！有些人，你只是想远离他们。如果你不能避开他们，你就会挨揍。"查理·普莱尔也记得欧菲勒口中的"肝唇"看守，因为他有着"肝脏色的嘴唇"："'肝唇'可能是我们跟随过的最糟糕的人，他到达'自行车营地'后，那里就变得松散。他通常从营地的一端走到另一端，见到不爽的人就用他那愚蠢的步枪进行锤击和殴打——[他是个]大流氓……[他的绰号]来自他那突出的嘴唇……哦，我认为他是我们遇到过的最卑鄙，最苛刻的流氓看守。你根本没有必要挑衅他。他只是看到了你，他就被激怒了。"这些绰号在各个战俘的营地似乎都十分通用，来自休斯顿的海军陆战队员劳埃德·威利（Lloyd Willey）也描述了被战俘称为"肝唇"的朝鲜看守的行为："一名名叫'肝唇'的朝鲜看守是个卑鄙、丑陋的小杂种。他会走到某个他选中的可怜的人面前，让他睁开眼睛看太阳。每次战俘眨眼的时候，他的后脑勺就会被枪托击中。"在"自

---

① 源于20世纪30年代臭名昭著的恶棍约翰·迪林格（John Dillinger）的名字，迪林格曾被当时美国调查局（后来改组为联邦调查局）冠上"头号公敌"（"Public Enemy No. 1"）的称号，由于其震惊世人的犯罪行为，他在死后仍不时被人提及。

行车营地”,战俘们曾特别鄙视一个朝鲜的看守,他们称他为“褐色轰炸机”(Brown Bomber),他喜欢抓战俘,毫无缘由地殴打他们。威廉·查普曼(William Chapman)回顾从丹戎不碌到“自行车营地”的生活细节,有个绰号为“褐色轰炸机”的朝鲜人喜欢用枪托打战俘,踢他们的胃和小腿,有时整个事件会持续10—15分钟,而队伍则继续前进。① 虽然管理政策在“自行车营地”一直很稳定并被始终如一地执行,这方面比丹戎不碌的情况强得多,但不同看守的行为可能差异很大。任何一个看守可能会在某个时刻抓住违反规定的战俘并且什么都不做,而下一次,同一名看守又很可能因为轻微的违规而殴打战俘,例如在抽烟时不携带烟灰罐。美军第二营营部直属连的无线电科科长杰斯·斯坦伯勒(Jess Stanbrough)记得“褐色轰炸机”曾经抓住他在进行非法交易,因而斯坦伯勒预计自己会受到严重殴打。出人意料的是朝鲜看守选择与他交易,然后让他继续前进而不受惩罚。另一名看守因为轻微的违规行为暴打了赫德尔斯顿·瑞特,然后又若无其事与他共享了一支雪茄。②荷兰战俘弗雷德·塞克还提到了一个被许多战俘称为“马脸”(Horse Face)的朝鲜看守。在漫长的战俘生涯中,塞克没能记住许多看守和战俘营的名字,但“马脸”一直是让他印象深刻的朝鲜看守,塞克称其为“朝鲜看守中一个最坏的典型”。他回忆道:“他天生暴虐、残酷。他的一大消遣就是,徘徊在从铁路上劳作回来的战俘队伍后面,用他的刺刀最尖锐的部分刺向落伍的战俘。这一般不会造成战俘重伤,通常就是一股股鲜血直流。踩着斑斑点点的血迹,他会得到极大的满足,脸上有一种扭曲的狂喜。接着,他就

---

①② [美]凯利·E.克拉格:《太阳旗下的地狱》,第57—58页。

会去挑选下一个受害者。”①

这些看守的行为似乎没有任何合理性，这使得战俘们感到困惑并且需得经常保持警惕。像集中营生活的方方面面一样，战俘们必须适应和调整对于战俘营看守的态度。根据战俘们的说法，对付这些看守的最好办法就是完全避免与他们接触。然而，大多数人都没有足够的运气享受这种奢侈，他们必须学会如何遵守营地的规章制度和避免被殴打。看守们喜欢挑出最高大的美国人进行惩罚，也许是为了向那些西方人展示一下谁才是真正的强者。在集中营里，超过 6 英尺高的战俘常常被迫站在营地外，看守们经常勒令他们在被殴打时保持立正。有时，一名看守不得不站在一个木箱上才够得到一个美国人的头，于是他会毫不留情地殴打这个战俘。如果一名战俘因殴打而倒下，看守则会因他摔倒而变本加厉地踢打他。美国战俘发现，当看守殴打时，最好的防御方法是“滚动”，这样可以避免看守的拳头打击到他们的头部。而 18 公里集中营的奥·唐纳（O'Donnell）中士被误杀，也一直是个“谜”。那个被称为“迪林格”的朝鲜看守和奥·唐纳中士曾在一起，因为这个朝鲜看守对使用武器从来不谨慎，人们听到枪声的时候也没有在意，直到有人发现中士失踪了。战俘们非常愤怒，他们平时弄出一点小火星都会遭来看守的一顿毒打，而看守们则随意地让枪走火。战俘军官查尔斯·安德森向日本人强烈抗议，要求把“迪林格”赶出营地送往大本营审问，但安德森被一帮监工铁路建造的工程师群殴了一顿。虽然日本人和朝鲜人都知道这是“迪林格”的错，但日军高级军官长友吉田没有采取任何处罚措施。几个月后，肇事的朝鲜看守就回来继续任职了，还声称是他的双胞胎兄弟杀

---

① [荷]弗雷德·塞克：《永远不能忘记》，第 73 页。

了人。除去日军对逃跑战俘的杀戮，虽然人数相对较少，但铁路工地上仍有一些战俘被日本人当场处决或殴打致死。

战俘们在被囚禁期间得出结论，朝鲜看守比日本人更糟糕。如果两个战俘是朋友，那么朝鲜看守就会发起一项运动，让这两名战俘相互争斗，如果他们试图相互保护，那么朝鲜看守就会将他们暴打到意识模糊。有时候会有一些红十字包裹被安排到营地，朝鲜看守就会将包裹扔到一处，命令众多战俘去抢夺。平日里，他们还会用手边的任何东西，如步枪、石头、竹子，或者徒手随意地殴打战俘。并且日本人不允许战俘在被俘期间保留任何个人记录，更加严禁战俘记录他们的行为，《竹林背后》这本书的书写素材就曾被藏在营房房顶、竹罐下、地下、床板下、大腿和腰上的绷带里，经历了数百次的突击搜查，陪伴其作者度过了最艰难的时光。①

## 四、日军虐俘的原因

修建泰缅铁路这一工程的军事利益显而易见，其工程难度虽然巨大，却也非无法克服。然而这一项目之所以如此骇人听闻，是因为日本人几乎没有给建造铁路的战俘和亚洲民夫任何工程设备和资源，只给他们提供赖以生存的最小支持，并在此过程中对他们施加了空前绝后的残酷暴行。在日军吞并中国的企图遭到中国的顽强抵抗后，国际社会向日本施压要求其放弃在亚洲的扩张，日军便转向南面攻打资源充足、未受庇护的欧洲殖民地，因此英、美、澳军和印度军队从 1941 年 12 月起开始陆续沦陷为日军战俘。这些盟军战俘自踏上铁路修建之路起就遭受着不同程度的虐待。在日军轮船转运东南亚盟军战俘的过程中，有 2.8 万名战俘死于"地狱

---

① Rohan D. Rivett, *Behind Bamboo*, p.VIII.

船”，死亡人数接近1/3。① 实际上，第二次世界大战期间各国都在不同程度上存在着虐待战俘的现象，但日军虐俘尤为严重。据统计，在欧洲战区，被德国俘虏的战俘在押期间的死亡率为1.2%，而太平洋战区尤其是菲律宾战场的统计数据表明，战俘在被俘期间的死亡率高达40.4%。② 这样的数字对比足以说明日本对待战俘何其残暴。

泰缅铁路建设初期，尽管对雇佣战俘的许多限制并不满意，但铁路建设工地上的各组织单位还是较好地遵守了保护和尊重战俘的规则。不同人员均有回忆，泰国战俘集中营第二分所所长柳田正一曾向泰国境内所有南方军铁道联队发布了关于处理战俘的声明，其中包括“决不殴打战俘，决不让他们在规定的工作时间以外工作”等内容，以保障战俘的基本权益。因此，柳田被一部分人认为是一位具有人道主义精神的军官，即便日本没有批准《日内瓦公约》，他本人也一直尊重其互惠原则。当时有传言称，当时某个铁道建设单位的日军士兵无视通知而扇了战俘耳光，他便立即停止向这个单位提供战俘。③ 而根据日本铁道联队铁路兵的口述回忆，铁道联队对待战俘的态度也是相对比较尊重的。南方军铁道第九联队第三大队第六中队的实习军官鹤田曾回忆，他们的副中队长平川得到命令要在美功河上修建两座大桥后，向大家致辞，内容如下：

我们奉命与战俘合作。铁道联队只能安排他们为我们投

---

① 何天义：《亚洲的奥斯威辛——日军侵华集中营揭秘》，成都：四川人民出版社2007年版，第341页。

② 杨竞：《奉天涅槃——见证二战日军沈阳英美盟军战俘营》，沈阳：沈阳出版社2002年版，第4页。

③ Kazuo Tamayama (ed.), *Railwaymen in the War*, pp.161, 162.

> 入建设工作。向他们提供食物、衣物、床上用品、卫生和日常必需品,全部由战俘营负责,由泰国战俘部队的分部负责。《日内瓦公约》规定了应如何对待战俘的条约,但我国并未批准该条约。但是,出于人道主义的原因,我们应该尊重条约的原则。总司令部已经命令我们雇佣战俘来修建铁路。我们不应该让战俘军官按一般规则工作。必须允许战俘休假,必须严格遵守他们的工作时间。将规定工资支付给他们。不要对他们进行身体或任何其他惩罚。你们所有人,记住我说过的话。
>
> 在管理方面,每小队都将任命一名负责战俘劳工的士兵。他每天都会在规定的时间去战俘营带领战俘过来,当他们的工作完成后,在规定的时间把他们带回战俘营。对他们的人数进行精确的计数。
>
> 并且你们要避免与战俘之间产生任何冲突,如果发生任何麻烦,请向高级官员报告。把战俘视为我们作战潜力的一部分,确保他们的力量得到保持,避免无用的损失。①

鹤田记得在平川发表完讲话后,铁道联队的士兵们认为这些战俘虽然人高马大,对铁路修建来说会有很大帮助,但是长官给他们的限制太多,与战俘的相处也将会是麻烦事。即便如此,铁道联队的人还是基本遵守了长官们要求的这一原则,与其他部队的官兵相比,他们与战俘的相处也更为和谐。鹤田在工作之余与一位被他称做"P中尉"的苏格兰战俘军官交谈甚欢,这名中尉还对他说:"战争结束后,我想在苏格兰见到你。"此外,修建大桥的时候正

---

① Tsuruta Masaru, "The Volga Boat-Song and the Bridge," in Kazuo Tamayama (ed.), *Railwaymen in the War*, p. 82.

值涨水时节，桥下水流汹涌，一名苏格兰战俘从脚手架上掉到河里，在他附近的日军高级二等兵福原康夫跳进湍急的河水中救了他。①

但是，1943 年 4 月关于“费瑟斯顿事件”的报告被转送到战俘营，对战俘营产生了巨大且深远的影响。1942 年 8 月初，在太平洋战争期间，美国人在瓜达尔卡纳尔岛（Guadalcanal）取得了重要的立足点，并俘获了大量日本战俘。9 月 11 日，450 名日本士兵在短时间内抵达新西兰，被安置在新西兰首都惠灵顿以北 60 公里处费瑟斯顿（Featherston）的一个旧陆军训练场。费瑟斯顿是大英帝国第一个关押日本战俘的战俘营。起初这些日本战俘的健康状况都不是太好，当他们的身体情况有所改善后，营地指挥官英国陆军军官唐纳德·H. 唐纳森中校（Donald H. Donaldson）对这些日本战俘提出了更多的要求。1943 年 2 月 24 日，指挥官要求 105 名日本战俘第二天加入工作队，原因是当时只有 45 名士兵在工作，劳动力匮乏。但第二天早上，日本战俘拒绝提供人员，要求就此事与唐纳森会面。战俘营副官詹姆斯·马尔科姆（James Malcolm）中尉试图说服日本战俘，但没有成功，于是将武装警卫增加到 47 人，这些人在地面和小屋屋顶上占据阵地，实际上是近距离包围战俘。他想抓住日本战俘发言人——中尉安达，以儆效尤。但日本战俘们紧紧地包围着安达，卫兵们无法将他带走。于是战俘与卫兵之间的紧张气氛愈演愈烈，此时马尔科姆副官掏出手枪，瞄准了安达，让他出来，但安达直截了当地拒绝了。副官生气地朝他开了一枪，只擦伤了他的上臂，于是又开了一枪，导致他摔倒。然而在双

---

① Tsuruta Masaru, “The Volga Boat-Song and the Bridge,” in Kazuo Tamayama (ed.), *Railwaymen in the War*, p. 90.

方对峙之前,武装警卫就得到指令,如果指挥官开了两枪,他们就开始向战俘射击——副官忘记了这一点才开了第二枪。听到第二声枪响,包围战俘的警卫们开始向战俘开枪,许多日本战俘倒下了。尽管射击行动很快被叫停,但是不到半分钟,31 名日本战俘死亡,91 人受伤,伤者中又有 17 人后来死亡。① 消息传到日本政府处,他们认为新西兰政府刻意将现场描述成战俘暴乱从而掩盖事实。1943 年 3 月 16 日,日本政府通过英国政府转达惠灵顿,对此事件的第一个官方反应是,这起枪击事件被称为"对人性的不可原谅的侵犯",并说:"警卫们没有尽力避免严重后果,而是肆意为一个微不足道的原因或借口开火。"②新西兰政府在与英国政府磋商后给予日本答复,并强调,他们确实正在严格遵守《日内瓦公约》的规定,不会对战俘营的指挥官进行处罚。于是日本政府把英国和新西兰视为一体,伺机报复,这一事件对日军手中的战俘都产生了不幸的影响。由于日本战俘死于军官的错误指令,日本政府认为盟军无视《日内瓦公约》,对于杀害战俘这一行为没有任何顾虑,东京的日本战俘管理局将"费瑟斯顿事件"的相关细节发送至所属日本战俘营并张贴布告通知,③战俘营的日本和管理者由此决定不再受公约精神的约束。"费瑟斯顿事件"发生之后,泰缅铁路工地上

---

① Owen Sanders, *Incident at Featherston* (Auckland: Heinemann, 1996), p. 18; Mike Nicolaide, *The Featherston Chronicles-A Legacy of War* (Auckland: Harper Collins New Zealand, 1999).

② Kazuo Tamayama (ed.), *Railwaymen in the War*, pp. 171-172.

③ Claude Thompson in Pugsley, Christopher, and Laurie Barber, *Scars on the Heart: Two Centuries of New Zealand at War* (Auckland: David Bateman in association with Auckland Museum, 1996), p. 264. 例如,日军在爪哇的战俘集中营张贴布告,称新西兰总理宣布,由于新西兰营地战俘不服从命令,已有 111 人伤亡,其中 48 名战俘死于机枪扫射。布告还称日方如果得不到令人满意的解释,将采取报复措施。

的日军士兵对盟军战俘的态度发生了较大的变化。日本人解除了加班的限制，铁道联队强烈要求，不管发生什么事，战俘都必须完成该日被分配的工作。因此，即使在铁路建设条件最糟糕的情况下，战俘们也不得不长时间工作，直到指定的工作完成。战俘们引用《日内瓦公约》的规定提出的申诉，没有经过任何讨论就被拒绝了，日本人说："你知道你们国家对我们的战俘做了什么吗？"[①]更长的工作时间，加上食物和补给的短缺，对战俘的健康造成了极大的伤害。"费瑟斯顿事件"可被视为日军大肆虐俘的开端和导火索，其背后还有诸多原因。下文将重点探讨日军违背国际法规、残忍虐待战俘的历史文化根源。

根据日内瓦第三公约《关于战俘待遇的日内瓦公约》的规定，可以享受战俘待遇的人员有以下 6 种情况：

（一）冲突一方的武装部队的战斗员，包括构成武装部队一部分的民兵和志愿部队人员。

（二）冲突一方所属的其他民兵及其他志愿部队人员包括被占领土内的有组织之抵抗运动人员，但他们必须有一为其部下负责之人统率，备有可以远处识别之团体的特殊标志，公开携带武器，并在战斗中遵守作战法规和惯例。

（三）有自称效忠于未经拘留国承认的政府或当局的正规武装部队人员。

（四）获武装部队准许，持武装部队所发的身份证，伴随武装部队而又不是武装部队成员的人员。如军用飞机上的文职人员，战地记者，供应商等。

---

① Kazuo Tamayama (ed.), *Railwaymen in the War*, p. 172.

> （五）冲突各方商船及民航飞机上的工作人员，而依国际法上任何其他规定不能享受更优惠待遇者，参加敌对行动而落入敌方权力之下的人。如果主张战俘身份，或表现有权享有这种身份，或其所属的一方通知拘留国或保护国代其主张这种身份，应推定为战俘。医务人员和随军牧师不得视为战俘。
>
> （六）未占领地之居民，当敌人迫近时，未及组织成为正规部队，而立即自动拿起武器抵抗来侵军队者，但须彼等公开携带武器并尊重战争法规及惯例。[①]

"战俘通常是指战争、武装冲突中落入敌方权力之下的合法交战者"[②]，至于"虐待"一词，国内外暂未出现准确的定义。一般解释为"对人或动物在心理或身体上造成伤害的行为活动。虐待行为一般包括直接的身体虐待、精神虐待、性虐待以及轻视（如不提供食物，不给看医生等）"[③]。关于如何对待战俘，这个问题就涉及国际法中战俘制度的发展变化。战争的历史与人类社会的发展史几乎同样漫长，有战争就会有战败，就意味着战俘这个群体的出现。对于战俘的保护起初并不存在，早期无论中外的战俘都只有被处死或用以祭祀的下场。例如古罗马时期"苏拉在罗马城战斗结束后用标枪射死8 000多名战俘"[④]；我国《史记》也曾记载公元前

---

① 1949年8月12日《关于战俘待遇之日内瓦公约》第一部总则第四条，http：www.baike.baidu\.com/item/关于战俘待遇之日内瓦公约，查阅时间：2022年1月1日。

② 王铁崖：《国际法》，北京：法律出版社1981年版，第534页。

③ 胡月：《日军对二战盟军战俘的虐待及原因》，《中国及太平洋抗战与战俘问题研究》，"中国及太平洋抗战与战俘问题国际学术研讨会"论文，中国辽宁沈阳，2008年，第299页。

④ [古罗马]阿庇安著，谢德风译：《罗马史》（下卷），北京：商务印书馆1997年版，第78页。

260年秦赵长平之战后，秦国将领白起坑杀了40万赵卒的大规模处死战俘的事件；阿兹特克文明中还有将战俘用作祭品的事例，[①]“在阿兹特克，蒂索克上台后首先重修战神维辛洛波切特利的大庙，下令雕制用来焚烧活人心脏的‘祭司石’，其弟阿维索特尔上台后，在2年中抓获了数万名俘虏，他将战俘全部活埋祭祀大神庙”。[②] 可以说，中世纪之前的战俘可以被随意处置，与战胜国缴获的战利品相差无几。从中世纪开始，战俘的生存机会随着纹章法(law of arms)到赎金法(law of ransom)的推行不断增加，战俘逐渐被用来换取赎金。由于战俘价格不菲，这种做法在一定程度上保护了战俘们的生命。直到到18世纪末，买赎战俘的行为最终消亡，“1780年英法之间签订的赎金协定是历史上最后一个用战俘换赎金的协定”。[③] 17、18世纪时期，启蒙运动兴起，启蒙思想家们宣扬平等、自由、民主、法治、人权等资产阶级思想，战俘在战争中开始被赋予“国家的保护者”的含义，对待战俘的人道主义思索开始产生。法国18世纪启蒙思想家让-雅克·卢梭(Jean-Jacques Rousseau)在其著名的作品《社会契约论》中揭示了战俘的身份本质：“战争绝不是人与人的一种关系，而是国与国的一种关系；在战争之中，个人与个人绝不是以人的资格，甚至于也不是以公民的资格，而只是以兵士的资格，才偶然成为仇敌的；他们绝不是作为国

---

① Ross Hassig, *Aztec Warfare: Imperial Expansion and Political Control* (Norman: University of Oklahoma Press, 1995), p. 120.

② 李安山：《论古代战争对政治权力的影响——以战利品赏赐与人力资源为例》，《世界历史》2006年第2期，第99页。

③ 朱路：《论国际法中战俘制度的发展及其当代挑战》，《法学评论》2014年第2期，第99页。

家的成员，而只是作为国家的保卫者。"①战争的最终目标是战胜一个国家、获取国家主权，那么放下武器的士兵就不应当再一次被放在敌对的位置。卢梭在这一点上也有明确论述："战争的目的既是摧毁敌国，人们就有权杀死对方的保卫者，只要他们手里还有武器；可是一旦他们放下武器投降，不再是敌人或者敌人的工具时，他们就又成为单纯的个人，而别人对他们就不再有生杀之权。"②正是在卢梭等启蒙思想家的推动下，欧洲大陆较为普遍地接受了将战俘和个人行为区分开来，"俘获敌人应该只是为了防止他们回到他们的部队再参加作战的一种方式，对他们的拘禁，在原则上应该有别于对罪犯的监禁"。③ 这些对于战俘的人道主义观念在日后的实践中逐渐被运用，不断有保障战俘待遇的相关条约等国际性法律文件出台，1813 年英国和美国签订的《战俘交换协定》是第一个规定战俘人道待遇的国际法律文件。④ 现代战俘制度在这一时期逐步形成，直至 19 世纪中后期，现代战俘制度开始确立。1899 年召开的海牙和平会议，在历史上首次成功地完成了当时最主要的国际法，即战争法的编纂工作。1899 年海牙第二公约和 1907 年海牙第四公约⑤(即《陆战法规和惯例公约》)附件《陆战法规和惯例的章程》第四条第一次明确规定："战俘是处在敌国政府的权力之下，

---

① [法]J. J. 卢梭著，何兆武译：《社会契约论》，北京：商务印书馆 1980 年版，第 18 页。

② [法]J. J. 卢梭：《社会契约论》，第 19 页。

③ [英]詹宁斯等修订，王铁崖等译：《奥本海国际法》第 2 卷，北京：中国大百科全书出版社 1995 年版，第 125 目。

④ 朱路：《论国际法中战俘制度的发展及其当代挑战》，《法学评论》2014 年第 2 期，第 101 页。

⑤《国际条约集》(1872—1916)，北京：世界知识出版社 1986 年版，第 188—200，365—376 页。当时中国政府于 1917 年 5 月 10 日加入了 1907 年海牙第四公约。1907 海牙第四公约所附《陆战法规和惯例的章程》已被公认为国际习惯法的一部分。

而不是在俘获他们的个人或军队的权力之下。他们必须得到人道的待遇”。① 读《章程》中关于战俘待遇的规定篇幅充裕，但是涉及具体的细节并不完备，日后的实践证明其保护战俘、处理战俘问题的能力不足，因此一战后于 1929 年 7 月 27 日首次签订了专门的《关于战俘待遇的日内瓦公约》。② 该公约全文共包含了 97 项条款和 1 个附件，相较于海牙第四公约在有关战俘待遇等内容的完善方面有了巨大进步，至此现代战俘制度基本确立。站在当下审视 1929 年的《关于战俘待遇的日内瓦公约》，固然出现了很多问题，导致该公约的很多规则在第二次世界大战期间被无视，才有了战后 1949 年“日内瓦四公约”的签订。③ 1929 年，日本政府虽然在《日内瓦公约》上签了字，但是由于国内日本军部的强烈反对，最终未能得到批准。

日本在泰缅铁路工地对于战俘的虐待丝毫不亚于其在九一八事变中于沈阳犯下的罪行。一方面，他们当着亚洲人的面羞辱西方战俘，宣告欧洲至上的时期已经结束；另一方面，他们更残忍地虐待中国人和其他亚洲人。日军认为如果想取得胜利，就必须穿越丛林修建一条铁路以供应其在缅甸的军队；为达到目的，战俘和

① 1917 年 10 月 18 日《陆战法规和惯例的章程》第一编“交战者”第二章“战俘”第四条，https://www. icrc. org/zh/doc/resources/documents/misc/hagueconvention4—18101907. htm，查阅时间：2020 年 10 月 1 日。

②《国际条约集》(1924—1933)，北京：世界知识出版社 1961 年版，第 400—423 页。当时中国政府于 1935 年 8 月 7 日批准该公约。

③ 1949 年 8 月 12 日，国际社会签署通过了“日内瓦四公约”，即《关于改善战地武装部队伤者病者境遇之日内瓦公约》(即《日内瓦第一公约》)、《关于改善海上武装部队伤者病者及遇船难者境遇之日内瓦公约》(即《日内瓦第二公约》)、《关于战俘待遇之日内瓦公约》(即《日内瓦第三公约》)和《关于战时保护平民之日内瓦公约》(即《日内瓦第四公约》)，将战争法的编纂与发展向前推进了一大步。见朱路：《论国际法中战俘制度的发展及其当代挑战》，《法学评论》2014 年第 2 期，第 103 页。

亚洲民夫们就必须被迫工作,直到他们无法再继续工作或工程竣工。在修建铁路的过程中,日军充分暴露了其丧失国际人道主义精神的本质。日军对于从事有关铁路建筑工作的俘虏,既没有提供适当的住处又缺乏对病人的医疗,这种非人道的待遇,正是日军虐待俘虏的典型。前文前到,日军曾为了应付红十字国际委员会的检查,临时搭建了一间假医院,并要求战俘假装受到照顾的样子,做法极其荒谬。同时,日本政府对于因日本人和朝鲜看守的不断殴打、拷问、杀害所引起的盟军俘虏的疾病、负伤、死亡,对于俘虏必须在其中生活和工作的不卫生状况,对于没有给予战俘最低限度的生活必需品和医疗等状况毫不关心的事实,无不令人震惊和愤怒。俘虏没有得到最基本的尊重和生存保障,这显然违背国际人道主义原则。

日本在泰缅铁路修建期间疯狂凌虐战俘是由多方面原因共同造成的。最直接、也是最浅层的原因是粮食、物资以及医药的缺乏和战时工程急需人力。其次,日本军队有着独特的组织结构与管理制度,日军陆军部队基本作战单位的编制类型多,例如:二战时期日本陆军地面作战部队组织与隶属关系的简略表述是:总军—方面军—军—师团等独立单元—师团属步兵旅团、步兵联队—大队—中队—小队—分队,①此外还有一些无定制的部队,如:集团、兵团。总体来说,日军的兵源的管理体制较完善。② 这样严格的组织机构正反映出日军对等级的极致推崇。这导致日军对于盟军战俘松散的结构容易产生不满,东西方部队组织的差异使得战俘无

① 黄力民:《二战期间日本陆军部队组织与隶属关系考略》,《军事历史研究》2010 年第 2 期,第 43 页。

② [日]东史郎著,江苏教育出版社翻译组译:《东史郎日记》,南京:江苏教育出版社 1999 年版,第 501—505 页。

法达到其严格要求。

另外，无论是对西方现代文明还是古中国文明，过往的历史经历都让日本人产生一种强烈的自卑感。一旦他们取得上风，为了挽回之前的颜面，他们会疯狂地报复那些导致他们自卑的人。20世纪之初日本社会的发展和在国际事务中遭受的待遇形成了后续二战中日军对盟军战俘的态度：19世纪中叶美国舰队司令马休·佩里（Matthew Perry）迫使日本开放港口；[①]1895年中日甲午战争后俄、德、法三国干涉还辽使得日本深感屈辱；1919年巴黎和会日本提出种族平等条款，因澳洲阻挠没有被加入国联盟约；1921年英日同盟解体。以上种种造成了日本对西方各国的积怨。日本因此装腔作势，此前优待各国战俘以示他们也是现代文明的一分子，而到了1941年后又虐待亚洲和欧洲战俘以寻求自我优越感。

此外，日军对于投降战俘也一贯持轻视的态度。武士道是封建时代的武士应该遵循的道德规范，日本的民众从小就接受武士道的教育，在日军发给士兵的手册上也这样写道：必须牢记，被俘一有辱"皇军"，二连累家族，要把最后一颗子弹留给自己。[②] 后来日本军国主义者经常鼓吹、宣扬这种军人武士道的做法及精神，为侵略战争服务。

1941年1月8日，陆军大臣东条英机传达了宣扬军人应该遵

---

① 日本嘉永六年（1853年）东印度舰队司令官、美国海军准将马休·佩里率舰队驶入江户湾（今东京湾）浦贺海面，要求与德川幕府谈判，史称"黑船事件"，最后双方于次年（1854年）签定《日美和亲条约》（*Treaty of Kanagawa*），逼迫德川幕府打破日本锁国政策，与国外建立通商关系。

② 胡月：《日军对二战盟军战俘的虐待及原因》，《中国及太平洋抗战与战俘问题研究》，"中国及太平洋抗战与战俘问题国际学术研讨会"论文，中国辽宁沈阳，2008年，第303页。

守的道德和战场上的规诫的《战阵训》。其中"惜名"一项的内容包括:"懂得羞耻的人才能自强。应该经常想到家乡门风的声望，更加勤勉，以不辜负父老乡亲的殷切期望。活着就不能接受被俘虏囚禁的侮辱，死了也不能留下罪过祸害的坏名声"。① 军国主义意识形态支配着的武士道，日本的国民尤其是男子受到武士道精神的洗脑和控制，不仅保障了统治阶级的稳固，还踏上了侵略亚洲各国的道路。

综上，我们可以更加深刻地理解在武士道精神的背景下，日军是极为嫌恶盟军投降而成为战俘的举动的。具体来说，在武士道精神的训诫中，效忠天皇是其核心概念，这是武士的最高荣誉，如若被俘，不仅仅是武士个人最羞耻的事情，作为武士的家人、宗族甚至是整个帝国都会因他而蒙羞。武士道要求绝对忠诚，并对不光彩的结果处以自杀(自焚或剖腹)的惩罚。在日本思想家新渡户稻造的著作《武士道》(*Bushido*:*The Soul of Japan*)中有话阐释对荣誉的高度评价是许多人自杀的充分理由:"当荣誉丧失时，死亡是一种解脱;死亡只是对耻辱的一种必然的退却。"②因此，日本军事教育下从士兵到将领都信奉战士应当誓死效忠，如果战败，自杀可以继表忠心，但是绝不可沦为敌军战俘。因此，若日军遵守《日内瓦公约》，那么就是日本单方面履行义务，故日本陆军和海军都反对和阻止日本政府通过并认可1929年的《日内瓦公约》。日本人同样用武士道精神来衡量所获的欧美战俘，认为战俘们本不应该投降，如果他们后来幸存下来，这是由于俘获者慷慨，他们希望

① 胡月:《日军对二战盟军战俘的虐待及原因》,《中国及太平洋抗战与战俘问题研究》,"中国及太平洋抗战与战俘问题国际学术研讨会"论文，中国辽宁沈阳，2008年，第304页。

② Kazuo Tamayama (ed.), *Railwaymen in the War*, Appendix 1, p. 273.

战俘们能感激这份慷慨。[①] 对日本人来说，任何企图逃跑的行为都是死罪，这是日军二战期间普遍实施的一种惩罚。

同时，从泰缅铁路本身来看，所有的日本铁路官员都意识到了泰缅铁路对日本军队在缅甸的生存是多么重要。因此，在武士道精神下，他们知道，如果铁路的工期被延误，缅甸军队处于危险之中，他们的团长肯定会因为耻辱而自杀，而没有按时完成任务并造成延误的军官也应该自杀。这是促使日军军官强迫战俘以各种方式完成每日工作定额的主要因素，因为每日定额是以按时完成铁路所需的最低限额为基础的。因此，即使在恶劣的条件下，战俘也被迫在标准工作时间内工作。在日本军队中，命令必须绝对遵从，下级军官不得拒绝攻击敌人阵地的命令。然而，由于工作的性质，工程项目的订单是灵活的。没有按时完成工作的军官可能会被降职，或者最糟的是被开除，但永远不会被处死。例如，铁道联队长不接受将泰缅铁路提前 2 个月完工的命令，尽管这可能会在他们的职业生涯中造成失职的经历。日本士兵也了解武士道的精神，所以在修建工作中各级士兵都会与他们的军官合作。

最后，从军事角度来说，日军认为遵守战俘规定对其是不利的。日本海军认为，《日内瓦公约》所写的优待战俘政策会鼓励盟军对日本实施更长线路的轰炸行动。日军的观点是，盟国军队一旦知道己方的士兵投降成为战俘后依然会被优待，他们可以对日本实施单程空袭。飞行员大可在袭击后投降作为战俘，还能靠日军的物资来供给他们，保障其安全，这样可使他们的空袭范围双倍扩大。相应地，日本海军总部认为如果同意《日内瓦公约》，就意味着在海军内部要进行惩罚制度改革，否则依照公约，战俘会受到比

---

① P. Towle, M. Kosuge and Y. Kibata (eds.), *Japanese Prisoners of War*, p. XV.

日军士兵更好的待遇,而制度改革会削弱海军纪律,从而削弱日军的海军防御能力。因此,日本政府认为他们在二战期间没有义务遵守公约中的原则。日本军队曾明确表示不接受有关战俘的国际公约,他们认为战俘的命运将由战略和经济上的便利来决定。以上种种最终对修建泰缅铁路的战俘产生可怕的影响。

# 第五章　受害者的求生手段

## 第一节　群体内部救济与互助

日军在物资供给、内部管理等方面的苛刻直接导致了泰缅铁路建造初期战俘劳工内部不断产生冲突。随着这种压迫越来越放肆、手段越来越残暴，战俘群体反而逐渐变得空前团结，本节从战俘劳工内部的冲突、军官奉献为战俘争取利益、士兵集体反抗日军、私下交易、苦中作乐到战俘的生存信仰、形成战俘社区的过程等方面入手，试图还原当时战俘从初入营地到后期团结一致对抗日军暴行的历程。

### 一、战俘内部的摩擦

日军对于战俘的各方面压迫直接导致了泰缅铁路建造初期战俘劳工内部不断产生冲突。一方面，当战俘们还没有互相熟悉或是环境还没有恶劣到空前绝后的程度时，国籍和民族成为战俘之间既团结又产生矛盾的因素，这在美国人、澳大利亚人和英国人的冲突之中体现得最为明显。尽管英国人在改善樟宜战俘营的生活方面做了很多努力，但他们与美国人的关系也只能用紧张来形容。美国人发现他们在许多问题上与英国人意见不一致，以至于经常互相争吵。美国人并不怨恨英国人负责这个营地——美国人几乎不可能完成这个任务——但他们怨恨英国人管理营地的方式。英国人努力维持樟宜的纪律，这对他们来说意味着必须遵循标准的英国军纪。他们希望士兵们能对他们的军官予以应有的尊重，包括向他们敬礼，因为他们试图保持军队生活的标准程序。英国人很自然地认为，为了让战俘们振作起来，他们必须防止他们堕落成一群乌合之众。因此，英国军官们保持着严格的军事等级制度，把自己与士兵们分离。士兵们被要求排队点名，每天出操，保持兵营清洁，所有人都得表现得像英国士兵一样。①

美国人对此不以为然。自从 1942 年 3 月被俘以来，他们已经放弃了所有的军事行为，并且一致同意在部队内部实行一种不言而喻的非正式纪律和秩序。美国战俘认为他们彼此相对平等，不论军衔高低，没有理由像英国人期望的那样行事。美国人认为英国军官自鸣得意，他们表现出一种比其他战俘优越的样子。美国战俘被要求向英国军官敬礼，这似乎有贬低之意。P. J. 斯莫尔伍德表示：“我们没有向自己的[军官]致敬。我的意思是，我们为什么要向他们致敬?”美军战俘中，第二营营部直属连的约翰尼·巴克(Johnny Buck)认为英国军官“有一种优越感”。对于这些英国

① Lionel Wigmore, *Australia in the War of 1939-1945*: *Vol. 4*, *The Japanese Thrust* (Canberra: Australian War Memorial, 1957), p. 512. 关于樟宜战俘营中的英国士兵如何看待美国士兵这一问题，有相关的第一手口述资料，参见 Thomas Pounder, *Deathe Camps*, *of the River Kwai* (St. Ives, Cornwall, U. K.: United Writers, 1977); Tom Kitching, *Life and Death in Changi*: *The Diary of Tom Kitching* (Perth, Australia: Private publisher, 1998).

军官，伊洛·哈德中尉评论道："在某种程度上，他们仍然不太清楚自己也是战俘。"①

还有许多具体的、琐碎的问题也破坏了这两个群体之间的关系。在樟宜战俘营的早期，英国军官命令美国士兵把军官的财产从一个营房转移到另一个营房，美国人服从了。第二天，英国人命令美国人为他们做更多的事，当这件事最终转告给美军第三十六师第一三一野战炮兵团第二营的指挥官布卢彻·S.萨普时，他要求英国人自己完成这项工作。英国人也负责安排日常工作，通常美国人能有的工作选择不多。英国人还控制着战俘在工作分队或小组中使用的手工工具的分配，而美国人似乎总是收到把手断裂的铲子和锄头。

英美战俘还在最重要的问题上产生纠纷——食物。英国人控制着生米的分配，美国厨师每天都要从英国军官那里排队领取他们的配额。美国人确信英国人在克扣他们的份额，为自己保留了更多的大米，当美国人食不果腹时，他们却变得越来越胖。所有的美国战俘都声称，英国人扣留了他们梦寐以求的红十字会包裹，并把它们分给他们自己人；英国人还从美国人手中骗走了他们认为属于自己的食物、衣服和香烟。

集体和个人卫生问题也是美国人和英国人产生隔阂的又一主要方面。自成为日军战俘从而开始集中营生活的早期，美国人就试图保持高标准的清洁。他们尽可能经常洗澡，一有机会就洗衣服。吃饭的时候，他们把餐具浸在沸水里杀死细菌，清除食物残渣，以免吸引苍蝇。美国人从来不喝生水，除非先把水煮沸去除杂质。由于美国人严格地遵守这些标准，他们比其他国家的人更少

① [美]凯利·E.克拉格：《太阳旗下的地狱》，第79页。

受疾病的折磨。根据美国人的说法，英国人没有付出这样的努力。他们强烈抱怨英国人不爱干净，洗澡的次数不足以让美国人满意，穿着肮脏的衣服，身上散发着恶臭。根据美军战俘劳伦斯·布朗(Lawrence Brown)的说法，"你从 1 英里外可以光闻气味就知道[一个英国战俘]来了。"①

美国人不喜欢听命于英国军官，于是他们千方百计地寻求报复。虽然美国人很自豪他们从来没有偷过自己同胞的任何东西，但是"美国佬"只要有机会，就会从"英国佬"那里偷东西，并从中获得某种满足感。英国军官们在樟宜保留了许多鸡舍，这些鸡舍以输出鸡蛋和鸡肉的形式为战俘们提供重要的蛋白质。美国人经常闯入这些鸡舍偷鸡蛋，有时还偷鸡。

在这两群人之间发生的事件中，也许最著名的——或者最臭名昭著的——是所谓的"国王的椰子"事件。由于新加坡曾是大英帝国的一部分，英国军官们断定岛上的一切都属于他们的国王——猴子是国王的猴子；蜥蜴是国王的蜥蜴；树是国王的树。一天晚上，一些美国战俘在营地外寻找食物时，开始砍一棵椰子树，以收获上面生长的椰子。英国人发现了美国人的行动，立即命令他们停止。当美国人问他们为什么要停下来时，英国人们回答说，这些美国人偷了属于国王的椰子。据美军第二营的麦克斯·欧菲勒说："我不知道是谁，但是一些英国人大喊：'别砍那棵树！那是国王的椰子树和国王的椰子！如果我没弄错的话，[美国人]回道：'让国王见鬼去吧！去他的椰子！反正我们要把它砍了！谁来都一样！'他们真是典型的英国人。"②

---

① [美]凯利·E. 克拉格：《太阳旗下的地狱》，第 80 页。

② Kelly E. Crager, *Hell under the Rising Sun*, p. 64.

像这样的事件经常发生在美国人和英国人之间。在像樟宜这样的环境中，民族间的斗争自然地发展起来，每个民族都认为自己不同于其他国家的战俘，而且在许多情况下比其他人优越。对战俘来说，重要的是，即使日本人俘获了他们人数众多的士兵，但他们仍保持着自己的身份。这种身份的一个重要部分是，他们知道自己属于一个由类似个体组成的更大的群体。美国人认为自己与集中营里的其他人不同，他们为自己的国籍感到自豪。作为美国人的这种自豪感——更确切地说，对于大多数美国战俘来说，作为得克萨斯州人的这种自豪感——使他们能够将自己与集中营里的其他人区分开来。他们不是在营房里鬼鬼祟祟的无名无姓的战俘，他们是美国人。尽管美国人一直保持着这种自豪感，或者说完全的沙文主义，但他们与其他国家的战俘们相处得都很好。他们当然不喜欢英国军官，他们会把英国人作为一个群体来谴责，但许多美国人与英国战俘个体建立了友谊。此外，就像在“自行车营地”一样，在樟宜的美国人和澳大利亚人也相处得很好，他们互相交易，分享食物，一起赌博，在“牛市会议”(bull sessions)上讲故事。美国人在樟宜还遇到了一群苏格兰战俘，他们非常尊敬苏格兰人。伊洛·哈德在谈到苏格兰人时表示：“他们把我们当作失散多年的表亲交往。”美军第二营的丹·布索解释了为什么美国人喜欢与苏格兰人保持如此良好的关系：“他们[苏格兰人]也讨厌英国人。”1943 年 1 月，当人数最多的一批美国人离开樟宜时，苏格兰战俘们吹奏风笛以示敬意，用风笛声把他们送出了营地。苏格兰人只把这一荣誉留给了美国人，这是美国人非常自豪的记忆。①

除了英美战俘之间，不同部队、不同国籍的战俘之间也都存在

---

① [美]凯利·E. 克拉格：《太阳旗下的地狱》，第 82 页。

一些小冲突。例如 1943 年 4 月初,樟宜战俘营中的英国和澳大利亚皇家部队的非军官战俘就因为不向荷兰军官敬礼的事件被向上被打了报告,随后澳大利亚皇家部队和马来亚司令部无奈只能颁布命令,明确要求战俘营中的所有国籍的军官都应当得到非军官战俘的敬礼。此外,英国人在卫生方面的名声似乎受到了其他国家战俘的一致批评。1942 年 2 月,史拉兰战俘营的艾伦·罗杰斯(Alan Rogers)上尉在知道战俘营要搬进新的人员时颇为担心:"……英国和荷兰军队正从南部地区过来。到时候情况会很糟糕——我们必须把所有东西都锁好,并加强我们的卫生预防措施,因为英国兵完全没有卫生的概念,无论是个人还是集体的。必须承认他们的军官也一样。"①

另一方面,不仅仅是民族之间,在战俘营这种没有人性的环境下,作为一个整体,人类很容易失去尊严,沦为豺狼。英军少校查尔斯·斯蒂尔发现两名澳大利亚士兵在食堂偷鸡蛋和肥皂后制止了他们,然而很快却遭到这二人的报复:"连续两个晚上,在我抓到澳大利亚人从食堂偷东西之后(在侬普拉杜克),我在自己的床上发现了蝎子。有一次我直到早上才找到它。不过,我没有被蜇到。"②

有些病人躺在被称为"死亡营地"的医院里时,会发现周围的战俘们都"相互憎恨、互不信任、互相偷窃"。对他们来说,最重要的是生存,要遵循丛林法则。他们甚至从死人身上偷东西。集中营的战俘们为了生存,不可避免地会有自私、敲诈、冷漠和不公正

① R. P. W. Havers, *Reassessing the Japanese Prisoner of War Experience*, p. 93, Quoted from Captain Rogers, diary entry for 24 April 1943, AWM.

② Charles Steel and Brian Best (eds.), *Burma Railway Man*, p. 109.

的行为，有些人为了所谓的“对抗日本征服者的胜利”而不顾同伴。在《深入北方的小路》的一节里，就描述了这样一名绰号“小不点儿”的战俘。与其绰号相反，他是个肌肉发达的家伙，他的任务是在岩石上打洞。跟其他战俘不同，“小不点儿”干起活来精力充沛，对自己最先完成工作定额感到骄傲。他会在第一个完成任务之后得意地说：“让他们这些小个子黄种畜生看看白种人是什么样。”但是，在他干完活后，日本人会强令每个战俘都跟他一样。“如果小不点儿又创造了新纪录——他好像隔一段时间就全神贯注于创造一个新纪录——日本工程师会依此定下新的日工作量，接下来，其他没他那么壮的人会在勉为其难完成定额时受罪。”①并且，当其他战俘让他的朋友“土人”去劝劝“小不点儿”时，他却毫不在意。后来，连“土人”都有点恨他了：

> 日本工程师用他们不懂的米制丈量法来设定每个新的工作定额——开始 1 米，然后 2 米，再然后 3 米——“小不点儿”都在比日本人规定时限更短的时间内完成，然后，其他每个人——发烧的，饿肚子的，濒死的——必须干完跟这疯子干的等量的活儿。其他人想方设法干得慢点儿，少点儿，好为这个由本能支配的艰巨任务节省他们被日本人控制的体力。但“小不点儿”不一样，他腹部起伏，胸肌鼓起，野兽似的胳膊紧绷。他把这儿当成他工作过的剪羊毛棚子，好像全都还是无关痛痒的竞赛，到了晚上，他就又被评为剪羊毛的顶尖高手。但他的虚荣心只让日本人受益，让其他人往死路上走。②

好在“小不点儿”也并未嚣张多久，因为在他们修建“地狱之火”通

---

①② ［澳］理查德·弗兰纳根：《深入北方的小路》，第 158 页。

道时，日本人的定额越来越多，最后连他这般强壮的人也受不了倒下了。

还有一些人在目睹集中营一些战俘绝望地放弃治疗、等待死亡时表现得异常冷漠。大多数战俘想尽办法鼓励这些垂死的人坚持下去，但也有些战俘对他们并不那么同情，而且对他们当时的困境表现得相当麻木不仁。

当然，最常见的争议还是出现在食物极度匮乏的情况下。当战俘发现自己被分配的量与应得的有出入时，都会大声抗议，偶尔还会爆发互殴。唐纳德·布莱恩在1942年5月作为战俘加入第二营，描述了一个典型的场景：“我想说爆发在集中营里的斗殴大概99％都基于食物……有人一直在说，‘好吧，我买了这个的话，会跟你分享，给你咬一大口。’然后就变成了‘你个混蛋’，然后他取走了全部。当然脾气有时来得快去得也快。”①

在食物如此重要的环境中，人们也可以预料到战俘之间会发生争执且频率越来越高，例如在“自行车营地”中就存在此类纠纷。每个国家的战俘都会看好他们自己的食物，即便如此，盗窃事件也时有发生，像美国人和澳大利亚人就会偶尔从英国和荷兰人的战俘营中偷窃一些食物。美国人之间也出现了纠纷，通常涉及额外的食物，但是军官与士兵之间发生的冲突更多。饿极了的士兵们声称他们的军官利用公共的资金为自己谋取了更多的食物。这些军官在混乱区域以外的隔离地带吃饭，士兵们便不满军官们“生活奢侈”，而多数士兵却只能依靠米饭充饥。克拉克·泰勒称，军官们和作为士兵的人应该吃同样的食物，因为他们不享有任何特

① ［美］凯利·E.克拉格：《太阳旗下的地狱》，第50—51页。

权。[①] 在早期战俘营内的生存条件还相对舒适悠闲的时候，军官的食物确实比士兵的要好得多。在樟宜战俘营时，巴瑞中士在日记中抱怨道："这里的食物问题目前很糟糕。军官们领取的口粮是他们应得口粮的三倍。[他们]晚上吃烤肉、炖肉或肉汤，而我们的炖菜里几乎没有一点肉。他们的大米分量也远比我们的多得多。我们三餐的量我一顿就可以毫不费力地吃完。每天总是感到很饿。我现在对军官的看法很差。"[②]

据霍纳尔上尉记述，1942 年 5 月，尽管士兵们对战俘营的伙食已经满腹牢骚，他还是为欢迎英军第十八师师长贝克维斯-史密斯(Beckwith-Smith)准备了一桌丰盛的美食。他把最好的食物都集中到了这顿宴请中，餐桌上的食物有番茄汤、炖牛肉、豌豆、土豆、面包圈，还有抹了奶油和沙丁鱼的吐司。前来的都是战俘军官，显然大家对战俘营食物匮乏和单一的问题无动于衷。[③] 不过，越是食物还有所选择的时期，战俘们反倒越会抱怨待遇不平等。英国战俘罗姆尼中士说准将的住所和邻近的军官住所都被安排在营地混乱区域以外的隔离地带——"他们不想让我们看到他们桌上的乳猪"。他还在自己的日记中写道：

> 昨天，我们的布告栏上出现了一个通知，要求有足够资金的人在这段时间内把钱借给政府。人们不太可能有任何反应，许多人的感觉——无论是对的还是错的——就是它将用

---

① [美]凯利・E. 克拉格：《太阳旗下的地狱》，第 63 页。

② R. P. W. Havers, *Reassessing the Japanese Prisoner of War Experience*, p. 140, Quoted from Staff Sergeant Burrey, diary entry for 21 May 1944, AWM.

③ R. P. W. Havers, *Reassessing the Japanese Prisoner of War Experience*, p. 45, Quoted from Captain Horner, undated portion of diary, pre-May 1942, diary transcript, IWM, p. 24.

来给军官们买吃的，他们已经比其他阶层生活得更好了。顺便说一句，自从我们来到这里后，我就没有见过在我们营房指挥联邦机动部队的准将，而雪兰莪营(Selangor Battalion)的指挥官詹姆斯上校每天都来。①

事实上，在战俘营初期阶段，军官们各个方面的待遇的确都比士兵们优厚不少。例如在樟宜战俘营，日本人在卫生设施方面给战俘军官们特权，允许他们在指定区域外拥有私人洗澡区域。军官的服装虽然在转移至樟宜后有所削减，但其总量之多还是令普通战俘咋舌。在樟宜战俘营时，英国军官威尔金森(Wilkinson)上尉曾对自己得到的衣物配给有过详细记录：

军官的最高着装标准于23日生效……今天下午，我们所有的装备都接受了印度皇家陆军服务队利顿上校的检查。事实上，在我得到规定配给之后，波特尔少校因为得到的物品超出配给，又给了我1条新的裤子和1条毛巾。标准的配给内容如下：

1顶礼帽，1顶便帽，短裤、长裤共4条[包括爪哇绿马裤，白色、彩色的便裤，法兰绒、华达呢的爪哇绿色LP帆布裤，非哔叽布料。KD长裤(制服)]，短袜或长袜共4双，衬衫4件[所有类型的衬衫、骑衫、衬套、短夹克衫或KD夹克(包含在KD制服中]。毛巾2条(不包括12英寸或更小的小毛巾)。毛毯1条(如军官不在床垫上睡觉，可另加1条毛毯)。马甲或无袖汗衫2件(绣有美国红十字会会员图案)。轻便的皮靴1

① R. P. W. Havers, *Reassessing the Japanese Prisoner of War Experience*, p. 41, Quoted from Signaller Coombs, diary entry for 6 June 1942, IWM.

双或日本帝国军队的橡胶靴 1 双(没有红十字会或军队标志),绒面革或皮革鞋 1 双(非绒布、帆布等布料)。军官可以保留鞋子代替靴子。①

作为受益者的威尔金森自己也觉得这样的配置标准太高了,他对分发给军官的超额物资感到震惊。同时,威尔金森意识到,普通战俘们是无法拥有这种待遇的,这也将引起士兵与军官之间更多的冲突:

虽然有些军官会拥有这样的衣物规制,但更多的人拥有的数量更少。这种分配的初衷是给军官充盈的物资,使之得到最高的待遇。这样的做法会导致众多问题,而唯一的解决办法就是减少最高规制的数量,并相应地把剩余物分配下去。正如人们所预期的那样,整个计划显然没有受到大众的欢迎,且这种分配在现在的情况下没有起到帮助任何人的作用也是显而易见的事情。②

英军通讯兵塞利尔·库姆斯(Cyril Coombs)觉得"我们的军官比日本人更能把事情变糟"。③ 同样地,肖恩少校也注意到营里到处都是不满的声音,他写道:"很多人的不满情绪是由一名新军官的着装配给引起的。于是'有配给者'也将舍弃装备,和他们一样变为'无配给者'。我自己有一套很好的装备,我也将舍弃其中一

①② R. P. W. Havers, *Reassessing the Japanese Prisoner of War Experience*, p. 140, Quoted from Captain Wilkison, diary entry for 28 June 1944, IWM.

③ R. P. W. Havers, *Reassessing the Japanese Prisoner of War Experience*, p. 41, Quoted from Signaller Coombs, diary entry for 6 June 1942, IWM.

些,但我相信这是唯一能做的事情。”①

当然,战俘营早期出现这些抱怨也主要源于懒散的监禁生活,到了后期,生活越是艰辛,抱怨反而越少。后期在战俘们经历艰辛的时候,他们多少能体会到的是,这些军官们在替士兵们与日本人抗衡时,往往都是冒着生命危险的。

## 二、军官的奉献

战俘们的指挥官除了管理和维持集中营的组织结构外,还为他们的人提供其他职能服务。在指导战俘分队工作的同时,他们主动成为日本看守与战俘士兵之间的中间联络人。他们站在自己和日本人的要求,以及执行这些命令的方法之间,踩着合作与勾结之间的狭窄道路,努力为战俘们争取一切生存的资源和希望。在这个过程中,战俘军官们忍受着无尽的羞辱,就为了试图保护战俘劳工免受日军暴行。伊洛·哈德努力解释说:“我们唯一可以走出去的时间——我猜你会说‘拍马屁’——从某种程度上说,同守卫在一起并搞好关系的话就可以加入‘工作组’。这时候在首都巴达维亚,我们都会设法让日本人吹嘘他们占领的消息,并且我们站在那里张着嘴伪装成一个好听众。这样做的目的是要保持日本人的幽默感,让他们分心,这样他们就可能不会顾及工作的细节。这也给了偷懒者绝好的机会溜走,小憩一会儿。”②每当军官们成功转移了看守们的注意力,战俘们就开始尝试在工程量上欺骗日本人。他们在日本人与军官谈话时将测量土方的测量钉移动那么几厘

① R. P. W. Havers, *Reassessing the Japanese Prisoner of War Experience*, p. 140, Quoted from Major Shean, diary entry for 25 June 1944, IWM.

② [美]凯利·E. 克拉格:《太阳旗下的地狱》,第47页。

米。挖土方时通常是一个人挖，两个人扛着装满泥土的篮子走到河堤上。此时若看守没有注意，这些人就会带着泥土走下山，假装再次装满篮子，然后把同样的泥土带回去。① 修建桂河大桥时，战俘军官图西采取了一项策略：每次发生殴打事件，他都会向日方正式投诉，并认为这种策略最终减少了此类事件的发生。许多军官成了谈判专家；其他人尝试了一系列不同的方法，从坚决与日军看守对抗到与之交换烟盒或钢笔，或者给朝鲜看守们上英语课——所有这些都是为了同样的目的，但遗憾的是收效甚微。并且每当军官们向日方引用国际公约时，往往会得到这样的回应：既然日本终会赢得战争，这些公约也就无关紧要了。

集中营的战俘军官们为了保护自己的士兵，甚至要冒着生命危险。1942 年 7 月，日本人要求战俘们签署一份承诺书，承诺他们将遵守所有命令，并且不会试图逃跑。起初，“自行车营地”的美国人拒绝签署承诺书，日本人以关闭营地食堂和限制战俘活动作为报复。当美国人仍然拒绝签署时，日本人将军官与其他战俘分开，把他们关在看守严密的监狱里。日本人甚至殴打一些军官，迫使他们命令他们的下属士兵签署承诺书。日本人向这些军官表示，他们会接着殴打士兵——他们也确实殴打了一定数量的战俘，如果有人干预，他们会开枪——萨普上校和军官们无奈之下只能决定让美国人签署承诺书，不过他们这样做也是因为他们意识到自己签署这些承诺书时受到了胁迫和体罚，所以战俘们签署的承诺书将不具有约束力。与此同时，在爪哇被俘的澳大利亚高级军官 A. S. 布莱克本（A. S. Blackburn）拒绝签署“不逃跑”承诺书，尽管日本人用减少口粮等威胁他，布莱克本还是坚决不同意。直到 7

① ［美］格雷戈里・F. 米切诺：《地狱航船》，第 124 页。

月 4 日早上，日军在“自行车营地”周围架设起机关枪，布莱克本和美国籍的军官赛尔(Searle)上校眼见战俘们有性命之危，才同意签署了承诺书。[①] 最终在 1942 年 7 月 4 日，这些美国战俘在自己国家的独立日这一天，屈辱地签署了承诺书。[②] 更可恨的是，日本人认为如果战俘们没有了他们的军官作为领导者，就能少惹许多麻烦，于是杀害了战俘中所有的高级军官。[③]

除了“自行车营地”的军官，在签署“不逃跑”承诺书这件事上，樟宜战俘营的军官们与日本人的抗争还造成了著名的“史拉兰广场战俘营事件”。1942 年 8 月底，樟宜战俘营的盟军高级军官接到日本少将福井的指令，要求营区所有战俘签署“不逃跑”承诺书，而军官们一致认为作为光荣的军人，大家不应该签署这份文件。在日本中尉冈崎规劝无果后，9 月 1 日，霍尔姆斯中校奉命前往樟宜战俘营日军主要行政办公室的会议厅参加会议。在那里，日本人告诉他，所有不愿签字的人都要准备在第二天，即 1942 年 9 月 2 日 18 时 30 分之前搬到史拉兰广场，那里是主要由澳大利亚皇家军队占据的营地。这些英国战俘无奈只得在炎炎烈日下进行艰巨的长途跋涉，所有的卡车都没有引擎，战俘们要推着车徒步走 3 英里路。史拉兰广场的战俘营住宿空间极其逼仄。关押在那里的具体人数有待商榷，但有几个数字是显而易见的。澳大利亚帝国陆军军官 F. G. 加莱甘(F. G. Galleghan)中校声称共有“15 204 名英国战俘和澳大利亚战俘”。而霍尔姆斯中校估计，这一数字为“15 018 人，但不包括医院和 4 名已经签署文件的人”。[④] 此外，澳大利亚皇

---

① [美]格雷戈里 · F. 米切诺:《地狱航船》，第 99 页。

② [美]凯利 · E. 克拉格:《太阳旗下的地狱》，第 62 页。

③ [美]格雷戈里 · F. 米切诺:《地狱航船》，第 100 页。

④ [英]R. P. W. 海沃斯:《樟宜战俘营》，第 100 页。

家军队的营地军需官 A. N. 汤普森（A. N. Thompson）少校认为总数为 14 609 人，其中澳大利亚皇家军队的兵力为 1 897 人。不论确切的总数是多少，我们可以得知当时约有 1.5 万人关押在一个之前只供澳大利亚士兵使用的地方，而1 800多名澳大利亚人现在被转移限制在另一幢建筑内。史拉兰广场只有 250 乘以 150 码大小，①营地在和平时期只能容纳一个约 600—700 人的营，现如今却塞进了如此多的战俘。F. W. G. 鲍尔（F. W. G. Power）记得，“屋子的空间太过稀少，以至于必须轮班睡觉”。② 为了逼迫军官们签字，日本人又让他们目睹了 4 名因逃跑被抓获的战俘的枪决执行。在场的人都见到了日军的残忍本性，一些人同意签署承诺书，更多的英国、澳大利亚军官则更加坚定了抵抗的决心。

日军为了迫使战俘军官们同意签署“不逃跑”承诺书，想尽办法给战俘们制造恶劣的生活环境。史拉兰广场战俘营的周边都是武装警卫，其中许多是印度国民军。澳大利亚皇家陆军军械队（Royal Army Ordinance Corps）的 E. 霍尔顿（E. Holden）记得，“如果有人越过边界线，他会被道路上巡逻的锡克人守卫用刺刀捅死”。澳大利亚皇家陆军的贝利斯（Baillies）中尉写道：“发生了几起小事件，战俘们因无意中跨过边界线而被锡克警卫殴打。”③日本

---

① 关于史拉兰广场的战俘营空间大小，贝利斯中尉认为广场的 160 乘以 250 码，F. W. G. 鲍尔（F. W. G. Power）认为更接近 140 乘以 270 码，文中选用的是澳大利亚军官加莱甘（Galleghan）中校提供的数据。参见 F. W. G. Power, *Kurragh! An Australian POW in Changi, Thailand and Japan, 1942-1945* (Melbourne: R. J. & S. P. Austin, 1991), p. 44; Lt.-Col. Galleghan, “Sequence of Events,” from 1-5 Sep. 1942, AWM, 3DRL2313.

② F. W. G. Power, *Kurrage! An Australian POW in Changi, Thailand and Japan, 1942-1945*, p. 44.

③ ［英］R. P. W. 海沃斯：《樟宜战俘营》，第 105 页。

人也在广场周围安置机关枪，增加了在广场周边巡逻的锡克和日本警卫的数量。为了使环境尽可能令人难以忍受，日本人切断了军营建筑的总水管。尽管广场上又设立了两个供水点，但其对缓解水资源短缺的作用微乎其微。因此，水的配给减少到每人每天只有一加仑，这一微薄的水量必须用以做饭、洗衣和饮用，因此战俘们制作了名册，详细说明了各个单位何时可以取水。更加火上浇油的是，史拉兰广场战俘营没有为大量的战俘提供足够的住所，人们只得暴露在严酷的热带阳光下。澳大利亚皇家陆军勤务队(Royal Army Service Corps)第十八师的 J. W. 弗兰克斯(J. W. Franks)记得那时酷热难耐，"我们没有遮盖物，整天暴露在阳光下。我们像沙丁鱼一样挤在铁丝网里。躺下去是不可能的，我们这些汗流浃背的人就这样蹲在阳光下"。① 在此基础上，日军还企图进一步利用恶劣的环境对军官们施加威胁。在剩余的没有被迁往史拉兰广场战俘营的部队中，英国军官查尔斯・斯蒂尔少校在给妻子的第 30 封信中就讲述了他们所听闻的同伴的这一段经历：

> 我最亲爱的，
>
> 指挥官已发出了讲话。留在樟宜的部队也拒绝签署"不逃跑"声明。经过多次谈判，日本帝国军队下令他们把所有的东西都搬到了另一个兵营广场，让战俘们处于火热之中。日本人威胁要切断医院资源的供应。更重要的是，他们切断了水源且拒绝提供卫生设施。过了 3 天，这里到处都是苍蝇，战俘们则大举患病，许多人因为痢疾和中暑而倒下。英国高级军官(曼彻斯特军团的 E. B. 霍尔姆斯中校)随后命令樟宜所有人签署声明，他认为应该将把战俘们的当下情况摆在英国

① [英]R. P. W. 海沃斯:《樟宜战俘营》，第 105 页。

政府的尊严前面。随后,我们的指挥官图西上校也命令我们签字,于是我们签字了。这些日本人真是太可恶了。[①]

正如斯蒂尔所说,在战俘们被迫转移到史拉兰广场战俘营时,日本人并没有将医院也迁走,因此医院内的设施和人员全部滞留在罗伯茨战俘营。9 月 4 日,日军福荣真平少将威胁要将医院连同所有病人一起迁移到史拉兰广场战俘营。[②] 这种威胁是严重的,而且可能是致命的。第一三五野战炮兵团的炮手 S. 沃伦(S. Warren)写道:"日本决定把医院搬到史拉兰。问题是任何行动都会导致所有重病患者和伤员死亡,并且高度传染性疾病会在拥挤的广场上肆无忌惮地传播。"[③]狭小的环境和低效的卫生条件意味着住院人员中携带的任何传染性病菌都将有极大的几率传播,这种潜在的灾难对战俘们的影响将远超战场上的伤亡。贝利中尉写道:"除非我们签字,否则医院就将从我们附近迁走。这涉及另外7 000名生活在患病状况下的官兵,一旦医院转移,其中许多人就会因此丧命。"[④]在日本人变着花样施压的同时,战俘军官们也多次尝试修改承诺书的措辞,试图与日军协调,但每次都被拒绝,日本人要求战俘必须签署不逃跑的无条件承诺书。在一次次的威胁下,军官们也非常苦恼,但最后由于日军的行径直接威胁到了战俘们的生命,军官们不得不同意屈服。F. G. 加莱甘中校说,日军曾扬言

---

① Charles Steel and Brian Best (eds.), *Burma Railway Man*, p. 43.

② [英]R. P. W. 海沃斯:《樟宜战俘营》,第 107 页。

③ R. P. W. Havers, *Reassessing the Japanese Prisoner of War Experience*, p. 73, Quoted from Bombardies S. Warren, 135 Field Artillery, diary entry for 4 September 1942, IWM.

④ R. P. W. Havers, *Reassessing the Japanese Prisoner of War Experience*, p. 73, Quoted from Lt. Baillies, diary entry for 5 September 1942, IWM.

"如果继续拒绝(签署),情况将变得越来越糟糕……当被问及是否涉及死刑时,日本发言人说'是的'"①。于是,在日军威胁下,英国和澳大利亚军官于1942年9月4日决定签署承诺书,"史拉兰广场战俘营事件"因此得以结束。

在日常生活中,军官们也是为了士兵们的安危而煞费苦心。英国战俘管理当局在樟宜就采取了十分谨慎的态度,他们在满足战俘的要求与屈从日本人的命令之间维持着微妙的平衡。霍尔姆斯和加莱甘两位长官意识到,战俘个人持续或严重的违规行为使他们更容易受到日本人的惩罚,这是军官们极力要让士兵们避免的命运;而且如果战俘管理当局表现出无法维持秩序的迹象,那就会变相促使日本人在战俘管理问题上进行更多的干涉。但是战俘们也不是那么好管理的。例如,樟宜只有一处咸水水源,当一些人被发现利用咸水水源举行聚会,战俘军官就必须奉命前往阻止这种情况的发生。他们还得警告战俘无论如何不能在里面游泳,即便是当地警卫也无权限批准这种在咸水水源里游泳的行为。不过战俘们有时还是会不计后果违反规定,军官们要考虑的则是,对大家的身体健康来说,汲取咸水对补充身体所需元素是十分必要的,所以不能让战俘们在里面游泳,并且如果频繁违规,日本人很可能会禁止战俘们继续使用咸水水源。

此外,当食物变得稀少时,军官们最重要的任务就是确保所有战俘都得到平等的份额。他们会仔细观察厨师如何处理食物,确保分配公平。用唐纳德·布莱恩的话来说,指挥官们会监督厨师给每个人一杯相同分量的米饭和一满勺的炖肉。②

① Lt.-Col. Galleghan, "Sequence of Events," 3 September 1942, AWM.

② [美]凯利·E.克拉格:《太阳旗下的地狱》,第50页。

战俘们还受益于这样一个事实，即在拖延了几个月之后，日本人终于按照《日内瓦公约》的要求向战俘中的军官支付了工资，而其他的战俘只有在他们工作之后才支付工资，且工资很低。军官们拿出一部分工资来补贴其他人以及购买医疗用品的办法是真正的救星。一些军官认为捐款数额“相当少”，希望把这些钱累积起来，而另一些军官根本就反对捐款。但是，尽管各团体和各营地的捐款方式和数额各不相同，但大家对这些捐款的看法相当一致。因为有大量的军官参与其中，加上大量购买为额外加餐创造了有利机会，这一机制对劳工们的生存做出了重要贡献。

不少回忆录里，战俘们都被军官们的无私奉献所感动。例如，在《竹林背后》中有记录，1942 年 12 月 28 日，战俘军官们在监禁的 10 个月里第一次领到工资，名义上他们会拿到与日本军官同样水平的薪资，但是他们拿到的是缅甸卢比，由于当地的通货膨胀，缅甸卢比比日元的价值低了不知多少。即便如此，陆军中校每月应拿到 220 卢比，少校 160 卢比、上尉 110 卢比、中尉 85 卢比、少尉 70.83 卢比。实际上日本人还要克扣 60 卢比的“食宿费”，从而把军官的收入降低到 70 卢比，但按照当时的米价，实际上每个人才花费仅仅不到 5 卢比。① 瓦利准将建议所有军官每月统一留下 20 卢比，剩下的全都交给营地的红十字会。军官们接受了这一提议，于是累积起来的几千卢比用来在可能时购买鸡蛋、香蕉、糖和其他物品，给大本营或丛林医院的病人们，改善他们极不均衡的饮食，帮助他们与病魔斗争。这一机制无疑拯救了数以百计的性命。②

军官们除了将自己的薪资捐献出来，还有人冒着性命危险从

① Rohan D. Rivett, *Behind Bamboo*, pp. 205-206.

② Rohan D. Rivett, *Behind Bamboo*, p. 206.

日本人手中夺回属于战俘们的利益。英军少校查尔斯·斯蒂尔的行为就受到众多战俘的敬佩,然而,当他将这件事透过与妻子的信件公布于众时,已经是战争胜利后,战俘们在营地期间受到他的默默关怀却从不知晓。"露易丝,我想在这封信里把我在战俘营期间写给你的那些信里不敢对你说的话告诉你"——查尔斯在战俘营期间给妻子写了180多封不能寄出的信,但是为了防止信件被日军的各种突击检查所获取,他一直保守着秘密,直到最后才向妻子吐露:"在过去的7个月里,我一直在做一份双重的工作。从日本帝国军的角度来看,我是在奉命经营营地餐厅。然而私下里,与日本帝国军的命令相反,我是在为战俘营地赚钱。"①由于日军对生病的战俘采取放弃态度,既不发放工资,也不分配与健康战俘同等量的食物,生病战俘的状况一度处于岌岌可危的状态,而过重的劳动本就降低了战俘们的抵抗力,加之环境恶劣,不断有战俘倒下。日本人初期还允许战俘经营餐厅并保留收益,几乎所有的营收都被捐给了医院,这对所有生病中的战俘们来说就是绝望中的一丝微光。然而,1943年9月开始日军接管餐厅时,他们规定不能营利。随后,战俘军官们就开始密谋私藏营地收入的事:

> 当军官们在侬普拉杜克时,富勒顿(Fullerton)先生"伪造"了账目,他和我负责保管营地的资金,这些资金埋在地下18英寸的铁罐里。我们过去常常在天黑后"操作",餐厅工作人员在餐厅周围的战略点放哨。我们还隐藏了价值20万美元的非法药品。这些在空袭期间都是无价之宝,当时中国人走私给我们的吗啡帮助了可怜的家伙。而日本人从来没有发现。

① Charles Steel and Brian Best (eds.), *Burma Railway Man*, p. 140.

> 当其他军官离开时，这个地下基金组织被移交给了我。在两名值得信赖的炮兵下士的帮助下，我继续维持着同样的运作系统，直到我们离开。我把几千美元分散存放在他们那，并告诉他们最终汇集到我这里，我基本上把这些钱都收回来了。我决心不被抓住，就像我听说在塔姆瓦（Tamwa）的同事也没有被抓一样。我准备了一个超级“藏身之所”，即使餐厅在搜查中被挖个底朝天，也不会暴露。①

在此期间，查尔斯还要克服人为因素以外的破坏。有一次暴雨过后，营地的水位上升得很快，晚上检查收益时斯蒂尔少校惊恐地发现一捆捆的钞票都浸透了水。于是第二天，他一整天都在火上的热盘上“煎”着钞票，而另一名战俘士兵则在餐厅周围帮忙盯梢。自那以后，少校便在铁匠铺里做了一个防水的罐子来装钱。

根据查尔斯·斯蒂尔的文字，餐厅的所有账目必须一式两份。一份是写给战俘们看的真正账目，另一份则是那些“伪造”过的给日本人审阅的版本。战俘们每天能为医院赚大约50—60美元，这在当时所有战俘的收入来源中算是一笔不小的数目。查尔斯·斯蒂尔和战友们每天都必须非常小心谨慎，不让日本人发现这笔秘密积蓄。不过也有十分惊险的时候：“我们曾经有过一次侥幸逃脱。一天下午，有人来检查现金。不幸的是，当天的利润并没有被转移。我真的以为是曼谷监狱的勤务。幸运的是，我记得他喜欢吃甜食，于是我以给他新的太妃糖为借口把他从办公室带了出去。当我回来的时候，钱已经完全藏好了。”② 查尔斯·斯蒂尔还顺带提到他这几年总结的不易被日本人发现的私人物品“藏身之处”：

---

①② Charles Steel and Brian Best (eds.), *Burma Railway Man*, p. 141.

几个月前，我从一个手头拮据的军官那里买了一块老旧的金威豪表。我把它藏在地下，但在营地搬家时把它装在一个假底的糖罐里。我的笔放在一个橡胶枕头里，我把它撕开，把橡胶舀了出来，又把洞缝了起来。我的铅笔，我带在一个内衬秘密口袋的夹克里。

我们私藏的钱被带到各种各样的地方，这些日本佬从来没有找到以下的地方：肩带（一件衬衫的肩带往往被撕开再缝合起来）；背包的底部，同样不断撕开再缝起来；还有的钞票卷进自制卷烟的中间。

至于我给你的珍贵的信，我的爱，它们都是随着给日本人的账目安全度过了一次又一次辗转！我想笑的是那些“黄色的小男孩”！顺便说一句，我听说有些军官们在转移营地的时候，他们把高度危险的无线电设备和日本军官的装备打包在一起，然后由日本联合航空运输公司运送！

当日本人发现这些事情，以及泰国军队如何表面与我们为敌，私下与我们结盟，并准备起义，我猜他们一定会感到无比屈辱甚至想切腹自尽。①

在战俘营的岁月中许多人练就了一身本该遭到唾弃的本领，查尔斯·斯蒂尔学会了“伪造”账本，并从餐厅收益中骗走了日本人的一笔小财产；不论是战俘士兵还是军官，许多人都变成了技艺高超的“小偷”；还有如查尔斯·斯蒂尔这样的人设计出巧妙的藏匿战利品的方法。人们冒着被殴打甚至死亡的危险将一些禁止携带的物品，如收音机，存放在特别改装的物品中，水瓶、枕头、扫帚头、罐头、竹竿芯、绷带等等，都成了携带私人物件的藏纳工具。

---

① Charles Steel and Brian Best (eds.), *Burma Railway Man*, p. 141.

## 第二节　利用“弱者的武器”展开反抗

以军官为代表的战俘群体为同伴和下属的利益与日军做着不懈的主动抗争，同时，军官不是唯一受人敬仰的群体。其他战俘士兵也一样，不论级别高低，同样能赢得他们同胞的尊重。“自行车营地”的战俘们经常评选出他们最好和最差的伙伴，而那些在危机中冷静应对并运用常识化险为夷的人往往会成为大家仰慕和臣服的领导者。战俘们尊重和推崇表现勇敢的人，尤其是那些自己置身风险，却敢于帮助其他战俘的人更会赢得他人的尊重，这些人在其他战俘的心目中与军官平起平坐。人们钦佩表现出坚强品格的战友，而军官们有时不得不通过人们心中的“英雄”来完成工作。根据伊洛· 哈德所说：“他们树立了榜样，让你不能忽视他们。”像查理·普赖尔、艾迪·冯、杰克·肖(Jack Shaw)和罗伊·斯滕兰德(Roy Stensland)这样的人，因为他们的勇敢脱颖而出，人们自然会被他们所吸引。①

特别是莱斯特·拉斯伯里对斯滕兰德的评价很高。他回忆起一个故事。有一天一位荷兰妇女来到营地外，把香蕉带给战俘，一个日本警卫发现了那个女人并命令她停下。据拉斯伯里说：“有一名警卫从她身后走过来打了她。她没看见这个警卫，他直接把她打倒在地……斯滕兰德中尉站在那里。孩子，在你还不知道发生了什么事之前，他就在那儿把那个日本佬打倒了，日本人的步枪也被撞得远远的。[斯滕兰德]把这位女士扶起来，那日本佬拿起枪

---

① [美]凯利·E. 克拉格：《太阳旗下的地狱》，第 63—64 页。

跑了……他什么也没敢做，也没有就此事进行任何报复。”①

当然其他普通的战俘劳工也会与军官们和战俘营的勇士们配合，采取被动反抗的方式默默地进行努力：由于看守有时让战俘帮他们拿武器，因此会出现战俘杀死看守的情况。唐纳德・史密斯(Donald Smith)称英军的廓尔喀佣兵(Gurkha)②经常杀死叛变的锡克看守；亚瑟・莱恩(Arthur Lane)杀死了一名企图强奸澳洲年轻人的日本看守，战俘们把时不时杀死的看守尸体藏在下水道里；英国皇家空军军医艾丹・麦卡锡(Aidan MacCarthy)帮助盟军战俘在地狱船的行驶途中淹死了一名极其不受欢迎的朝鲜看守；斯坦利・帕维拉德(Stanley Pavillard)医生让非常暴虐的日本看守们染上阿米巴痢疾，这样可以使他们离开营地；托马斯・庞德(Thomas Pounder)曾目睹他的一名同事摇动修建大桥的横梁，让在上面的日本人失去平衡掉下摔死。他们也有大的计划，艾丹・麦卡锡曾和军官们讨论如何在他与 1 200 名战俘一起被转运时占领船只，但因为船只的速度太慢，如果日军大部队赶来拦截，被抓回去的战俘性命堪忧，最终计划告吹。③

还有些被动的反抗包括提升战俘们的士气，蓄意破坏日本士兵要他们运送的炮弹等，另外战俘们把铁路修得十分简陋脆弱，想要让日军后悔征用他们。他们还在搬运日本伤员翻山越岭的时候故意颠簸，在铁路上工作时也尽可能放慢动作。战俘们尽量少做工作，因为他们也意识到了铁路对日本的重要性。根据被俘时的

① [美]凯利・E. 克拉格：《太阳旗下的地狱》，第 64 页。

② 廓尔喀雇佣兵，来自尼泊尔加德满都以西的廓尔喀村，世界闻名的外籍雇佣兵团之一。以纪律严明和英勇善战闻名于世，而且对雇主非常忠诚，自 1815 年起为英军征战。

③ P. Towle, M. Kosuge and Y. Kibata (eds.), *Japanese Prisoners of War*, p. 13.

士兵守则，他们不愿意从事对敌人有利的建设工作。这也是导致日本官员强迫他们加班，但任务进展总不令人满意的原因。因此，尽管被强迫加班加点，战俘们还是勇敢而耐心地反抗日本人。

不过战俘们最大的反抗还是在情感上。比如 1944 年 3 月，被分配到"A"部队的盟军战俘肯・威廉姆斯被派往东部的 105 公里集中营。他们这些人突然从日本人那里得到了干净的衣服和水果，被迫给日本人唱威廉姆斯所说的"宣传闹剧"歌。日本人拍摄下了他们工作时吹口哨的样子，作为虚假的宣传片内容。但是，当镜头转动时，战俘们唱起了威廉姆斯所说的"不能写下来的恶搞'上帝保佑他们'之歌"。当日本人知道他们在唱什么时，狠狠地殴打了这些人，强迫他们唱更容易辨认的"蒂珀雷里"(Tipperary)①②。

让战俘更加团结的是他们对于生存物资共同的追求。他们必须找到一种方法，用他们可以买到的任何食物来补充他们的口粮，不论这些食物是通过交易获得还是从日本人那里偷窃得到。在"自行车营地"，无私的军官们同其他集中营一样建立了公有的基金，使战俘们可以从当地人或营地外的荷兰人那购买食物。该基金的资金源自多种渠道。首先，由于军官们自 1941 年 11 月离开美国以来就没有收到过全额薪资，故此他们仍有数千美元的薪资金额供给该基金。其次，克拉克・泰勒在被俘前担任军需官，在抵达爪哇岛时，他将约 15 万荷兰盾存入了美国银行。他在投降之前就提出了这笔钱，并将其添加到该基金中。③ 罗伊・斯滕兰德在失败

---

①《祝福他们全体》是起源于一战时期的反话正说的反战歌曲。《蒂珀雷里》也是发源于一战时期并流行起来的歌曲，当然更加"健康"一些。

②［美］格雷戈里・F. 米切诺：《地狱航船》，第 175 页。

③［美］凯利・E. 克拉格：《太阳旗下的地狱》，第 62 页。

的"罗伯逊任务"[①]后身上还剩下数千美元,他把这笔钱悉数捐赠给了基金会。[②] 最后,战俘们不放过任何赚取利润的机会,那些钱也用作基金捐款。

此外,在战俘们接二连三向日本人申请支付给他们报酬之后,1942 年 6 月 6 日,樟宜集中营传来了令人吃惊的消息。日军同意向战俘支付名义工资,军官每天 25 分、士官 15 分、普通士兵 10 分。6 月 13 日,第一笔工资发放给战俘,日本人称之为"福利补助金"。战俘们还通过红十字会收到了英国政府发放的额外的补贴。英国和澳大利亚战俘管理机构在收到薪资的几个星期后,制定并实施了一项有关如何使用这笔钱的"政策"。薪资每 10 天发放一次,其中 1 天的薪资用于医院,2 天的薪资存入伙食基金,剩下 7 天的薪资发给战俘本人。1942 年 9 月 25 日,日本人对该薪级表进行了修订,上尉仍然每天领取 25 分,上尉以上的军官的薪资增加为每天 30 分。在发放第一笔薪资后不久,樟宜战俘营地内开设了一家小卖部,售卖各种各样的货物,由一个叫吉安・辛格(Gian Singh)的当地商人经营。战俘们终于可以买到他们急需的物资了,马利特上尉在日记中高兴地记下这一笔:"小卖店开张后,我们终于可以买到必要的洗漱用品,结束了满脸胡子的日子。想想以前,战俘营简直就像举办移民先驱世纪大庆典时的开普敦,到处都是胡子打

---

① "罗伯逊任务"(Robenson Missiom)是当时美国陆军约翰・罗伯逊(John Robenson)上校负责的秘密行动,主要是为驻扎在菲律宾的道格拉斯・麦克阿瑟(Douglas MacArthur)将军的部队供应军需。1942 年 1 月,上级调拨了一大笔资金供罗伯逊从太平洋西南部的爪哇岛和其他盟国购买和运输军需来支持在菲律宾被困的美国部队,最终该任务于 2 月初失败。

② Walter D. Edmonds, *They Fought with What They Had: The Story of the Army Air Forces in the Southwest Pacific, 1941-1942* (Boston: Little, Brown, 1951), pp. 371-392.

卷的人。”①

在“自行车营地”时，日本人也允许战俘们在集中营内部开设小卖部，供其他战俘购买肥皂、牙粉和其他个人物品，尽管这种商品的数量往往很少。小卖部也出售急需的食物，包括鸡蛋、糖、可可、罐装货物、坚果和甜的炼乳。大部分战俘的钱自然用来买食物，虽然也有一些人用食物来交易香烟。1942 年 6 月的时候，美国战俘们还开立了一家面包店，制作少量的烘焙食物来补充口粮。②因此，泰勒将一定数额的钱款拨给个别战俘，当他们离开营地工作时会采购，回到营地后到战俘们的小卖部将购得的食物和用品上交；如果他们没能成功交易，便会主动将钱款退回基金会。尽管日本人不鼓励与爪哇岛人深交，但他们也会投入到这项交易中。但违禁品进入战俘集中营毕竟是一种冒险，因为在每一天上工结束返回营地时，警卫都会拦住战俘进行搜查，被查到的战俘面临的则是一顿暴力惩罚。③

在丹彪扎亚的前几个月，局势更为窘迫，最大的斗争还要数争取买卖的权利。战俘们的钱非常有限，能买一些鸡蛋和香蕉来获得营养对于那些病患来说就是延续生命的希望。日本军官长友，是一个对西方人充满恶意的家伙，他禁止战俘用所获的一点钱来换取补给。丹彪扎亚的村庄集市中有肉类、蛋类和蔬果，但是到小卖部买东西是绝对禁止的，因此有些物资只有一些稍近人情的看守才允许战俘深夜偷偷运进来，即便如此他们还要从中压榨一笔

---

① ［英］R. P. W. 海沃斯：《樟宜战俘营》，第 70—71 页。

② Benjamin Dunn, *The Bamboo Express* (Chicago: Adams Press, 1979), pp. 33-34; Lionel Wigmore, *Australia in the War of 1939-1945: Vol. 4, The Japanese Thrust*, p. 534.

③ ［美］凯利·E. 克拉格：《太阳旗下的地狱》，第 62 页。

钱财。细田是一个通情达理但比较胆小的日本官员，他掌管营地时允许战俘们进行上述买卖和运送，但长友一回来就被中断了。①

以澳洲人的工资标准，每月的20卢比相当于1镑的购买力，但在日本人导致的通货膨胀下，丛林里物价疯涨，1942年的最后几个月里，20卢比已经没有什么价值了。② 即使如此，大多军官还是从微薄的收入中留下更多钱来帮助朋友和所在分队的病人。

即使铁路上的劳工薪资提升到了每天25分，军官每天30分，他们的购买力还是极度低下。一个劳工即便身体健康地撑完一整个月的工程量，也只能赚不到7卢比。以1943年初的物价，他应该能买到一个星期左右的食物。③但由于上一年食物匮乏，对战俘而言，米饭以外的一小块糖或一只香蕉，都是奢侈品。1943年1月，樟宜战俘大本营的物价为：鸡蛋每个10—11分，$3\frac{1}{4}$磅当地的糖蛋糕(用棕榈叶包着)要70分到1卢比，一把小香蕉25分，如果有的话，番茄3—5分1个，1个马克杯的花生要10—12分。偶尔还有其他少量的物资，但战俘们很少能买得起，比如牛奶，虽然对于得了痢疾性命垂危的病人来说是急需品，但要5卢比1听，相当于20天的工资，或1943年2月份之前50天的工资。④ 总之，丛林的任何东西都要比丹彪扎亚的贵25—200分不等。

18公里营地的战俘们使用了他们在"自行车营地"和樟宜战俘营学到的交换食物的技巧。他们用这里的一罐牛奶换那里的一罐牛肉或蔬菜。战俘们再一次秘密地与营地外的当地人进行交易，用他们仅有的几件贵重物品、几块布，或者他们辛苦挣来的钱，换

① Rohan D. Rivett, *Behind Bamboo*, p. 204.

②③ Rohan D. Rivett, *Behind Bamboo*, p. 206.

④ Rohan D. Rivett, *Behind Bamboo*, p. 207.

取新鲜水果或被称为马六甲椰糖(gula)的天然糖块。[①] 这种糖每公斤通常要4美元,相当于一个战俘半个月的工资。富含蛋白质的鸭蛋被证明是特别有价值的,尽管它们通常可以卖到2美元1个。[②] 当一条不幸的蟒蛇偶尔进入营地时,它便注定无法活着离开,因为饥饿的战俘们已经学会了捕捉、杀死和烹煮这些蟒蛇。他们几乎用任何东西来调味清淡的白米饭,并继续钟爱于当地的辣椒。战俘们认为任何属于日本人的食物都是可以偷窃的公平猎物,但他们证明彼此从未偷过东西。[③]

烟草是营地里另一种珍贵的商品,美国人发现制造烟草成了战俘们的一种爱好。战俘们抽的是一种粗糙低劣的本地烟草,被称为"wog",是从缅甸平民那里以砖块大小的包装购买的。大量购买这种烟草后,战俘们将其洗净,在阳光下晾干,然后自己卷烟。卷烟纸也很稀缺,所以烟民们学会了用薄香蕉叶或从书本上保留下来的纸即兴创作。最后,他们从口袋大小的《新约全书》上撕下几页,仔细读过每一页福音书,然后把烟草卷了进去——据说战俘们离开美国时这本书才刚刚发行。[④] 美国人发现这些香烟很刺鼻,而且很烈。凯尔·汤普森描述了自己抽这种烟的经历时说:"我记得自己吸入了卷绕在香蕉叶里的那种浓烈的深棕色块状烟草,肺部一阵剧痛,这种感觉似乎弹到了喉咙里,直窜头顶。这是一种邪恶的东西,但我们紧紧抓住它,就像婴儿紧紧抓住毯子一样不舍得放开那一卷香烟。"[⑤]

---

① Lionel Wigmore, *Australia in the war of 1939-1945*: *Vol. 4*, *The Japanses Thrust*, pp. 543, 560.

② Kyle Thompson, *A Thousand Cups of Rice*, pp. 72-73.

③ [美]凯利·E. 克拉格:《太阳旗下的地狱》,第98页。

④ Kelly E. Crager, *Hell under the Rising Sun*, p. 78.

⑤ Kyle Thompson, *A Thousand Cups of Rice*, p. 73.

生病的人是没有薪资的，查尔斯·斯蒂尔这样阐述日本人对病人的态度：“日本人对病人的看法和我们的不同。日本人说病人是无效的。无论是在他们的军队里，还是在我们的军队里，他们都不给他钱，还要给他更低的配给比例，因为病人不工作，所以不需要喂那么多。而英国人的观点完全不同了。我们的目标是让这个人变得更好，即使是以牺牲战俘社区的利益为代价。”①但即便是健康的战俘们本身也大多囊空如洗，因此病人们完全依赖红十字会从军官那省出的钱和战友们的慷慨救济。有前战俘表示，如果他们只依靠日本人发的薪资，死亡率会大大提升，集中营里流动的大多数金钱都是通过其他途径获得的。

受到战争牵连的缅甸当地人的生活也十分窘迫。日军的印钞机帮助当地的纸币数量增加，但由于日军的占领，当地的物价飞速上涨。由于当地人缺少衣物和各类纺织品，因而能够出售衬衫、短裤、毛毯和其他物品对于长时间劳动又食不果腹的战俘来说是极大的诱惑。几乎每晚都有一两名战俘代表带着一堆堆战俘们的个人物品出去换取卢比，用以日后购买食物。这些人都是冒着生命危险，并出色地完成任务，他们获得的佣金和所冒的风险是成正比的。因此集中营也涌现出一批交易者或一些身上还有手表、多余衣物等贵重物品的人，他们与其他战俘进行交易赚取卢比。这些人大多都愿意慷慨地帮助战友和病患。战俘们自由的赌博使得这些“非法”收入在集中营内流动，一定程度上缓解了从日军处获得微薄薪资的境况，也缓解了一些压力。

有些有商业头脑的人为了增加自己的补给，开始在现有的商业上投资。在丹彪扎亚，1943 年初，有些战俘当起商贩贩卖蛋糕、

---

① Charles Steel and Brian Best (eds.), *Burma Railway Man*, p. 140.

米酒、从小卖部得来的姜酿的姜汁啤酒、用米和蔬菜做的炸饼、参巴酱[①]等。这些人被称为“敲诈者”，他们很快比军官们都富有许多，不幸的是这也带来了集中营内的贫富分化。

在泰缅铁路的修建过程中，不光是战俘们付出了极大的努力，当地的居民们也为这些可怜的战俘奉献了巨大的力量。例如，在修建桂河大桥期间，战俘们为了完成这项不可思议的工程一个个变得孱弱多病。泰国的河流上不断地有船只往来，这些船只顺着河流到达铁路修建工程的上下游附近，他们会停下来与日本人和战俘们进行交易。其中一个最大的承包商是著名的泰国商人庞本(Boon Pong)先生，当时他与图西上校建立了稳定的联系，他们之间的私下交易成功地将战俘们急需的药品和食物运输到战俘营地。庞本先生在帮助战俘方面冒了相当大的风险，甚至还向他的“贫困客户”们提供信贷。1945 年 8 月，庞本的行动被曝光，他被日本人逮捕、监禁并判处死刑。幸运的是，战争结束后他得救了。在他去世之前的许多年里，庞本与查尔斯·斯蒂尔以及两家的家人一直相互交换圣诞卡。他的勇敢得到了英国和澳大利亚战俘们的普遍认可和尊敬，战后，英国人授予庞本先生乔治勋章，荷兰人授予其奥兰加萨乌勋章。[②] 1972 年英国女王访问泰国时，她邀请庞本共进晚餐。并且在庞本先生财务上陷入困境后，英国第十八师战俘协会以更实在的方式为其募集了 4 万英镑的资金。

---

① 辣酱混上一点咸菜，荷兰人喜欢拿来拌米饭吃。

② Charles Steel and Brian Best (eds.), *Burma Railway Man*, p. 62.

## 第三节 战俘同劳工间的交往互动

### 一、业余时间

虽然适应战俘生活仍有很多困难，但是许多战俘们尽了他们最大努力去调整自己。修建铁路的前期，他们还有一些仅存的业余时间，战俘们会试图让自己忙起来，忘记所处的困境。很多美国战俘喜欢玩扑克牌或多米诺骨牌，而其他人则阅读他们为数不多的书籍。当战俘们在巴达维亚附近，不为日本人工作时，他们参加了一些“自行车营地”的活动。这个战俘营里有一片很大的空地，人们可以在那里参加各种体育活动，美国人也很乐意加入进来。他们喜欢打篮球，但在这里的条件只允许他们把排球作为首选运动。于是一些排球队开始初具规模，通常是根据美国或澳大利亚人的国籍形成队伍，他们意气风发地参加“锦标赛”。美国人声称在这些对抗澳大利亚人的比赛中都占了上风，但澳大利亚人也声称自己是最好的。[①] 日本人还鼓励战俘们参加拳击比赛，他们也看得津津有味。特别是两个美国人，负责维修的炮兵本杰明·邓恩和文森特·祖莫(Vincent Zummo)，他们在成为战俘之前都是业余拳击手，在战俘中脱颖而出。[②]

其他人选择把时间花在更悠闲的追求上。尽管军营里的书供应不足，但许多战俘阅读，然后重新阅读他们能找到的任何书，其他人参加了历史、语言、天文学或其他各种主题的课程。莱斯特·

---

① Benjamin Dunn, *The Bamboo Express*, p. 43.

② Benjamin Dunn, *The Bamboo Express*, p. 45.

拉斯伯里决定充分利用他的业余时间钻研软糖烹饪技法，他将自制的软糖命名为“拉斯伯里精致的软糖”并出售给其他战俘。[①] 他在“自行车营地”里靠软糖垄断了市场，赚了一笔可观的利润，并在后来的战俘生活中将其重新投资于其他有利可图的地方。

美国人把大部分空闲时间花在闲聊上，通常被称为“牛市会议”，在会上他们讨论了所有的话题，从西得克萨斯州的小路到战争的进展。谣言在这些讨论中也起了重要作用。战俘们仍然相信战争很快就会结束，他们不断地推测战俘们能够被解放的时间。盛行的传闻说美国船只将要把他们带到澳大利亚，美国很快将登陆 5 万军队，并从日本人手中夺回爪哇岛。[②] 各国战俘之间的这种相互喜爱一定程度上源于美国人和澳大利亚人在“自行车营地”中对英国人的不信任，他们都认为英国人傲慢且不太关心卫生。

在樟宜战俘营，当战俘劳工们不外出工作或不守营区时，他们就像往常一样打发时间。“牛市会议”继续快速进行，尽管他们仍然谈论着战争的进展和他们的家乡，食物仍然是最重要的话题。他们继续互相交换食谱，不同的是美国战俘们开始邀请露营的澳大利亚人和苏格兰人加入他们的烹饪幻想世界。那些能够获得阅读材料的人花了几个小时钻研他们读过几十遍的同一行。莱斯特·拉斯伯里恢复了他在樟宜的烘焙食品生意——这次他卖的不是软糖而是烤蛋糕。[③] 在樟宜，战俘们在业余时间没完没了地打扑克，赌的是香烟、罐装食品，或者下一顿饭和炖肉。1942 年 2 月到 8 月这段时间，这也是人们对各种各样的教育课程最感兴趣并提供这些课程的时期。英国人在这里举办各种各样的课程，许多战俘

---

①② Kelly E. Crager, *Hell under the Rising Sun*, p. 45.

③ Kelly E. Crager, *Hell under the Rising Sun*, p. 61.

定期参加，这所学校最终获得了"樟宜大学"的绰号。[①] 英国第十八师在投降后不久的1942年3月就建立了所谓的"师属大学"。战俘们对于培训课程热情高涨，以至于内部规定，在这项活动中，"挑选出的战俘大学讲师和教辅人员，将免除任何可能妨碍他们作为讲师职责的勤务工作"。[②] 在泰勒准将的领导下，澳大利亚也组织了类似的培训。在其鼎盛时期，45 562名战俘中约合有9 000人参与其中。[③] 除了允许教师授课外，英军第十八师还明确表示，"将尽一切努力确保被录取的学生……将免费参加课程和讲座"。[④] 英军少校查尔斯·斯蒂尔在写给妻子的未曾寄出的信件中曾提到，"樟宜大学"拥有现代语言、英语语言文学、历史、地理、数学、经济学和神学等学科。每一个科系都有4—5个讲师，每天讲课，还有辅导课。[⑤] 事实证明，这所大学非常受欢迎，有助于战俘们暂时忘却自己空虚的胃。英军第十八师甚至在樟宜组建了一个交响乐团，演奏在监狱里制作的乐器，乐团由一位前伦敦爱乐乐团的音乐家指挥。

培训授课虽然值得称赞，但面对长期囚禁的现实，战俘们的注意力很快就转移了。由于日本人将越来越多的战俘转移到新加坡和海外工作，战俘的流失严重削弱了这所"大学"提供各种培训课

---

① Kelly E. Crager, *Hell under the Rising Sun*, p. 61.

② R. P. W. Havers, *Reassessing the Japanese Prisoner of War Experience*, p. 60, Quoted from 18th Division Order, 22 March 1942, IWM.

③ R. P. W. Havers, *Reassessing the Japanese Prisoner of War Experience*, p. 60, Quoted from British and Australian POW Camp, Changi, March 1942, WO 222/1352, PRO.

④ R. P. W. Havers, *Reassessing the Japanese Prisoner of War Experience*, p. 60, Quoted from 18th Division Order, 22 March 1942, IWM.

⑤ Charles Steel and Brian Best (eds.), *Burma Railway Man*, pp. 33-34.

程的能力，同时也侵蚀了潜在学生的数量。参与教育和接受教育的战俘人数日渐减少，加上对粮食短缺的日益关切，因此不久战俘自治组织就颁布了一项指示，其内容是“农业和渔业应优先于教育”，这也在情理之中。

音乐会和其他戏剧表演也构成了樟宜战俘生活的一个主要元素。不论是在“自行车营地”还是在樟宜，战俘们都有一个小剧场，澳大利亚人和英国人常为大家表演戏剧以娱乐大众，每一种都反映了各自的文化关注点。霍尔纳上尉曾观看英国战俘部队的表演，他在日记中写道：“晚上去看了南部地区的《地狱之神》（*Hellsabuzzin*）。他们使用旧的露天电影院演出。真是一场精彩的表演，其中包括一位男扮女装的演员更是令人无法分辨真假。男人的眼睛都瞪大了！”马利特上尉也对这位演员给予了高度评价：“澳大利亚皇家部队里有一个非常优秀的男扮女装演员，他长相俊美，名叫伍德，是一个英国人，曾在澳大利亚广播台工作，在本土也经常在银幕上演出。”马利特上尉说，樟宜战俘营的最成功的女性模仿者是一个叫“格罗丽娅·D. 厄尔”(Gloria D. Earie)的人，是英国皇家炮兵部队第一二二团的一名炮手，本名庞巴迪·亚瑟·巴特勒(Bombardier Arthur Butler)。他过去是一名专业的舞台女性扮演者，可能是任何舞台上最受欢迎的演员之一。马利特认为“她”很精致——所有的演出服都是自己做的，穿着很漂亮。每一种表情和姿势都是完全女性化的。①

战俘们还有一些时候会表演小节目，例如每周的音乐会。据

① R. P. W. Havers, *Reassessing the Japanese Prisoner of War Experience*, p. 61, Quoted from Captain Horner, diary entry for 1 March 1942, AWM; Captain Malet, diary entry for 15 June 1942, IWM.

其他战俘回忆，鲍勃·斯基尔顿(Bob Skilton)中士，著名的墨尔本港足球队队员和电台歌手，在音乐会上很快就成为亮点人物。他根据英国中士莱斯·布洛克(Les Bullock)在营地里操作无线设备的故事唱歌，还会根据营里的日常生活说一些笑话快板等。鲍勃还有一个版本的灰姑娘故事，与传统的版本不同，听得人毛骨悚然。在音乐会期间还有一些荷兰人助演，有些人会弹钢琴。这些表演受到热烈欢迎，也暂时驱赶了病人的疼痛，弥补了他们的遗憾。

## 二、生存信仰

虽然营地里时有为了食物发生的争吵和纠纷，然而这些与面对饥饿、疾病和迫害时坚不可摧的勇气、乐观，以及对同伴们纯粹的忠诚相比都不足为提。在营中有人带领战俘们一起工作，尽管他们自己也生着病，但依然关心劳工，组织他们讨论圣经和一些关于种族、爱、婚姻等方面的问题，当作他们生存下去的信仰。

在泰缅铁路修建期间，很多战俘在悲惨的环境中丧失了希望。很容易理解，继续像奴隶一样生活在铁路上意味着更多的痛苦、更多的折磨，同时还要每天看着朋友死去。如果活着，他们就得在丛林中吃苦；如果人死了，他们的痛苦就结束了。一些战俘选择结束他们的痛苦，因而失去了生存的意愿。美军第二营营部直属连的凯利·鲍勃·布拉姆利特(Kelly Bob Bramlett)说：“你通常能看出来……我认为很多人是因为放弃而死的。我想，如果他们坚持下去，也许就能成功活下来，但那时候他们已经没什么可坚持的了。”①

---

① Kelly E. Crager, *Hell under the Rising Sun*, pp. 101-102.

当人们失去生存的信仰并选择死亡时，就会有明显的迹象。当他们在身体和情感上被击败时，他们就不再照顾自己了。他们对个人卫生失去了兴趣，也不关心公共卫生。当一个得了痢疾的人放弃的时候，他会在他躺着的地方排泄，而不是试图清洁自己或寻求帮助。那些没有生存意志的人停止进食，直到自己的健康状况最终垮掉。他们此时毫无表情，茫然地盯着前方，等待死神来带走他们。M. L. 雷亚（M. L. Rea）描述了一个人放弃的过程："你首先注意到的是这个人的个人卫生。他开始不再注意自己的身体清洁和饮食器具。痢疾开始发作，他开始脱水。最终，他对食物失去了兴趣。然后他们会进入无意识的状态，躺在那里一段时间，身体没有任何反应。他们的嘴会张开，有时眼睛不会闭上。当这一切发生时，表明死亡离他们就真的并不遥远了。"①

幸存者们认为，美军海军陆战队的哈雷·哈罗德·杜普勒（Harley Harold Dupler）就是失去了生存意愿的典型。伊洛·哈德将杜普勒描述为"一个风景如画的海军陆战队一等中士"②，他是一个身材高大、体格健壮的人，同时也受到下属们的尊重。有一次在丹彪扎亚，日本人因为杜普勒犯的一个无足轻重的小错误而在他的下属面前无情地殴打了他，自此他的心态就一直未能恢复过来。杜普勒在丛林生活的初期就染上了痢疾，这种疾病加上令他绝望的处境，显然使他确信自己活不下去了。尽管他的朋友们尽了最大的努力与他分享食物，杜普勒还是拒绝进食，所以他变得非常虚弱。在医院的棚屋里住了几周后，杜普勒的病情进一步恶化，最终去世了。③

---

①② Kelly E. Crager, *Hell under the Rising Sun*, p. 102.

③ Kelly E. Crager, *Hell under the Rising Sun*, p. 103.

为了避免更多这样的惨案发生，战俘们想尽一切办法让他们的战友保留生存的信仰。如果一个人看起来要放弃治疗了，他的朋友们就会试图通过谈论他的家庭和他在祖国的生活来说服他坚持下去。如果善意的做法不起作用——经常是不起作用——他们就会侮辱他，激怒生病的战俘。战俘们认为，如果一个人还能变得愤怒，想要争论或打架，那么他就有足够的精力活下去。雷·里德说：“你愿意尝试任何事情。你会取笑他们，侮辱他们，讲笑话来逗他们笑——任何能让他们从恍惚的或精神衰退的状态中走出来的方法。”朱利叶斯·海涅补充道：“如果他不生气，他就活不下去，如果他不能对某些情绪做出反应，他就要死了。”①

丹·布索曾经也有要放弃的迹象，不过他很感谢另一名战俘埃文·L.斯卡伯洛(Avon L. Scarbrough)曾经以激怒的方式帮助他生存下来。布索得了溃疡、疟疾、肺炎、脚气病和痢疾，病得很重，于是他开始不愿吃他配额的米饭。斯卡伯洛威胁说他要吃掉布索的那份米饭，而不是让它白白浪费掉，因为他想活下去，而布索不想。这激怒了布索，他对斯卡伯洛大发脾气，大吼大叫，同时吃掉了自己那份米饭来泄愤。几天后，布索的体力恢复了，他在医院里活了下来。②

《深入北方的小路》里，“小不点儿”也放弃了希望，他曾经是一个不可一世的骄傲的壮汉，但在第一次倒下并被日本人殴打以后，他的意志就开始消沉。他身边的同伴“土人”观察到，“小不点儿”壮实的身躯日渐委顿，日本人也注意到发生在他身上的某种变化，他们会经常打“小不点儿”，而且带着更为恶毒的用意，但“小不点

---

① [美]凯利·E.克拉格：《太阳旗下的地狱》，第50页。

② [美]凯利·E.克拉格：《太阳旗下的地狱》，第131页。

儿”似乎并不在乎。在战俘营肮脏的环境中，虱子是最先注意到战俘状态变化的物种。虽然每个人都长虱子，但是自那以后虱子开始成群地在“小不点儿”身上爬，但“小不点儿”并不在意身上满是虱子，他不再操心洗漱，或在哪儿大便。于是他身上开始长体癣，“好像连菌类都知道某种变化发生了，它们感觉一个人自暴自弃，已经跟腐烂回归泥土的尸体一样”①。“小不点儿”也知道，在他的内心没有什么残留的希望可以帮助自己阻止正在发生的这一切。因为“小不点儿”曾经的傲慢惹怒了所有人，因此没人关心他的这种变化，除了“土人”：

> “土人”依然坚定地跟“小不点儿”在一起，但他内心有什么使他对“小不点儿”感到厌恶——这个从前自以为是的男人，这个曾经傲然的男人，这个目前总在拉屎的骨架子。他内心认为“小不点儿”在放任自己，这是性格的失败。他知道这想法不过让他自己感觉好受些，让他觉得他会活着不死，因为他还能对这样的事做出选择。但他心里知道，他没有这样的能力。从“小不点儿”腐臭的呼吸中，他能闻到无可置疑的实情……但他得帮“小不点儿”。没人问为什么，每个人确切地知道。他是一个伙计。“土人”伽迪纳厌恶小不点儿，认为他是一个傻瓜，同时也会竭尽所能让他活着，因为勇气、存活、关爱不止活在一个人心里，它们活在所有人心里，否则它们死去，每个人会随之一起死去；他们相信，哪怕只遗弃一个同伴，就是遗弃他们自己。②

① [澳]理查德·弗兰纳根：《深入北方的小路》，第162页。

② [澳]理查德·弗兰纳根：《深入北方的小路》，第162—163页。

在这样的环境里，任何人想要延长他在丛林中面临的苦难都会让人不解，但是除此以外的选择就是死亡。这些年轻的战俘还想活着看到自己的家乡和爱人们。于是战俘们不再思考战争的结束和解放，而是专注于眼前的未来。为了在铁路上生存下来，这些人必须调整自己的心态，使自己每天都能顺利度过。他们明白，他们无法控制战争的进程，也无法控制日本人对待他们的方式，但他们可以按照自己的行事方式，从而让看守每天晚上把他们安全地带出丛林。对他们来说，把注意力集中在日常活动上，让每一天尽可能顺利地度过，要比渴望解放容易得多——对当时的他们来说，解放可能永远不会到来。为了活到明天，每个战俘都必须熬过今天。

对此，战俘们有不同的方法完成自己日复一日的苦难生活中的心理建设，这些优秀的战士们在不知终点的战俘役程中寻找着自己的生存信仰，让每一天变得稍有意义一些，他们坚定的信念和坚强的精神有利于自己不在中途倒下。以艾迪·冯为代表的一类战俘对盟军报有十分的信心，他们相信，只要能熬过今天，明天也不在话下，如果他们一天比一天活得长，美国军队最终会来解放他们。他们毫不怀疑美国及其盟国的军队会在战争中获胜，这只是时间问题。如果他们希望活着看到那一天，他们必须在解放前的每一天生存下来。据美军第三十六师第一三一野战炮兵团第二营的罗伊·阿姆斯特朗(Roy Armstrong)说，“我一直有一种感觉，我会成功的。你知道，你有直觉的东西。我想那是和你的家人在一起，这给了你想要生活的理由。我想这也是大多数人的生活方式；他们有生活的理由。”对于那些过早放弃活下去的信念而没有等到胜利的人，也许美军水手吉米·吉(Jimmie Gee)说得最好：“我从未失去希望，我也从未相信我没有回家的返程票。但是在丛林里有很多时候，孩子，你也会疑惑你是否错过了这张票。”①

另一类最普遍的想法就是“活在当下”，战俘们往往着眼于近期的日子，而不去思考长远的计划，因为长远的计划看起来更遥遥无期。例如，有的战俘每次只想一天的事，把每一天安全过完就是最大的胜利。韦德·韦伯（Wade Webb）日复一日地生活着，他知道“我会做任何必要的事情来度过那一天”。伊洛·哈德把每一天都当作是与日本人的抗衡赛：“每天晚上，我都要做一个记录，看看我是领先还是日本人领先。如果我感觉比前一天晚上好一点，我就给自己加一分；但如果我感觉比前一天晚上更糟，我会给日本人加一分……我要盘点一下当天的表现，看看自己是领先还是落后，然后我就会考虑回家的事。”美军第二营营部直属连的查尔斯·凯茨（Charles Cates）上尉没有刻意期盼盟军会来营救他们，他说：“事实上，我一开始并不指望能活下来。后来，我发现自己只要安稳地活过当天，什么也不担心，就有信心面对第二天。”每一天的生活意味着他们会活着看到下一天，而第二天就是他们允许自己思考的全部。②

一旦这种思维定势建立起来，战俘们就立刻把它应用到日常生活中，因此他们必须做有助于他们生存的日常的事情，无论是在铁路上还是在夜间的营地里。为了能熬过这段日子回到家乡，战俘们的信念本质上都回归到一点：只要能存活下来，什么都愿意做。正常情况下，他们在铁路工地上工作时尽可能地放慢速度，每天的活都干得刚刚好，保证不会被殴打。不过，在“加速运动”期间，他们意识到在铁路建成之前他们不会离开丛林，许多人认为唯

① ［美］凯利·E. 克拉格：《太阳旗下的地狱》，第131页。

② ［美］凯利·E. 克拉格：《太阳旗下的地狱》，第131—132页。

一的出路就是完成这项工作。吉米・吉解释说:“很多人都决定,‘好吧,我们去工作,把这条铁路建成,然后离开这该死的丛林。’我们就是这么做的。”艾迪・冯补充道,“既然[日本人]决心修这条路,那么就让我们把该死的铁路建成!我们没有考虑这铁路会帮助他们维持战争,他们希望这件事能完成。而我们唯一的出路就是修到铁路的另一端。就这么简单。”①当他们在一天结束回到营地时,战俘们会仔细照顾好自己,确保自己的身体状况良好,能够迎接第二天。这些战俘们愿意在没有麻醉的情况下就刮除溃疡。即使他们在工作结束时筋疲力尽,他们也愿意熬夜烧水喝和清理伤口。那些患有热带溃疡的人用热水洗澡,而那些患有痢疾的人找到木炭和锅巴来吃。他们不断地烧开大锅的水来清洗他们的餐具和腐烂的衣服,他们用雨水尽可能彻底地清洗自己,试图洗掉一天的污泥。为了防止牙齿腐烂,他们用树枝做了一些临时的牙刷——他们咀嚼树枝的末端,直到形成一种牙刷。那些住在80公里集中营的医院里身患多种疾病的战俘,哪怕看似濒临死亡也愿意蜷缩在厕所里把自己的口粮吃完。丛林环境迫使他们必须保持头部和面部的清洁,菲茨西蒙斯小分队的战俘中有一名理发师保罗・莱塞伍德(Paul Leatherwood),他会在日常劳动后还花上几个小时为战俘们剃须、理发,以换取额外的一把糖、盐或花生,偶尔还能拿到少量的战俘薪水。② 韦德・韦伯说,他们必须“有这样的意愿去做任何必要的事情,让他们撑过当天”。美军第三十六师第一三一野战炮兵团第二营的阿尔德里奇・雷伯恩(Eldridge Rayburn)回应了这种情绪:“这是很难承受

① [美]凯利・E. 克拉格:《太阳旗下的地狱》,第131—132页。

② [美]凯利・E. 克拉格:《太阳旗下的地狱》,第133页。

的，但如果你想生存，你就要承受住。”①

除了主观上的信念让战俘们为了生存进行各种尝试，外界的讯息也能让他们在暗无天日的筑路生活中稍稍有些盼头。同一时期的德国战俘营为战俘们建立了规律且高效的邮件联系系统，但是日本人并没有把这一模式推行至自己的战俘营。即便早期樟宜战俘营的各方面条件还算可以，但是战俘们始终与家人失去联系。在没有那么紧张的环境下，战俘的时间和精力都用在了想家上。樟宜战俘营的阿历克·霍奇森（Alec Hodgson）记得 3 月 2 日是妻子的生日，“我想知道她是不是还知道我还安全”。霍奇森清楚地表达了许多人的想法，他指出“缺乏任何消息是最糟糕的部分”。同样，杨少尉也认为，“我们现在几乎所有人都在想，都渴望做的事情就是写一些家常话，然后收到一些信件”。早在 1942 年 3 月，这一问题就在伦敦引起了争论，英国邮政总局（General Post Office，GPO）考虑了各种路线，试图与东京进行邮政往来。然而最终，樟宜战俘营接收到邮件的仍然屈指可数。②

有些战俘营中还幸运地拥有一些通信设备，这些零星拾得的外界消息悄悄在集中营中流传开来，为同伴们点燃希望的星星之火。美国人就通过收集战俘们被收押时私藏带入营地的零部件，组装成收音机接收外界关于战争的消息。这要得益于战争前曾操作过一台业余无线电设备的无线电科科长杰斯·斯坦伯勒，他制作了一个小型收音机，隐藏在营地中。斯坦伯勒和他的朋友弗兰克·菲克林轮流收听旧金山 KGEI 电台和印度英国国家广播公司播出的广播节目。随后他们慢慢地、小心谨慎地通过他们的

① ［美］凯利·E. 克拉格：《太阳旗下的地狱》，第 174 页。

② ［美］R. P. W. 海沃斯：《樟宜战俘营》，第 72 页。

军官发布消息,得到消息的战俘会在修建铁路的工作期间悄悄地将消息传递下去。[①] 只有极少数战俘知道收音机的位置,以保证收音机及其操作人员的安全。尽管他们在战争早期收到的大多数消息都说盟军受到了挫折,但事实证明,这台收音机是战俘们与外界唯一的联系渠道。后来当战争局势扭转的消息传到集中营时,这一点点的电波支撑起了无数人继续坚持活下去的信念。

为了给战友们带来外界的消息,这些收听收音机的同伴往往都是冒着生命危险在操作。斯坦伯勒和菲克林费了很大的劲才把收音机藏在营房里别人看不见的地方,因为拥有收音机的人会被日本人处决。一天下午,斯坦伯勒躺在营房的铺位上,正通过耳机收听广播,这时一队朝鲜警卫出其不意地闯进战俘营房突击检查。菲克林没有时间警告他的朋友,他非常担心斯坦伯勒的性命。警卫队有节奏地从走道走过,没有人意识到斯坦伯勒还在他的铺位上。他们经过时斯坦伯勒害怕地不敢出声,警卫步枪的刺刀几乎触碰到了天花板上挂着的天线。斯坦伯勒周围的人都屏住呼吸,他们知道一旦警卫抬头就会发现斯坦伯勒和他的违禁品收音机,而这将是他生命的终结。所幸的是警卫们并没有注意到斯坦伯勒,随后离开了营房。菲克林和他的朋友在这次历险之后就变得更加谨慎了。

然而并不是所有的"通讯员"都这么幸运,在英国战俘埃里克·洛马克斯(Eric Lomax)晚年出版的战争岁月回忆录《铁路劳工:一位"二战"英国战俘的人生自述》(*The Railway Man: A POW's Searing Account of War, Brutality and Forgiveness*)中

---

① [美]凯利·E. 克拉格:《太阳旗下的地狱》,第 61 页。

就记录了他们的通信设备被日军发现后的悲痛经历。他和同为通讯兵的另外4名同伴一起在营地的卡车里建立了一套无线电接收系统，于是他们开始复制自己第一次成功的过程并投入了大量的时间和精力。像原来的那套一样，新的设备也做得整洁漂亮，藏进了咖啡罐。每个咖啡罐的底部都是可拆卸的，形成了收音机的底部。这些咖啡罐在日常生活中是很容易被看守们忽视的，然而不幸的是，1943年8月29日警卫们在密集搜查时发现了他们正在制作的4台处于不同完成阶段的小型无线电设备，于是从惩罚集体在灼热的太阳下一站就是一整天，到每个被发现床铺上有各种零件设备的战俘单独被带走受罚，日军对这一分队的战俘们进行了长久而缓慢的折磨和拷打。最先被带走的是一名叫休（Thew）的战俘，“那天下午，他失踪了一段时间，当再次出现，手里拿着一把沉重的铁锤。他又一次站在外面的空地上，在一大块木头旁边，开始把锤子一次又一次地砸到木板上，一个钟头一个钟头地锤着。营地里到处都能听到金属在木头上发出的沉闷的砰砰声，在所有其他声音的衬托下，就像男人们在跳舞一样”。① 最终，休带着一身的水泡、瘀伤、晒伤和疲惫，连同他所有的工具，被日本人带走了。日本警卫习惯将严肃的事情提交给更高的层次和部门处理。不久后，日军最终锁定了犯事的战俘名单，来到营地点了名：史密斯少校（Major Smith）、斯莱特少校（Major Slater）、奈特少校（Major Knight）、麦凯中尉（Lieutenant Mackay）以及该书的作者本人洛马克斯中尉。这些参与制造无线电设备的战俘们统一被带到日本军官营，他们在烈日下站了无数个小时，准备一个个接受拷问。首先

---

① Eric Lomax, *The Railway Man: A POW's Searing Account of War, Brutality and Forgiveness* (London: Vintage, 1996), p. 141.

从史密斯少校开始，警卫在得到其上级军官示意后开始暴打史密斯少校的头，并在他倒下之后又使劲踢他。史密斯少校大喊着他已经50岁了，希望饶过他，日本军官依然无动于衷。就在大家都有被处决的危险之际，洛马克斯挺身而出，主动上前承担起全部的责任："然后是我。一定是午夜左右。我小心地摘下眼镜和手表，转过身，把它们放在我身后警卫室的桌子上。就好像我正准备去游泳池一样，我小心翼翼地把它们叠起来放下来。我必须后退几步，才能完成这一巧妙的无意识操作。没有一个警卫动过或说了一句话。也许他们太惊讶了。"①日军对其进行了惨无人道的酷刑折磨，直到其呼喊着"耶稣"，无助地大声叫唤，滚进一条深水沟后昏迷不醒，拷问才得以暂停。然而，日本人的最终目的是要他说出从广播里听到的情报以及战俘营内部还策划了哪些反日活动。日军对洛马克斯的威胁和审判即使数年后他依然记得一字不差：

> 洛马克斯，我们已经检查了你的同事休和史密斯。他们已经完全供认了他们制造和使用无线设备的活动范围。他们已经完全承认发布了新闻稿。洛马克斯，他们已经告诉了我们你所扮演的角色，关于从曼谷为收音机购买部件而筹集的资金，以及关于你把新闻传给其他营地的所有事情。我们都同意你有罪。你的一些战友以前使用过无线设备，他们被抓获并处决了。洛马克斯，不管发生什么，你都会很快被杀死。但在剩下的时间里，说出全部真相才是对你有利的。②

"你很快就会被杀……"这是一条极为平淡的中立信息，几乎是一句对话性的评论。洛马克斯就这样被一个同龄的人轻描淡写

① Eric Lomax, *The Railway Man*, p. 153.

② Eric Lomax, *The Railway Man*, p. 169.

地判处死刑，他们随后将他关押在只能蜷缩在其中的牲畜笼子里。如果不是最后盟军打败了日军，解放了铁路上的战俘，洛马克斯就将在知道命运结果的无尽黑暗之中独自恐惧地过活，直到真正被处决。

坚持下去的希望有时也不仅仅来自战俘营内部。尽管自己生活窘迫，当地的居民们也会向战俘们传递温暖。战俘们在毛淡棉监狱度过了一个星期后，被押运到城里的火车站，准备转运到修建铁路的沿线工地上。在行军前往火车站的途中，缅甸居民对战俘们深表同情。当时日军已经占领了缅甸，整个国家都在他们的统治之下，但缅甸人并不畏于展露出对战俘们的这种情感。艾迪·冯解释说："在那里，我体会到了一种我永远不会忘记的人性光辉……毛淡棉的所有居民都在我们从监狱到火车站的路上，向我们扔香烟、香蕉、糖果和各种各样的东西……日本人试图阻止他们，但无济于事……我以前从来没有见过成年男人痛哭失声，但我们确实哭了。我的意思是，那只是善良的表现，缅甸人在那里只有一个目的，那就是给我们一些东西——水果、香烟、糖果。所以当我们到达车站的时候，我们所有人都得到了他们给我们的一些东西。"①

## 三、战俘社区

共同的悲惨经历使战俘们比以往任何时候都要团结。为了生存下去，必须要做的是战俘之间的互帮互助，否则他们是不可能生存下来的。因此，战俘间所形成的紧密联系在集中营生活中显得更加重要。在这一点上美国战俘们做得最好，他们的战俘社区体

① Kelly E. Crager, *Hell under the Rising Sun*, p. 69.

系也是最系统、最有效的。对美国战俘们来说,促进整个群体的福利是至关重要的,因为个人不可能靠自己的经验生存下来。在更基本的层面上,这些战俘组成了小组或圈子,他们照顾他们最亲密的同伴,相互保障利益。当一个人病得太重而无法自理时,他周围的其他人给他带来了食物和药品,清洗了他的伤口,使他的精神不致萎靡。

有了共同经历的战俘们都明白了集中营生活的最重要的事情就是为了帮助自己生存而组成一个个小的支持团体,这些小圈子逐渐成熟,发展成为"派系"(cliques)。例如,"自行车营地"的一个派系通常由 2—5 个人组成,或者是 3—4 个人,大家在团体内相互照料。战俘们并没有被指定分配到哪个特定的群体中,他们在被囚禁期间逐渐坚固的友谊使这种派系自然而然地形成了。如果某个团体的其中一名成员碰巧得到了药品、衣服或额外的食物,如一罐肉或一罐甜炼乳,他就把它带回自己的小组,与其他人分享;其他人也会在有机会的时候这样做。战俘们很快发现,一个人独自生存越来越困难,有了他人的支持,他们就能更好地度过危机。因此,从战俘营的早期起,美国战俘们就学会了依靠他人,形成了一个紧密结合的群体。战俘们表现出的适应性帮助他们解决了"自行车营地"的生活困难。尽管他们遇到了很多困难,他们仍然记得那个营地是他们在战争期间待过的最美好的营地。当然,伙食永远是糟糕的,而且从来没有足够的食物,但是战俘有其他的方法来获取和分享更多。按照美国的标准,这里的医疗设施是缺乏的,只有一些药物是有用的,不过大多数战俘在互帮互助的情况下仍然保持健康。最早的时候日本人没有过多强迫战俘们工作,当他们工作的时候,也不太虐待他们。他们还能享受洗澡设施的便利,而且总是有充足的水。殴打和其他惩罚虽是现实日常,但如果战俘们行为谨慎,他们可以在很大程度上避免这种遭遇。战俘们在描述他们在“自行车营地”的经历时都用了非常相似的语言。赫德尔斯顿·瑞特认为“这是一个非常舒适的营地”,斯格勒·瑞特称之为“一个华丽的营地”。丹·布索回顾战俘们在“自行车营地”的生活时,称它像“一个家庭”,特别是当他们拉帮结派组成各个小团体互相帮助时。①

在樟宜的短暂停留期间,美国战俘费力地为日本人做着各种各样的工作。所有的工作细节都一样,这些战俘享受着离开无聊和墨守成规的机会,他们利用这段时间去换取更多的食物。他们为日本人工作的主要内容是在仓库工作以及修筑新加坡的军事防御工事,但大多数战俘只是去劈柴以供营地使用或清除有橡胶树的区域。日本人解释说,这些区域将会变成一个大菜园给战俘们提供蔬菜。美国战俘们充分利用了这些工作的机会在码头上交换食物或从日本人那里偷东西,不过他们之所以承担这些工作,主要还在为了舒缓他们的情绪以及建立战俘社区。他们把这项工作看作是战俘们在露天环境下通力协作的机会,他们可以相互讲讲各自过去的笑话和故事,抓住每一个机会集体欺骗俘获他们的日本人。以这种方式共事,使得在战俘们之间建立了一种同志友谊;他们逐渐相互了解和理解。他们发现了一些有着共同兴趣和背景的人,并成了朋友。同时他们也开始注意到一些战俘,因为这样或那样的原因,他们不喜欢和大家聚在一起,于是战俘们学会了减少和他们接触。战俘们在“自行车营地”建立的小“派系”在樟宜得以逐渐发展壮大。

实际上,这些美国战俘能迅速建立起派系的另一个方面的重

---

① [美]凯利·E.克拉格:《太阳旗下的地狱》,第65—66页。

要原因是，大多数美国战俘都来自得克萨斯州北部和西部的小镇。这些人相识多年，很多人从小就认识。这种熟悉感有助于培养其他国家的战俘之间所缺乏的群体凝聚力。这些人不是为自己的利益出谋划策的陌生人，而是终身的熟人和朋友，他们在被俘虏前的几年里就结成了纽带。他们会比一群自私自利的陌生人更小心地照顾彼此，这是很自然的。伊洛·哈德从自身出发阐述了这一点："从某种程度上说，这样做并不容易，就像我们在1941年经过拉伯克前往鲍伊营(Camp Bowie)的途中，这些母亲们会说：'哦，哈德中尉会为我照顾我的孩子。'我可以保证，我尽了一切努力去做这件事，但如果我不认识他们、他们的母亲和其他所有人，我可能就不会这么做了。"雷蒙德·里德说，一个人必须对自己的同胞有信心，知道"他们会在你最需要的时候出现"。所以，在一定程度上，在得克萨斯人被俘时，一个支持他们的战俘社区系统已经初步就位了。

美军第三十六师第一三一野战炮兵团第二营下"F"炮兵连的经历正好支持了这一点。"F"炮兵连总部设在得克萨斯州的杰克博罗，这是一个紧密团结的团体，它的大部分成员都是彼此认识一辈子的朋友，炮兵连里有七对兄弟，都来自杰克博罗。"杰克博罗男孩"保持着美军第三十六师第一三一野战炮兵团第二营其他人所钦佩的凝聚力。斯勒格·瑞特加入了鲍伊营的部队，他回忆说，炮兵连里的其他人并没有立刻接受他为真正的成员。"我必须证明我自己"，瑞特说，当杰克博罗的男孩们最终接受他时，他感到很自在。伊洛·哈德于1941年10月转到"F"炮兵连，他说："杰克博罗那群人，他们是真的团结在一起。"谈到这些家乡纽带的重要性，"F"炮兵连的罗伊·阿姆斯特朗补充道："这是[生存]的关键——对于营里很多人来说——因为我们互相帮助。如果没有这些，当一个人生病的时候，他就不能出去拿到任何东西。那些不像我们这么亲密的人待在一起，他们没有互相照顾，也不能撑到最后。”统计数据证实了“F”炮兵连的说法：在该连108名被俘男子中，只有11人在被俘期间死亡。所有在铁路线上工作的美军团体中，“F”炮兵连的死亡率是最低的。[①]

这种战俘社区的派系交往为战俘们提供了更多的精神力量，人们开始苦中作乐，在举步维艰的集中营生活中变得坚强和乐观。日本人并不能理解这些美国人，在他们看来，美国战俘们投降、屈服，并为自己工作，这些无不使美国人蒙羞。即便如此，这些战俘们仍不停地笑着，开着玩笑，不把事情看得太严重。例如，在伐木和园艺的工作中，俘虏们必须把木材或农产品装上日本人从英国人那里弄来的卡车。日本人拆除了这些车辆的引擎、变速器，甚至驾驶室和金属板，只留下车架、方向盘、轮胎和车轮。在装满这些卡车的车厢后，美国人把他们推进营地，由一名战俘把握着卡车的方向盘。如果工地在营地上方的小山上，战俘们就会把卡车以最快的速度推下山，然后互相赛跑着进营地。卡车没有刹车，转向角度很小，从山上的树木和岩石间滑下来，一路摧枯拉朽隆隆地开进营地，直到最后停下来，卡车上的货物很少能在一场比赛中到达营地。尽管狂奔的时候很危险，更不用说肯定会被警卫殴打，但这些年轻的美国人因为他们所做的事笑得前仰后合，而日本人不明白他们为什么把事情弄得一团糟还能一笑置之。美国人始终保持着这样的幽默感，即使他们的困境一点也不可笑。[②]

善于总结和思考的美国战俘们从“自行车营地”的生活中发现，如果他们要在集中营的恶劣环境中生存下来，就必须使用各种

---

① [美]凯利·E. 克拉格：《太阳旗下的地狱》，第172—173页。

② [美]凯利·E. 克拉格：《太阳旗下的地狱》，第78页。

生存技能。在樟宜,美国战俘们成了更优秀的乞丐;他们学会了多种当地语言来帮助他们与他人进行交易;他们紧密团结在一起,以保护自己不受外人的伤害,无论对方是日本人、朝鲜人还是英国人。他们开始更加依赖共同建立的战俘社区中自己所在的"派系",以及派系中的其他人来帮助他们度过每一天,而这些类似家族的纽带让他们走得更近。当美国人离开樟宜时,他们已经建立了最重要的战俘社区机制来帮助他们集体生存下来。

战俘间互助形成社区的情况在其他集中营也很类似。在新加坡投降期间和之后一段时间,英澳战俘之间经常就谁该对投降负责、谁该受到责备的话题出现冲突。令人惊讶的是,这些争议随着士兵们进入樟宜战俘营之后渐渐销声匿迹。虽然澳大利亚人有时也会我行我素,但总的来说,战俘群体具有明显的同质性。自战俘生活开始以来,人们之间的差异更多地集中于战俘们所处的营地。对于樟宜来说,差异主要存在于战俘是从爪哇或其他地方来到樟宜的,而与他们的国籍无关。例如,刚到樟宜战俘营的澳大利亚战俘发现他们与同期抵达的英国战俘有更多的共同点,而与那些投降之前就已经在樟宜作战的本国同胞交集甚少。这既证明了樟宜社区内部的紧密关系,也证明了在战俘社区形成的纽带的力量。这些纽带不同于投降前形成的纽带,也不同于由于共同的文化或民族信仰而形成的纽带,而是源于一种更强大的凝聚力。每当病情严重的战俘无法照料自己,他们比以往任何时候都更加依赖于朋友来帮助他们度过绝望的时刻。据前战俘回忆当时的心态:一个人得形成一个小圈子来生存下去——这不是一件卑鄙的事或是用来骗人的方式,或者任何类似的东西,而是依靠互相照料而获得活下来的机会。"如果一个人生病了,那么你要给他送食物,照顾他，也许会让他复原，我们都是这么做的。”[1]弗莱彻-库克在“地狱船”的航行期间就见证了人们在绝境之下最温暖也是最令人心痛的画面。弗莱契-库克回忆，由于日本人禁止在航行期间为战俘提供水源，人们为了把濒死的战俘从鬼门关拉回来，甚至被迫做出一些“骇人的举动”：“我无法想象人类能够做出这样的事。一些人跪在其他人的脸上，这样垂死的人就可以喝他们的尿。其他人用刀片或金属碎片切开静脉，这样他们就可以互相吸血。”[2]即便采取这些方法解渴的大多数人最后都没能成功地延续生命，但这样的行为还是鼓励了所有的战俘，让他们看到了人性的希望。

欧内斯特·戈登的作品《沿着桂河谷底：从死亡营的绝望到精神胜利》也让读者看到，在生命的尽头、在深渊的最深处，也有比绝望更强烈的东西。一个叫米勒（Miller）的年轻战俘被派来照顾戈登，他开始照看和帮助戈登。戈登当时患有各种各样的疾病：白喉、疟疾、阿米巴痢疾、热带皮肤溃疡、脚气病、血液感染。每天晚上，在繁重的劳动之后，米勒都会来给他洗澡，按摩瘫痪的双腿。在他的帮助下，戈登奇迹般地恢复了体力和精神力量，并活着走出了“死亡营地”。米勒坚持不懈的努力是了不起的，在遭受非人待遇的状态下人们显露出利己主义和失败主义，而米勒的自我奉献精神感动了戈登和他的同伴们，他们开始恢复健康，慢慢维护起集中营里的人格尊严。

类似令人感动的事在战俘集中营不胜枚举，每一例都温暖着战俘们的心，挽回了很多几近凋零的生命。美军第三十六师第一三一野战炮兵团第二营的丹·布索回忆说，当他病重、快要放弃生

① [美]格雷戈里·F. 米切诺：《地狱航船》，第 74 页。

② Gregory F. Michno, *Death on the Hellship*, p. 137.

命的时候，他在服务连的两位朋友杰西·韦伯和莱斯特·法西奥(Lester Fassio)从当地一家商店给他买了两个鸭蛋。在修筑铁路的这个阶段，鸭蛋依然是无价之宝，几乎不可能买到。一天晚上，他的朋友们偷偷溜出营地去买鸭蛋，结果被一名朝鲜警卫发现后，遭到了无情的殴打。然而，他们设法保证了鸭蛋的安全，并给布索做了“单面煎蛋”，布索坚持要和他的患难之交一起享用这场“盛宴”。[①] 1943 年 9 月，凯尔·汤普森躺在 80 公里集中营，奄奄一息。然而，最终他战胜了让他住进那个集中营的痢疾、疟疾和腿部溃疡。当一个战俘卡车司机把一车重病的战俘们送到营地时，汤普森让他转告他那个连的指挥官文迪·罗杰斯少校，说自己需要帮助。几天后，司机回来了，带给了汤普森 10 美元用来买食物。汤普森回忆说：“我能买到几块红糖来维持生活。我永远感谢文迪·罗杰斯救了我。”[②]麦克斯·欧菲勒腿部的溃疡导致他在 100 公里集中营的医院小屋待了好几个星期。他站在一条小溪里让鱼吃腐烂的肉来治疗溃疡，他还从一位荷兰医生那里得到了一种由磺胺粉和碾米粉混合而成的疗效微弱的混合物来治疗他的溃疡。欧菲勒在他的铺位上躺了几个星期，没有移动他受伤的腿，这导致了他的腿部肌肉萎缩和腿部肌腱拉紧。此时，他的腿已经无法伸直，所以丹·布索花了一整天按摩欧菲勒腿部的肌肉和膝盖，直到他恢复了活动能力。欧菲勒继续说：“让我哑口无言的是，之后的好几天我的腿又变得只能伸直，我不能弯曲它。于是，布索又把整个按摩过程整整重新做了一遍。你发现此时你才真正了解了一个人，其中一些人就像你的兄弟一样，他们互相帮助，特别是在你的小团

---

① [美]凯利·E. 克拉格：《太阳旗下的地狱》，第 135 页。

② Key Thompson, *A Thousand Cups of Rice*, p. 94.

体里。”[①]欧菲勒患病期间还受到另一名战友的关照，这个人就是他的同连好友基斯·内勒（Keith Naylor）。欧菲勒当时正受制于严重的痢疾症状：“我患热带溃疡时还得了痢疾，要去厕所，我必须用膝盖和手向后爬才能勉强爬到坑厕。有一天，我正要动身痢疾发作了，所以我弄了一裤子。我非常厌恶和沮丧，我觉得自己很恶心。所以，我坐在那里哭，老内勒下班回来了。他问我：‘小子，你到底怎么了？’我说：‘我刚刚弄脏了裤子！’他说：‘把那些该死的东西脱了，我来给你洗。’我想这是一个人能为你做的最体贴的事情了，我没齿难忘。”[②]克拉克·泰勒在105公里集中营的医院度过了一段时间，他患有疟疾和几乎致命的痢疾。莱斯特·拉斯伯里和赫歇尔·科布（Herschel Cobb）是他的派系伙伴，他们在竹制的卧台上挖了个洞给他当厕所，这样他就不用走到厕所了，为他省去很多麻烦。另外，埃尔登·施密德（Eldon Schmid）中尉和他的弟弟埃利斯·施密德（Ellis Schmid）中士给了泰勒一罐加糖炼乳，以帮助他战胜痢疾，这是施密德兄弟自从在爪哇岛被俘以来一直节省下来的珍藏，他们还是把它无私地赠送给了派系的战友。后来，杰克·赛伦（Jack Cellum）给了他一罐从日本人那里偷来的鲑鱼。日本人发现赛伦偷了他们的东西，就命令他站在营地的警卫室前立正，用竹竿打了他好几个小时。泰勒回忆起这段故事时流着泪说：“他们把他关在那里至少12个小时，每次他们打他，我都向上帝祈祷。”[③]“加速运动”时期的共同经历使这些人比以往更加紧密地团结在一起。战俘们每天在恶劣和危险的环境中一起工作，承受着人们难以想象的疾病，目睹朋友和同伴们的死亡，这更加增强了战

①② Kelly. E. Crager, *Hell under the Rising Sun*, pp. 107-108.

③ Kelly E. Crager, *Hell under the Rising Sun*, p. 108.

俘之间的关系和派系的牢固性。

此外，战俘们还会以相互监督的形式共同维护营地的卫生。战俘营的沐浴和厕所设施都不够用，痢疾等卫生疾病威胁着营地战俘们的健康，因此，战俘们只要有条件就会勤快地保持自己的卫生，他们还会确保同一营地的战俘们都在营地沐浴。美军第三十六师第一三一野战炮兵团第二营的官兵对那些不愿意使用沐浴设施的人，偶尔会采取武力使其沐浴。正是在这种相互的帮助和监督下，第二营的官兵得痢疾的概率较其他营地的官兵更小。

总的来说，战俘们在他们的营地内部都是一种平等的关系。军官们自然比大多数人拥有更多的权力，但这是为了保证他们与日本人打交道从而为大家争取更多利益和机会的权力和影响力。军衔等级当然有相应的特权，被日本人选中领导战俘劳工分队的军官不需要从事体力劳动，而且他们一定比士兵吃得好，但在营地内部并没有悬殊的阶级结构。士兵可以对军官直呼其名，并且正如前文提到的一样，敬礼在集中营的早期阶段就被舍弃了。这种在营地内部相对平等的感觉在很大程度上消解了士兵与军官之间的对抗情绪，战俘们明白他们都面临着同样的挑战。在信任和平等的基础上，每一个战俘都有义务为集中营内部的凝聚力努力，这有助于为战俘集体提供一个更稳定的环境，使他们能够一起适应并学习。

在每一个集中营，每一个工作分队，不知不觉中，开始形成一个个小型的社会，其中的每一名成员，无论他是一个厨师、卫生员，抑或只是一个滑稽人物，都在战俘社区发挥着一定的作用。

# 第六章　泰缅铁路的影响

## 第一节　1943—1945 年泰缅铁路建造后续

1943 年 11 月，随着泰缅铁路的修建完成，日本开始将战俘向东南亚的不同区域和日本本土转移，为维持战争而从事其他项目的工作。战俘们都认为他们的处境在多个方面都有好转，因为几乎所有的战俘都被转移出丛林，他们因此更接近城市，能够更加容易地获取食物、药品和其他在修路期间不能获得的补给品。因为铁路已经完工了，日本人不会像在丛林中那样逼迫他们完成工作，所以某种程度上说，战俘们的待遇有所改善。虽然日本和朝鲜看守依然会用体罚的方式，但是不像之前那么频繁了。新的战俘营比之前的要干净，水和卫生设备比较充足。

尽管日本人打算让战俘们从泰缅铁路的高压工作中恢复过来，但是他们仍然坚持让那些身体最健康的战俘参加战俘营内外的工作。总有一些日常的工作要做，比如到战俘营的食堂工作、挖水井和挖公共厕所等。战俘营也需要大量的木柴来做饭和烧水，所以每天都有几十名战俘离开战俘营去砍柴。战俘会较早完成所分配的任务，所以他们能够偷溜出去跟当地人交易。有些战俘被派往桂河大桥—北碧府地区修桥。前文提到，在修筑泰缅铁路时，日军修建了两座大桥，第一座桥是完全用木头修建的，可以通过此桥将泰国和缅甸连接起来。第二座桥是最主要的，这座桥是比较大、比较坚固的钢筋混凝土结构并跨越美功河。盟军的情报机构在 1943 年通告了此铁路的修建，因此美国的轰炸机扩大了轰炸的范围。这条铁路线一开始运营，盟军就开始了以炸毁铁路为目的的轰炸行动。① 空袭以美军为主，实际上中国国民政府也参与其中。我们从台湾“国史馆”的档案中可以发现，蒋介石曾授命对泰缅铁路未接轨处进行空袭，目的是“派机轰炸以阻碍其完成”，并嘱咐“切实实施为要”。钢筋混凝土建造的桂河大桥自然而然就成为轰炸的重要目标，轰炸机反复对其轰炸，几番轰炸后摧毁了它的大部分。②

泰缅铁路建成后，日军铁道第九联队和第四特设铁道部队对铁路进行了运营和维护。事实上，在施工标准上，为了在 1943 年 10 月前完成施工，泰缅铁路的设计运载能力从原本期望达到的每天3 000吨降至每天 1 000 吨。然而，最终修建好后能够实现的最大运输量是每天 500 吨，但这已足以满足向缅甸运送物资的需求。这是因为由于船只短缺和美国潜艇的破坏，实际上已经没有太多的物资可供运输了。缅甸的大米和汽油能做到自给自足，因此弹药和增援部队是主要的运输对象。到 1943 年底，在头两个月的行

① Benjamin Dunn, *The Bamboo Express*, p. 112; Clifford Kinvig, *River Kwai Railway*: *The Story of the Burma-Siam Railroad* (London: Biddles, 1992), pp. 174-183.

②《蒋中正令周至柔协商陈纳德派轰炸机炸敌之泰缅交界铁路》(1943 年 1 月 3 日)，台北:“国史馆”藏，“将中正总统”文物档案，002/070200/00017/045。

动中，1.2万吨基本物资通过泰缅铁路运输到缅甸，其中5 000吨运往密支那线(Myitkyina line)，以供应1944年3月8日开始向印度英帕尔(Imphal)方向进军的3个师。①

尽管英国空军不断轰炸，日本派遣负责修建泰缅铁路的第五联队仍在运营路线，每天运送约合500吨物资到终点站，运输内容主要包括食品等。第五联队在所有的关键桥梁上都建造了一座迂回的木桥以及水下桥梁的地基，在需要的时候可以很快地将预装好的桁架安装到位。这些水下的地基从来没有被英国人炸毁过，因此保障了每晚至少有一列火车通车运行。然而，从终点站到前线的铁路运输经常受到英国空军的干扰，经常有载有炸弹的战斗机袭击这一段铁路，许多补给在缅甸西北部的铁路交叉点钦敦江(Chindwin)站被摧毁，因此，只有少量补给到达前线。1944年5月份，第五联队攻破了钦迪特部队(Chindit)②防线北部的毛卢(Mawlu)，在日本战斗机的掩护下，用4列火车将800吨物资运送到密支那以北断粮多时的第十八师。③

当战俘们再次恢复体力并稍微从疾病中恢复时，日本人将他们重新编组分配到东南亚的其他战俘营中。1944年初，一些战俘被用火车运往泰国的董里府(Changwat Trang)，为“桥本计划”而工作。这是项比较复杂的工作，包括修建泰缅铁路的车辆编组。1944年年中到年末，其他人被送往泰国南部的碧武里和叻武里

① Kazuo Tamayama(ed.), *Railwaymen in the War*, p. 12.

② 1943—1945年在缅甸由奥德·温盖特(Orde Wingate)指挥第七十七印度旅在缅甸北部作为丛林游击队，长期在日军后方作战。这支反击日本阵线的盟军部队由大约3 000人组成。

③ Kazuo Tamayama(ed.), *Railwaymen in the War*, p. 13.

(Rat Buri),给日本人修建飞机场。[①] 尽管战俘营里的工作是非常繁重困难的,战俘要受日本和朝鲜看守的摆布,但是在机场工地,战俘们的待遇有所改善。食物尽管还不充足但是已经比之前要丰富了,他们的看守也不像在修建铁路期间那样严酷地殴打他们。

当日军第十五军从英帕尔撤退时,许多病人和饥饿的士兵被火车运回曼德勒。随后,日本人计划阻止英国人在伊洛瓦底河岸的进攻,但英国第二五五装甲旅突破了日军的防御工事,在突袭中攻克了曼德勒附近的密铁拉(Meiktila)。日军虽组织了反击,终究不敌,决定于 1945 年 3 月 28 日撤退。日本的铁道第五联队进行了后防行动,撤退到锡唐(Sittang),于是第五联队将许多日本平民和铁道联队人员从仰光运送到锡唐。他们先步行,然后通过泰缅铁路前往马来亚。到 1945 年 8 月,战俘们散落在东南亚地区。那些不在桂河大桥—北碧府地区的战俘,以及在叻武里工作或留在法属印度支那的战俘在战争相持阶段在不同的战俘营为日军工作。日军迫使战俘建造防御工事,以延缓盟军的进攻速度。战俘们在战俘营附近的山上挖凿地下隧道,并在营内修建防空炮阵地,以抵御美国轰炸机的空袭。[②]

总的来说,1945 年,在严重的空袭下,泰缅铁路被主要用来运送从缅甸到泰国的伤病员和军队。当时被炸毁的木桥被用预先整备好的木材迅速修复,而且为确保安全,火车只在晚上行驶。

除了泰缅铁路的维护工作以外,部分战俘还被安排修建支线克拉地峡铁路和苏门答腊铁路。

泰缅铁路建成后,日军第九铁道联队第四大队迁到克拉地峡,

---

① [美]凯利·E. 克拉格:《太阳旗下的地狱》,第 145 页。

② Kazuo Tamayama (ed.), *Railwaymen in the War*, p. 13.

修建了连接马来半岛东海岸马来干线上的春蓬府和西海岸上的克拉武里(Kra Buri)和科哈古(Kophagu)的克拉地峡铁路。这条长91公里的铁路于1943年12月25日竣工。随后,该营转移到苏门答腊,于1944年4月17日抵达北干巴鲁(Pekanbaru)。日军铁道第九联队第四大队第七中队的军曹秋良[①]回忆:“当泰缅铁路几乎完工时,我们奉命修建一条横跨克拉地峡的铁路,连接马来半岛的两岸。我们在两个月内完成了60公里的铁路线,并于1944年2月15日返回泰缅铁路缅甸一侧的阿纳库因(Anakuin)。”[②]由于有了这条铁路,从克拉地峡到阿纳库因的行程只花费了4天时间,但这条铁路需要不断的维修和保养。秋良和下属们在朗西(Ronsi)和阿纳库因之间运行火车并进行维护工作,由于经常受到“英国蚊子”轰炸机(British Mosquito)的困扰,因此他们只在晚上才开火车。从事这项新工作仅仅一个月之后,秋良所在的第四大队就奉令迁至苏门答腊。“我们向铁路道别,在那里我们工作得很努力,然后乘几趟火车去了新加坡。在新加坡,我们住在码头附近的一个仓库里,把工具和材料装上几艘船,上船,穿过马六甲海峡,沿着一条宽阔的河流穿过丛林。”[③]

日军在投降前的最后12个月里,又俘虏了大约5 000名盟军军人,他们参与了在苏门答腊岛中部的一条窄轨铁路的建设。近年来,一位荷兰作家将其称为“穿越丛林的死亡铁路”。这条铁路需要先运送苏门答腊和爪哇的物资到新加坡,然后再运送到日本,并在需要时将军队从新加坡转移到苏门答腊和爪哇。

---

① 音译,罗马音:Kani。

②③ Kani Akira, “To Sumatra, ” in Kazuo Tamayama (ed.), *Railwaymen in the War*, p. 221.

跨苏门答腊铁路(The Trans-Sumatra Railway,TSR)总长 215 公里[①],加上罗加斯(Rogas)支线 18 公里,穿过水平平原或平缓的山丘,在穆科穆科山谷(Mukomuko Valley)只有一处岩石切割,而泰缅铁路穿过热带丛林覆盖的陡峭山脉,需要大量切割岩石。建造跨苏门答腊铁路最主要的优势是其良好的通道,因为有一条几乎与线路平行的水平道路,因此工程可以从两端同时开始。由于铁路几乎是平坦的,一辆铁路牵引车可以牵引 8 辆重达 10 吨的货车车厢。也正是凭借着这些优势,战俘们在整个施工期间都获得了每天 900 克大米的食物——毫无疑问这个数字与日本士兵获得的大米数量相同。相比之下,在泰缅铁路上,在雨季崎岖的道路变得泥泞,卡车运输能力很小,因此雨季深入山区施工时,战俘们只能得到规定数量一半的大米。在跨苏门答腊铁路,战俘们每天大约有 2 条小鱼和 10 克水牛肉,还有一些木薯叶作为蔬菜。所以在跨苏门答腊铁路沿线工作战俘的食物状况比泰缅铁路要好得多,尽管两个地方的战俘都不喜欢大米作为主食,但起码在苏门答腊,其他菜品更加丰富充盈。[②]

当然,这条铁路的修建也不无困难。跨苏门答腊铁路计划在北干巴鲁镇与当时已有的铁路线之间修建立一条连接线,这条铁路线通往印度洋岸的巴东。北干巴鲁位于苏门答腊岛的中心,距

① 关于跨苏门答腊铁路的长度,也有不同的数据。在同一本文集中,不同的作者对其给出的数字也不同,在《战争中的铁路兵:日本铁路兵在缅甸和泰国的故事 1941—1947》(*Railwaymen in the War: Tales by Japanese Railway Soldiers in Burma and Thailand 1941-1947*)一书中,玉山(Tamayama)将铁路的全长写作约 215 公里,秋良则写作约 220 公里。本文笔者倾向于前者。参见 Kazuo Tamayama (ed.), *Railwaymen in the War*, pp. 222-223.

② Kazuo Tamayama (ed.), *Railwaymen in the War*, p. 224.

离赤道 39 海里。这是一个小海港，通过锡亚克河与马六甲海峡相连，其周围的大部分地形是沼泽地，有许多交错的水道、小溪和海湾。在这里选址建造铁路、桥梁，其险恶和困苦程度可想而知。在 1943 年初铁路由民用建筑公司开始了一些建设工作，随后日军又派遣了铁道联队和战俘来加快铁路的建设。施工场地在城镇以南 15 英里左右，虽然地面条件更稳定，但红树林被一处密集、高耸的丛林所取代，其中有野生老虎和大象。不仅如此，战俘们修建铁路面临的更加复杂的问题是极端的赤道气候和季风带来的降雨。

1944 年之前，苏门答腊还没有看到多少战俘来往其间，其中荷兰人占最多数，其他的盟军战俘分别是各国的空军、水手，或是在投降中被困的地面部队，或是试图逃到锡兰（Ceylon）或澳大利亚的被抓获的部队。许多人逃到了南海岸的巴东，在那里他们最终被日本人围捕。1942 年，一些俘虏经由棉兰（Medan）被送到缅甸北部，其余的人被囚禁在苏门答腊北部，在那里他们被折磨了将近两年。1944 年，当他们被卡车运回苏门答腊岛中部开始铺设一条穿过苏门答腊岛的窄轨铁路时，情势变得更加严峻。这条铁路路线，计划连接穆阿拉港（Muara）与北干巴鲁市。前者与南海岸的巴东相连，后者则通向北海岸的甘巴河（Kampar River）。苏门答腊岛西端距离驻扎在锡兰和印度的盟军飞机场只有咫尺之遥，故这条铁路将能帮助日军避开苏门答腊岛西端附近许多危险的海上交通。①

与缅泰铁路一样，日本人下令建造跨苏门答腊铁路之前，荷兰人也研究过建造一条横跨苏门答腊岛的铁路，但由于难度巨大而放弃了这一想法。日本人认为，这条铁路将加快煤炭“从南部的萨瓦伦托（Sawahloento）到北部海岸，然后经由水路运往新加坡”的运

---

① ［美］格雷戈里・F. 米切诺：《地狱航船》，第 172—173 页。

输速度，于是决定修建铁路。可谓重蹈缅泰铁路的覆辙，日军的设计规划问题众多，铁轨建在沼泽土壤的劣质地基上，设计出的桥梁的强度也丝毫不足以抵御山洪暴发。①

1944 年 4 月 12 日，日本铁道第九联队第四大队的铁道兵在苏门答腊岛的北干巴鲁登陆，步行 4 公里来到他们仓促建造的兵营。由于第四大队只有一个大队的兵力，由两个中队组成，所以这些铁道兵有时以小队为单位，有时以单兵为单位，沿着约 215 公里长的路线展开来修建铁路。第四大队的军曹秋良记得："我们的小队在距北干巴鲁约 18 公里的地方修建了一条堤防，问题在于低洼沼泽地区的软土地基是泥龟和大石蛇生活的地方。当我们仍在努力完成这项工作时，我们的小队被命令从印度尼西亚城市哥打巴鲁(Kotabaru)修建一条通往罗加斯煤矿的 18 公里支线。两天后，我们搬到塔皮(Tapui)，为自己建造以棕榈叶为屋顶的竹制营房。同时，小队长广田和我沿着拟议路线穿过丛林，准备勘查工作计划。"②罗加斯煤矿的煤质优良，用它生产的焦炭将沿着第四大队要修建的铁路运往新加坡。后来，罗加斯支线的建设于 1945 年 2 月完成，秋良所在的一小队被迁往穆阿拉，负责铁路运输，直到战争结束。

虽然铁道兵的工作一直很辛苦，但在苏门答腊的士兵们没有像建设泰缅铁路那样受到来自上级方面的巨大压力，被划定最后期限，不过铁道联队也主动开展了工作。此时的铁道兵们总是有足够的食物和休息时间以恢复体力，并且该地区也没有空袭。秋

① [美]格雷戈里·F. 米切诺：《地狱航船》，第 173 页。

② Kani Akira, "To Sumatra," in Kazuo Tamayama (ed.), *Railwaymen in the War*, p. 222.

良回忆道:“我们觉得一个士兵说缅甸是地狱,苏门答腊是天堂这话真是一针见血。”①不过对负责当地劳工的指挥官来说,还有一个问题是这些当地的民夫并不可靠:大量劳工被送到第四大队的工作地点,但通常他们中的许多人第二天早上就跑掉了。

于是,被囚禁于苏门答腊岛的战俘们开始了这个项目的施工,但和日军的其他战俘工程一样,人力需求超出了当地的供应能力。爪哇投降时,洛尔克·塔尔斯马(Lolke Talsma)正在荷兰东印度皇家陆军服役,他先后在万隆(Bandung)、芝拉扎(Tjilatjap)和巴达维亚的战俘集中营地里待了一段时间。1944 年 5 月,塔尔斯马和一群荷兰和英国的战俘士兵,以及一些美国人,被集中在巴达维亚,准备前往苏门答腊岛。有些美国战俘在这一点上已有相当丰富的经验。1942 年 9 月 10 日,德国攻击舰“米歇尔”号(Michel)在好望角以西的地带击沉了美国商船“佼佼者”号(USS American Leader),这些美国人当时就在船上。而德国军舰上已经有了 3 名被俘的美国人,他们来自 7 月 16 日被“米歇尔”号击沉的“威廉·F. 汉弗莱”号(USS William F. Humphrey)油轮。两天后,德军又击沉了英国的“黎明帝国”号(Empire Dawn),船上的 22 名英国幸存者加入了这组战俘。10 月初,德国攻击舰将这些战俘转移到德国补给船“乌克尔马克”号(Ukermarck),后者又将他们带到巴达维亚,并于 11 月移交给日本人。“佼佼者”号的船长哈康·A. 彼得森(Haakon A. Pederson)被派往中国东北,但大多数商船水手仍在爪哇停留了 1 年或更长时间。1944 年 5 月 19 日,包括 18 名美国“佼佼者”号的船员在内的 777 名战俘组成一支分遣队,乘坐一艘

---

① Kani Akira, “To Sumatra,” in Kazuo Tamayama(ed.), *Railwaymen in the War*, p. 222.

小型沿海汽船从巴达维亚前往新加坡,最后被运往日本。然而5天前,另一组人早已乘坐"地狱船"离开巴达维亚前往苏门答腊岛的铁路上工作。他们乘坐的一艘小型"地狱船""中华丸"(Chuka Maru)上载有约1 200名战俘,其中有6名美国人是"佼佼者"号的船员以及军官乔治·W.达菲(George W. Duffy)。同时登船的还有洛尔克·塔尔斯马,他被强行扔进一个煤仓,"像罐头里的沙丁鱼那样被装入其中"。舱内空间狭小,整整两天,他们都蜷缩着坐着,下巴抵着膝盖。患病的战俘也无法走出去上厕所了。没有食物,日本人只允许他们喝一两口微咸的水。人们被汗水和煤尘弄得蓬头垢面。塔尔斯马说,有些人"完全疯了",还有些人死了。"中华丸"于5月17日抵达巴东。当战俘们下船时,迎接他们的是一场热带暴雨,他们欢呼起来,张开嘴去接淡水,把自己洗得干干净净,这样他们可以更勇敢地面对余下的旅程。随后,又有几艘大大小小的"地狱船"运来了超过6 000名战俘和3万多名亚洲"劳务者"。从1944年5月到9月,日本人将两年半前在爪哇岛俘获的约5 000名盟军战俘投入了这个荒凉的角落。其中近4 000人原隶属于荷兰东印度皇家军队,近1 000人是英国陆军、海军和空军人员。此外,还有200名澳大利亚人和15名美国人。①

跨苏门答腊铁路上的早期生活同样比较轻松,与泰缅铁路的情况有着诸多不同。部分荷兰战俘仍然有一些当地的货币以及荷兰盾,他们从当地人那里买了食物,而那些在泰缅铁路上工作的战俘则没有当地的货币。随着跨苏门答腊铁路上的战俘中脚气病病例的增加,未经精制的全麦大米和豆类代替了普通大米的一部分。但战俘们认为这是对食物的降级,不愿意吃。不过未经打磨的大

---

① [美]格雷戈里·F.米切诺:《地狱航船》,第173—174页。

米含有维生素 B,可以治疗或预防脚气病,豆类含有必需的蛋白质。因此日本士兵用它们长时间煮饭,然后当作粥吃,这也是一种更利于消化的食物。

另一个不同点是,只有那些适合辛勤工作并习惯了这种工作的人才来到跨苏门答腊线建筑铁路,而即使是生病的人也被从新加坡转移到泰缅铁路线上。此外,跨苏门答腊线周围地区的当地居民中没有多少人身染流行病,而泰缅铁路线则经过了最严重的霍乱感染地区之一。不过跨苏门答腊线有一些阿米巴痢疾病例,但这种疾病的传播容易受到控制,因为它的传染性比霍乱小得多。在跨苏门答腊线,除了病人和受伤的士兵以外,所有的军官都留在营地里做饭和做其他工作,其余的战俘出去工作。不幸的是,他们吃到的都是未经打磨的大米和没有充分煮熟的豆子,不断有士兵们抱怨说军官们不擅长烹饪,也不热衷于为士兵服务。因此,后来一些有烹饪经验的士兵被转移到厨房。①

不过,苏门答腊也存在着不少冲突和问题。一方面,各国战俘之间存在着相当大的矛盾,并不十分团结。即使在战争之前,英国人和澳大利亚人之间就从未友好过,这要追溯到 18 世纪澳大利亚人还是英国殖民的移民囚犯身份时期。英国人和澳大利亚人又不喜欢人数众多的荷兰人,理由是东印度群岛的荷兰人在没有战斗的情况下就投降了日本人。荷兰人也毫不示弱地指出英国人在新加坡的投降糗事。许多欧洲的荷兰人说英语,但只有少数英国或澳大利亚军官会说荷兰语。这种情况下经常发生频繁的对抗和争吵。另一方面,营地的疾病传播率相当高,平均每个人都感染过疟疾;许多人患有痢疾和热带溃疡;食物配给几乎无

① Kazuo Tamayama(ed.), *Railwaymen in the War*, p. 224.

法维持生命。早在 1944 年 12 月 31 日，就有 125 名战俘死亡。在最后一名战俘被遣返后，一位历史学家统计出苏门答腊岛战俘的死亡率如下：

| | 营地人数 | 死亡人数 | 平均死亡年龄 | 总体死亡状况 |
|---|---|---|---|---|
| 荷兰人 | 约 4 000 | 513(13.3%) | 40 | 328(64%)名死者 37—51 岁；14 名男子超过 51 岁 |
| 英国人 | 约 1 000 | 151(16.8%) | 30 | 103(60%)名死者年龄 21—37 岁；46 名男子为 23—26 岁 |
| 总计 | 约 5 000 | 704(13.9%) | — | — |

* 由于美国人和澳大利亚人仅占劳动力的 4%，因此不包括在统计中。①②

与泰缅主干线上战俘的生存情况类似，跨苏门答腊铁路上的劳工们在后期同样食不果腹，终日过度劳累，日军也只提供少量药物，日本警卫们还经常对其进行身体和精神的双重虐待。这里集中治疗疟疾、痢疾、糙皮病和脚气病患者的医院空有虚名，实际只是一个破旧的竹制框架营房，屋顶用茅草盖着，安置在此的病人多是只能躺在屋里等待最终死亡。

根据当时在跨苏门答腊铁路线工作的美国海军上尉乔治·达菲的日记所示，1945 年 4 月间的死亡人数总计就有 106 人；沿线的施工营地还有 14 人死亡。他和其他 29 名军官的工作是砍伐橡胶

① 表格为笔者根据资料数据统计绘制，具体数据参见 George Duffy, "Life and Death on the Death Railway Through the Jungle of Sumatra," http://www.usmm.org/duffylifedeath.html, Retrieved 10 July 2019.

② 表格尊从文献数据，因此其中荷兰人、英国人在营地的数量为约数，总计数为两者约数之合，原始数据中还提供了营地荷兰人、英国人的具体总人数为 5 076 人。

树并将原木带入营地。在那里，另一组人员负责劈柴并将柴火分送至厨房和机车。当时连同达菲上尉在内的 30 名军官每个人都患有疟疾，恶劣的环境折磨着他们，军官的人数逐渐减少到大约只剩 20 人。①

战俘们沿着拟建的铁路线被分配到 14 个铁路营地，与其他已经开始工作的战俘们会合。他们被分成不同的小组，每个小组都有一个指定的任务：铁路搬运工、卧铺搬运工、铁路接轨工、铁锤工、修理工，甚至还有泡茶工，以防止战俘和民夫们脱水。澳大利亚人弗兰克・罗宾逊（Frank Robinson）说，他和他的同胞们更了解如何砍伐树木，如何为桥梁和枕木做支架。罗宾逊说，当他们砍柴的时候，“可怜的英国人和荷兰人或多或少被当作动物，用来把木头拖到桥上固定的位置”。塔尔斯马认为最糟糕的部分是扛着钢轨艰难地穿过沼泽和丛林。然而，大部分繁重的工作都交给了爪哇“劳务者”，他们被日本人以高薪诱骗离开了自己的村庄。来自日本第九铁道联队第四大队第七中队指挥部的下士诸星在工地上听说，战俘的工作量是每人每天 3 立方米，而日本士兵的标准是 4 立方米。在泰缅铁路，工作量是从 1.1 立方米开始增加到 3 立方米的。每天 2 公里的铁路将由 600 名战俘和 1 个日军小队铺设。②但是铁路铺设是一项技术性很强的工作，很少有人能达到标准，如果是在泰缅铁路修建时期，战俘们必然要加班赶工，不过在苏门答腊，出于安全原因，日落后没有加班。由于铺设铁路是一个流程操作，一个人的错误可能会拖累整个工作，很难判断这个错误是有意

① George Duffy, “Life and Death on the Death Railway Through the Jungle of Sumatra”, http://www.usmm.org/duffylifedeath.html, Retrieved 10 July 2019.

② Tatsuo Morohoshi, “The Trans-Sumatra Railway,” in Kazuo Tamayama (ed.), *Railwaymen in the War*, p. 225.

的还是由于缺乏经验而不可避免。因此，犯错误的人经常被恼怒的铁道兵殴打，而任何拖延工作的人都会被看作战俘中的英雄。诸星记得战俘营在这一地区的指挥官是坂野，他在建设泰缅铁路时就曾受到战俘们的喜爱。因此，战俘们在跨苏门答腊铁路线上受到的治疗比在泰缅铁路上的更为合理。营地警卫并没有像泰缅铁路线上的那样频繁地殴打战俘，故尽管环境依然恶劣，跨苏门答腊铁路上的死亡人数远低于泰缅铁路的人数。

战俘们按照工作内容分队，战俘军官们负责木材采集，以三人一组的方式工作——一人负责挥斧，两人负责搬运。橡胶树长得高大挺拔，木材相当柔软潮湿，战俘们到后来每个人都非常擅长砍伐树木，他们甚至还有竞争，看谁能最准确地预测树倒的方向。工作期间一名男子砍伐，另外两名进出营地。战俘们用粗麻布袋垫在肩上来保护扛运木头的部位，同时这些麻布袋也用来偷藏偶尔从过往的本地商贩处购买的干鱼、水果或蔬菜。这些食物其实是有供应渠道的，但日本人不愿购买或征用它们，并且试图阻止战俘们“走私”这些物资到营地。

因此，“木材队”为其他战俘们提供了一个既宝贵又含风险的机会，他们偷运进营地的物品为营地内创造“黑市”提供了货源。一组战俘外出工作时总是配有一个看守。由于伐木工作的性质，战俘们分散在木材种植园各处，不方便紧盯，因此大多数日本人只是花一天时间坐在篝火旁阅读他们所携带的色情书籍或打盹。

在铁路上工作的人在早上离开时带着他们的午餐。“木材队”中午可以回到营地，战俘们的午餐是微薄的蒸米饭和用野菜制成的汤。在劳工们下午去上班之前，来自“医院”的人会告诉他们在过去 24 小时内有多少人死亡。营地的公墓毗邻砍伐树木的种植园，所以“木材队”的战俘中每四个人会具体负责一位死者，用草席包裹他们的尸体带到公墓。平日战俘们全身上下唯一的衣物就只有日式腰布，出于对死者的尊重，他们搬运尸体时会用衬衫或夹克覆盖他们的裸体。

在丛林的每个地方都有墓地，从一小块区域开始，面积逐渐变大，直到铁路完工时，成千上万的尸体星罗棋布地被掩埋在丛林中。每天死亡的人数众多，战俘们还要在无休止地挖掘坟墓和埋葬遗体的任务中苦苦挣扎。大多数时候，他们从来不知道自己穿过小溪，翻越山坡埋藏的人身份为何。只有当一个战俘有五个朋友时，他的朋友才会被允许在工作结束后为去世的友人举行简单的葬礼。

美国军官西德尼·M.阿尔伯特（Sidney M. Albert）去世的原因是营养不良，或者在那里被称为脚气病。缺乏蛋白质和维生素导致肾脏功能障碍，引发液体潴留。受害者首先会注意到他的手和脚的软肿胀，最终蔓延到他的躯干。他的体型膨胀到 250—300 磅，失去了活动能力，并给他的心脏带来了严重的压力。当时抬运他遗体的战俘们本已经瘦弱不堪，回到营地后自己也遭受了疟疾的袭击。阿尔伯特去世时年仅 49 岁，与他一同在跨苏门答腊铁路上丧生的 700 多名战俘死亡时的平均年龄是 37 岁零 3 个月，并且，大部分人在他们去世时都没有五个朋友为他们哀悼。

随着铁路部分完工，日本人派出机车来测试铁轨的耐久性。一辆机车沿着沼泽地上修建的堤坝缓缓驶出，这时被雨水软化的堤坝坍塌了，机车一头扎进了淤泥中，战俘们忍不住大笑起来，这把日本人逼疯了——直到施罚者自身打得又热又累，才肯停手，并且作为额外的惩罚，战俘们还被罚在太阳底下站两天。许多人在暴晒中倒下，一些人甚至就这样死去。塔尔斯马记得这样的事件司空见惯，回想起来令人恐惧。塔尔斯马称这条铁路是“北干巴鲁的死亡铁路”。有700多名盟军战俘、2万多名或者更多的亚洲民夫在建造过程中丧生。① 然而这一切都是毫无意义的——1944年2月，罗加斯支线建成，罗加斯煤矿的焦炭通过铁路运往北干巴鲁，然后运往新加坡，然而整条铁路于1945年8月15日，即日本投降之日完工，因此，跨苏门答腊铁路从未使用过，也不再存在。

## 第二节　事件亲历者的精神创伤

我们对于历史记忆的解读，倾向于采取将历史事件置于多元维度中进行考察的史学观念。就泰缅铁路的修建这一历史事件而言，盟军战俘长期以来受制于来自日军的压迫话语，其成果本身就是权力话语生产的结果。因此，如果将泰缅铁路的相关原始史料和衍生文本视为当时的记录者以及后来不断阐释的话语产物，通过话语、权力与社会记忆多维视角下的历史分析，对权力话语所建构的历史叙事文本进行层层溯源，将有可能找到一条新的解读泰缅铁路之路。因此，对于泰缅铁路的历史记忆进行解读是十分必要的。这一研究方法与“新社会史”的特点十分相似。从已有的研究成果来看，“新社会史”的特点，一是强调政治/事件史的阅读方法，努力跳出以往主流历史研究中政治史和社会史互为切割、相互孤立的既有解释框架，将社会事件置于重新建构的政治-社会史乃至更为广阔的多维视野中进行考察；二是特别关注集体记忆与社会认同的建构过程，由此，社会记忆理论就成为“新社会史”一个特别重要的理论视角和研究路径。学者杨念群曾经在一篇关于如何理解“新社会史”的源流的文章中指出，“新社会史”应该在“由传统

① [美]格雷戈里・F. 米切诺:《地狱航船》,第174页。

经济史出发而建构的整体论式的架构笼罩之外，寻求以更微观的单位深描诠释基层社会文化的可能性”。[①] 目前，国内“新社会史”的研究成果已经颇为丰富，如学者杨念群对北京民国初年的生与死的社会控制与空间转换的研究，[②]学者孙江、黄东兰对岳飞叙述所建构的集体记忆与国族认同的研究，[③]学者方慧容对土改时期西村农民的社会记忆的研究，[④]以及学者景军对西北地区围绕一座孔庙的社会记忆的建构的研究等等，[⑤]都是“新社会史”研究成果的体现。在新社会史的研究特点中，我们需要重点聚焦社会记忆在历史事件中发挥的作用，故而，在关注记忆内容本身之前，我们首先要关注的是记忆的社会属性。

无论国内还是国外，大多数学者所从事的“话语”研究，学科取向与研究内容极为广泛，总体而言，这些研究都已经超越了传统语言学的领域，而更加关注话语与当代社会语境之关系的问题，可见研究的最终目的，必须最终落脚在当下的社会实践中，希望它能够解答当下社会出现的一些问题。回到泰缅铁路的历史事件本身，给作为个体的盟军的“民间记忆”造成了重大的创伤，另一方面，日军对于事件的美化、淡化又是权力话语对于日本“官方记忆”的掩盖式建构，通过分析我们可以更进一步探究到死亡铁路对于盟军、日军双方造成的影响，从而看到不同民族对于历史话语的建构及

---

① 杨念群：《空间・记忆・社会转型：“新社会史” 研究论文精选集》，上海：上海人民出版社 2001 年版，第 56 页。

②《阅读沉默：后现代主义、新史学与中国语境》，孙江：《事件・记忆・叙述》，浙江：浙江人民出版社 2004 年版，第 131 页。

③ 孙江、黄东兰：《岳飞叙述、公共记忆与国族认同》，《二十一世纪》2004 年 12 月号。

④ 杨念群：《空间・记忆・社会转型：“新社会史” 研究论文精选集》，第 467 页。

⑤ 景军：《知识、组织与象征资本——中国北方两座孔庙之田野研究》，杨念群：《空间・记忆・社会转型：“新社会史”研究论文精选集》，第 349 页。

其背后的原因。

从个体角度看，泰缅铁路的修建给战俘们造成了各种无法修复的身心创伤。二战胜利后，很多战俘们即便回到家乡，也是拖着终身残疾或是未老先衰——没人是没有受过伤的。战俘们的价值观、目标甚至信仰都已改变，集中营的经历影响着他们的余生。战俘们回国之后，面对的是一个与他们离开时完全不同的世界。对战俘来说，要适应战后自由的生活，并不是那么容易。幸存者除了过自己的日子没有什么其他的选择，重复着以前一样的生活，试图让现在的生活有意义，为了未来而工作。在被俘 3 年半之后，幸存的战俘们迎来了解放，而解放并不意味着苦难的结束。和美国政府给予战俘的英雄礼遇不同，英国战俘归国之后的生活异常凄凉，当年的主帅帕西瓦尔更是被视为丧师辱国的罪人。许多战俘在回家的船上接到妻子改嫁、女友结婚、兄弟阵亡的消息。多年的奴隶生涯给大多数战俘留下了终身难以痊愈的身体疾病和心灵创伤。他们发现自己已经无法融入从前的生活，和妻子关系紧张；因为离家时间太久，和子女已经无法沟通。在战争创伤还没有得到足够医学重视的时代，政府要求他们尽量不要谈论那些悲惨的往事，将一切封闭在内心，于是有些人染上了酗酒的毛病，有些人患上精神疾病，最终选择自杀。政府的不同措施也导致了战俘内心的不同境遇。图西上校退伍时，发现政府为了少付他一点钱，竟然将他由降中校为少校。艾利斯泰尔·鄂库哈特（Alistair Urquhart）的遭遇是另一个典型。战争结束后，战俘劳工营被美军解放，他先被送到美国旅游一番，养得肥肥的才获准回乡，因为政府害怕他的骷髅相吓坏家乡人民。他精神肉体伤患重重，却领不到伤残军人抚恤金，因为他无法证明自己的伤来自为国服务。政府没有为他争取应有赔偿，因为还要和日本做生意，要维持友好关系。直到他 90

岁时出版自传《被遗忘的高地战士：我在远东战事中令人难以置信的存活故事》（*The Forgotten Highlander: My Incredible Story of Survival During the War in the Far East*）①回忆自己的战俘生涯，这本书在英国成了畅销书。查尔斯王子读过后，大受感动，亲自出面协调，政府才给他发了迟到的抚恤金，每月区区 90 几磅，而且是从 2010 年算起。

总体来说，与在日本战俘营那可怕的经历相比，战俘们之后的生活是极具个性化的。没有哪一个幸存者的个人情况与其他人会完全一样，也没有一个人确切地知道该如何治愈情感上的伤。一个历史学家可以证实战俘们的论述，然后写下发生了什么、怎么发生的，甚至为什么发生，但困难也是无可估量的，因为无法记录下的，是无法理解那些经历给这些人到底带来了多少伤害，以及在获得解脱之后，这些经历又如何影响着他们的生活。

考察这些战俘们在战争结束之后的生活，有些条件是必须要考虑的。首先，如前面所提到的，这些人的经历正如这些人的种类一样多，时间、地点、家庭背景、身体素质以及无数其他变量无不影响着这些人战后的生活。其次，我们不能声称某个战俘为了摆脱囚禁的后遗症所做的努力是成功的，而另一个是失败的。考虑到每一个战俘各自的情况，我们需要明白某件事的成功与失败都是相互关联的。再者，尽管大部分的幸存者都是诚实的、坦率的，也愿意提供他们做战俘时相关经历的信息，但相同的是，人们事实上并不关心他们的想法、情感乃至获得自由之后他们是如何打算的。他们并不希望被视作软弱或怯懦，而且要使世界也使自己信服：适

---

① Alistair Urquhart, *The Forgotten Highlander: My Incredible Story of Survival During the War in the Far East* (Boston: Little Brown and Company, 2010).

应自由的生活是没有任何问题的。一位人权观察者将其称之为"剥夺生活正常化的过程",①即帮助幸存者从被囚禁的生活过渡到自由的生活中来。

战俘们的经历可能赋予了他们在战后世界所需要的意志与自信。一些幸存者在战后通过努力工作取得了很大成功。许多人获得了大学学位,还有一些人成了成功的商人。1945 年 10 月 4 日,丹·布索与相恋已久的女友结婚,恢复了大学学业,在得克萨斯大学获得地质学学士学位。赫德斯尔顿·瑞特和伊洛·哈德回国后选择继续留在军队,克莱恩·斯图尔特(Cleon Stewart)则加入了空军。斯图尔特解释了他的决定:"我决定在获释后不久加入空军。为什么? 因为海军把我送到那里;陆军把我留在那里;而空军把我带回来了。"斯勒格·瑞特进入了美国加州欧申赛德市(Oceanside)的政治舞台,成了市长,然后担任了 14 年的市议员。在谈到他的调整时,瑞特说,当他回到家时,"我做了一些我从未想过可能的事情。但是,当你代表你的城市,且人民一次又一次地选举你担任公职时,你肯定做一些正确的事情。我可以回顾[战俘的经历]说,通过逆境,我学到了一些东西。我学到了一些诚实的价值观。我想我做得不错。"卢瑟·普兰迪也进入了当地政坛,担任得克萨斯州杰克县(Jack County)审计员长达 14 年。②查尔斯·斯蒂尔回归后与妻子露易丝·斯蒂尔上尉以一种典型的平静和安静的方式团聚。他有意识地努力把他的战争经历抛在脑后,专注于

---

① Sister Dianna Ortiz, "The Survivor's Perspective: Voice from the Center," in Ellen Gerrity, Terence M. Keane and Farris Tuman (eds.), *The Mental Health Consequence of Torture* (New York: Kluwer Academic/Plenum Publishers, 2001), p. 24.

② [美]凯利·E. 克拉格:《太阳旗下的地狱》,第 167 页。

与露易丝的未来。他从来没有参加过退伍军人协会,也没有参加过任何聚会。相反,他开始弥补失去的时间,重建自己的生活。直到 1973 年,查尔斯和露易丝访问了泰国。查尔斯想走他战俘时走的同一条路,给妻子看他在当时给她的信中写到过的那么多的地方。查尔斯的意志是格外坚强的,他在成为战俘之前还经历了敦刻尔克撤退事件,可能这样丰富而坎坷的经历也磨炼了他,让他能够正视伤痛。①

但是也有很多人,可以说是更多人遇到了适应困难的问题。美国心理学会于 1980 年在其《精神疾患的诊断与统计手册》(*Diagnostic and Statistical Manual of Mental Disorder*)中首次对“创伤后应激障碍”(PTSD)做出明确定义,同时,该手册将造成心理创伤的刺激因素归纳为三类,即个人遭受创伤性事件的直接经历、亲眼目睹创伤性事件发生以及得知某一家庭成员或其他亲密关系的人物经历了创伤性事件。由此,从遭受创伤的方式来看,创伤主体可以是创伤经历的直接受害者,也可以是目击或得知创伤经历的间接受害者。因此,这些从泰缅“死亡铁路”上回来的前战俘们不仅由于目睹暴力、死亡事件成为创伤的间接受害者,而且由于遭受了重大损失而成为创伤的直接受害者。

除了继续折磨着许多幸存者的身体问题,情感障碍使他们不愿讨论作为战俘的时间。一些幸存者对谈论他们在战俘营的经历表示痛苦不安,而另一些人不仅仅感到痛苦和焦虑,进而表现出恐惧和退缩的创伤症状,他们诚实地表表明,自己直到 30 年、40 年甚至 50 年后才开口提及他们被俘虏的经历。许多人没有对日本人表示仇恨,他们声称,和他们自己一样,日本士兵只是在特殊情况

① Charles Steel and Brain Best (eds.), *Burma Railway Man*, p. 166.

下发挥了自己有限的能力。当然可以理解的是，还有许多人对日本和朝鲜的警卫怀有强烈的仇恨。

一些前战俘忘记了这场战争，一些人试图忘记，而另一些人则怀着复仇的心情记住了它。比如乘坐过地狱船"床丸"(Toko Maru)的战俘列斯特·坦尼(Lester Tenney)始终不明白为什么一些有过相似经历的人会说他们忘记了战争。"毫无疑问，"他说，"在这难熬的四年中，我的经历塑造了我对未来50年生活的思考、哲学和态度"。[①]有些仇恨是从当时就开始酝酿的，这些情绪反而成了战俘们支撑着活下来的缘由。福雷斯特·诺克斯(Forrest Knox)详细阐述了他在一艘"地狱船"上的经历：

> 作为一名士兵，这使我崩溃了。在那之前我是个好士兵，但那艘船毁了我……我真的说不清我是怎么活下来的。有些人之所以幸免于难，是因为他们还是孩子，从未意识到情况有多么糟糕。其他人之所以一天又一天地活下来，顽固是一个很好的解释。但是，当你变得不好的时候，就像在那艘船的船舱里，那些活着走出来的人就是那些心存愤恨的人。爱永远不会让任何人在那活着……但如果你愤恨，不管是对日本人、医生还是军官，虽然这看起来很奇怪，但那些愤怒的人——我的意思是，那是一种真正的憎恨——他们活了下来。那些开始乞求母亲的人，你最好早些开始为他们挖个坑。
>
> 一旦你开始自怨自艾，你就是一个即将彻底消失在世上的倒霉蛋了。[②]

---

① [美]格雷戈里·F. 米切诺：《地狱航船》，第326页。

② Donald Knox, *Death March: The Survivors of Bataan* (New York: Harcourt Brace, 1981), p. 345.

对很多人来说，仇恨不会轻易消失。对绝大多数人来说，充当战俘已经是一段悲惨之至的经历，而不幸登上“地狱船”则是更为糟糕的回忆，以至于那些积怨在这一段记忆浮现在一部分战俘们眼前时化为了他们一致仇恨的态度。曾经乘坐“日章丸”(Nissyo Maru)的维吉尔·瓦伊宁(Virgil Vining)表示对日本全体人民没有怨恨，但对二战中的日本水手和士兵，他说：“我除了恨什么都不能保留。”鲍勃·法兰德斯(Bob Farrands)和克利夫·法洛(Cliff Farlow)曾经乘坐过“西里伯斯丸”和“乐洋丸”。法兰德斯在谈到日本人时表示：“我既不会原谅也不会忘记。我会恨他们直到死。”法洛说：“我再也不想当日本佬的俘虏。我想我当时宁愿挺起胸膛射击敌人或被射击。即使在今天，我也不想和他们再有任何关系。”被俘的飞行员鲍勃·马丁代尔(Bob Martindale)对于那些态度更为开放的美国前战俘简短地评论道：“美国人的记忆太过短暂，太容易忘却了。”①

愤怒和仇恨作为相对亢奋的情绪，对于战俘们的恢复还是有一定帮助作用的，剩下的战俘们则没有那么理想的情绪管理。当研究那些声称难以适应自由的幸存者的陈述时，某些模式变得明显起来。在很大程度上，这些人感受了不寻常的躁动，他们必须保持活跃和不断走动才能感到舒适。麦克斯·欧菲勒说：“我们就像热铁皮屋顶上的一只猫；你不能把脚放太久。我不能坐着看完一整部电影。我会和人们一起走进一个房间，我们开始交谈，然后我不得不起身离开。没有理由——你只是感到了一种不安的冲动。”塞西尔·明斯(Cecil Minshew)说他必须一直忙着做点什么，“否则我会崩溃”。莱斯特·阿斯伯里说，他结束战俘生活后始终非常紧

① [美]格雷戈里·F. 米切诺：《地狱航船》，第327页。

张,不能在同一个地方待很长时间,也不能和同样的人说话太久。对一些人来说,战后的现实让他们难以面对,于是他们转向了酒精。许多从前的战俘们回家后都喝得酩酊大醉,但这比后来发生的事更值得庆祝。弗兰克·藤田记得,当他回到阿比林(Abilene)的家时,他"喝了一年的酒"。保罗·斯坦(Paul Stein)认为他的酗酒是由于他在战俘集中营的经历构成的:"当我回来的时候,我有严重的酗酒问题。我想我必须一直喝得酩酊大醉才能淹没我的思想。有一天,我才意识到我失去我的妻子,失去我的工作。我的工资曾经很高,但我失去了我的工作,我失去了我的妻子。我失去了一切。"斯坦最终克服了酒瘾,但他很后悔——他除了把时间浪费在了日本人的集中营之外,还把剩下的时间输给了酒精。据统计,共有 14 名前战俘死于与酒精中毒有关的肝病。①

几乎所有的幸存者都表达了他们经历后续带给他们的其他情感和精神问题。西格蒙德·弗洛伊德(Sigmund Freud)认为精神创伤是由创伤情境作用于创伤主体,经由条件过滤选择而形成的一种强烈的、持久的、难以摆脱的痛苦反应,基于此他提出了创伤事件在个体心理反应上的"延迟"与"重复"特征。凯西·卡鲁斯(Cathy Caruth)在吸收弗洛伊德提出的这一特征的基础上对创伤经验的特性,尤其对创伤症状的重复展示做了深入研究,其在《不言的经历:创伤、叙事和历史》(*Unclaimed Experience: Trauma, Narrative and History*)②中说:"以创伤最普通的意义来看,创伤描绘的是对突发的灾难性的难以承受的事件的经验。人们对于这

---

① [美]凯利·E. 克拉格:《太阳旗下的地狱》,第 169 页。

② Cathy Caruth, *Unclaimed Experience: Trauma, Narrative and History* (Baltimore: Johns Hopkins University Press, 1996).

些突发事件的反应常常是滞后的、控制不住的幻觉或其他形式的困扰。”创伤事件对创伤主体的影响不是即时的，而是具有滞后性。创伤经验并没有因为创伤主体的无法认知而抽身离去，相反，正因为创伤主体的无法认知，创伤经验在创伤主体心里永久潜存，期待着被认知与表述的那天到来。潜存心底的创伤经验并非是被动蛰伏，它时常主动地以如梦魇、幻觉、闪回或其他不断重复的方式突袭创伤主体以提醒自身的时刻存在。确实如此，许多战俘在刚刚回国的阶段里并未表现出过多创伤反应，然而随着时间的推移，他们发现自己不喜欢待在人群中，宁愿独处。查尔斯·凯茨在返回得克萨斯州之前，曾在美国首都华盛顿接受医疗护理，因为他不习惯城市里的活动。威廉·维赛奇(William Visage)回到家后，多年来一直为噩梦所困扰。[①] 普雷斯顿·哈伯德(Preston Hubbard)被处决、殴打和尸体的噩梦困扰了 50 年。但最严重的噩梦源于“地狱船”上的场景，“无法形容的日章丸”上人类的粪便。哈伯德意识到他没有健康的出路，噩梦将永远存在。他对战争有着强烈的反感。艾迪·冯说，他很快就适应了战后的生活，但他永远无法完全摆脱没有为战争付出足够努力的罪恶感，也无法完全摆脱自己回家时其他人却没有这样的感觉。鲍勃·哈尼(Bob Haney)被自己的“笼中恶魔”所困扰，他在“长门丸”(Nagato Maru)上度过的仅仅那几天让他花费了 40 年时间，试图避开任何会让他想起自己这段经历的人和事。但是他不能忘记。住在船舱的污水坑里给人留下了不可磨灭的印象。“在我余生的大部分时间里，”哈尼说，“这段噩梦般的太平洋之旅将会改变我对日本文化的印象。”[②]

---

① Kelly E. Crager, *Hell under the Rising Sun*, p. 133.

② [美]格雷戈里·F. 米切诺:《地狱航船》,第 326 页。

更多的战俘虽然幸免于长眠丛林之中，却成了目睹同伴们创伤性事件的间接受害者，承受了“替代性创伤”。“替代性创伤”的概念是在 20 世纪 90 年代由著名的精神病学家朱蒂斯·赫曼（Judith Herman）在进一步发展了弗洛伊德创伤理论的基础上提出的。赫曼认为创伤是会蔓延的，与创伤主体频繁接触同样会出现“创伤后应激障碍”。1975 年，G. W. 毕比（G. W. Beebe）进行了一项开创性的研究，比较了俘虏经历给这些日本战俘和朝鲜战争期间被囚禁的朝鲜战俘分别带来的影响。他发现，日本战俘因焦虑、酗酒和精神分裂症住院的时间更长。毕比阐述说，这些战俘见证了灾难的发生，目睹了残忍的处决，体会了殴打、酷刑和饥饿，遭受的创伤比其他战俘还要大得多。①

研究创伤后应激障碍对战俘影响的心理健康专家解释说，在这些情况下遭受的创伤往往会导致严重的抑郁症，最终导致过早死亡。1954 年进行的一项研究发现，日本俘虏的战俘们经历了“过高的死亡率”，主要是由于意外事故，但也由于酗酒。② 如前所述，为了应对这种抑郁，许多战俘求助于酒精。在许多情况下，他们喝得烂醉而死。此外，许多创伤后应激障碍的患者宁愿自杀，也不愿带着严重的抑郁症再活一天。战争结束后，总共有 9 名前战俘士兵死于枪伤，另有 25 人死于各种与医疗无关的意外事故。虽然没有人能确定这些是自杀还是悲惨的事故，但事实仍然是，这些人出

① G. W. Beebe, “Follow-up Studies of World War Ⅱ and Korean War Prisoner, Ⅱ: Morbidity, Disability, and Maladjustments,” *American Journal of Epidemiology*, Vol. 101, No. 5(1975), pp. 400-422.

② 参见 B. M. Cohen and M. Z. Cooper, *A Follow-up Study of World War Ⅱ: Prisoners of War* (Washington, D. C.: U. S. Depertment of Veterans Affairs, 1954).

于某种原因把自己置于危险的境地。[①]

美国理论家、历史学家，多米尼克·拉卡普拉（Dominick LaCapra）在其创伤研究中关注叙述对于创伤主体的心理康复所起到的重大作用。拉卡普拉认为，对于创伤主体来说，将极力抑制的创伤记忆用语言表述出来是从创伤中康复的必要途径。对于创伤主体来说，创伤具有矛盾的两重性：一方面，创伤受害者的思想深处在努力压制创伤事件的出现，有意识地极力回避创伤事件，无法真正面对创伤；另一方面，尽管创伤主体努力压制创伤事件的出现，但是对创伤事件的记忆却通过梦幻、闪回等非理性方式时常侵袭受创者，使他们一直生活在创伤的阴影中。针对创伤主体的这类悖论式的创伤症状，拉卡普拉指出，只有承认和接受创伤对创伤主体造成的伤害，才有可能寻求到走出创伤的有效途径。在幸存回国的战俘群体中，也有少数人能够在遭受创伤后走出创伤。罗伯特·查尔斯多年来一直饱受折磨，经常为日本人夜不能寐，难以与家人建立良好的关系。最后，查尔斯被说服谈论他的问题，他的书《最后一个出去的人：缅甸死亡铁路余生录》是一个人与他的过去斗争的引人注目的例子。

同时，对这些幸存者来说，比克服创伤更困难的，是在战俘集中营生活多年后恢复正常生活和处理回国后社会的变化。例如，尽管在1941年至1945年间，大多数美国人几乎察觉不到他们国家的日常变化，但这些细微差别对于那些没有接触到这种变化的渐变过程的归国战俘来说仍然是巨大的。他们记得离开时的美国，当他们被俘虏时，他们在脑海中把它浪漫化，希望有一天能回到这个理想化的、但并不存在的地方。一位曾在威克岛上被日本人俘

---

① ［美］凯利·E. 克拉格：《太阳旗下的地狱》，第170页。

虏的美国人解释道:"为了支撑我们度过那段黑暗的俘虏岁月,我们犯了一个错误,那就是美化了我们的过去生活,净化了我们的记忆,颂扬了自由生活的世俗方面。为了回到那种生活,我们拼命挣扎着生存,如今却发现它根本不存在。我们让自己的幻想破灭,我们发现了——人际关系和生活条件的现实永远无法满足我们对解放后生活不切实际的期望。"①对此"失落营"的成员们也有同感。威廉·维赛奇说:"我们把美国看成是 1941 年和 1942 年,而不是 1946 年。我们在所有事情上都落后了。"前战俘们经常对美国人浪费食物的行为和他们无忧无虑的态度感到震惊。女性在社会中的角色发生了变化,尤其是她们的着装风格和她们在工作场所的存在,也令他们大吃一惊。乔治·伯恩斯哀叹道:"似乎连山丘都没有那么高。""E"炮兵连的皮特·埃文斯描述了战俘生活的影响:"我知道每个回来的人实际上都不会回来,不管他们在哪里服役。你看到那些人们出去了,他们回来时却与从前不再一样了。他们不会回来的。他们身体里的一部分被留在某个地方,他们再也找不到了。都遗失了。"②

从宏观角度看,将泰缅铁路的修建放在历史大环境下,其战俘死亡人数在整个东南亚不算最糟糕也不是最好的。铁路上集中营战俘死亡比例大约为 20%,相比之下,日本集中营整体的死亡率平均为 27%,但是日本对其的观点和对待战俘的理解及暴虐手段,是这一事件的焦点。众多日本工程师们对他们的成就感到非常自豪(这确是一项了不起的成就),时至今日,幸存的老兵仍然在庆祝。

事实上,这条铁路并不成功。1943 年 10 月 17 日,两段铁路在

---

① Kelly E. Crager, *Hell under the Rising Sun*, p. 134.

② Kelly E. Crager, *Hell under the Rising Sun*, p. 133-134.

缅甸边境以南25英里、泰国国内的孔库塔接轨。11月，“死亡铁路”终于全线通车，铁路建筑过程中总共搬运了超过1.5亿立方英尺的土方，建造大约了9英里的桥梁。因建造这条铁路，约1.2万盟军战俘和3.3万民夫葬身于此，为此写下血泪斑斑的壮烈历史。据华侨学者郑传良的研究，直至战后，人们在泰国境内筑路段，找到葬身在此的尸首就有10.3万人之多，其中盟国到北碧府收集到的仅英美战俘骸骨就达1.6万多具，还找到了2.4万具多名流落四处的华、印(度)籍筑路民夫的尸骨。①

然而在如此大的牺牲之下，泰缅铁路线路开通后不久，就被盟军轰炸机袭击了。1945年8月15日，日本宣布无条件投降后，盟国军队开进泰国，解除了日军武装并控制局势。盟军认为，“死亡铁路”虽然在泰国和缅甸境内，但属于日军控制，即予以没收。战后，英国军队在泰缅边界接轨处的泰国境内拆除3.93公里路轨，剩下300公里铁路以600万美元的价格卖给了泰国人。边境地区的大部分铁路被拆毁，铁路枕木被用作木柴或建筑住房。之后，泰国铁路局分别于1949年、1952年、1958年陆续分段修复从北碧至南多段线路。②剩余部分因年代已久、风雨侵蚀、毫无维修等原因，导致枕木腐朽，仅存铁轨残骸，已呈颓毁的状态。今天，这条铁路线延伸到大约60英里的丛林中，就没有后续路段了；据一名幸存的战俘说，这完全是“徒劳无功”的典范。正如缅甸地区日本陆军后勤官桥仓所指出的，“泰缅铁路在运输上没有取得任何程度的成功”。③ 工程直到东京下达的最后期限才完成，其中的任何

①② 郑传良：《“死亡铁路”与桂河桥》，《抗日战争研究》1995年第4期，第74页。

③ Kurahashi Takeo, “Burma Operations Record: Outline of Burma Area Line of Communications” (Japanese Monograph, no. 133), *HQ Armed Forces Far East*, February 1952, p. 15.

时段都没有达到计划的吨数，不论是最初的运输 3 000 吨军备的指标还是后来降到 1 000 吨。这条路线上火车行驶的速度需要很慢，尤其早期的路段还被标记有出轨和路堤崩塌的地方。当这条铁路修好的时候，盟军的空军部队已经准备好炸毁全线甚至铁路设计连接的更远的地方了。据日军南方军高畔沼田说，这次的失败与其说是由于盟军的轰炸，不如说是由于新铁路的状况，“匆忙的原始建设的缺陷破坏了铁路的效率”。① 在缅甸，就在这条铁路原本被设计用来供应资源的战区，日本人遭受了整个战役中最大的失败。

事实证明，泰缅铁路最持久的不是它本身的结构和它所代表的成就，而是为它所付出的人类的代价，这条铁路是一个巨大的悲剧，已经成为第二次世界大战期间日军残暴的象征。这些都铭刻在不断减少的幸存战俘的记忆中，并以书面形式保存下来，成为记录战争经历的——即便不是最学术的——最重要的文学组成。自 1946 年以来，有关这条铁路的书籍，以个人回忆录为主，每年都定期以英文出版，而且随着时间的推移，出版率几乎没有下降。例如，1980 年至 1989 年，澳大利亚出版了 24 本关于泰缅铁路的书籍，仅 1988 年就出版了 5 本。就在 1995 年，一本个人回忆录《铁路劳工：一位“二战”英国战俘的人生自述》还成了英国的畅销书并于 2013 年被改编成电影搬上大荧幕。许多纪录片补充了书面记录，这也为后来富有想象力的写作奠定了基础，其中皮埃尔・布尔的小说《桂河大桥》最为著名。

① SEATIC, historical bulletin 242, Singapore, 1946, IWM, p. 33.

## 第三节　战后日本的美化宣传及其批判

日军践踏了国际战争法的人道主义原则。1907年日本政府签署了《第四次海牙公约》,并在国内获得批准;1929年日本政府签署了《日内瓦公约》,然而在国内未获批准。但世界知名法学家、鲁尔大学的科纳特·爱普生(Knut Ipsen)教授认为,条约是政府之间的协议,签字即产生法律效力,日本应该遵守1929年的《日内瓦公约》。退一步讲,《第四次海牙公约》包含着几乎等同于1929年《日内瓦公约》的条文,从这个角度讲,日本也应该人道地对待战俘和占领区的平民。

并且在战后审判期间,日本也没有为自己的战争罪行忏悔,在有关泰缅铁路的审判时,他们还试图掩盖真相。日方不仅在撤退时烧毁了大部分的文件,还在针对联合国提出的抗议书时自我辩解道:"直接与虐待行为相关的文献资料东京完全没有,且与当地(泰缅)的联系也中断了。所以除了本调查书所描写的事项之外,和死亡铁路相关的材料需要到当地去进行调查。"①将责任推诿至档案不全,否认联合国抗议书的事实内容。

同时,日本人还通过对自然原因、客观情况、沟通不利等各种原因的强调试图脱罪。据东条在接受审判时说:关于在这一建设工事上使用俘虏的恶劣情况他曾接得报告,并曾于1943年5月派遣情报长官前往调查。他并且承认,作为此次调查的结果,他曾采

---

① 防衛研究所戦史室の資料「泰・緬甸連接鉄道建設に伴ふ俘虜使用状況調書」を引用する場合JACAR(アジア歴史資料センター)Ref. C14060251600— C14060253500、自昭和17年6月～至昭和20年8月「泰・緬甸連接鉄道建設に伴ふ俘虜使用状況調書」(防衛研究所戦史室)。

取下列措施，即仅将对待遇俘虏不公道的某中队长交付军法审判并将铁路建设司令官撤职。但是根据其他的证据，审判认定了这个司令官的撤职并非由于虐待俘虏。第一个建筑铁路的司令官是被盟军空军炸死的；第二个司令官是因为他生病不堪执行该项任务，加以大本营认为工事进行的速度不够快，所以把他调了职。建议更换第二个司令官的调察官，并不是如东条所说的情报长官，而是参谋本部中主管交通通信的第三部部长若松。他向参谋总长报告工事进行的速度不够快，并建议以马来亚的铁道部队司令官为建设工事的主任并允许其将完成铁路的预定期限延长 2 个月。

在 1943 年 7 月，当时已有数千俘虏死去和因病不能劳动了。但当时的外务大臣重光在日后的审判时抗议说：俘虏得到了公平的待遇，病人全都得到了医疗。尽管如此，就在重光的答复送出后不到 1 个月，仅仅在泰国所死亡的俘虏，即使根据日方提供的数字也达到了 2 909 名。根据同一资料来源，死亡率从 1942 年 11 月的每月 54 人增加到 1943 年 8 月的 800 人，每月都在显著增加着。在 1943 年夏，若松视察回东京后，曾亲自向杉山元报告说：他看见了许多的脚气病人和赤痢病人，食物的质量也不够必需的标准。

另外日方还主张说，死亡很多是由于盟军的轰炸妨碍了食粮和药品的正常供应所引起的。但 1943 年 2 月日军正是用海运被妨碍为理由，反而下令将这个工事的竣工期限缩短了 4 个月。自从有了这个命令以后，指挥官们更不顾一切地乱来了。并对俘虏说：人是无关紧要的，不管忍受怎样的痛苦和死亡，铁路都必须修成。即：“铁路建设的进行不容迟缓，因为这是出于作战目的的需要。必须在一定的期限内不顾一切牺牲，不必顾忌英国人和澳大利亚人俘虏的生命损失，务必完成铁路建设。”在对泰缅铁路修建的回忆中，负责泰缅边境宋库拉营地的铁道第五联队的中尉阿部宽估计，“加速运动”期间大部分工作是由缅甸和日本士兵完成的。在与战俘们的回忆相比之下，阿部宽回忆中的战俘待遇并没有那么恐怖。阿部的部队修建桥梁，仅从战俘集中营借调了一些劳力，只要求他们从事一些日常基础工作。阿部说，这些战俘仅仅只是搬运些小岩石，或者挖一下泥。并没有让他们做重要工作，他们干起活来从来都是很不认真的。[①] 阿部宽还认为，他的队伍是非常仁慈的，他说，他们或许殴打过缅甸人，但是他们从不把怒火发泄在大象身上。

尽管阿部对战俘待遇的回忆没有战俘们自身的回忆那么可怕，但其底线是一样的。他记得俘虏们没有什么吃的，成千上万的人染上了疟疾和霍乱。每天早晨，他们都会从棚屋里收集大约30具新尸体，除了火化，他们什么也做不了，而持续不断的雨水使尸体难以燃烧。“到处都是”，阿部说，“尸体就像木头一样堆积在一起。有时，那些燃烧的尸体吹来的风会吹向我。”但是，他总结道：“我真的没有做错什么。”[②]由此可见，日本虽然投降，但战争的结束并没有给他们带来对这场侵略战争最深刻的认识。

结合记忆的重建，我们可以看到，与作为受害者的盟军战俘相对应的，日本人在建造缅泰铁路这一历史事件中扮演的是施暴者(perpetrators)的角色。在讨论施暴者的记忆时，阿莱达·阿斯曼(Aleida Assmann)认为犯罪者选择为自己的罪行辩护是一种面子策略。他们会避免一切与自我形象和自我认同不一致的事情。[③]

---

① ［美］格雷戈里·F. 米切诺：《地狱航船》，第125页。

② Haruko T. Cook and Theodore F. Cook, *Japan at War: An Oral History* (New York: New Press, 1992), pp. 421-422.

③ 陶东风：《创伤，受害者，见证（上）》，《当代文坛》2018年第1期，第158页。

暴行和不公正造成的痛苦将给受害者的身体和灵魂留下持久的创伤。然而，由于羞耻感和社会压力，施暴者本身会试图逃避自己的罪过。德国哲学家尼采（Nietzsche）的箴言之一显示了施暴者记忆的逻辑：“‘我已经做到了’，我的记忆说，‘我不可能做到’，我的尊严说，而且仍然是无情的。最终，记忆将会屈服。”①为了保持他们的骄傲和荣誉，于是施暴者重建他们的记忆来为他们的野蛮行为辩护。

作为记忆理论的先驱者，哈布瓦赫（Halbwachs）是第一个强调“我们对过去的概念受到我们用来解决现在问题的心理意象的影响，因此集体记忆本质上是根据现在来重建过去”。② 没有记忆能保存过去，它的本质是重建。扬·阿斯曼（Jan Assmann）同意记忆的重建能力。他指出：“文化记忆是通过重新构造而起作用的，也就是说，它总是把它的知识与现实和当代的情况联系起来。”③例如，在小说《深入北方的小路》中，理查德·弗兰纳根主要描写了两位日本军官，即中村少校和小田上校，他们犯下的罪行无一不建立在战俘的痛苦之上。中村少校是负责营地铁道建设项目的军官。作为日军铁路第五联队的一名军官，他在一开始就对这个项目感到兴奋，因为他认为他们将完成一项英国人和美国人都宣称不可能完成的任务。中村很高兴在这个历史性的项目中扮演一个微小但意义非凡的角色。他感到如此自豪，“将他的人生投入到自己民

---

① Friedrich Nietzsche, Walter Kaufmann (trans.), *Beyond Good and Evil* (New York: Vintage Books, 2010), p. 93.

② Lewis A. Coser, "Introduction," in Maurice Halbwachs, *On Collective Memory* (Chicago: University of Chicago Press, 1992), p. 34.

③ Jan Assmann and John Czaplicka, "Collective Memory and Cultural Identity," *New German Critique*, Vol. 65(1995), p. 130.

族和帝国的命运中去”。[①] 在日本人看来，奴役俘虏不能被视为罪恶，相反，为天皇做贡献是一种荣誉，因为做俘虏是可耻的。当他第一次见到战俘时，中村用蹩脚的英语说：“当战俘真丢人。荣幸！为天皇修建荣誉铁路。非常荣幸。极大的荣幸！”[②]在讨论创伤的话题时，阿莱达·阿斯曼得出结论，在弗洛伊德的创伤概念中最先是与施暴者相关联的。不过，她并不这么认为。她认为，施暴者并没有受到创伤，因为他们不是无辜的。他们应该为创伤性事件负责，因为创伤是由他们的意图和目的所导致的。他们绝不是毫无心理准备地加入施暴者的行列的。毫无疑问，他们正是通过放弃自己的个体，并将集体的意识形态使命作为自己的共同使命，从而成为这一集体的一员。[③] 同样地，中村和他的同僚作为日本军队的一员，把日本政府和天皇灌输给他们的思想当作自己的信仰。正如中村所说，“他们是天皇愿望的化身，他们是日本精神制定的计划、梦想和意志。”[④]

事实上，在监督战俘修建缅泰铁路的过程中，丛林中的恶劣环境对日本人来说也难以忍受。在《深入北方的小路》中，日本军官中村必须依靠“涮锅”(Shabu)度日，“涮锅”是日本俚语，这里指代非洛芃(Philopon)，这是一种兴奋剂。即便如此，他仍然坚信日本精神。他自欺欺人地告诉自己，“涮锅”绝不是鸦片，它是一种日本精神，“只有像中国人、欧洲人和印度人这样的劣等民族才会对鸦片上瘾”。[⑤] 他认为，日本作为亚洲集团的领袖国，有着将亚洲从欧洲殖民地解放出来的崇高任务。日本帝国军队是一支德高望重的

①④ Richard Flanagan, *The Narrow Road to the Deep North*, p. 89.

② Richard Flanagan, *The Narrow Road to the Deep North*, p. 47.

③ 陶东风：《创伤，受害者，见证(上)》，《当代文坛》2018年第1期，第179页。

⑤ Richard Flanagan, *The Narrow Road to the Deep North*, p. 90.

军队,所以俘虏们很幸运有机会通过为天皇而死来挽回荣誉。在中村看来,战俘们应该被视为专门为天皇服务的机器,"如果他们只能在不断施加武力的情况下工作",①那么就绝对有必要使用武力。如上所述,战俘们生活在极度痛苦之中,但中村认为他们只是懒惰和懦夫。作为一个专心奉献于铁路、天皇和日本帝国的好官员,中村认为他只是因为澳大利亚人的不妥协才做了他必须做的事,这是必要的,尽管是无情的。

小田是作者描绘的另一位日本军官。他是第九铁道联队联队长,来到中村的营地,传达铁路指挥小组的命令。他和中村聊了很多,这让他们两个都感到安慰。他们一致认为"日本人最伟大的天赋,就是他们能把生活描绘得如此简洁,如此精致——他们在铁路上的工作,正是帮助把本国的天赋带给全世界"②。这段对话让他们感到安心,有理由奴役战俘,并继续他们的工作。小田是个极为残忍的刽子手。当他刚从军官学校毕业时,负责的中尉教他如何砍掉犯人的头。面对如此残忍的任务,小田自己一开始觉得很恐怖。然而,在他完成任务后,他感觉到"我的身体里变得开阔了,好像我现在是另一个崭新的人"。③ 从那时起,小田就沉迷于这种感觉。如果他在几周内不斩首某人,他会找一个在他看来很感兴趣的脖子,并找个理由砍掉这名战俘的头。日本人也承认这些行为是可怕的,但他们认为"没有别的办法可以实现天皇的愿望"。④在他们心目中,日本精神和天皇的愿望是最重要的,所以他们理所当然地认为,他们有理由折磨战俘、开展杀戮,事实是他们也真的这

---

① Richard Flanagan, *The Narrow Road to the Deep North*, p. 91.

② Richard Flanagan, *The Narrow Road to the Deep North*, p. 116.

③④ Richard Flanagan, *The Narrow Road to the Deep North*, p. 114.

样做了。

然而随着战争的结束，他们的记忆在战后自然发生了变化。正如尼采所说，记忆屈服于尊严。中村回到东京，但他以假名生活了几年，因为他可能是一名B级战犯。不过，中村并不这么认为，他甚至对此感到愤怒。由于日本战败，广岛遭到原子弹袭击，中村认为自己也是战争的受害者。后来他知道有很多人和他一样。他在一家医院找到了一份工作，在那里他遇到了佐藤医生。战时，他在“满洲国”的一家医院实习。他看到一些日本医生在那里对美国飞行员进行活体解剖，甚至没有使用任何麻醉剂。一些医生在战后受到监禁和审判，但佐藤并不认为这是不可饶恕的罪行，相反，他感到自豪的是，通过这样做可以“证明自己是配得上效忠天皇的仆人”。① 佐藤害怕像其他人一样受审，但最后那些罪犯都被释放了。对于这场战争的记忆，佐藤宣称“美国人希望它被遗忘，我们也希望它被遗忘”。② 中村则更加确信他们也是战争的受害者：“他开始明白，有许多像他一样感到骄傲的好人，他们尽了自己的责任，决心不感到羞耻——他们也把自己看作战争的受害者。”③当所有被监禁的战犯获释后，中村并不感到羞耻，回归了生活。他改用真名，娶了一个叫池子的护士。

中村相信他会变成一个好人。他的女儿们都爱他，因为他是一个温和的父亲，一位甚至不会伤害蜘蛛和蚊子的好人。“时间侵蚀了他对罪行的记忆，让他的记忆逐渐只剩下善良和情有可原的故事。”④至于小田，他在战后的禅宗杂志上发表文章，讨论日本武

① Richard Flanagan, *The Narrow Road to the Deep North*, p. 300.

② Richard Flanagan, *The Narrow Road to the Deep North*, p. 301.

③ Richard Flanagan, *The Narrow Road to the Deep North*, p. 303.

④ Richard Flanagan, *The Narrow Road to the Deep North*, p. 304.

士道的深层精神基础。他认为，日本禅宗使他们成为一个强大的军事力量，无论在战时多么困难。小田评价自己是一个了解并成功实践日本深层精神的人，而不是一个歪曲自己所做事情真相的杀人机器。

从个人到国家，整个日本民族对于泰缅铁路的历史态度保持一致，日本政府打算通过强调战争受害者的手段来掩盖可耻的过去。像中村和小田这样的战犯在他们自己的心目中成为好人。由于日本是二战期间原子弹投放的唯一目标，他们认为自己也是战争的受害者。更重要的是，日本人认为他们犯下的暴行是他们不应该承担的责任范畴，或者说，他们对盟军战俘所做的事情甚至可能都不被认为是犯罪。他们是忠于国家、忠于天皇的勇士，尽职尽责。关于内疚的记忆曾经萦绕在他们的脑海里，渐渐消失，而重建的善良和高尚的记忆成了自己新的辩护。

还有另一种辩护说法，是日军士兵与盟军战俘在某些方面受到的待遇是相同的。2005 年一本名为《战争中的铁路兵：日本铁路兵在缅甸和泰国的故事 1941—1947》的著作问世，这本书是以口述历史的形式写成的，讲述了在泰缅铁路中负责勘测、设计和建设铁路的日本第五和第九两个铁道联队以及两个特殊的铁道特种部队从他们的成立到正式结束的历史。书中很多铁道联队的成员都回忆自己的长官严格要求他们尊重战俘，不得打骂战俘，遵守他们的工作时间，不得过分剥削劳动力等。例如负责修建“地狱之火”路段的大月中尉记得这样一件事：

当我和大队指挥官一起去[巡查]的时候，平田正在钻一个洞，像战俘一样工作。指挥官问他：“你为什么这么做？”他挺直身子回答说：“由于我在爆破岩石方面的经验很少，我想

> 自己试一下，好知道在强烈的阳光下钻一个洞需要多少小时，以及一个人能在多长时间内连续工作。”他每天钻一个洞，和战俘的定额一样，钻了一个星期，他才确信自己[对战俘们]要求的不是太多。①

照大月中尉的叙述，至少在日本铁道联队的士兵之中，确实存在从战俘角度考虑问题的人。类似的情况还出现在“崇介切割”的施工工地。日本铁道联队与战俘代表们举行了会议来协商施工过程中的诸多细节要求。在战俘们一周休息一天的问题上，当地的铁道联队军官曾这样回忆制定规则的过程：

> 整个星期六和星期天，所有的日本士兵都没有休假，所以我要求营地让战俘星期天工作。但由于有许多强烈的抱怨，我提出了妥协。于是从每天的工作分配改为每周的工作分配。如果分配的工作在六天内完成，他们可以在第七天休息。这个计划在周五的例会上讨论过，由中校柳田与战俘营的工作人员和代表参加，并达成一致。②

同时，针对每个战俘搬运土方的定额量，日本铁道兵也是按照对自己士兵的标准衡量战俘们的数额的：

> 在会上，战俘们提出了许多观点。首先是1.1立方米太多。有了这个数字，就不可能有任何假期了。从目前的表现来看，这当然是正确的，但我不能降低这个数字。我说，“请鼓励所有士兵提高表现，争取休息日。”为此，如果您确定在一周

---

① Otuki Shuji, “A New Company Commander at Konyu and Hintok,” in Kazuo Tamayama (ed.), *Railwaymen in the War*, p. 110.

② Tarumoto Juji, “My Touchstone-the Chungkai Cutting,” in Kazuo Tamayama (ed.), *Railwaymen in the War*, p. 104.

> 内完成分配的工作量，那么您可以在一周中的任何一天休息。由于日本工程兵团士兵的土方工程标准速度是5立方米，1.1立方米就不那么严重了。听到我的解释，战俘代表们这才深信不疑，但他们要求我在地面很难挖掘的地区减少定额，我也同意了。①

在"空御切割"施工期间，第九铁道联队第四大队第七中队的神室中尉还观察到，恶劣的气候和环境对日本士兵造成的伤害是一样的，但是生病的日本士兵也同样在工地继续奋斗："我们的士兵经常不要求休息，即使他们发着烧，仍旧满脸通红地工作。"②

在辛托克悬崖上工作的日军铁道第九联队第四大队第七中队的酒井记得，当时给战俘们指定的钻井深度为1.2米，但因工程进展过慢，因此铁道联队试图将其增加10厘米，铁道联队的小队长和战俘之间发生了激烈的讨论。战俘们坚持说："日本士兵有三顿饭，但我们一天只吃两顿。正因此，我们就不能挖1.3米的地了。"铁道联队的士兵们无法确认战俘们一天是否真的只能吃两顿饭，因为战俘们的食物是由战俘营提供的。然而，当听到这一消息后，一位小队长自己树立了一个榜样，像战俘一样吃了两顿饭。当他完成了一天的繁重的钻井作业后，他还要在自己的区域里巡查情况直到天黑。中士酒井担心他的健康，建议他停止钻井，吃三顿饭，但他不接受。"他是一个很有耐力的人，每天吃两顿饭。当我

---

① Tarumoto Juji, "My Touchstone-the Chungkai Cutting," in Kazuo Tamayama(ed.), *Railwaymen in the War*, p. 105.

② Kamuro Takumi, "The Konyu Cutting," in Kazuo Tamayama (ed.), *Railwaymen in the War*, pp. 113, 116.

们和战俘一起工作时，他继续每天吃两顿饭。”①

战俘来自不同的部队——步兵、信号兵或炮兵。由于由做文书工作的人组成的小组往往进度落后，铁道联队也曾经提议重新分配小组之间的工作定额，不过被战俘们以“要增加配额的分组是不公平的”为由拒绝。战俘们还会采取各种抵抗措施。樽本在运土的工作场所巡查时，看见一个战俘手举铁锹站在地上受罚。于是上前问了负责的士兵原因。该士兵向樽本解释说战俘没有听从他的指示，而是采取敌对的态度，踩在铁锹上，折断了铁锹把手。樽本能够理解这些战俘的反抗情绪，但他还是认为这些战俘的军纪太过涣散，而针对他们的一些小的惩罚也属于必要的措施：

> 我从战俘营指挥官发出的通知中得知，我们作为监督工作的铁道单位，不应该在身体上对战俘进行纪律处分。但是按照我们的标准来看，战俘的敌对行动具有严重的性质。根据铁道联队或日本军队的任何一部分的规定，任何故意破坏属于军队的工具的人都将被关在禁闭室（军营区的一个简单房间）里几天。由于我们的士兵接受了这样的训练，让我明白了不能与战俘良好沟通的士兵的痛苦。我觉得由于没有有效的选择，我不能责怪这名士兵让战俘当即受到惩罚的行为，因为这比通过上级指挥官把他送进禁闭室更为宽容和实用。所以我默许了，我没有告诉我的士兵停止惩罚。大约 1 小时后，当我在现场巡视时，这名战俘正和其他人一起工作，所以我感到松了一口气，因为惩罚并不太重。

---

① Sakai Jiro, “The Hirota platoon at Hintok,” in Kazuo Tamayama (ed.), *Railwaymen in the War*, p. 122.

> 战俘中很可能有一个不服管的人，必须采取行动使他恢复正常的工作。日本人和战俘之间可能发生过很多这样的事件，但大多数似乎很快就被遗忘了。日本士兵对战俘的挑衅的所产生的不良反应，并不是来自士兵的个人性格，而是来自日本的军事训练和日本的社会特点。只要工作顺利，铁道联队士兵们都是快乐、善良的人。我只记得战俘举起铁锹受罚的那件事，没有其他的惩罚报告给我。①

在一众铁道联队士兵的回忆内容中，我们似乎也可以找到蛛丝马迹证明，在战俘集中营管理战俘的看守们对其实施暴虐行为的同时，工地中战俘们抱怨的一些待遇有时也是因为他们并没有适应日本士兵曾经接受的训练和纪律。因为可以看到，在惩罚和劳动量方面，这些铁道联队对自己士兵的要求甚至是高于对战俘的要求的。

当然，大多数情况下还是普遍认为日军的反省意识不足，更多的事例及其大众行为还是表明日本企图掩饰和篡改这段历史。二战结束之后，日本在美国的扶植之下，迅速实现了经济复兴，就像荷裔政治评论家伊恩·布鲁玛(Ian Buruma)所说的那样，"如一场大雪……掩盖了所有的痕迹，消除了所有的声音"②。日本得了历史健忘症，缺乏反省，并不断否认其侵略历史。

日本学者野田正彰在《战争罪责：一个日本学者关于侵华士兵的社会调查》一书中总结了日本民众对战败的两种回应方式：第一

---

① Tarumoto Juji, "My Touchstone-the Chungkai Cutting," in Kazuo Tamayama (ed.), *Railwaymen in the War*, p. 106.

② Ian Buruma, "The Wages of Guilt: Memories of War in Germany and Japan," *Foreign affairs* (*Council on Foreign Relations*), Vol. 73, No. 5(1994), p. 141.

种回应是，战争都是残酷的，战争的发动者和受害者都无可指责，最重要的是呼吁今后的和平；第二种回应是，用建设来代替反省，陷入了一种经济狂热，在狂热中回避历史。第二种回应是主流，日本民众试图用经济上的成功来忘却过去的战争创伤，这种物质主义塑造了现在的日本文化。两种回应，都没有正视历史。

在对待泰缅铁路的事件上，日本主要采取的方式就是无视和回避。最典型的例证就是日本的靖国神社。游就馆是靖国神社内设的战史陈列馆，建于1882年，分类陈列从明治维新到二战日本军队在历次战争中阵亡人员的遗物、战利品、史料及使用的各式武器，是日本最早的军事博物馆，也是日本最大的战争纪念馆。游就馆是靖国神社最重要的组成部分和宣扬美化侵略战争的核心设施。以该馆展览解说词和展板为代表的"靖国史观"大肆宣扬军国主义思想和错误历史观念，美化军国主义分子，掩饰日本侵略罪行。游就馆大厅中还展出一辆C56式蒸汽机车，称该机车曾在被称为世界工程奇迹的泰缅铁路上运行，给东南亚国家带来巨大经济恩惠。但"死亡铁路"是以无数盟军战俘和亚洲民夫的死亡为代价实现的这一史实，游就馆却只字不提。

战后德国人和日本人的态度对比一直是探讨的热点，而盟军战俘的问题似乎逐渐被日本社会忽略甚至遗忘。日军在亚太地区战争犯下太多暴行，尤其是"慰安妇"的问题在日本社会被广泛关注和探讨，盟军战俘的遭遇鲜有人提及。直到1998年5月，当天皇访问英国时，这个问题变得格外显眼。1998年1月，日本首相桥本龙太郎在给《太阳报》(the *Sun*)的信中，为虐待战俘道歉，这是当时最引人注目的姿态。这样的临时举措并不能平息前战俘的愤怒，他们在天皇访问期间采取了抗议行动。值得注意的是，尽管这一行动在英国被广泛报道，而且经常引起轰动，但日本大众媒体对此的报道要低调得多。在这一场合所显示的大众传播媒介反应方面的明显差距，清楚地表明两国公众对这一问题的反应有何不同。可以说，即使是那些意识到这一问题存在的日本人，也只把它当作今天两国关系之中的一个小问题。更多的人选择忽视和回避的态度，正如《铁路劳工：一位"二战"英国战俘的人生自述》中的日军翻译官坦白的那样，参与泰缅铁路而没有受到审判、幸存下来的日本军官们，"从来不提到这件事"。当然，这只代表了日本一部分的观点，另外还有对于泰缅铁路高度关注的人群。

山本七平对促进理性分析日军战争罪行的贡献是不可磨灭的。他发现戈登对桂河集中营战俘的描述与日本的战争著作截然不同。戈登的作品被译成日文出版后，收到了社会各界的评论，这也为我们提供了一系列日本人对东南亚侵略战战俘的态度和反应。许多日本民众为日本士兵在西伯利亚营地强迫劳动的事迹所感动，但对日本军队在东南亚的暴行持否定态度。在日本受欢迎的几大出版商的出版物中，大多是日本士兵的亲身经历和精神上苦难的故事。这也是会田雄次将英日文化进行比较，反映他在缅甸战役中沦为战俘经历的作品《阿龙集中营》(*Alon Concentration Camp*)成为畅销书的原因。

并且，日本一再继续否认并掩盖其暴行。根据小克雷·布莱尔(Clay Blair Jr.)的著作改编的电影《桂河大桥》续集，详细描述了战俘们在缅甸铁路上的经历，以及他们随后被"地狱船""胜斗丸"(Kachidoki Maru)和"乐洋丸"(Rakuyo Maru)运输直至下沉的过程。这部电影的版权最初是在1989年由三星(TriStar)公司收购的，后来与哥伦比亚公司合并，哥伦比亚公司又被索尼(Sony)公司收购。1997年,曾在二战中担任日本海军军官的索尼公司首席执行官盛田昭夫阻止该片在美国上映。在一场诉讼中,这部电影的制片人声称,“三星不想用一部批评日本对待二战战俘的电影来冒犯它的新日本老板。”可见在战争结束50多年后,仍然有人不希望地狱之船的整个故事被揭露出来。

荷兰前战俘弗雷德·塞克在接受中国《环球时报》的采访中提到,为了让人们了解日本军国主义残暴的罪行,他很早就酝酿写一本有关自己经历的书。弗雷德还经常用画来描述他和他的同伴们受过的苦难。1995年,弗雷德的个人回忆录《永远不能忘记:日军战俘营的岁月》终于出版,并先后再版三次。弗雷德说:“《永远不能忘记:日军战俘营的岁月》在英国引起很大反响,不少记者还来采访我,但在日本,此书虽然有日文版,但没有听到太大的反应。日本右翼势力一直不承认日本是二战的战败国,更没有忏悔,他们说:‘我们失败是输在了高科技上。’他们指的是原子弹。他们从没有承认过自己战败,这就说明他们早晚会寻求报复。”①

1995年是第二次世界大战结束50周年。长濑与《曼谷邮报》(*Bangkok Post*)共同举办了一场纪念活动,表达了希望与当年在桂河的敌人和解的愿望。在前往桂河之前,长濑告诉军队史学家雨宫刚(Amemiya Tsuyoshi)教授,在日本没有举行任何由日本人发起的纪念这些战俘的活动。故1995年8月5日,由日本人发起的第一次纪念活动在横滨英国战争公墓(Hodogaya British

① 黄培昭:《英国二战老兵:日本右倾,世界不能熟视无睹》(2014年2月13日),转引自《环球时报》2014年1月28日专访,http://opinion. huanqiu. com/dialogue/2014—02/4828484. html? agt=15438,查阅时间:2022年7月21日。

Commonwealth War Cemetery)举行。组织者为长濑先生、夫人和雨宫教授。雨宫教授是戈登作品的热衷者,鼓舞引导学生们进行和平研究。如今这已经成为一项年度活动,每年8月,也有前战俘和他们的家人,以及来自英国、澳大利亚、加拿大、新西兰和荷兰大使馆的代表参加。最后,人类在铁路上所经历的悲剧不会消失,的确,这正是日本极力隐藏的一个方面,这段历史值得得到更广泛的承认、研究和解读。

相较于日本政府对于泰缅铁路的脱罪记忆,另一个很有特点的现象是澳大利亚政府的圣化记忆。欧内斯特·勒南(Ernest Renan)说:"国家和个人一样,是长期奋斗、牺牲和奉献的结晶。"① 英雄历史和伟大形象是建构国家认同的社会资本。正如阿莱达·阿斯曼所指出的,"国家记忆不是对话的,而是独白的。它们的构建方式是身份提升和自我纪念,其主要功能通常是'提升和纪念'积极的集体自我形象"。② 因此,创造民族神话是为了迎合民族记忆的自我服务,换句话说,也就是神圣化国家记忆。在处理创伤事件时,这些神话能有效地帮助国家掩盖它想忘记的事情。"当面对过去的消极事件时,国家集体只能扮演三种有尊严的角色:战胜邪

---

① Ernest Renan, *What Is a Nation? and Other Political Writings* (New York: Columbia University Press, 2018), p. 47.

② Aleida Assman, "From Collective Violence to a Common Future: Four Models for Dealing with a Traumatic Past," in Da Silva, Helena Gonçalves, et al. (eds.), *Conflict, Memory Transfers and the Reshaping of Europe* (New York: Cambridge Scholars Publishing, 2010), p. 17.

恶的胜利者、英勇地战胜邪恶的抵抗者和被动地遭受邪恶的受害者。”[①]然而事实是，在大多数情况下，一个国家扮演的角色远远超过它所选择的。与国家选择的记忆视角不匹配的事物，很可能会给国家政府确定建构的记忆带来矛盾和危机，因此这些与国家构建的记忆冲突的内容就会被有意识地遗忘。从这个角度出发，日军对泰缅铁路记忆的美化也可以看作是一种圣化记忆，因为国家选择保留天皇的荣誉和崇高，那么残暴与杀戮的真实记忆是不符合国家视角的，加之原子弹的投放可以使国家成为被动地遭受邪恶的受害者，因此美化宣传泰缅铁路的修建也有助于将国家官方记忆重构为英勇地战胜邪恶的抵抗者的形象。

那么，神话是如何产生的，又如何影响民族记忆的建构呢？阿莱达·阿斯曼提出了政治记忆的概念，这是记忆形态的一个细的分支。民族记忆可以看作是一种政治记忆。根据文化记忆理论，记忆具有重构的能力。然而，与人类不同的是，机构和团体没有记忆，因为它们没有神经系统或人类学的性格。因此，机构和大型社会团体，如国家、州或公司，借助诸如符号、文本、图像、礼节、仪式、场所和纪念碑等纪念标志，为自己“构建”一个神话形象。加上这样的记忆，这些团体和机构就“构建”了一个身份。[②] 这些记忆被处理、经过过滤排除后，只能保留有用的和相关的。因此，政治记忆，

---

① Aleida Assman, “From Collective Violence to a Common Future: Four Models for Dealing with a Traumatic Past,” in Da Silva, Helena Gonçalves, et al. (eds.), *Conflict, Memory Transfers and the Reshaping of Europe* (New York: Cambridge Scholars Publishing, 2010), p. 17.

② Aleida Assman, “Memory, Individual and Collective,” in Robert E. Goodin and Charles Tilly (eds.), *The Oxford Handbook of Contextual Political Analysis* (New York: Oxford University Press, 2008), p. 216.

可以说是一种中介性记忆,依赖于物质媒介、符号和实践。为了完成特定的政治行为或达到政治目的,政治记忆必须转化为长期的集体记忆。阿莱达·阿斯曼还指出了组织和阐述集体记忆的一些方法:"在充满感情和动员性的叙述中运用事件;呈现可触摸的遗迹的地点和纪念碑;视觉和语言符号作为记忆的辅助手段;定期恢复记忆和加强集体参与的纪念仪式。"①像这样,政治记忆就固定下来了,而且可以代代相传。

作为官方认可的纪念对象,澳大利亚国家政府对泰缅铁路修建、战俘饱受虐待这一事件有着完全不同的记忆。通过理想化的国家图标和仰望伟大的战争英雄,被神圣化的官方记忆中没有国家被击败,而是成为英雄抵抗者顽强地对抗邪恶。正如研究失败者文化的沃尔夫冈·施菲尔布施(Wolfgang Schivelbusch)所说,许多失败者选择在事后使用以自我神化和自我强化为目标的记忆策略。他们试图通过创造新的荣誉神话来消除自己的耻辱。因此,战斗中的失败者往往成为精神上的赢家。② 在《深入北方的小路》整部小说中,澳大利亚的官方记忆并没有以国家的语气直接描绘出来。然而,读者仍然可以从字里行间感受到这样的语气,尤其是从伟大的战争英雄多里戈身上。作为战俘们的记忆被淡化了,就像多里戈说的:"之后,没有人会真正记住它。就像最严重的罪行一样,这将是一种从未发生过的感觉。"③在小说中,除了描绘多

---

① Aleida Assman, "Memory, Individual and Collective," in Robert E. Goodin and Charles Tilly (eds.), *The Oxford Handbook of Contextual Political Analysis*, p. 217.

② Wolfgang Schivelbusch, Jefferson Chase (trans.), *The Culture of Defeat: On National Trauma, Mourning, and Recovery* (New York: Picador, 2003), p. 15.

③ Richard Flanagan, *The Narrow Road to the Deep North*, p. 32.

里戈，只有很少的章节展示了战后澳大利亚的战俘。大多数从战争中幸存下来的战俘回到家后，仍然生活在地狱里，无法摆脱战争创伤的影响。“小伙子们很有趣。有些人消失了。”当他们聚在一起时，他们喝酒让自己感觉正常。这些战俘伙伴们回忆说：“当他们被遣散的时候，军医告诉他们和他们的家人不要谈论此事，那是不好的。这本来就不是英雄的故事……那是什么？它是给黄种人做奴隶的故事。”①他们的经历被认为是耻辱。有些人告诉他们不要谈论它，因为可能会给国家形象带来耻辱。作为日军的战俘被虐待的记忆和澳大利亚军队英勇抗击日本这样的英雄故事是没有可比性的。因此，他们的故事陷入了沉默。随着幸存者的人数越来越少，知道这段痛苦记忆的人也越来越少。

相反，作为国家宣扬的战争英雄，从慈善信笺到纪念币，多里戈的脸随处可见。一部关于他的纪录片确立了他的民族意识。后来他出现在许多脱口秀节目中，因此他的地位得到加强。他成为“战争英雄；著名的外科医生；一个时代和悲剧的公众形象；传记、戏剧和纪录片的主题；尊敬的对象；圣徒；公众的崇拜”。② 通过崇拜理想化的英雄叙事将多里戈设定为一个偶像，取代了官方记忆中被视为耻辱的战争创伤。关于多里戈的形象有各种纪念物，多里戈参加的许多纪念活动是澳大利亚国家政府为使国家记忆神圣化而采取的方式，所有活动的目的都是避免人们关注国家羞辱。多里戈是个复杂的人物。在战争时期，他尽力去拯救和帮助战俘，但这并不意味着他是一个完美的人。他世俗的成功对他来说意义不大。如果说有什么不同的话，那么社会的赞誉就凸显了他内心

---

① Richard Flanagan, *The Narrow Road to the Deep North*, p. 277.

② Richard Flanagan, *The Narrow Road to the Deep North*, p. 27.

的空虚。他说自己愚蠢，充满虚荣心。他真正想要的是告诉公众战俘们曾经真正经历了什么，“恢复他原来的角色，医生的角色……并通过专注于他们而不是他自己来恢复那些被遗忘的人的正当记忆”。① 他认为这是必要的。不幸的是，他发现事实是“他的脸到处都是，但他现在再也看不到他们的脸了”。②澳大利亚政府需要他成为伟大的战争英雄，公众更愿意赞扬他的传奇。“他的风流成性和随之而来的欺骗行为变成了私人丑闻，却被公众忽视”。③因此他叹息道，他已经成为一个名字，一个空洞的标志。借多里戈的情人之口，作者弗兰纳根评论道：“他……超过了她所能看到的，他变成了一个东西而不是一个人。”④多里戈被迫成为一个记忆符号，标志着澳大利亚的精神胜利。尽管他享有名利，但他感到空虚和无聊，因为他无法忘记他们真正的经历。然而，作为官方记忆的主题，澳大利亚国家政府选择了另一个版本的这些记忆。毕竟，与可耻的经历相比，被神圣化后的美好回忆对国家更有益处。

根据文化记忆理论，记忆远不是对过去发生的事情的真实记录，相反，它可以根据当前形势的要求进行重构。作为战争受害者，澳大利亚囚犯的记忆都是他们所经历的创伤。然而，日本军官的记忆却不同，甚至与施暴者的记忆相反。他们往往把自己的记忆重建成合格的日本士兵，努力完成天皇赋予的光荣使命，成为战争的牺牲品，并最终成为战败国，以此为自己的罪行辩护。澳大利亚官方认可的记忆也与战俘不一样。澳大利亚政府拥有一个民族战争英雄，而不是一段被打败的可耻历史，对澳大利亚政府来说，

①② Richard Flanagan, *The Narrow Road to the Deep North*, p. 28.

③ Richard Flanagan, *The Narrow Road to the Deep North*, p. 27.

④ Richard Flanagan, *The Narrow Road to the Deep North*, p. 347.

是更有益或更光荣的。因此，神圣的国家记忆更多的是伟大的战争英雄多里戈·埃文斯，而不是其他战俘。

由日、澳两国的有关泰缅铁路的官方记忆，我们可以进一步探究造成这种差异的深层原因，这里就涉及记忆与现实的关系。作为20世纪最重要的文学作品之一，法国作家马塞尔·普鲁斯特(Marcel Proust)在其作品《追忆似水年华》(*In Search of Lost Time*)中提出了非自觉记忆和自觉记忆的概念。自觉性记忆的特点是"它提供关于过去的信息且没有留下任何痕迹"①。它的对立面是非自觉记忆。非自觉性记忆包含了过去的本质，而过去的本质是自觉性记忆所缺乏的。我们运用非自觉与自觉记忆的概念，可以对不同记忆之间的关系进行更深入的分析。自觉记忆可以看作是经过深思熟虑后对过去的回忆。我们依然以《深入北方的小路》为例，国家主体的记忆显然是自觉的。在处理创伤事件时，澳大利亚国家主体采用不同于受害者的记忆策略。国家记忆是经过深思熟虑的努力重建的，通过各种纪念标志建立一个更好的国家身份。因此，多里戈被视为民族英雄。在电视节目、杂志、纪念邮票、相关的公共活动中，随处可见他的身影，这也就不足为奇了，可以说是自觉性的努力。相反，战俘们的记忆被忽略了。通过这样做，澳大利亚政府塑造了关于这个创伤事件的国家记忆，自觉选择想要记忆的东西，而忽略了其他的东西。

日本作为泰缅铁路历史事件中的另一个国家主体，也建构了自觉性的国家记忆。为了逃避指责，维护国际形象，日本政府重建了官方记忆，将战时日本的形象从施暴者转变为受害者。当日本

---

① Walter Benjamin, Harry Zokn (trans.) *Illuminations* (New York: Schocken Books, 1968), p. 158.

人选择"受害者"记忆时，他们同时抹去了自己作为亚洲其他地区犯罪者的记忆。这是日本人拒绝承认战争罪行的主要原因。他们最终选择成为一个被选择性历史失忆症驱动的国家。据扬·阿斯曼所说："文化记忆是通过文化形成（文本、仪式、纪念碑）和制度交流（朗诵、实践、遵守）来维持的。"①小说《深入北方的小路》中同样提到了这一点，"广岛记忆"是日本人努力证明自己自觉成为受害者而不是犯罪者的最好例子。关于二战日本人有两个纪念日：8月6日广岛被炸、8月15日日本投降。这两天显然是为了强调日本人作为受害者的形象。正如伊恩·布鲁玛所指出的："德国人一遍又一遍地被告知要记住纳粹和大屠杀，而年轻的日本人则想到广岛和长崎。"②在许多日本人眼中，广岛，特别是广岛和平纪念馆，是世界和平的圣地，是一个纪念中心，在那里游客见证战争和对日本平民犯下的罪行。然而，事实是，在日本对外战争史上，广岛市远非清白。它因战争而变得富有，并一度成为军事行动的中心。广岛神话，远非一个国家殉难的象征，却被构建成为自觉性的受害者的记忆。日本自己对这场战争的责任有意淡化甚至忽视。另一方面，日本人企图通过无视自己故意伤害他人的事实来自卫。他们认为战争是国家生存的必要斗争，日本士兵并不比其他国家的士兵差，他们在荣誉和自我牺牲方面更出色。这些借口有助于使他们犯下的罪行正常化和正当化。因此，小说中的日本军官们认为自己是好人和合格的士兵，把过去的罪恶感抛在脑后，感到很自在。具有讽刺意味的是，作为战俘受难的象征，泰缅铁路沿线的第

---

① Jan Assmann and John Czaplicka, "Collective memory and cultural identity," *New German Critique*, Vol. 65(1995), p. 129.

② Ian Buruma, *The Wages of Guilt: Memories of War in Germany and Japan* (New York: New York Review of Books, 2015), p. 70.

一辆火车头至今仍作为神圣文物之一陈列在靖国神社。

此外，日本舆论对于民众的导向也促成了自觉性记忆的建构。例如，东京审判期间，《朝日新闻》对南京大屠杀的报道主要集中在庭审现场的证词、辩护以及判决等问题上。从数据库中可以检索到的15篇相关报道无一例外都与东京审判有关，可以说是东京审判让南京大屠杀重见天日，再次受到日本国内以及国际社会的多方瞩目。实际上，早在东京审判开庭以前，驻日盟军总司令部(General Headquarters，GHQ)就在1945年11月将11名战犯嫌疑人收监鸭巢监狱，其中对陆军大将松井石根的介绍文为“陆军的强硬派、南京大屠杀事件的主要责任人、上海方面派遣军司令”。[①] 国内学者王广涛在其文章《政治叙事、言说空间与日本政府对南京大屠杀记忆的操作》中对这15篇报道进行了详细分析，具体如下表：

**《朝日新闻》对南京大屠杀的报道**[②]

| 时期划分 | 数量 | 论点主张/政治背景 |
| --- | --- | --- |
| 1945—1948 | 15 | 东京审判的辩护；日本无条件投降 |
| 1949—1970 | 0 | 中日关系的断绝；1955年体制确立 |
| 1971—1981 | 15 | 加害者意识的觉醒；中日邦交正常化 |
| 1982—2015 | 452 | 历史教科书问题；南京大屠杀论争 |

① 「战争犯罪人11氏に逮捕命令」、『朝日新聞』、1945年11月2日。

② 数据来源见王广涛：《政治叙事、言说空间与日本政府对南京大屠杀记忆的操作》，《南京社会科学》2017年第8期，第45页。

就报道的内容而言，大屠杀的事实（惨状）显然不是报道的关注点，庭审现场的指控以及辩护才是焦点。① 在15篇报道中，控方证人的证言以及犯罪嫌疑人的辩护等占一半以上（9篇），余下的则是若干对大屠杀行为的介绍。② 也就是说，《朝日新闻》报道的焦点不在大屠杀事实的残忍程度，而在日本方面的辩护。从这一分析可见，无论《朝日新闻》的报道是有意还是无意，它都客观地助长了“胜利者的审判”这一认知的形成和传播。由此可见，当时的舆论虽然接受了东京审判的结果，日本政府对南京大屠杀并没有深刻的认知，这是日本国民缺乏大屠杀记忆的直接阻碍因素。

进入21世纪以后，在历史认识问题上，日本方面的动向已经从“言说”迈向“行动”的领域。具体来说在官方层次，有小泉纯一郎和安倍晋三的参拜靖国神社，民间层次则有“新历史教科书编撰会”以及“日本会议”等否定、歪曲历史之风盛行，而相关的知识分子以及政治家成为助长这股歪风的主力军。③

二战后，在日本保守政治体制下，日本国民对战争的记忆受到政府自觉性记忆选择的影响，仅仅关注自身的被害，却忽略了日本作为侵略国家对其他国家的加害行为。记忆是历史和解过程中非常重要的要素，在加害国和受害国之间基本共识尚未达成的情况下，加害者一方有意地忘却加害的记忆，必定给双方的历史和解带

---

① 吉田俊的研究结论也呈现出这样的特征，参见吉田俊「战争の记忆とナショナリズム：日・中・台・韩の博物館展示を中心に」、『年报日本现代史：现代历史学とナショナリズム』、现代史料出版社、2007年、133—134頁。

② 关于日军残暴行为的报道检索到2篇，都出现在内容相对较少的“声栏”里面。参见「支那事変から太平洋戦争へ軍閥独裁の悲劇」、『朝日新聞』、1945年12月8日；「南京事件声欄」、『朝日新聞』、1946年8月8日。

③ 俵義文「政治家・メデイアと南京事件」、『战争责任研究』（季刊）、2007年、冬季号第58号。

来致命的冲击，因为加害者的忘却意味着对自身过去历史事实的否定。针对这一问题，日本历史学家羽仁五郎引用联邦德国总统海涅曼（Gustav W. Heine-mann）①的话做如下评论："海涅曼说只有我们不忘却，才是让对方忘却的唯一方法。如果作为加害者先把最基本的事实忘却，并且希望受害者也随之忘却，那是不可能的。"②羽仁所强调的不是别的，正是施暴者记忆的责任（duty of memory）。通过对日本泰缅铁路、南京大屠杀等事件的国家主体记忆操作，我们也能看到自觉性记忆对于民族的影响影响力。

那么，这种建构而来的自觉性记忆是如何变得可行的，也是值得我们思考的问题。作为集体记忆理论的奠基人，莫里斯·哈布瓦赫是第一个区分被赋予意义的记忆和中性记忆的人。对于个体记忆而言，有意义是进入集体记忆领域的前提。哈布瓦赫认为，在集体记忆中，每一个个体的记忆或历史事实都成为一种教训、概念或符号。它包含着特定的含义，因此能够成为社会意识形态体系的一部分。③

基于哈布瓦赫的观点，阿莱达·阿斯曼进一步细分了存储记忆和功能记忆，以更好地解释个体记忆和集体记忆之间的关系，以及文化记忆的内容是如何被激活和失活的。根据阿莱达·阿斯曼的观点，功能记忆是"已被占据的记忆"。它由"有意义的元素"组成，这些元素可以被配置成一个连贯的故事。功能记忆的特点是"与群体相关、选择性、与共同价值观的关系、面向未来"。另一方面，所存储的记忆空间是"未被占据的记忆"、"由未连接的'中性元

---

① Gustav W. Heine-mann，1969—1973 年任联邦德国总统。

② 羽仁五郎『日本军国主义の复活』、东京现代评论社、1971 年、44 頁。

③ Maurice Halbwachs，Lewis A. Coser（trans.），*On Collective Memory*（Chicago：University of Chicago Press，1992），p. 389.

素'构成的无定形质量",它们与当前没有任何"重要联系"。① 也就是说,功能记忆与一个特定的主体有关,这个主体不限于一个群体、一个民族或一个国家。作为主体,它通过选择、连接和构成意义的过程获得功能记忆。

在《深入北方的小路》这部小说中,国家主体的记忆可以被称为功能性记忆,而战俘的记忆显然属于已存储的记忆空间。国家主体选择或提取存储记忆中的元素来构建他们的功能记忆,在其中他们为自己建立一个过去。在这个过程中,"礼仪与仪式、节日不断产生这两种记忆元素的融合,周而复始……这样,自觉和非自觉的记忆就失去了它们之间的相互排斥"。② 换句话说,国家主体的自觉记忆掩盖了战俘个人的非自觉记忆。

在讨论功能记忆的功能时,阿莱达·阿斯曼指出功能记忆的责任或意义有三种可能,即合法化、去合法化和区别化。合法化是官员或政治记忆的首要要求,典型的例子是统治者与记忆的联盟。③ 正如历史常常由胜利者书写一样,在大多数情况下,官方记忆是由统治权力控制的。在小说中,国家作为国家主体,具有重建记忆的力量。去合法化是反对合法化的。至于区别,它意味着所有的符号表示,迎合了集体身份的彰显。④ 澳大利亚和日本两国政府自觉记住的内容完全是出于自己的目的。

那么,在国家主体的自觉记忆掩盖之下的,就是受害者的非自觉记忆。事实上,普鲁斯特的无意识记忆理论来源于柏格森

---

① [德]阿莱达·阿斯曼著,潘璐译:《回忆空间:文化记忆的形式和变迁》,北京:北京大学出版社 2016 年版,第 147 页。

② Walter Benjamin, Harry Zohn (trans.) *Illuminations*, p. 158.

③ [德]阿莱达·阿斯曼:《回忆空间:文化记忆的形式和变迁》,第 151 页。

④ [德]阿莱达·阿斯曼:《回忆空间:文化记忆的形式和变迁》,第 153 页。

(Bergson)的纯记忆理论。在物质和记忆方面，柏格森认为"个体通过记忆，可以获得纯粹的个体图像来呈现现实。这些意象可以通过远离只给予记忆习惯的活跃的社会生活，转而转向沉思而被唤起"。① 无意识的记忆可以被看作是过去的反映，它是由日常生活中的暗示所唤起的，没有意识的努力。它属于个人记忆。用柏格森的话说，这种记忆是纯粹的，因为它更接近现实，换句话说，是过去的本质。在《深入北方的小路》中，澳大利亚战俘的创伤记忆可以看作是非自觉记忆，他们的记忆包含了他们真实的经历。

从阿莱达·阿萨曼的理论来看，受害者的非自觉记忆属于储存记忆领域。存储记忆和功能记忆不是二元对立的。他们之间的界限不是永久的。更准确地说，存储记忆是功能记忆的背景，而功能记忆是前景。在背景和前景模式下，当前有效记忆可能变得不重要，而底层元素出现在新的组合中。② 也就是说，这并不意味着没有进入功能记忆领域的存储记忆将被完全遗忘。只要当前的记忆需求或记忆的原因发生变化，功能记忆的要素就会相应地发生变化。功能记忆和存储记忆都依赖于特定的介质和机构。它们的载体分别是文化群体中的集体主体和个体。因此，功能记忆是由节日、公共仪式等集体纪念活动支撑的。至于储存的记忆，它依赖于文学、艺术、博物馆、科学等事物。③ 文学对非自觉记忆的储存作用不容忽视。小说《深入北方的小路》无疑是一个很好的例子。这

---

① Jansen Yolande, "The Red shoes: Walter Benjamin's Reading of memory in Marcel Proust's À la recherche du temps perdu, in the light of the Dreyfus Affair," *Journal of Romance Studies*, Vol. 3, No. 1 (2003), p. 29.

② [德]阿莱达·阿斯曼:《回忆空间:文化记忆的形式和变迁》,第 149 页。

③ Astrid Erll, Sara B. Young (trans.), *Memory in Culture* (Hampshire: Palgrave Macmillan, 2011), p. 36.

部小说记录了战俘的不自觉的记忆,而这些记忆并没有转化为功能性记忆。在小说中,战俘的记忆明显被功能性的官方记忆所掩盖,这些记忆主要是民族战争英雄的记忆。然而,战俘们发现很难忘记他们的痛苦经历。由于他们是日本在战争期间所犯罪行的受害者,他们在这一创伤事件中遭受了很多痛苦。但在主流记忆中,揭示历史事实的无意识记忆却被忽略了。作为一个可怜的前战俘的儿子,作者理查德·弗兰纳根努力记录下这些记忆,让更多的人知道。他的努力是使储存记忆的这一部分融入功能记忆。理查德·弗兰纳根在谈到这部作品时说,他自很长一段时间以来就知道,要想继续写作,他必须写一本书,那就是《深入北方的小路》。[①]他之所以要这样做,可能是因为他认为,无论是澳大利亚还是日本的国家政府,甚至是全世界,都不应忘记其父的经历和这段历史。这是对官方记忆书写的挑战。更重要的是,它起着道德见证的作用。

文化记忆的研究涉及面很广,如苦难叙事和创伤记忆。道德是我们应该记住的原因之一。记忆伦理学家阿维沙伊·玛格利特(Avishai Margalit)指出:"在某些情况下,道德也应该与记忆有关。这些事件包括严重危害人类的罪行,特别是当这些罪行是对共同人性概念的攻击时。"[②]尤其大屠杀的幸存者为其他灾难的证人树立了一个重要的先例。美国著名社会学家杰弗里·亚历山大教授(Jeffrey Alexander)称灾难幸存者为"一种新的历史证据,直接的

---

① Richard Flanagan, "Freeing My Father," *The Sydney Morning Herald*, Retrieved 21 Sep. 2013, from www.smh.com.au/entertainment/books/freeing-my-father-20130916-2ttiz.html.

② Avishai Margalit, *The Ethics of Memory* (Cambridge: Harvard University Press, 2002), p. 9.

‘证言’,一种新的历史演员”。[1] 证人是一种道德记忆。玛格利特说道:“道德见证人必须见证邪恶和它所带来的痛苦的结合。”[2]虽然澳大利亚的战俘们没有被屠杀,但他们确实见证并遭受日本人的迫害。他们完全有资格作证。他们非自觉的记忆正是那场极其残酷的人类灾难的道德见证。正如大屠杀见证人和作家埃利·维塞尔(Elie Wiesel)所说,如果希腊人创造了悲剧,罗马人创造了书信体风格,文艺复兴创造了十四行诗,那么,我们的时代创造了一种新的文学——见证文学。[3] 他认为我们都是证人,我们都应该为未来作证。弗兰纳根的小说显然属于见证文学。

毫无疑问,道德见证是非常重要的。道德见证的内容是关于邪恶和灾难的。一方面,道德证人讲真话,直接反对施暴者封锁真话。施暴者往往试图抹去罪恶历史的痕迹,并通过否认、逃避等策略打击对他们的指控。遗忘保护了犯罪者,却给受害者带来了更多的伤害。这也是记忆以道德见证的形式成为一种道德责任和反抗的原因之一。在《深入北方的小路》中,施暴者的态度通过中村和小田等日本官员表现出来,他们不承认自己的罪行。相反,他们选择重建自己的记忆来保护自己,掩盖自己的罪行。在这种情况下,受害者的非自觉记忆成为反抗的武器。另一方面,创伤幸存者的记忆不仅要克服施暴者的障碍,还要克服英雄的陈词滥调,这是个体记忆转化为集体记忆的条件。为了管理群体形象和身份,创造单一的记忆神话,压制与之相冲突的其他记忆,是官方记忆主体

---

① Jeffrey C. Alexander et al., *Cultural Trauma and Collective Identity* (Berkeley: University of California Press, 2004), p. 258.

② Avishai Margalit, *The Ethics of Memory*, p. 148.

③ Elie Wiesel et al., *Dimensions of the Holocaust* (Chicago: Northwestern University Press, 1997), p. 9.

的手段。权力的运作往往导致创伤事件的边缘化，因为它们不符合宏大叙事。众所周知，话语与权力有着密切的关系。因此，再现创伤记忆对于摆脱权力的束缚具有重要的现实意义。证人记忆的含义是文化创伤和记忆能够有效突破一定的地域限制、政治影响和主流意识形态的遮蔽。真实的历史场景可以通过见证的过程来展现，从而还原文化创伤的真实面目。在这部小说中，澳大利亚的官方记忆是一个关于战争英雄多里戈·埃文斯的民族神话。然而，战俘的非自愿记忆是这一创伤事件的道德见证。他们的记忆颠覆了官方的单声道神话。从传统意义上讲，要挑战官方记忆是很困难的。随着这些道德见证人的死亡，他们的记忆将逐渐被遗忘，因为这些记忆并没有被保留为集体记忆。但现在情况不同了。在大众传媒时代，有越来越多的新的记忆形式，如文学、影视、网络信息等，变得可移动、可移植、可复制，它们通过揭示这段创伤历史的更多细节，完成了对官方记忆的挑战。

记忆和历史都与过去有关。他们之间的关系长期以来一直是一个有争议的问题。许多学者把记忆与历史对立起来。集体记忆理论的创始人莫里斯·哈布瓦赫也不例外。他认为，记忆是个人或群体对过去的保存，它总是处于一定的社会框架的控制之下。另一方面，历史是记忆消失后的产物。哈布瓦赫强调，"一般历史只有在传统结束，社会记忆正在衰退或解体时才开始"。[①] 也就是说，历史和记忆是不可调和的。皮埃尔·诺拉(Pierre Nora)提出了记忆领域的概念。它是一个围绕着记忆、历史和民族的概念。和哈布瓦赫一样，诺拉严格地把记忆和历史分开。他强调，"记忆

① Maurice Halbwachs, Lewis A. Coser (trans.), *On Collective Memory*, p. 78.

和历史，远不是同义词，现在看来是在根本对立”。①

传统的历史观关注的是皇室、英雄、精英等特定群体。他们建立和保存自己的历史，因为只有他们有详细的记录，制度化的记录方法，以及一个专门机构，创造、保存和传播这样的记录。随着大众传媒的繁荣，录音材料和技术的进步，曾经被官方历史压制的声音现在可以用记忆的形式表达出来。许多群体，如妇女、儿童、少数民族和战争受害者，过去有意无意地被压制，他们可以以记忆的名义发出自己的声音。例如，《深入北方的小路》中泰缅铁路修建的事件和小说中对其建筑的描述都是真实的。邓禄普的献身精神和英雄主义成为战俘中的传奇。其他战俘尊重他，称他为疯狂和痛苦的宇宙中理智的灯塔。据说他是使所有战俘和民夫中澳大利亚人生存率最高的原因之一。小说的主人公多里戈·埃文斯的形象就是在邓禄普医生的基础上创作的。小说中描写的日本人的暴行一点也不夸张。战后的情况也与小说中的相似。多里戈成为战争英雄。在现实生活中，邓禄普在自己的国家受到无数的赞颂和表彰，而在泰国、印度、斯里兰卡和英国也获得了荣誉。然而，这些战俘的经历和记忆并没有引起公众的注意。

事实上，也有一些作品试图引起公众的注意，比如电影《桂河大桥》改编自法语小说《桂河大桥》，《铁路劳工》这本书洞察了修建铁路的工人所遭受的野蛮条件和苦难等等。克里斯蒂娜·特沃米(Christina Twomey)指出：“自上世纪80年代以来，目击者对战俘经历的描述异乎寻常地增加，从电视和广播纪录片到越来越多关

① Pierre Nora, Marc Roudebush (trans.), “Between Memory and History: Les Lieux de Mémoire,” *Representations*, Vol. 26(1989), p. 8.

于幸存者个人的回忆录和报纸专题文章。"[①]其中,在《深入北方的小路》中,弗兰纳根呈现了被国家叙事所掩盖的战俘的非自觉记忆。他的努力可以被看作是阿莱达·阿斯曼提出的解决创伤过去问题的范例之一。据阿莱达·阿斯曼说,这就是对话记忆,它涉及两个或多个国家的记忆政策,但也可能涉及一个国家内的群体,这些群体有着共同的创伤暴力遗产。如果两个国家面对共同的暴力历史,相互承认自己的罪行,并对自己给他人造成的痛苦感同身受,[②]他们就会进行对话记忆。然而,如上所述,国家记忆不是对话的,而是独白的,它们是为了增强自己的身份和自我庆祝而建造的。关于创伤事件,创造国家神话是为了提供有效的保护,防止一个国家喜欢忘记的事件。对澳大利亚来说,这就是伟大战争英雄的神话。至于日本,国家记忆的中心是广岛。正如布鲁玛所说:"对大多数日本人来说,广岛是太平洋战争的最高象征。日本人民所有的痛苦都被概括在一个几乎神圣的词:广岛。"[③]通过强调他们作为战争受害者的角色,无视他们犯下严重罪行的事实,日本人重建了他们的记忆,以逃避这一创伤事件的责任。弗兰纳根所做的正是挑战澳大利亚和日本官方的历史叙述。正如汉娜·阿伦特

---

① Christina Twomey, "Prisoners of War of the Japanese: War and Memory in Australia," *Memory Studies*, No. 6(2013), p. 323.

② Aleida Assman, "From Collective Violence to a Common Future: Four Models for Dealing with a Traumatic Past," in Da Silva, Helena Gonçalves, et al. (eds.), *Conflict, Memory Transfers and the Reshaping of Europe* (New York: Cambridge Scholars Publishing, 2010), p. 17.

③ Ian Buruma, "The Wages of Guilt: Memories of War in Germany and Japan," *Foreign affairs* (*Council on Foreign Relations*), Vol. 73, No. 5(1994), p. 93.

(Hannah Arendt)所说:“那些不记得过去的人注定要重蹈覆辙。”①他想让全世界都知道战俘的创伤记忆,而且,这些记忆被证实是官方历史的一部分。

就像大屠杀和集中营的犹太受害者一样,修建死亡铁路的事件是我们人类历史上可耻的一页。它应该作为一个与常见的人类创伤相关的事件来记忆。要妥善处理好记忆与历史的关系,让事情不应忘记,不应回到时间的迷雾中。

记忆的本质是一种基于当下的,对过去的重构。不同记忆主体,出于各自目的,自然会有不同的记忆,哪怕是关于同一件事。然而处理创伤性事件最好的办法绝不是遗忘,而是一种对话式记忆。只有被害和加害两者共同直面充满暴力的创伤性历史,加害者承认所犯罪行,那么在拥有这种共识的基础上,两者才有可能和平共处,并走出创伤的阴影。

① Hannah Arendt, *Responsibility and Judgment* (New York: Schocken Books, 2005), p. 11.

# 结　论

泰缅铁路（又称缅甸铁路或泰缅“死亡铁路”）是日本在第二次世界大战期间为了占领缅甸修建的连接泰国曼谷和缅甸仰光的铁路。在二战处于相持阶段的1941年，日军在位于泰国与缅甸交界的他念他翁山脉和比劳山脉的原始森林里，用一年多的时间修建的一条以牺牲无数盟军战俘和亚洲民夫的血肉之躯为代价的铁路。这条世界上最恐怖的铁路，其真实的恐怖不在于铁路线路本身，而在于惨烈的修建过程。当时修建铁路征用了大量人员，根据同盟国方的资料，其中包括日军约1.2万人，同盟国联军战俘约6.2万人，以及亚洲劳工约20万人。由于铁路经过的泰缅边境热带雨林区地形险峻，气候恶劣，劳工战俘和亚洲民夫们在衣食无保、时疫流行、劳动和生活条件极差的情况下，以血肉之躯拼死劳作，使这条原计划6年才能完成的铁路在15个月内竣工。1943年10月23日，泰缅铁路终于开通。在短短1年多时间里，劳工们共搬运了1.1亿立方米的土石方。通过这条铁路，日军平均每天可向缅甸占领军运输近500吨物资，而代价就是约1.6万名战俘和10万名亚洲民夫永远长眠在了这条死亡之路上。泰缅铁路全长约415公里，平均每修筑1公里，就有600多人付出宝贵的生命。这条铁路的历史长时间被人遗忘，那些死去的冤魂在70多年里无法回到故土，那些活着走出这片密林的幸存者一生遭受恐怖阴影折磨，这就是臭名昭著的泰缅铁路，是一条货真价实的“死亡之路”。

就像大屠杀和集中营的犹太受害者一样，修建死亡铁路的事件是我们人类历史上可耻的一页。它应该作为一个与常见的人类创伤相关的事件来记忆，警醒人们要妥善处理好记忆与历史的关系。事情不应忘记，更不应回到时间的迷雾中。荷兰作家伊恩·布鲁玛在《罪孽的报应：德国和日本的战争记忆》一书中指出，决定一个国家命运的不是种族的或文化的固有本质特征，而是政治结构。他在分析日本不能像德国那样悔罪的根本理由时一针见血地指出，“没有对政治责任——准确地说，是对战争与和平的责任——的承担，日本就不可能产生一种面对过去的成熟态度”；加州圣玛利学院教授徐贲在其名为《日本为什么不悔罪》[①]的文章中就日本在悔罪问题上与德国态度的差异进行了政治方面的比较。其实，在这个问题上，尤其日本对于泰缅铁路这样的重大历史事件的回避与美化宣传，也同样涉及战后日本人对战争性质的认识和国家认同。

战后的日本无法像德国那样从民族主义的自我认同转变为对立宪政治共同体的认同。日本的浪漫民族主义原本受德国影响，战前的日本同德国一样，以知识分子和政客为首的精英人士感到有必要借助浪漫民族主义，来抵消某种民族自卑感。当时引进费希特的有机民族主义理论（organic nationalism）正是为了振奋日本人的自尊心。战后，德国人接受宪法爱国主义，认同的是宪法而非

① 徐贲：《日本为什么不悔罪》(2015年8月4日)，爱思想：http://www.aisixiang.com/data/91011.html，查阅时间：2022年7月1日。

浪漫主义想象的"民族"。因此,正如布鲁玛所指出的,这两个民族在彼此身上都看到了自己吹嘘的品质:尚武精神、种族纯洁、自我牺牲、严于律己等等。战后,西德人竭力想要摆脱这种形象,日本人则不同。这意味着,任何对昔日日德联盟抱有眷恋之情的想法,在德国很可能让人感到难堪,却导致日本民族在面对历史事件的社会记忆,或者集体记忆时,会为了民族和国家主体的价值而选择重构国家记忆。

日本不悔罪的一个重要原因也就是这种"受害者"心理。布鲁玛指出,日本人就算要讨论战争,通常也是指和美国的战争。许多对侵华战争持强烈保留态度的日本人在 1941 年听到日本进攻美国后,心中都洋溢着爱国主义自豪感。"当面对过去的消极事件时,国家集体只能扮演三种有尊严的角色:战胜邪恶的胜利者、直面邪恶的抵抗者和被动地遭受邪恶的受害者。"①在大多数情况下,一个国家扮演的角色远远超过它所选择的。与国家选择的记忆视角不匹配的事物,很可能会给国家政府确定建构的记忆带来矛盾和危机,因此这些与国家构建的记忆冲突的内容就会被有意识地遗忘。从这个角度出发,日军对泰缅铁路记忆的美化也可以看作是一种圣化记忆,因为国家选择保留天皇的荣誉和崇高,那么残暴与杀戮的真实记忆是不符合国家视角的,加之原子弹的投放可以使日本成为被动地遭受邪恶的受害者,因此美化宣传泰缅铁路的修建也可以帮助将国家官方记忆重构为英勇地战胜邪恶的抵抗者的形象。

记忆的本质是一种基于当下的,对过去的重构。不同记忆主体,

① Aleida Assman, "From Collective Violence to a Common Future: Four Models for Dealing with a Traumatic Past," in Da Silva, Helena Gongalves, et al. (eds.), *Confilict, Memory Transfers and the Reshaping of Europe*, p. 17.

出于各自目的，自然会有不同的记忆，哪怕是关于同一件事。针对记忆的历史化可能成为逃避历史责任的借口，它的目标是“拉开与过去的距离，冷眼看待历史”，其结果往往是以常规历史来看待并非常规的、非常邪恶的事情。这样的历史态度会让“冷眼看待”变成“冷漠旁观”，甚至让旁观者因为“理解”加害者而对他们产生认同感。

日本的保守势力认为，战争是为民族存亡而进行的斗争，日本军人并不比其他国家的军人更坏，就荣誉心和牺牲精神而言，他们甚至更加优秀。这种“历史化”，使得南京大屠杀这样惨绝人寰的杀戮正常化了。如今在日本，许多日本人认为，原子弹清洗了日本的战争罪孽，使日本人获得道德权利，可以审判其他国家，特别是美国。这种态度成为日本所谓“和平教育”的基调，它将国家罪孽变成了美德，在与他国相比较时，几乎成了日本道德优越的记号。这种历史短视使日本看不清自己的战争罪行。

然而，拒绝把过去的罪恶“历史化”，并不等于已经替受害者说话，事实上，今天的后人是无法代替当年的受害者说出真相的。我们今天所能做的也许正是像布鲁玛那样，不只是从个人道德良心，而且是从国家政治制度的优化来期待绝大多数人有意识地改变他们旧有的思考习惯和偏见，也就是布鲁玛所说的，在政治上成熟起来。

了解日本战后在道歉和悔罪道路上所遭遇的障碍，不是为了单纯的道德谴责，而是为了对国家之罪和历史非正义有一个更好的认识；对社会记忆、集体记忆的自觉性有更深刻的理解，也是为了看到，在新的国际人权道德环境下，加害者对受害者所作的正式道歉已经是一种必需的道德义务，也是化解仇恨和道德秩序重建的真诚政治承诺，在国际间是如此，对日本是如此，对其他国家也是如此。

# 参考文献

## 档案资料

1. 国民政府主计档案，台北“国史馆”藏。

2. 蒋中正“总统”文物档案，台北“国史馆”藏。

3. 緬甸方面航空作戦の概要，日本東京防衛研究所戦史室藏。

4. 緬甸作戦記録，日本東京防衛研究所戦史室藏。

5. 泰・緬甸連接鉄道建設に伴ふ俘虜使用状況調書，日本東京防衛研究所戦史室藏。

6. Commonwealth War Graves Commission, *The Burma-Siam Railway and its Cemeteries*, England: Information Sheet, 2000.

7. Robert Hardie, *The Burma-Siam Railway: The Secret Diary of Dr. Robert Hardie, 1942-1945*, London: Imperial War Museum, 1983.

8. Testimony of Lieutenant Adachi, Tokyo: Bungei Shinju, 1963.

9. "Asia and the Pacific (in two parts 1951) Japan", Washington: United States Department of State, Foreign Relations of the United States, 1951.

10. Conference at Quebec, 1944 Substantive Preparatory Papers, Washington: United States Department of State, Foreign Relations of the United States, 1944.

## 文献资料集

1. 金阳编:《日本侵华战争罪犯实录》,黑龙江:黑龙江大学出版社 2017 年版。

2. [日]服部卓四郎著,张玉祥等译:《大东亚战争全史》第 1 卷,北京:商务印书馆 1984 年版。

3. 张效林节译:《远东国际军事法庭判决书》,上海:上海交通大学出版社 2015 年版。

4. 秦郁彦『南京事件』、中公新書、1986 年。

5. 日军参謀本部編『杉山メモ(下)』、原書房、1967 年。

6. 日本東京防衛研究所戦史室『戦史叢書 046 巻 海上護衛戦』、朝雲新聞社、1976 年。

7. 原田勝正编『大東亜縦貫鉄道関係書類』、不二出版、1988 年。

8. Jonathan F. Vance, *Encyclopedia of Prisoners of War and Internment*, 2nd ed., Millerton, NY: Grey House Publishing, 2006.

9. Rod Beattie, *The Thai-Burma Railway*, Thailand-Burma Railway Centre, 2007.

10. Van Waterford, *Prisoners of the Japanese in World War II*, Jefferson, NC: McFarland & Co. Inc, Publishers, 1994.

## 日记、年谱、忆述资料

### (一) 中文

1. [荷]弗雷德・塞克著,该书翻译组译:《永远不能忘记:日军战俘营的岁月》,北京:人民出版社 2014 年版。

2. 黄培昭:《英国二战老兵:日本右倾,世界不能熟视无睹》,转引自《环球时报》2014 年 1 月 28 日专访,http://opinion.huanqiu.com/dialogue/2014-02/4828484.html? agt=15438,查阅时间:2022 年 7 月 21 日。

3. [美]格雷戈里・F. 米切诺著,季我努译:《地狱航船:亚洲太平洋战争中的"海上活棺材"》,重庆:重庆出版社 2015 年版。

4. [美]凯利·E. 克拉格著,季我努译:《太阳旗下的地狱:美军战俘修建泰缅死亡铁路秘闻》,重庆:重庆出版社 2015 年版。

5. [美]利奥波德·罗森伯格著,马俊杰编译:《偷袭珍珠港》,合肥:安徽文艺出版社 2011 年版。

6. [美]琳达·格特兹·赫尔姆斯著,季我努译:《不义之财:日本财阀压榨盟军战俘实录》,重庆:重庆出版社 2015 年版。

7. [日]东史郎著,该书翻译组译:《东史郎日记》,南京:江苏教育出版社 1999 年版。

8. 《世界战史:战争中的火车》,http://tv. cctv. com,查阅时间:2020 年 10 月 3 日。

9. [英]R. P. W. 海沃斯著,季我努译:《樟宜战俘营:1942—1945》,重庆:重庆出版社 2015 年版。

**(二) 外文**

1. [澳]ガバン・マコーマック著、吉永ふさ子訳「泰緬鉄道で交錯した人生——李鶴来とダンロップ」、『世界』第 946 号、2021 年。

2. 谷俊宏「日本軍に置き去りにされた"アジア人労務者"——死の泰緬鉄道への強制連行の果てに」、『部落解放』第 266 号、1987 年。

3. 江澤誠「今日も残る補償問題 凄惨だった泰緬鉄道建設:過酷な労働と劣悪な衣食住、蔓延する疫病」、『金融財政ビジネス:business』第 10418 号、2014 年 6 月。

4. 内海愛子「空白の戦後(2)泰緬鉄道の朝鮮人たち」、『世界(歴史の前の責任特集)』第 558 号、1991 年。

5. 浅井得一「泰緬鉄道」、『新地理』第 1(4)期、1953 年。

6. ——「泰緬鉄道補遺」、『新地理』第 10(4)期、1963 年。

7. 柿崎一郎「泰緬鉄道再考(第 1 回)構想と建設」、『タイ国情報』第 43(3)期、2009 年。

8. ——「泰緬鉄道再考(第 2 回)建設と運営に従事した人々」、『タイ国

情報』第 43 (4)期、2009 年。

9. 伊藤正徳『帝国陸軍の最後(2)決戦篇』、光人社、1998 年。

10. "After the War: War Crimes Trials", http://hellfire-pass.commemoration.gov.au/after-the-war/war-crimes-trials.php, Retrieved 6 January, 2015.

11. Alistair Urquhart, *The Forgotten Highlander-My Incredible Story of Survival During the War in the Far East*, London: Little Brown, 2010.

12. Brian McArthur, *Surviving the Sword: Prisoners of the Japanese in the Far East, 1942-1945*, New York: Random House, 2005.

13. Charles Steel and Brian Best (eds.), *Burma Railway Man: Secret Letters from A Japanese POW*, Barnsley: Pen & Sword Military, 2013.

14. Christina Twomey, "Prisoners of War of the Japanese: War and Memory in Australia," *Memory Studies*, Vol. 6 (2013).

15. Clay Blair Jr. and Joan Blair, *Return from the River Kwai*, New York: Simon & Schuster, 1979.

16. Clifford Kinvig, *River Kwai Railway: The Story of the Burma-Siam Railway*, London: Brassey's, 1992.

17. Commonwealth War Graves Commission, "Search for War Dead", http://www.cwgc.org/sear ch-for-war-dead.aspx? cpage = 1&sort = name&order=asc, Retrieved 1 August, 2012.

18. David Boggett, "Cast into Oblivion: Malayan Tamils of the Death Railway", http://www.freemalaysiatoday.com/category/opinion/letters/2015/11/22/cast-into-oblivion-malayan-tamils-of-the-death-railway/, Retrieved 22 November, 2015.

19. ——, "Notes on the Thai-Burma Railway, Part II: Asian Romusha: The Silenced Voices of History", http://www.kyoto-seika.ac.jp/researchlab/wp/wp-content/uploads/kiyo/pdf-data/no20/david.pdf, Retrieved 9 January, 2015.

20. Department of Veterans Affairs-Australia, "The Workers-Dutch. The Thai-

Burma Railway & Hellfire Pass", http://hellfire-pass.commemoration.gov.au/the-workers/dutch.php, Retrieved 21 January, 2014.

21. Donovan Webster, *The Burma Road: The Epic Story of the China-Burma-India Theater in World War II*, New York: Straus & Giroux, 2003.

22. Douglas McLaggan, *The Will to Survive, A Private's View as a POW*, Sydney: Kangaroo Press, 1995.

23. E. Bruce Reynolds, *Thailand's Secret War: The Free Thai, OSS, and SOE During World War II*, New York: Cambridge University Press, 2005.

24. E. E. Dunlop, *The War Diaries of Weary Dunlop: Java and the Burma-Thailand Railway*, Ringwood: Penguin Books, 1986.

25. Eric Lomax, *The Railway Man: A POW's Searing Account of War, Brutality and Forgiveness*, New York: W. W. Norton, 1995.

26. Ernest Gordon, *Through the Valley of the Kwai: From Death-Camp Despair to Spiritual Triumph*, New York & Evanston: Harper & Row, 1962.

27. Evert Van der Molen, *Berichten van 612 aan het thuisfront-Zuidoost-Azië, 1940-1945*, Leiden: LUCAS, 2012.

28. FEPOW community, "Departure: Death Railway", http://www.britain-at-war.org.uk/WW2/Death_Railway/html/departure.htm, Retrieved 10 January, 2014.

29. Gavan McCormack and H. Nelson, *The Burma-Thailand Railway: Memory and History*, Chiang Mai: Silkworm Books, 1993.

30. Gerald Reminick, *Death's Railway: A Merchant Mariner on the River Kwai*, Palo Alto, CA, USA: Glencannon Press, 2002.

31. Gregory F. Michno, *Death on the Hellships: Prisoners at Sea in the Pacific War*, Annapolis, Maryland: Naval Institute Press, 2001.

32. Hirakawa Sukehiro, "Bridge on the River Kwai", http://www.

fepow-community. org. uk/monthly_Revue/html/bridge_on_the_river_kwai. htm, Retrieved 6 January, 2015.

33. "Historical Fact on the Burma Death Railroad Thailand Hellfire Pass Prisoners Conditions", http://www. hellfirepass. com/historical_facts_hellfire_pass. html, Retrieved 18 January, 2012.

34. H. Robert Charles, *Last Man Out*: *Surviving the Burma-Thailand Death Railway*: *A Memoir*, Minneapolis, MN: Zenith Press, 2006.

35. James Bradley, *Towards the Setting Sun*: *An Escape from the Thailand-Burma Railway, 1943*, London and Chichester: Phillimore & Co. Ltd, 1982.

36. John Coast, *Railroad of Death*, Liverpool, London & Prescot: The Commodore Press, 1946.

37. Julie Summers, *The Colonel of Tamarkan*: *Philip Toosey and the Bridge on the River Kwai*, New York: Simon & Schuster, 2006.

38. Kazuo Tamayama (ed.), *Railwaymen in the War*: *Tales by Japanese Railway Soldiers in Burma and Thailand 1941-47*, New York: Palgrave Macmillan, 2005.

39. Kelly E. Crager, *Hell under the Rising Sun*: *Texan POWs and the Building of the Burma-Thailand Death Railway*, College Station: Texas A&M University Press, 2008.

40. Kyle Thompson, *A Thousand Cups of Rice*: *Surviving the Death Railway*, Austin, TX, USA: Eakin Press, 1994.

41. Laurence Rees, *Horror in the East*: *Japan and the Atrocities of World War II*, Boston: Da Capo Press, 2001.

42. Lionel Wigmore, *Australia in the War of 1939-1945*: *Vol. 4*, *The Japanese Thrust*, Canberra: Australian War Memorial, 1957.

43. Loet Velmans, *Long Way Back to the River Kwai*: *Memories of World War II*, New York: Arcade Publishing, 2003.

44. Martin Flanagan and Arch Flanagan, *The Line: A Man's Experience of the Burma Railway, A Son's Quest to Understand*, Melbourne: One Day Hill, 2005.

45. Minderjeet Kaur, "Stories of Death Railway Heroes to Be Kept Alive", http://www. freemalaysiatoday. com/category/nation/2016/07/09/stories-of-death-railway-heroes-to-be-kept-alive/, Retrieved 9 July, 2016.

46. Mike Nicolaide, *The Featherston Chronicles-A Legacy of War*, Auckland: Harper Collins New Zealand, 1999.

47. Neil MacPherson, "Death Railway Movements", http://www. mansell. com/pow _ resources/camplists/death _ rr/movements _ 1. html, Retrieved 6 January, 2015.

48. Owen Sanders, *Incident at Featherston*, Auckland: Heinemann, 1996.

49. Peter N. Davies, *The Man Behind the Bridge: Colonel Toosey and the River Kwai*, London: Athlone Press, 1991.

50. Pierre Boulle, *Bridge on the River Kwai*, London: Secker & Warburg, 1954.

51. P. Towle, M. Kosuge, and Y. Kibata (eds.), *Japanese Prisoners of War*, London and New York: Hambledon and London, 2000.

52. ANZAC Day Commemoration Committee of Queensland, "Railway of Death: Images of the Construction of the Burma-Thailand Railway 1942-1943", http://www. anzacday. org. au/history/ww2/anecdotes/deathrailway. html, Retrieved 31 August, 2010.

53. Richard Kandler, *The Prisoner List: A True Story of Defeat, Captivity and Salvation in the Far East 1941-45*, London: Marsworth Publishing, 2010.

54. Robert S. La Forte, *Building the Death Railway: The Ordeal of American POWs in Burma*, Wilmington, Delaware: SR Books, 1993.

55. ——, *With Only the Will to Live: Accounts of Americans in*

*Japanese Prison Camps 1941-1945*, Wilmington, Delaware: Scholarly Resources, 1994.

56. Rohan D. Rivett, *Behind Bamboo: An Inside Story of the Japanese Prison Camps*, Sydney and London: Angus & Robertson Ltd., 1946.

57. Ronald E. Marcello, "Lone Star POWs: Texas National Guardsmen and the Building of the Burma-Thailand Railroad, 1942-1944", *The Southwestern Historical Quarterly*, Vol. 95, No. 3 (1992).

58. Ronald Searle, *To the Kwai and Back: War Drawings*, New York: Atlantic Monthly Press, 1986.

59. R. P. W. Havers, *Reassessing the Japanese Prisoner of War Experience: the Changi POW Camp, Singapore, 1942-45*, London & New York: Taylor & Francis e-Library, 2003.

60. "The Bridges of the Thai Burma Railway", https://www.pbs.org/wnet/secrets/the-bridges-of-the-thailand-burma-railway/178/, Retrieved 8 January, 2015.

61. "The Enemy: Treatment of Prisoners", http://hellfire-pass.commemoration.gov.au/the-enemy/treatment-of-prisoners.php, Retrieved 9 January, 2015.

62. "The Workers: Rōmusha Recruitment", http://hellfire-pass.commemoration.gov.au/the-workers/romusha-recruitment.php, Retrieved 6 January, 2015.

63. W. Henderson, *From China Burma India to the Kwai*, Waco, Texas: Texian Press, 1991.

## 报刊

1. *Independent*, 21 August 1995.

## 研究著作、论文

**(一) 中文**

1. [德]阿莱达·阿斯曼著,潘璐译:《回忆空间:文化记忆的形式和变迁》,北京:北京大学出版社 2016 年版。

2. [德]耶尔恩·吕森著,陈新译:《危机、创伤与认同》,《中国学术》2002 年第 1 期。

3. ——:《纳粹大屠杀、回忆、认同——代际回忆实践的三种形式》,[德]哈拉尔德·韦尔策著,季斌、王立君、白锡堃译:《社会记忆:历史、回忆、传承》,北京:北京大学出版社 2007 年版。

4. 范国平:《白骨堆砌的泰缅死亡铁路:美国"失落营"官兵证词》,http://www.sohu.com/a/65580591_115427,查阅时间:2022 年 7 月 21 日。

5. 胡春阳:《话语分析:传播研究的新路径》,上海:上海世纪出版集团 2007 年版。

6. 胡月:《日军对二战盟军战俘的虐待及原因》,《中国及太平洋抗战与战俘问题研究——中国及太平洋抗战与战俘问题国际学术研讨会文集》,中国辽宁沈阳,2008 年 10 月 1 日。

7. 康忠慧:《民间信仰与社会记忆——对桂西壮族岑氏土官崇拜的文化解释》,《民族文学研究》2006 年第 4 期。

8. 李凡:《日苏关系史:1917—1991》,北京:人民出版社 2005 年版。

9. [美]保罗·康纳顿著,纳日碧力戈译:《论集体记忆》,上海:上海人民出版社 2002 年版。

10. [美]朱迪斯·赫尔曼著,施宏达、陈文琪译:《创伤与复原》,北京:机械工业出版社 2015 年版。

11. 陶东风:《创伤,受害者,见证(上)》,《当代文坛》2018 年第 1 期。

12. ——:《创伤,受害者,见证(下)》,《当代文坛》2018 年第 4 期。

13. 王明珂:《华夏边缘:历史记忆与族群认同》,浙江:浙江人民出版社 2013 年版。

14. 许子东:《为了忘却的集体记忆——解读 50 篇文革小说》,北京:生活·读书·新知三联书店 2000 年版。

15. 严建强:《关于社会记忆与人类文明的断想》,《浙江档案》1999 年第 3 期。

16. 杨念群:《空间·记忆·社会转型:“新社会史”研究论文精选集》,上海:上海人民出版社 2001 年版。

17. [英]弗雷德里克·C. 巴特莱特著,黎炜译:《记忆:一个试验的与社会的心理学研究》,浙江:浙江教育出版社 1998 年版。

18. [英]詹宁斯等修订,王铁崖等译:《奥本海国际法》,北京:中国大百科全书出版社 1998 年版。

19. 郑传良:《“死亡铁路”与桂河桥》,《抗日战争研究》1995 年第 4 期。

20. 钟年:《社会记忆与族群认同》,《广西民族大学学报(哲学社会科学版)》2000 年第 4 期。

21. 朱宇:《梦魇觅踪——二战英美盟军战俘营中的刑法述略》,《中国及太平洋抗战与战俘问题研究——中国及太平洋抗战与战俘问题国际学术研讨会文集》,中国辽宁沈阳,2008 年 10 月 1 日。

**(二) 外文**

1. 俵義文「政治家・メディアと南京事件(特集 南京事件と日本社会)」、『戦争責任研究』第 58 号、2007 年冬季。

2. 大江志乃夫『靖国神社』、岩波書店、1986 年。

3. 吉川利治「泰緬鉄道建設とタイの立場」、『東南アジア史学会会報』第 55 号、1991 年。

4. ——『泰緬鉄道:機密文書が明かすアジア太平洋戦争』、同文館、1994 年。

5. 吉田俊「战争の记忆とナショナリズム:日・中・台・韩の博物館展示を中心に,年报日本现代史」、『现代历史学とナショナリズム』、近代史出版社、2007 年。

6. 笠原十九司「南京虐殺の记忆と历史学」、笠原十九司、吉田裕编『现代历史学と南京事件』、柏書房、2006年。

7. ——『南京事件論争史—日本人は史実をどう認識してきたか』、平凡社、2007年。

8. 内海愛子「日本軍の捕虜政策」、博士論文、早稲田大学、2005年。

9. 柿崎一郎「第二次世界大戦中のタイ鉄道による日本軍の軍事輸送」、『東南アジア—歴史と文化』第39期、2010年。

10. 田中正明『南京虐殺の虚构』、日本教文社、1984年。

11. 羽仁五郎『日本軍国主義の復活』、现代評論社、1971年。

12. Astrid Erll, *Memory in Culture*, Sara B. Young (trans.), Hampshire: Palgrave Macmillan, 2011.

13. Allan Hanson, "The Making of the Maori: Culture Invention and Its Logic," *American Anthropologist*, Vol. 91, No. 4 (1989).

14. Avishai Margalit, *The Ethics of Memory*, Cambridge: Harvard University Press, 2002.

15. Barry Schwartz, "Memory as a Cultural System: Abraham Lincoln in World War II," *American Sociological Review*, Vol. 61, No. 5 (1996).

16. ——, "Social Change and Collective Memory: The Democratization of George Washington," *American Sociological Review*, Vol. 56, No. 2 (1991).

17. ——, "The Social Context Commemoration: A Study in Collective Memory," *Social Forces* Vol. 61, No. 2 (1982).

18. Cathy Caruth, *Unclaimed Experience: Trauma, Narrative and History*, Baltimore: The Johns Hopkins University Press, 1996.

19. Da Silva, Helena Gonçalves et al. (eds.), *Conflict, Memory Transfers and the Reshaping of Europe*, New York: Cambridge Scholars Publishing, 2010.

20. Dominick La Capra, *Writing History, Writing Trauma*, Baltimore: Johns Hopkins University Press, 2001.

21. Donald Knox, *Death March: The Survivors of Bataan*, New York: Harcourt Brace, 1981.

22. Elie Wiesel et al., *Dimensions of the Holocaust*, Chicago: Northwestern University Press, 1997.

23. Ernest Gordon, *To End all Wars*, New York: Harper Collins Publishers, 2002.

24. Gavan Daws, *Prisoners of the Japanese: POWs of World War II in the Pacific*, New York: William Morrow & Co., 1994.

25. George Duffy, "Life and Death on the Death Railway Through the Jungle of Sumatra", http://www.usmm.org/duffylifedeath.html, Retrieved 10 July, 2019.

26. Grant McLachlan, *Sparrow: A Chronicle of Defiance*, 1st ed., Havelock North: Klaut, 2012.

27. Haruko T. Cook and Theodore F. Cook, *Japan at War: An Oral History*, New York: New Press, 1992.

28. Hannah Arendt, *Responsibility and Judgment*, New York: Schocken Books, 2005.

29. Ian Buruma, "The Wages of Guilt: Memories of War in Germany and Japan," *Foreign Affairs* (*Council on Foreign Relations*), Vol. 73, No. 5 (1994).

30. James C. Scott, *Domination and the Arts of Resistance: Hidden Transcripts*, New Haven & London: Yale University Press, 1990.

31. James D. Hornfischer, *Ship of Ghosts*, New York: Bantam, 2006.

32. Jan Assmann, *Cultural Memory and Early Civilization: Writing, Remembrance, and Political Imagination*, New York: Cambridge University Press, 2011.

33. Jan Assmann and John Czaplicka, "Collective Memory and Cultural Identity," *New German Critique*, Vol. 65 (1995).

34. Jeffrey C. Alexander et al., *Cultural Trauma and Collective Identity*, Berkeley: University of California Press, 2004.

35. Jon Latimer, *Burma: The Forgotten War*, London: John Murray, 2004.

36. Judith Lewis Herman, *Trauma and Recovery: The Aftermath of Violence from Domestic Abuse to Political Terror*, London: Pandora, 2001.

37. J. N. Duckworth, "A Japanese Holiday", http://www.britain-at-war.org.uk/WW2/Death_Railway/html/a_japanese_holiday.htm, Retrieved 10 July, 2019.

38. Maurice Halbwachs, *On Collective Memory*, Lewis A. Coser (trans.), Chicago: University of Chicago Press, 1992.

39. Richard Flanagan, *The Narrow Road to the Deep North*, North Sydney, N. S. W.: Random House Australia, 2013.

40. ——, "Masters of History," *Island Magazine*, Vol. 41 (1989).

41. ——, "Freeing My Father," *The Sydney Morning Herald*, http://www.smh.com.au/entertainment/books/freeing-my-father-20130916-2ttiz.html, Retrieved 21 September, 2013.

42. Robert E. Goodin and Charles Tilly (eds.), *The Oxford Handbook of Contextual Political Analysis*, New York: Oxford University Press, 2008.

43. Russell Bradden, *The Naked Island*, Edinburgh: Birlinn, 2001 [1951].

44. Sears Eldredge, *Captive Audiences/Captive Performers: Music and Theatre as Strategies for Survival on the Thailand-Burma Railway 1942-1945*, Saint Paul: Macalester College, 2010.

45. Sibylla Jane Flower, "Captors and Captives on the Burma-Thailand Railway", in Bob Moore and Kent Fedorowich (eds.), *Prisoners of War and their Captors in World War II*, Oxford, Washington D. C.: Berg, 1996.

46. Walter Benjamin, *Illuminations*, Harry Zohn (trans.), New York: Schocken Books, 1968.

47. Yasue Arimitsu, "Richard Flanagan's *The Narrow Road to the Deep North* and Matsuo Basho's *Oku no Hosomichi*," *Coolabah*, Vol. 21 (2017).

# 附　录

《关于泰缅铁路建设及其战俘使役情况的调查书》(译文),为朝日新闻社旧藏远东国际军事法庭审判记录(日文资料),法庭证据第475号(第29盒第2宗),发布于1946年9月,含附表8项、附图3张。

在该调查书中,日方回应了同盟国的抗议,并针对其指控日军在泰缅铁路建设过程中大规模虐待、杀害战俘的战争罪行进行了系统性的调查。调查的内容主要涉及铁路建设经过、战俘营的内部管理问题、外界影响与相应的处理对策、战俘征用和伤亡情况,以及由铁路施工所带来的一系列暴力事件,例如,日本军人对死去的战俘尸体开枪射击、予以公开侮辱等等。调查书最后,日方还对其虐俘暴行的某些特殊案例做出了一定的说明。

综观整篇调查书,日方的报告虽然承认了部分罪行,但刻意弱化了虐杀战俘的恶劣程度,并将最终原因归咎于不利的自然条件和个别高级将领的错误指令,同时,还企图以文字记录丢失为借口,通过模糊化的语言描述来混淆视听。尽管如此,调查书文字表述的内在矛盾和反复修改所留下的蛛丝马迹却无一不显露出其试图掩盖泰缅铁路建设期间战争暴行的罪恶企图。当然,日方在自我辩解的过程中,不得不列出一些客观证据来显示其调查的可靠性,然而,仅仅是这些零星的证词和统计数据便足以证实盟军的指控:在铁路修建的 17 个月时间里,战俘群体的患病率和死亡率一直呈大幅上升之势,患病人数长期接近总人数的一半,死亡人数则超过五分之一。因此,在仔细甄别和悉心利用的基础之上,《关于泰缅铁路建设及其战俘使役情况的调查书》作为现存唯一的全面反映泰缅铁路相关战争罪行并保留原始档案部分信息的历史文件,仍然具有一定的史料价值,能够帮助我们揭示大量被长期遮蔽和掩盖的史实真相。

## 关于泰缅铁路建设及其战俘使役情况的调查书

防卫研修所战史室

目录:

第二节　高速建设时期的情况(自 1943 年 2 月中旬至 1943 年 7 月中旬)

第三节　施工进度被迫延期与其他相关事宜的说明(1943 年 7 月中旬至 1943 年 10 月)

第四节　铁路建设竣工及有关事宜(自 1943 年 11 月至 1945 年 8 月)

第二章　战俘营在铁路建设中的管理事宜、外部影响及相关的处理对策

第一节　浅析造成施工中战俘营管理困难的诸多因素

第二节　相关对策与落实状况

要点:

(1) 对战俘的物资补给与健康营养照顾

(2) 住宿条件

(3) 卫生状况

第三章　俘虏管理及使役情况之概述

第一节　有关使役俘虏的安排

第二节　浅析战俘营的管理人员与使役俘虏的部队系统之关系

第三节　对战俘的管理及使役情况之概述

第四章　铁路建设中发生的相关事件

第一节　侮辱尸体的事件

第二节　其他事件

第五章　日方为应对联合国的抗议而对特殊案例做出的说明

第一节　泰缅铁路建设中日军对待战俘的问题

第二节　"毛淡棉"地区战俘的相关案例

## 第三编 结论

附表与附图

附表一 俘虏劳务状况月份统计表

附表二 俘虏患病种类一览表(泰国方面)

附表三 俘虏患病种类一览表(缅甸方面)

附表四 每月患病俘虏状况调查表

附表五 战俘营中的霍乱疫情

附表六 因泰缅铁路建设事宜而死亡的战俘统计

附表七 死亡战俘国别人数统计

附表八 俘虏每月死亡人数统计(泰国方面)

附图一 俘虏收容所要图(泰国方面)

附图二 行军路径要图

附图三 泰缅铁路路线及俘虏收容所要图

# 序　言

一、关于泰缅铁路建设中俘虏的使役有如下两问题:①非法直接虐待俘虏(一般指的是"虐待战俘事件");②很多战俘在铁路施工中患病而亡。上述问题中,前者应当按照战争中虐待战俘事件的情况来处理,后者属于在战争发展中应当得以控制的事情,需要明确二者是由本质区别的。

二、在本调查书中,为了勘明问题②的真相,即多数战俘染疾身亡的情况,本书在第一编(来自联合国的抗议)、第二编(事件全貌的调查与抗议中特例之分析)、第三编(相关的判决与对策)中均做出了有关记载。

至于问题①,即对俘虏直接虐待的行为,在东京或(泰缅)施工当地那里存放的资料中并没有相关记载,因此,为编写本调查书,有关人士赶赴施工当地进行了研究。

三、1943 年 10 月泰缅铁路竣工后,还有部分服务于铁路建设的战俘被日本另外安排了其他工作,本调查书对当时的状况也做出了记录。

# 第一编 来自联合国的抗议

## 第一章 泰缅铁路建设中使役俘虏的情况

### 第一节 昭和 19 年(1944)12 月 4 日驻外大臣于瑞士提出抗议(英澳两国)

1944 年 12 月 4 日,英国、英联邦澳大利亚两国驻外大臣于瑞士代表其政府向日本表明其抗议的态度。9 月 12 日,盟军在中国南海对日本船只“乐洋丸”号发起进攻,而在该船上共发现了 150 名来自英国和澳大利亚的俘虏,这也恰恰证明了日方当局使役英籍、澳籍战俘这一事实。英、澳两国对此事做出了相关报告,其简单概要如下。这些战俘大都是在新加坡和爪哇被俘的,为了将他们尽快送至泰国和缅甸,在 1942 年日本主要通过海运运送战俘,其中澳籍战俘通过海路被转移至缅甸,一路都被关押在距离船舱地面四尺深的天井当中。而英国战俘则通过陆路被送往泰国,途中,还将战俘们集中在运输牲口的车厢里。由于是在原始森林进行铁路建设施工的,因此不但各类病毒肆虐,影响俘虏的健康,而且这里的生活环境恶劣、劳动条件简陋。此外,热带地区的气候特别,时而骤雨,时而阳光灼热,工人们的衣服被浸湿后往往不一会儿就干了。餐饮上,俘虏们每天的饭是不够吃的,每人只有一小盘餐食和一小杯水,还有一天三次的咖啡。一言概之,这条铁路是建立在战俘的痛苦之上的,是他们以牺牲生命为代价、不休不止地工作才换来的结果。铁路施工中,其死亡率亦不断创下纪录。1943 年 10 月,为了加速铁路施工进度,泰国的俘虏收容所又从新加坡吸纳了战俘作为必要的劳动力。1944 年 9 月,共有约 1 300 名英籍、澳籍俘虏通过水路自新加坡出发被运往目的地,但途中船只受到攻击而沉没，其中日本人全部获救，而战俘的生死则是听天由命。由此，日军对待已缴械的战俘的态度昭然若揭，没有任何回旋的余地。英、澳两国认为他们的俘虏受到了非人的待遇，故提出抗议。1944 年 11 月 18 日，根据来源于英国情报的书信而知，在"乐洋丸"号中得救的战俘已被遣送回英国、澳大利亚原籍处，日军在泰国和缅甸对待战俘的种种罪行亦被揭露，据此公使提出抗议。

第二节　在缅甸及泰国的英国战俘之待遇及英国陆军大臣致下议院的声明要点

在落难的 1 300 名英籍、澳籍战俘中，有大约 150 名生还者是被美国的潜水艇救下的，他们被安顿休养直至来年春天才逐渐恢复了身体健康。

在东亚地区，尤其是南部区域，日军抓获了很多战俘，他们被关押在香港、台湾、中南半岛、朝鲜半岛的民间羁押室或战俘收容所。

1942 年初，有一批战俘从新加坡和爪哇被移送至泰国和缅甸。其中澳籍战俘走海路抵达缅甸，他们乘坐的是高约 4 尺的有天井的船只，运输途中船舱里挤满了人；铁路运输状况亦然，自爪哇出发的英籍战俘甚至不能躺下休息，就这么强挤着走完了剩下的路段。

战俘们同泰缅等地的土著劳动力一起工作，因为施工地点是在充满了瘴气的雨林地区，所以劳工们饱受热带流行病之苦。

热带地区时常有暴雨，而且阳光灼热，日军本应为工人提供遮光挡雨的收容设施，但事实上有关设备少之又少。此外，劳工们穿着破衣烂衫、食不果腹，每天三顿米饭的供应分量不足，只有半品脱的饮用水。施工条件极为艰苦，许多人付出了生命的代价，死亡率在顶峰时高达 20％。

1943 年 10 月，为了追赶铁路建设的预期进度，日军对外部的劳务人员进行了必要的调遣，将他们派往泰国。那时，屋棚住所、食物供给、卫生条件已经稍有改善了。9 月上旬，一艘汽船从新加坡扬帆起航，船上共有约 1 300 名英籍、澳籍战俘。这艘船被击沉后，日军只顾及其本国的生还者，并不在意俘虏们的生死，因此导致了大部分战俘的溺亡事件。美国的潜艇不顾危险，搭救了许多盟国的幸存者，英国外相代表下议院，对此深表感谢。

此外，日本不惜亏空国库、制造大笔赤字，也要代表其利益保护国，在日占区设立战俘收容所，全面管理战俘事宜。

上述内容属实，是英下议院于 1 月 28 日发出的声明，关于缅甸及泰国的英国战俘之待遇问题，日本政府却对这份声明做出否定。

日军否认战俘问题，也给盟军在战后完全占领日本之行为提供了一个理由，那便是彻底粉碎日本军国主义、保护二战的胜利成果。

## 第二章　日军在缅甸(毛淡棉附近)使役英国俘虏的有关事例

1944 年(昭和 19 年)7 月 4 日，瑞士大使呈递了一份文书。根据 1942 年 9 月 15 日时任外务大臣、陆军大将东条英机阁下的书信，以及 1942 年 12 月 9 日谷正之阁下的书信，瑞士公使通过“仰光监狱”的例子展现了战俘们的凄惨遭遇。同时，英国政府凭此也获取了很多相关的案例。1943 年 2 月 9 日，根据第 33 号信件，对于上述书信中的内容，外务大臣东条英机向瑞士公使做出了回复。瑞士公使将此次回复的内容转达给了英国政府，并在本国政府也进行了上报。在瑞士公使的斡旋下，关于日军在缅甸使役俘虏的问题，英国政府向日本帝国政府下达了新一轮的通牒，其内容如下：

一、最引人注目的是在毛淡棉地区对俘虏的役使

A、通知

日本官员根据文书要求，在毛淡棉附近吸纳收容了大约 2 万名英籍及其他国家的战俘。随俘虏收容所的搬迁，战俘们也不断转移。还有很多人被关在缅甸其他的俘虏收容所中。另外，当地的战俘营中多次发生俘虏死亡事件。

B、具体情况

英国政府了解到，关于战俘们的待遇，毛淡棉收容所中的状况比泰国收容所更为糟糕，有更多恶性事件发生。

（以 1943 年 7 月 5 日重光葵阁下致瑞士大使的书信作为参考）

1942 年 10 月至 11 月，在毛淡棉的俘虏收容所中，大概每天都有 10 人死亡，死因主要是痢疾病发。死亡率如此之高，但日方高层依旧不予重视。医院的医疗物资奇缺、有关设备匮乏，战俘们的衣物、鞋子也供给不足。俘虏被强制要求在如此苛刻的条件下继续工作，才造成了这样本不应该发生的后果。

C、俘虏的具体状态

1944 年 2 月，有 25 名俘虏被派往毛淡棉的市区。他们是在若开山（Arakan Yoma）战线中最新被抓获的战俘，但其面容憔悴、状态不佳。同行的日本军官不时对他们嘲笑、侮辱。日军如此对待俘虏，违反了战俘条约的第二条，有损战争的基本规范，不应当是自称为“文明人的国家”的所作所为。

二、（省略）

## 第二编 调查的内容

要旨

一、泰缅铁路建设的目的是为了方便给缅甸提供陆上补给，以及联通泰缅两国之间贸易与交通。当年，以南方军提出的建议为契机，日军大本营在1942年6月下达了命令，南方军也随之着手准备事宜。铁路建设于同年11月开工，原计划至1943年末竣工。但由于1942年的雨季结束后，日军在缅甸方面受到了英国、印度的强烈反攻，尤其是激烈的空袭，同时，马来方面的海上输送也逐渐遭遇困难，因此，陆上交通的必要性、紧迫程度骤然提高。更糟糕的是在第二年的雨季，缅甸方面的交通一度中断，在那里不要说积极作战了，就连进行防御也是不现实的。铁路建设一度难上加难。但在1943年2月上旬，日军大本营下达命令，将铁路建设工期缩短4个月。

在战争逼迫的状态下，南方军与陆军中央部协同工作、出台政策，致力于最大程度地加速铁路建进度。施工部队也锐意努力，工程一度顺利开展。但自1943年四五月份以来，雨林地区的条件变得更为恶劣，日军也缺乏相关的施工经验，加之雨季超出预期地提前来临，由此影响颇深。相较之工期延误，更为严重的是很多工人为此付出了生命代价。当时，缅甸方面已有部分铁路完工，可以利用的路线还有并行新设的道路与局部水路等。缅甸地区的交通勉强支撑，后来才逐渐恢复。另外，还受缅甸的战况影响，大本营才做出决定，将工期延期2个月，至1943年10月中旬完工。

二、在重重的困难之下完成铁路工程建设，足够的劳动力是必要条件。日军使用当地的土著劳动力作为补充，但在短时间内征集到的人数毕竟有限，所以还使役了战俘从事铁路建设，并从大本营那里获得了批示。

大本营认可了泰缅铁路建设的必要性，一方面将之作为战争用途的军事铁路，另一方面则是联通泰缅两国贸易的经济线，因此许可了俘虏的使役。

但是，铁路沿线的地理环境险恶，穿越了雨林地区，其气候环境不利于人类的生存，尤其是在雨季容易引发人体过敏。与此同时，这里的卫生条件也极差。加之战事逼迫，日军在种种方面的准备都不充分，机械技术上存在不足，兵站装备也不完备，还对劳动力的后勤供给不足。天时地利人和等条件均不具备，克服了诸多困难尚才完工。

三、日军一方面削减施工成本，另一方面最大程度地压榨战俘。其具体措施涉及住宿、饮食、卫生等多方面，人员上造成了很大牺牲。简而言之，本铁路就是建立在战俘们生命之基础上的。

**第一章　铁路建设经过的概要**

第一节　工程建设的构想与初期施工的状况（自 1942 年 6 月至 1943 年 2 月中旬）

（A）建设的部署

一、泰缅铁路是联通两国之间的交通线，故日军认可了其必要性。南方军向陆军中央部呈报了铁路建设的请示后，同年 6 月中央部做出批示，让南方军着手进行铁路建设的准备事宜。

二、施工准备的要点如下：

1. 建设路线：以依普拉杜克为起点，途径奎内河，最终抵达缅甸的丹彪扎亚，总长约 400 公里。

2. 输送能力：每日单程荷载 3 000 吨。

3. 施工时间：计划于昭和 18 年(1943)底竣工。

4. 所需物资:以当地物资为主,由日军中央提供所需的其余物资。

5. 建设中投入的军力:以铁道监部、铁道材料厂为主体,包括其下属部队均参与建设。

6. 建设中所需的劳动力(辅助人员):由本土的土著劳动力及盟军的战俘充当之。

三、南方军按照上述要点着手进行了一系列的安排,内容涉及铁路沿线的测量、与泰缅两国的交涉、建设基地的设定、建设材料的准备、劳动力招募的准备、兵力的部署、卫生设施的规划等。日军在缅甸召集了铁道部队,逐项推进上述事宜。

同年 11 月上旬,日本完成了同泰国的交涉,在大本营下令后,南方军便开始了铁路建设的施工。

四、第二铁道监部对南方军铁道部队做出了指挥与部署(具体见备注):铁道第五联队(以丹彪扎亚为基地)活跃于缅甸地区;铁道第九联队(以北碧府为基地)在泰国一侧开展工作;而依普拉杜克至仰光一段,则以建设勤务队和第一铁道材料厂为主力,推进其施工。以这些安排为基准,铁路建设的准备事宜有序进行。进入 12 月后,泰缅铁路正式开始施工。

备注:

南方军铁道队队长、第二铁道监负责人:下田少将

兵力部署:第二铁道监部、铁道第五联队、铁道第九联队、第一铁道材料厂、陆上勤务队两队、建设勤务队两队、野战作战队两队、野战防疫与给水部。

协同部门:泰国俘虏收容所、野战补给厂。

五、在铁路建设的初期,泰国俘虏收容所的编成与南方军的部署安排起到了直接的推动作用。

六、同铁路建设有关的职位与片区划分、劳务安排与部署、战

俘安排及其具体任务等，详情参见下文的三个附件：

**附件一：铁路建设有关的职位与片区划分**

| 有关部门 | 责任概述 | 具体任务 |
| --- | --- | --- |
| 大本营 | 对铁路建设进行指导 | 同陆军省一起工作，做出预算<br>同陆军省一道，从事外交事务<br>对铁路建设有关的材料提供补给与援助<br>根据具体战况，对铁路建设做出指导<br>决定是否许可使役战俘 |
| 南方总军 | 总览与管理铁路建设的实施 | 部署铁路建设之必要的兵力与劳务人员，并对他们进行集中安排、提供物资补给、供给餐食、保障其工作与生活环境的卫生状况<br>作为管理战俘的单位，协助俘虏收容所的建设事宜<br>指导使役俘虏的有关事宜<br>计划与推进铁路的建设<br>指导并协同铁路建设部门的工作<br>维护为完成铁路建设之必要的交通线路与水上航道 |
| 铁道监部 | 具体指挥铁路建设 | 按铁路建设的计划，对线路进行勘查与测量<br>安排铁道兵力的部署<br>安排战俘与其他劳务者协同铁道部队工作<br>指导战俘的具体使役事宜<br>商议俘虏收容所与俘虏的使役问题<br>对战俘的住宿问题、粮食供给及卫生问题等的解决提供帮助 |
| 铁道联队 | 按地域分管铁路建设 | 负责具体某区域的铁路建设<br>按铁路建设指挥官的指示使役俘虏<br>与战俘营的负责人协同工作<br>对战俘的住宿问题、粮食供给及卫生问题等的解决提供帮助 |
| 战俘收容所 | 管理战俘、协助铁路的建设 | 按照南方总军的命令，协助铁路建设部队的工作<br>与铁道作业部队协同商议俘虏的使役事宜<br>对有关负责单位提出战俘的住宿问题、粮食供给及卫生问题<br>具体地对战俘进行管理 |

附件二:铁道建设的工作安排系统图(附录二)

附件三:战俘安排及其具体任务的概要图(附录三)

(B) 初期施工的状况(自 1942 年 6 月至 1943 年 2 月中旬)

一、在上述安排的基础上,日军便开始了测量作业、基地整备、材料收集,以及其他细枝末节的准备工作。

由于涉及施工中的地形地貌问题,因此铁路自泰国和缅甸两侧分别开工。至于后方补给的工作,泰国方面的由泰驻屯军负责,缅甸方面的由缅甸方面军提供帮助。

二、1942 年 11 月,日军按照建设施工的命令,正式动土开工。

三、但是,由于铁路建设主要是在雨林地带进行的,如果先完成全线测量后再开始施工的话,那么工期一定会被推迟的。因此,铁路建设是逐段测量、逐次施工的。对于工程量和取材等事宜,一开始并没有十分清晰的规划。

四、1943 年 1 月下旬,铁轨正有序铺设之时,时任的建设指挥官下田少将却遭遇空难去世了。为了指导施工作业,下田少将乘坐飞机前往工程地点进行侦查时,不幸飞机失事,在泰缅边境的山中发生坠机事故,下田少将因此战死。另外,同行的建设主任参谋入江少佐也一同身亡。

五、建设初期,参与工事的俘虏数量不断增加。他们大多来自爪哇或新加坡战场,被转送至施工地区后,受泰国俘虏收容所管理,泰国战俘营的规模也因此扩大,缅甸方面的建设也得到了泰国的协助。

第二节 高速建设时期的情况(自 1943 年 2 月中旬至 1943 年 7 月中旬)

(A) 为何决定缩短工期

一、1942 年雨季结束后,日军在缅甸方面受到了来自英军、印军的猛烈反击，随着缅甸方面战况激化，该战区的兵力、取材补给需求渐渐增强。而对于缅甸方面唯一的补给路线——海上输送线路，却因受到盟军的空袭、海军阻击等，在很大程度上受到了切断。据此，进入 1943 年后，日军大本营下令要尽早建成一条铁路，以连接泰缅两国之间的交通，并认可了泰缅铁路计划的必要性，催促该计划尽早实施。

随着英军、印军的反攻，战况日益激化，缅甸战区的重要性骤然上升。日本向前线输送兵力原来依赖的是以新加坡为基点的一条海上路线，但由于飞机与潜艇的攻击，普通的船只无法进行防御，因此该线路是否能继续运行，则前途未卜。出于制定应急对策，日方从来兴—湄索—毛淡棉等方面开拓道路，打算以使用汽车为主进行补足，未果，最终还是陷入了困境之中：日方只能依靠小型船通过强行突破得以维持海上补给。

这样的强行运输工作在雨季尚可勉强进行，但到了 1943 年 9 月，即雨季结束后，海上路线就走不通了。英印联军计划在雨季末了便进行总反攻。根据这样的形势，日军有必要找到替代海上路线的计划，那么陆上补给成了必要的选项，即日方务必要在下个雨季结束前找到解决方案。泰缅铁路虽然关系到缅甸方面作战军的安危，但其建设的难度巨大。该铁路是否能如期进行，相比南方军的顾虑，日本大本营其实更为忧虑，并探讨了上百种方案，最终认为截至下个雨季结束，除了建设一条铁路连接泰缅两国外，并没有其他路线可走了，因此缩短工期是极为必要的，才下达了这样绝对的命令。

二、2 月上旬，日本大本营和南方总军协同商讨了兵力、劳动力、取材中存在的不足与问题，也研究了雨季是热带流行病的高发期、雨林地区卫生条件恶劣，并承认了建设中存在诸多困难，但还是决定推动施工进度、缩短工期。

根据当时短期测算结果做出的判断，加之工程中的兵力、劳动力、取材等因素，日方慎重地做出决定，降低了铁路建设的规格，即把原定的每天单向运输量 3 000 吨降至 1 000 吨，将工期缩短 4 个月，至 1943 年 8 月末竣工。此外，陆军中央部对兵力、劳动力、取材等问题的解决进行最大限度的支持。具体要点如下所示：

① 将广东的铁道第五联队第四大队、马来亚的特设铁道队调动至建设铁道部；

② 提供大量的凿岩机和炸药等施工补给；

③ 派遣专家加强疫情防控工作等。

三、当时，巴布亚新几内亚岛（New Guinea）的东部战线战况焦灼，日军在这里的战线开始瓦解，因此，日方从巴布亚新几内亚岛的西部以及班塔延岛（Bantayan Island）方面迅速集结兵力，并向前线调集诸多部队、物资补给厂以及机场工作组中的专门部队等。在输送途中，南方军对劳动力的补给物资不足，于是便在当地发展了自给自足的产业。为了建设机场，日军强制征用了前述的专用部队并收缴了其物资，在这里造成了人口过剩的情况。而在爪哇，劳动力却是不足的。基于此，加之南方军收到了缩短工期的命令，以及面临紧迫的作战任务，南方军从缅甸、泰国、法属印度支那、马来亚、爪哇那里得到了强有力的援助，获得了成规模的劳动力供给与物资补给。而战俘也从遥远的法属印度支那、爪哇等地被转用过来，这也是为增加劳动力而做出的努力。

① 调遣如下部队：第四特设铁道队、独立守卫步兵第四十一大队、近卫工兵联队、工兵第五十四联队、第四十二兵站地区队、第十四师团野战建设勤务队、南方军防疫与给水部主力、第二十一师团野战医院；

② 调遣马来亚俘虏收容所第二分所(约1万人);

③ 调遣汽车中队和其配备的300辆汽车。

(B) 后续的发展

一、根据上述安排,新增部署兵力、劳力、战俘,其所需的物资也一同到达。进入3月末后,铁路建设取得明显进展。

二、同年2月中下旬,下田少将战死后,高崎少将出任后继的建设指挥官,锐意进取推进铁路建设。

三、但是不幸,缅甸方面于4月中旬、泰国方面于4月下旬进入雨季,这比原先预想的要早了1个月,给施工建设和补给工作带来了决定性的影响。

四、缅甸地区爆发了霍乱,遂越过边境扩散至泰国地区,时值雨季,疫情猛烈,6月份的情况最为糟糕,在大约6 000名的患病者中共计死亡了约4 000多人,其中包含1 200人左右的战俘也身染重疾,他们之中死亡人数约为510人。此次疫情打击之下,牺牲颇为惨烈。

由此,在劳务人员中引发了很大的恐慌,很多人都逃跑了。而病人的管理、防疫事宜等又面临着很大的困难。

五、为了治理霍乱,陆军中央部派出业界权威赶赴现场进行调查,让南方总军军医部长及其幕僚提出相关对策,改善恶劣的环境,解决施工中的困境,提供密切的帮助。

六、另一方面,由于连日豪雨冲毁了紧急修筑的公路和其他新建设的路线,陆上补给一度中止。直到过了1个月,奎内河上游地区也渐渐涨水,满足通航条件后,这令人焦心的情况才得以缓解。

缅甸地区的情况尤为困难,加之陷入苦战、补给艰难,铁路建设工程一度中断。在泰国方面,由于奎内河涨水得以利用水运,虽面临食物供给不足的问题,但还勉强尚可维持。

当时，在内陆的部队采取定食的方法为战俘提供餐饮，按他们的饮食习惯准备肉类，每天大概消耗数十头的生牛。

七、上述运输上的困难给补给供应造成了很大的问题，加之风土病肆虐，疟疾流行而诱发了各种肠道疾病，加之营养失调、药物短缺等问题，卫生部门不能够应对日渐增多的患者，陷入困境。对战俘的方方面面造成了很大影响。

八、4 月下旬，高崎指挥官也身染疟疾卧床不起，状况一度陷入绝境。

九、为完成施工任务，仍需克服重重困难而不断努力。

第三节　施工进度被迫延期与其他相关事宜的说明（1943 年 7 月中旬至 1943 年 10 月）

一、面对上述情况，1943 年 7 月，日本大本营派出运输通信长官及其幕僚赶赴当地进行视察，他们得出的结论依旧是于 8 月末完成施工。但由于强行推动工程进度会造成巨大的牺牲，同时缅甸方面部分的铁路已经完工了，此外还有并行的新设道路、部分水路可以利用，缅甸方面的交通情势逐渐明朗，加之缅甸的作战影响，于是最终日方下令将工期延期 2 个月，以减少牺牲。新任的建设指挥官石田少将也认为这样的计划并无缺憾，且是具有现实意义的，将之逐步推进。

二、新任的建设指挥官石田少将于 1943 年 8 月 16 日正式到任。在新任司令官的指挥下，工程计划于 10 月末完成，管理层的阵容也焕然一新，这也在很大程度上鼓舞了士气。

更新管理阵容的关键作用在于，这刷新了劳务管理的方式。其指导精神不再是庇护将士和士兵，以“主人”的身份居高临下地进行管理，而是承认了“战俘及其他劳务者也是铁路建设中必不可缺的人才”。自司令官及其下层都认可了这样的新观念，因此战俘的待遇也有所改善。

三、降水量于8月达到峰值后开始逐渐降低，工程进度也渐渐推进，施工队终于要攻克最为艰难的内陆地段了。是否能在内陆地区持续提供补给，决定了兵力和劳力的存亡。日方因此做出调整，为解决该问题，利用奎内河作为水路以支持兵站。进入9月份，雨季结束后，日方断然决定强行推动工程进度，在施工队与其他诸多部队的协作下开展建设。

四、在这样的进度下，1943年10月17日，纵贯东西415公里的两段铁路终于在孔库塔地区完成接轨。同月25日，日方举行了通车仪式。

第四节　铁路建设竣工及有关事宜（自1943年11月至1945年8月）

一、铁路建设竣工后，南方总军为了应对时局，着手于恢复战俘健康状况的事宜。首先就是改善泰国俘虏收容所的状况，主要手段包括完善卫生设施、提供营养补给等，在此基础上，还复归了马来俘虏收容所的第二分所——昭南俘虏收容所。

二、在建设施工队中，将患病人员集中于特定的营地，只使役健康的战俘从事施工，仅使用1 000人进行最后的建设任务，以减轻劳务负担。

另外，为了纪念在铁路建设中丧生的战俘及其他的一般劳务人员，建设司令官特别下令，在泰国和缅甸两侧分别建设慰灵塔，以慰亡魂。

三、将铁道施工队按批次转移至缅甸方面。进入1943年3月后，剩余的施工任务主要由第四特设铁道队负责，只留下了一小部分的泰国战俘营，以协助铁路建设事宜。而战俘的主体部分则将被转移至日本内地，需要恢复他们的体力以为此事准备。

四、直到二战结束时，仍有上千名战俘被日方使役以维持铁路的运行，他们的健康状况都得到了提高，同时，被盟军误伤的俘虏数目也是较小的。

**第二章　战俘营在铁路建设中的管理事宜、外部影响及相关的处理对策**

第一节　浅析造成施工中战俘营管理困难的诸多因素

（A）人为因素

一、由于作战的需求，泰缅铁路的建设工程有工期上的严格要求，正式施工的时间内有 10 个月（1942 年 11 月至 1943 年 8 月）其实都受到了条件的限制。本部分将浅析因强行推进施工而造成的诸多影响。

二、日军在热带雨林地区大兴土木，他们不仅在此前没有相关经验，动工前也没有做足周到的考察。

三、日军机械化的设备不足，后续的补给也很短缺。在此次建设中，只能用人力替代机械力，因此需要很大的劳动力成本。

（B）自然条件

一、艰难的地形条件

本次施工的地方是人迹罕至、瘴气漫散的雨林地区，诸多山系横断形成了泰缅边境，又给工程的难度更添一层楼。本铁路绵延 415 公里，其中土工总量大约有 4 00 万立方米，架桥长度约 15 公里。

本线在泰国的路段中需要大量开凿岩石，且需横穿美功河，在通过奎内河河谷时还需要在断壁悬崖上开辟道路。

而在缅甸方面，补给的发出往往以仰光为起点，途经锡唐河（Sittang River）和萨尔温江这两条河流进行输送（注：当锡唐河的铁道桥被破坏时，施工队就在锡唐河上紧急地临时架设了长度为 2

公里的木桥，以便列车正常通行)。由于没有并行可用的水路，所以陆上交通成了唯一的选择。

二、热带的天象气候

这里的气候常年高温多湿，只有在1月份才会变得寒冷起来，雨季时则较为凉爽、温度较低。

但是在雨季，人体很容易过敏，这种现象在缅甸尤为突出[注：特别是在丹那沙林(Tanintharyi Division)这个世界著名的降水丰沛的地区]。

临时建造的汽车车道以及新建的铁路线路在雨季很容易受到影响，维护难度大，这也给补给供应带来了困难。

在泰国方面，自5月中旬以来，汽车便无法通行了。缅甸方面也想尽办法以确保交通。

奎内河的丰水期时，可以利用航运，但在河水泛滥时，交通也不得不中断。

另外，进入雨季后，河流涨水也是个缓慢的过程，大约需要花费20多天有的路段才能通航。在此期间，有可能水路陆路都无法通路。

缅甸方面水流较为湍急，而且伴有流木，扎米河(Zami River)、温雅河(Winyaw River)两河上架设的铁路桥梁和公路桥梁一度均被冲毁，曾给补给的供应带来了很大的危机。

三、恶劣的卫生环境

施工的地方饱受恶性疟疾之苦，一年四季都受霍乱、黑死病以及痘疮等传染流行病的影响。尤其在雨季，人体免疫力低下，加之土著劳动力的迁入，这使卫生条件进一步恶化。

除了上述原因，和往年相比，施工年份的雨季足足提前了1个多月。我们虽做出了应对雨季到来的种种对策，但这样的提前确实超出了预想，还没来得及做出各类完善事宜，施工作业、物资补给、给食餐饮、卫生安排等都受到了深刻的影响。同时，霍乱也相继爆发了，这给战俘营的管理一度造成很大困难，有很多人因此死去。

第二节　相关对策与落实状况

要点：

一、本铁路能否成功建成，很大程度上取决于后方准备做得怎么样。南方军根据当时的诸多情况，为如下事宜做出了许多努力：①补给准备；②卫生对策；③确保与维持劳动力的供应；④确保充足的建设材料。

二、1942 年 6 月，在接到了开始准备建设事宜的命令后，南方军在正面（主要是缅甸方面）的兵站部队，特别是输送部队中投入了很大兵力，力图将他们召集至施工建设的地方，以快速推进输送的能力。但是 1942 年秋季，泰国中部平原的昭拍耶河（Chao Phraya）流域发生了大洪水，连曼谷（亦称"盘谷"）（Bangkok）的兵站也受水浸泡，形同孤岛，工程准备受到了很大的阻碍。

在另一方面，负责后方准备的部门也做出反应，同泰国政府进行了外交交涉，希望能够快速得到解决的方案。但是由于这是预料之外的事情，无法提前做出十全准备，因此铁路建设事宜一度暂停。

到了 1943 年 2 月，虽然仍受上述事件的影响，但是日方出于作战的需要，泰缅铁路正式开工动土，同时铁路工程的工期还被缩短了 4 个月。是有这样担心的声音，在质疑强行推进施工计划的可行性。但大本营及南方军一方面降低了建设的规格，另一方面增加投入了兵力与建设材料，同时，施工作业部也拼尽全力努力工作。

这些"促进对策"虽然集结了诸多方面的努力，但是从长远上讲，铁路建设仍然面临输送能力不足、应急的兵力与劳力补给困难等问题，最严重的时候，即雨季(尤其是雨季的提前来临，造成了极大影响)时，日方的战力也不能得到充分发挥。

(a) 对战俘的物资补给与健康营养照顾

1. 伴随着工期的缩短，增加兵力以确保能够推进进度，并为他们提供补给，这成了时下的燃眉之急。但是，当时的情况是，日方的根干部队充足，但兵站部队不足，此外运输的货车也是不足的，在排除万难后才抽调了足够的兵力。1943 年 4 月上旬，施工建设的地方开始提供统一补给。但是由于雨季的提前到来，日方尚未提出万全的对策，兵站的准备便受到推延，加之雨季补给供应困难，工程不得不受到延误。

2. 为了保障补给与运输，日方做出如下对策：

① 这些对策以雨季为重点，根据地形特点提出不同方案。在缅甸地区，设计了雨季防洪的道路；在泰国一侧，则是紧急修筑了另外的汽车车道，并利用奎内河开辟水路，日方还同泰国政府进行了交涉，获得许可以便大规模地使用船只。

② 南方军为了推动施工作业，新设了两个汽车中队，并为他们配备了 300 辆输送补给的货车，还另外设立了修理汽车的机构(二队五班)。为了铁路施工的准备事宜，调用了离岛作战的兵团。

③ 出于重型火车机车车头通行的考量，在泰国地区，距离铁路起点 90 公里处，将以开凿岩石为施工重点，并计划在旺内(Wang Noi)地区(距离铁路起点 125 公里)设立补给基地；在缅甸一侧，距离起点 18 公里处，也为重型车头的通行做出了准备。

④ 补给的推进：

在泰国方面，设立货物运输办事处，以万浦至北碧府一线、长度约 50 公里的路段为重点；在缅甸一侧，以仰光至毛淡棉的这一段为运输补给的重点路段。

3. 虽然日方提出了上述诸多对策，但在雨季仍然发生了如下状况：

① 1943 年 4 月 5 日，紧急修筑的汽车车道竣工了，同时，泰国一侧的马车车道也完成了翻修。由于路线盘弯，卡车的时速只能达到每小时 10 公里左右，平均荷载量最大只能达到 1 吨。新交付的运输补给的汽车在雨季投入使用 20 多天后，有一大部分（大约 200 辆）都产生了故障，实际上只能行使原计划 40％左右的里程数。因此，向内陆地区补给副产品也好、主食品也好，都面临很大困难。

上述是由于汽车延误、汽车车道工期推迟、旱季缩短等造成的输送力不足的问题。

而在缅甸方面，由于并行车道并不完备，即使在旱季，补给上也面临着一些障碍。

② 在泰国方面，截至 5 月中旬，重型火车机车车头的行驶路线已经可以抵达旺内（距离起点 125 公里处）了。但自 5 月起雨季就开始了，许多路基因此被冲毁。而进入 7 月份，奎内河河水泛滥，北碧府至班蓬路段受洪水浸泡，因此固然有新建设的铁路路线，但是列车被迫停运了 20 天左右。另外，自旺内起的线路的施工需要开凿岩石，除岩工程不得不有所推迟。在缅甸方面，截至 4 月中旬，重型列车车头便能抵达距离起点 40 公里处的位置了。但同样的，进入雨季后，路基变软，因而影响了列车的行驶范围。

③ 如上所述，旱季的补给事宜还算相对顺利，但进入雨季后，不论是在泰国还是缅甸，一方面，陆上线路的道路都化作泥泞，汽车无法通行，另一方面，由于水位无法迅速激增至可以通航的水

平,因此大概有1个月(自5月中旬起)水路也无法开通。受补给供应不足情况之逼迫,工程腹地100公里处的路段,其补给量不得不被缩减至规定的1/3—1/2不等,不能满足人们的需求。

进入6月以来,奎内河不断涨水,便可成为陆上运输线路的替代,依靠水路,兵站线得以继续往深处铺设。直至7月末,班蓬至尼基路段(约270公里)的水路兵站线完成了铺设。此外,日方同泰国政府进行了交涉,获得许可强行征用船只以推动工程进度。自3月以来,日方便开始征集船只了;至7月末,已经召集到曳船700余艘、艀舟1 200只;到了8月中旬,便可依靠水运,完全解决了补给供应的危机。

在这期间,上游地区河流湍急,由近卫工兵联队负责水上运输活动与陆上的工作,同时汽车中队的士兵也被调遣从事水上工作。在各地区各部队的努力之下,俘虏收容所才能依靠水上输送得到补给,勉强度过雨季。

④ 通过陆上及水上交通,向内陆各地运输与分发补给。副食品在战俘的饮食中占了相当的部分,自5月中旬以来,每天都有牛车车队拉着货物沿陆路向内地输送物资,在泰国,就有上千头牛成功地运送着补给。

⑤ 在缅甸很难使用水路,自4月中旬开始进入雨季后,补给事宜就面临着挑战。进入6月后,扎米河、温雅河两河上架设的铁路桥梁和公路桥梁均被冲毁。在五六月份的时候,施工作业队为了持续推进铁路建设,需要严防死守,保证补给路线的畅通,虽然颇为辛劳,但腹地的尼基地区汽车故障事件频发,那一带的补给一度中断,导致部分兵力不得不向后撤退。在泰国方面,伴随着降水量的增加,水路兵站线得以延伸,得利于此,直至7月份,尼基附近也终于能接到补给供应了。

⑥ 由于上述情况,向内陆输送补给在雨季尤为困难,受此影响,包括日军,施工有关的全体人员以及战俘,对他们的餐饮补给供应均缩减至规定标准的 1/3。

⑦ 泰驻屯军和缅甸方面军原本是要负责俘虏收容所的补给供应事宜的,但自 1943 年 4 月上旬设立了兵站线后,粮草补给就由铁道队负责了。

对俘虏的餐饮补给,是按照诸多规定定量发放的。1943 年初,南方军的规定是主食和肉类各 50 克,并可根据劳动负担适量增加。此后,餐饮规定多次有所修正,但结果都是增加分量的。

⑧ 进入雨季后,向内地的俘虏收容所分所提供定量补给便供不应求了。如前所述,日军为了方便建设部队向俘虏收容所提供补给,自 1943 年 3 月下旬以来,共向建设部队交付了卡车 30 辆、舟艇数十艘用于运输事宜。

除此以外,为了提高自身运输能力,俘虏收容所还获得了运货卡车 50 余辆、船只 50 余艘,致力于开展补给事宜。

⑨ 诸如蔬菜等副食品很难大量从外部获得。在旱季时,由于路途遥远,这类产品很容易在运输途中腐坏。而在雨季,由于运输困难,常常不能将之送至目的地。

在此情况之下,日方出台了致力于使副食品自给自足的方针,在奖励开辟种植园栽培副食品的政策鼓励之下,这方面问题的解决颇有成效。但在奎内河流域霍乱爆发之时(5 月至 9 月),日方也曾下令禁止下河捕鱼,这对于改善人们的饮食生活一定程度上起到了反作用。

⑩ 南方军提出了特别的补给计划,专门为俘虏提供他们喜欢的黄油、芝士、砂糖、咖啡、红茶等物资。

⑪ 由南方军给俘虏配发的服装虽有更新换代,但是补给配发

等事宜做得并不充分。

⑫ 如上所述，雨季期间补给困难。雨季结束后，缅甸方面还受到了盟军的反攻，战况焦灼。自 1943 年 4 月至 9 月，日方沿已经建好的铁路路线向缅甸输送军团（共派出两个师团，以及一个军直辖部队的一部单独军），兵力增多后，建设部队所分配的粮草就相对被缩减了。

如此一来，营地的粮草补给不免显得准备不足。日军及战俘不得不面对着资源匮乏的困苦局面。

（b）住宿条件

1. 泰缅两国的住宿条件与营房设施略有不同。

在泰国地区，其施工队在雨季能利用水路获得补给。为了高效地推动全线的工程进度，于是便采取了在不同地点同时开展施工作业的方式。由于接到缩短工期的命令，因此迅速地在内陆地区取得进展是极为必要的。战俘营地宿舍是用竹子搭设的，屋顶铺有茅草。从事建设工程的人员还没住满这样的小屋，施工作业的具体据点处还搭设了帐篷供人使用。

南方军所拥有的全部作战资源大概是够分发给 5 万人使用的，在后来，建设部队还另外收到了一万几千人份额的补备资源。

2. 至于缅甸方面，在施工的最开始就考虑过雨季的补给问题，后来确立了自起点处起依次给各站点输送的方案，踏踏实实地推动施工作业的进度。缅甸方面每隔 5—10 公里处设有战俘营地，此外，也使用帐篷作为移动的住处。

3. 俘虏收容所须自主安排营地，建设施工部也需协助管理战俘的住宿事宜。收容所为了提高机构内部管理，收容了相当多部分的作业施工人员（见附表一）。

4. 到了 5 月份，进入雨季后，在帐篷里生活的种种不便开始显露出来了。帐篷是在潮湿的泥土上搭建的,其卫生条件堪忧。另外,营地宿舍也需要被改造,而当地能收集到的材料只有竹子和茅草,从其他地方运输建材又很困难。在内陆腹地 100 公里左右的营地宿舍虽经过修缮,但在连日豪雨的条件之下,仍有很多不完善的地方,还有很多卫生问题,很多人都过敏感染了。

5. 为了方便向缅甸派遣部队,兵站部队沿着汽车车道做出如下安排:每隔 20—25 公里处,以 250 人为基准,设置帐篷休息处;每隔 50—70 公里,以 500 人基准,设置宿营地。这些设施在 5 月上旬完工,旨在解决施工人员及战俘的在工地的流动住宿问题。

(c) 卫生状况

1. 卫生工作的概况

① 施工人员的健康状况是决定本铁路建设能否顺利竣工的重要条件之一。南方军借鉴了开凿巴拿马运河的案例,因此在此次工程中,把卫生工作看得极为重要,增强了卫生机关的职能:在南方全域设置了专门的防疫与给水部主管南方军的防疫与给水问题,设置直辖的卫生机关以便铁道建设指挥官对大部分问题进行集中管理,尽量抽调资源以满足第一线兵团的需求等。和一般的作战状况相比,本工程着实是颇为努力和上心的。

② 关于俘虏的卫生安全问题,则由管理战俘的机关按照系统规则具体实施,主理人员包括大约 900 名联合国的卫生部员及一部分日军卫生部员。按规定,每个卫生部员需要照料大约 55 人的健康状况,但在日本军队内部,随队的卫生部员每人需照顾 100 名士兵,而对于一般劳务者的照料,每名卫生部员则需负责 200—300 人。此外,由于俘虏收容所缺乏有关的野战机动装备,故有关人员的综合能力不能得以充分发挥。

③ 在泰国的俘虏收容所，一开始便有建设部队的协助，加之卫生劳务从业者能够贯彻其独立的立场，另外，日军的卫生机关还能提供所需要的帮助。在 1943 年 7 月，建设指挥官还指示并下令，全面强化卫生劳务系统，以提高卫生事务的有关表现。

④ 南方军铁道队卫生队的编组详见附录四。

而在缅甸方面，则由缅甸方面军的卫生机关主要负责并安排具体事务。南方军铁道队卫生队主要负责统筹安排。

⑤ 对战俘和日军分别做出不同安排：

ⅰ. 日军共有两个联队合计约 4 000 余人从事工程监督及技术指导等事宜；而战俘们则主要从事一般施工等体力劳动。和战俘相比，日军的劳动强度较低，因此在同样的环境下，他们的健康表现是不一样的。

ⅱ. 和日军相比，战俘更不适应在野外条件下生活，抵抗力更弱。

ⅲ. 与所穿着的服装亦有关联，战俘们穿的是半裤，容易患上热带溃疡，因此他们的损伤更大。

⑥ 战俘、日军、一般劳务者的死亡人数统计如下：

共计 5 万名战俘中，死亡约 1 万人(20%)。

共计 1.5 万名日本军人，死亡约 1 千人(7%)。

共计 10 万名的亚洲民夫中，死亡(还另包含逃跑的人员)约 3 万人(30%)。

⑦ 南方军铁道队卫生部长北川大佐因为募集药物补给，在奔波途中乘坐飞机发生事故，因而战死。

**附录四:南方军铁道队卫生队一览表**

| 卫生队长:北川军医大佐(战死后继任者为羽山军医大佐) | |
|---|---|
| 南方军防疫给水部主力 | 从昭南方面调用 |
| 第二师团野战医院 | 从马来方面调用 |
| 第二十一师团野战医院 | 从法属印度支那方面调用 |
| 第十六兵站医院 | 从缅甸方面调用 |
| 第五十六师团野战医院 | 从缅甸方面调用 |
| 第三十一师团防疫给水部及卫生队各一部 | 通过兵团 |
| 第二师团防疫给水部及卫生队各一部 | 从马来方面调用 |
| 第五十四师团野战医院 | 通过兵团 |
| 第十六患者输送班 | 从泰国方面调用 |
| 其他铁道部队兵站地区队的卫生部员 | |
| 俘虏卫生劳务工作人员 | 特别编制而成 |
| 提供协助的部门 | |
| 当地劳务者组成的师团 | |
| 南方军第二陆军医院 | 位于曼谷 |

2. 不同情况下对患者的处理方式

i. 营养失调

俘虏开始施工作业后,1942 年 11 月,南方军派遣了军医部员赶赴施工现场进行考察,旨在改善战俘的健康营养条件,决定增加每日定食的分量(主食及肉类各 50 克),增加蚊帐与毛毯等物资补给。而在 1943 年进入雨季后,交通路线总会不时中断,对于内陆腹地的补给分量不得不减半,但是施工进度却被强行推进。因此免不了面临着施工的时间不够、建设的资材不足、卫生环境恶劣等问题。

强行推动工程进度带来了一系列后果。1943 年下半年以来,战俘的体力明显下降了不少，很多人都患上了营养失调，因缺乏营养而死亡的人数亦呈涨势。到了10月份，很多重症患者都被转移至曼谷附近进行疗养，处于恢复期的患者还被集中至北碧府地区从事轻量的劳动工作。为了使战俘保持健康和体力，他们的工作任务有所减轻，餐饮补给有所改善。直至进入1944年，战俘的健康状况才渐渐好转，死亡人数才有所降低。

ⅱ．霍乱

对于急性传染病的防疫工作，最为艰辛的是霍乱和疟疾了。为了防止疾病通过水源扩散，南方军在本次工程中使用了卫生净水机共计454台(其中包含车载式机器7台)。对于俘虏的管理，则在各施工中队安排了联合国的卫生下士官，编成了防疫给水班，提供了卫生净水机一组，并装备了相当的防疫急救所需的卫生材料，以期能够对患者提供全面的诊断与治疗。卫生队还在北碧府设置了本部，以便提供防疫指导工作，安排细菌检查、消毒等各种防疫措施。

对于参与本次工程的全体人员，在他们出发赶赴现场之前，都为他们接种了霍乱疫苗，以期能够全面预防疫情。

霍乱最初于1942年11月在缅甸方面发生，一开始是在当地劳务者中发现病例的，日方对策并没有采取非常严格的防疫措施。直至1943年4月，疫情越过泰缅边境，影响到了泰国方面，才因此受到关注。

疫情状况时好时坏，直至到了5月份，在日军和战俘中也发生了相关病例，南方军才派出卫生部员赶赴现场进行指导。各部队和卫生机关全力以赴抗击疫情，施工作业任务一度中止。7月下旬，部分地区的疫情得到了控制，后来情况逐渐好转，到了10月份终于得到了全面控制。在6月份的时候，陆军省医务局曾派出其科员赶赴现场进行视察。

霍乱爆发的具体情况如下(截至 1943 年 6 月底):

| 期别 | 期间 | 发病数量 |
| --- | --- | --- |
| 第一期 | 1942 年 11 月—12 月 | 43 |
| 第二期 | 1943 年 2 月—3 月 | 48 |
| 第三期 | 1943 年 4 月—5 月 | 568 |
| 第四期 | 1943 年 6 月 3 日—6 月 30 日 | 2 046 |
| 共计 | | 2 723 |

6 月过后疫情进一步恶化,截至 8 月 10 日,累计约 6 000 人染疾,其中死亡的人数高达 4 000。在战俘中,有大约一两百人染疾,其中死亡率高达 50%。疫情规模如此之大、死亡率如此之高,其主要原因如下:①在当地劳务者中,身染霍乱的患者没有住院,而是选择了逃跑,因此加剧了病原体的传播;②疫情发生于奎内河的上游地区,沿河流扩散至下游的施工处;③管理战俘的后勤人员素质不高,不能对防疫措施做出彻底安排;④交通运输受阻,导致防疫物资的补给困难等。

但是,在如此恶劣的条件之下,疫情还是在相对较短的时间内得到了控制,防止了霍乱在更大范围内爆发,有关卫生机构的行动还是值得认可的。

3. 疟疾

抗击疟疾是卫生机关工作任务的重中之重。各部队都组织编集了预防疟疾的小队(抽调了 1/10 作用的人员,包括将校以下级别的士官 341 名,劳务人员约 5 000 名),由南方军防疫给水部统筹管理,提供科学知识和相关技术指导。

主要有如下五项预防对策:

A. 贯彻落实预防疟疾的职能；

B. 为防止被蚊虫叮咬，提供蚊帐、防护服、蚊香等设备；

C. 防止蚊虫的滋生与繁殖，采取灭蚊、排水、撒油、及时清理卫生等手段；

D. 通过内服药物的手段预防疾病，不论是日本军人、战俘，还是当地土著劳动力，每人每月均可被分发到常规药物 45 片、特效药 3 片；

E. 一旦在早期发现了患者或原虫携带者，及时对他们进行隔离与治疗；南方军还安排了热带医学研究所的教授大森博士对有关工作提供帮助。

工程建设中，每月疟疾的发病率如下：日军为 1%—7%（根据巴布亚新几内亚方面）；俘虏为 0%—11%（部分地区发病率高达 20%）；土著劳动力为 10%—20%。

如上数据显示，日军的发病率总体较低，携带原虫的潜伏期患者几乎全部都在病发前得到了治疗，抑制了病情。对于战俘的管理，也算是取得了良好的成绩。

ⅳ. 热带溃疡

许多战俘身患热带溃疡，但是此病难以医治，只能在预防层面下手寻求对策，包括提供鞋靴等，治疗中主要使用的是秋水仙碱（Revile）、阿斯凡纳明（Salvarsan）等制成软膏进行缓解。

至于此病为何在俘虏群体中多发，则是由于白种人皮肤的抵抗力较差，而且还是裸露着小腿进行工作。日军在有了相关知识经验后，配发了具有消毒功能的药材，并派出专家以研究有关对策，最终形成了相对完善的治疗方法。

ⅴ. 其他疾病

一般而言，营养失调的人会患有赤痢与肠道疾病等，此外，少数患者还会染上黑死病、痘疮等疾病，所幸，这类极端的疾病在1943年初扩散前就被控制住了。

综合上述各种疾病，战俘的使役率大概在60%—70%，即使在条件最为恶劣的腹地地区也有40%左右，而在对健康状况管理较好的情况下则能够达到80%。截至1943年7月8日，在5万名战俘中，住院人数大约有3 000名。

ⅵ. 俘虏患病种类一览见附表二、附表三。

3. 卫生物资的补给

对于这条铁路的建设施工队而言，南方军提供的卫生物资是所有补给中的重中之重。尤其是治疗疟疾的防疫物资，奎宁等药物产于爪哇，可以就近取得，且补给量充足；而卫生净水机、其他的卫生设备等则需要从日本本土运输过来。1943年中央对南方军补给了大约5万份（共计1.7万吨）物资，到了1944年分量就减半了，其中的20%在海运途中沉没。面对库存不足、向工地运输补给困难等问题，南方军就在卫生防疫物资匮乏的情况下推进了施工作业。

4. 小结

总而言之，在种种条件的限制下，已经是尽最大努力对俘虏的卫生与健康状况做出尽可能完善的安排了，但是仍然产生了种种不良后果，原因大致如下：

ⅰ. 施工进度被强行推进，强行要求工人在卫生设施不完备的条件下从事施工作业；

ⅱ. 施工现场的卫生环境极为恶劣；

ⅲ. 道路不畅，加之交通运输能力一度在雨季被切断，补给供给极为困难；

ⅳ. 土著劳动力在卫生事务上缺乏安全意识，给管理工作带来了很大的混乱；

Ⅴ. 战俘的管理人员不能提供明确彻底的方针，管理不当。

上述种种因素综合起来造成了患病人数、死亡率高居不下。

**第三章 俘虏管理及使役情况之概述**

第一节 有关使役俘虏的安排

一、本条铁路建设的工程量大，需要大量的辅助人员，紧急招募大量的土著劳动力（泰国、马来、缅甸、中国、爪哇、安南人等）是有困难的，此外，他们的劳动能力、体力表现均不优秀，因此不能在短时间内成为本项目的主力军。

二、有鉴于此，南方军向大本营上报请求使役战俘，大本营同意了第一点中存在的问题，且认可了泰缅铁路是连接两国的交通要道，因此准许对俘虏的使役。

三、在建设准备的初期，铁道部队就管理了一部分的战俘，让他们从事工程准备的有关事宜。在泰国的战俘收容所编成后，俘虏由收容所统一管理，从事建设施工任务。

四、随着工程的推进，特别是工期被压缩后，为了增加劳动力，不得不从爪哇、婆罗洲、昭南岛、法属印度支那等地调遣大量的战俘，将他们编集到泰国俘虏收容所之下进行管理，此外，还从马来俘虏收容所第二分所调遣了一位建设指挥官协助管理。

五、上述诸项是泰国方面的情况，战俘们通过铁路便可抵达目的地；而在缅甸方面，战俘们多需搭乘船舶，在内陆腹地甚至需要徒步行军才能抵达至工地。具体的运输情况详细参加本书第五章。

第二节 浅析战俘营的管理人员与使役俘虏的部队系统之关系

一、为了完成铁路建设，对战俘的具体管理任务详见前面的附录三。

二、泰国的俘虏收容所自其编成以来(1942 年 8 月),直至1943 年 7 月为止,这一年来为建设部提供了不少协助工作。

三、这之后,由于气候问题,患病人数不断增多,工期不得不被推迟。为了提高施工能力、推进补给运输、完善卫生管理等事宜,建设部与俘虏收容所一体化的必要性因此提高。1943 年 7 月起,泰国俘虏收容所被纳入建设指挥官的管理之下。

四、马来俘虏收容所第二分所于 1943 年 3 月就被纳入建设指挥官的麾下。

五、对战俘的使役并不是由施工现场的建设队单方面决定的,而是按照俘虏收容所分所长同铁道联队大队长/中队长之间的协议决定的,俘虏收容所对俘虏进行安排,具体内容包括劳务时间等问题。

俘虏收容所被纳入建设指挥官的麾下后,是以建设指挥官的命令为基准,派遣指定人员到指定地点工作,对于管理本身的事务并没有任何干预,建设部队则根据具体情况最大限度地对管理工作提供协助。

六、对于那些少部分有特别技能与本领的战俘,则按照收容所与建设部的协定,由其所属单位的管理人员做出安排,或被派遣至兵站部作为汽车驾驶员,或被派遣至材料厂作为技工等。

七、收容所的营地随着工程进度的推进而搬迁。为了不浪费设施和资源,故不会在小范围内移动。8 月,营地宿舍等准备完工后,才下令指示进行搬迁。

八、如上所述,对战俘的管理机关和使役战俘的机关,二者其实是紧密相连的。在关心战俘的身体健康、对他们抱有同理心的基础之上,管理工作才能良好地进行。这些要求被作为训示,由俘虏收容所所长的部下向下级依级传达。

## 第三节　对战俘的管理及使役情况之概述

一、1942 年 8 月中旬，泰国俘虏收容所在曼谷完成编集。设立之初，这里共收纳了大约 3 000 名战俘，以便协助泰缅铁路建设的各部队进行施工。1942 年 10 月至 1943 年 3 月期间，曼谷及毛淡棉的战俘营多次吸纳了来自马来及爪哇的俘虏，所接收的俘虏人数共计 50 637 名(含死亡人员)，主要在泰国方面进行管理(战俘约 3.8 万名)，由泰国的铁道第九联队、缅甸的铁道第五联队协助相关事宜。

二、1943 年 4 月，为了推进本次建设的工程任务，又从马来俘虏收容所第二分所增派了约 1 万人，调遣至尼基、金赛约克从事施工。

三、在初期，俘虏收容所的设施不全，且没有专门的运输机关，只能通过建设部队用货运汽车转移俘虏与输送补给，到了内陆腹地，战俘只能顶着炎热长途跋涉徒步行军，等抵达目的地的时候，已经有三成人患病了，加之补给输送不畅、宿营条件恶劣、餐饮资源紧缺等因素，使得患病人数进一步增多。

四、1943 年 5 月，泰国方面的铁路上列车已经可以行驶至距离起点 120 公里的万莱(Wanlain)处，而在缅甸方面则可抵达距离起点 40 公里处的安那可宛(Anakwain)处。如上所述，这年的雨季提前来临了约 1 个月，且降水量和往年相比更为丰沛，因此给输送补给造成了很大困难，内陆腹地的补给供应不得不缩减至原来的 1/3—1/2。雨季气温相对较低，人体体能消耗大，按照原定命令，工程还是被继续推进，工期仍计划于 8 月末竣工(但霍乱一度爆发，曾经暂停施工)。由于是在雨中施工，对战俘管理的难度加大，许多人也在这段时间患病，霍乱和热带溃疡肆虐，战俘的上工率一度降至低谷。

五、6 月下旬，部分施工地区发生了霍乱，疫情呈缓慢传播的态势，于是，从马来俘虏收容所派出 230 名战俘至铁道部队工作，被调遣的人员都是军医卫生下士。

六、进入 9 月，雨季终于渐渐结束了，陆路畅通，也能把奎内河作为水路同时开通，补给输送态势良好，加之兵站部队的协助与俘虏收容所编内人员的奋力工作，物资能够保持定量分发，历时 1 年有余的疫情状况也开始好转。卫生设施得以输送至物资匮乏的内陆腹地，死亡人数、患病人数逐渐降低。

七、1943 年 10 月建设竣工后，泰国俘虏收容所将 1 000 名身体健康的俘虏调遣至内陆腹地，让他们从事铁路修缮与加固事宜。此外，还将战俘的主体人员集中至平原地区，使他们恢复体力休养生息，战俘营的管理也恢复至正常的模式。尤其是在班蓬、北碧府附近，设立了多所疗养所；在佛统府耗资 150 万元建设了战俘医院，致力于收治患者。此外，还分发了超额的餐饮与营养照顾所需的物资。战俘们的健康状况日益好转，死亡人数也渐渐减少。

马来俘虏收容所第二分所在同年年底也采取了类似的政策，致力于改善战俘们的身体健康状况。

八、泰国俘虏收容所的布局与安排见文末附图。

九、铁路建设中，使役战俘的劳务状况、患者数目、死亡人数详见文末附表。

（注）俘虏收容所为了提高管理水平，从宿营地建设班、特别医疗班调集人员，编成输送补给班，由此才打破了环境恶劣、条件困苦的僵局。

## 第四章 铁路建设中发生的相关事件

### 第一节 侮辱尸体的事件

一、昭和18年(1943)6月某日,铁道第九联队第二中队队长陆军中尉藤井洁出于防疫上的顾虑,对一名身染霍乱的战俘(已死亡)进行了射击。

二、在泰国驻屯军的军法会议中经过公审,涉事人员被判无罪,但认为其行为是不当的,所属的部队指挥官要求对他进行惩罚,陆军省对他做出了停职处分,罢免之职务,将他遣返回日本内地。

三、建设指挥官还处分了他本人所属联队的队长。

四、有关文书没有记录该事件的详细经过。

第二节 其他事件

除了第一节以外,军中央认为对于此类事件的调查存在困难,但也会派人前往现场探究真相。至于600人从悬崖上坠崖身亡的事件,绝对是无中生有的。

**第五章 日方为应对联合国的抗议而对特殊案例做出的说明**

第一节 泰缅铁路建设中日军对待战俘的问题

一、要旨

要探究在泰缅铁路建设的工程准备期间与施工过程中战俘是怎样被对待的,只要把握建设施工过程的事实,真相便可自然而知。

如前文所述,在当时诸多条件的限制下,施行的已经是尽可能完善的方案了,但是结果仍然造成了很多人的牺牲。

除了上述内容,工程建设路段的交通运输情况和行军状况也需要被特别说明。

二、铁路运输的有关事项

(1)铁路建设与施工时,在泰国与马来之间是使用铁路运输来输送战俘的。在马来虽然有大约3 500趟车,但由于损坏等问题,可以使用的车次只有 1 700 趟左右。由于作战要求，交通运输量大，但区域间通信困难，所以采取的是对法属印度支那、泰国、马来、日军方面的列车混用管理的方式，以推进运输计划。但车辆联用，不便管理。南方军铁道队下令让第三野战队司令部负责铁路运输中的人员输送事宜，在马来亚—泰国南部—金边一线，采取的是一次输送 700 人(25 节车厢，每节车厢 28 名乘客)的标准。

不论是运输战俘还是当地的土著劳动力，日军都采取上述的统一标准。所使用的车辆，是由无盖车厢(LS)和 5 节有盖车厢(CG)组合编成的，即当时日方主要是利用载货列车进行人员输送的。

根据现场的情况，有盖车厢和无盖车厢的比例以及具体搭载的人数是有变动的。

(注)具体车辆使用情况如下：

| ①昭南—曼谷 | 2 趟列车 | 10 日×25 车×8 列车＝500 车 |
|---|---|---|
| ②金边及北部线 | 1 趟列车 | 15 日×25 车×1 列车＝375 车 |
| ③昭南—克拉地峡 | 1 趟列车 | 8 日×25 车×1 列车＝200 车 |
| ④昭南运输石炭的列车 | 5 趟列车 | 6 日×25 车×1 列车＝225 车 |
| ⑤局地军用列车 | 1 趟列车 | 6 日×25 车×1 列车＝150 车 |
| ⑥军民混用列车 | 1 趟列车 | 6 日×25 车×1 列车＝150 车 |
| 合计 | | 1 600 车 |

上述为常规条件下列车的运行情况，但有时也面临着车次不足、输送能力被压缩等问题，因而引发了诸多事故。这是其作为战地的军用铁路，不可避免的事情。

(2) 运输中的餐食给养与卫生状况：

按照南方军的规定，餐食给养中，主食部分由军方提供，副食品则是自行筹备的。泰国、马来、法属印度支那等地区均绞尽脑汁费尽心思以改善副食品的获取方式。

由于食物运输涉及卫生问题，俘虏收容所往往派出管理人员，同附近的车站司令官与有关的卫生机关取得联络，一同做出安排。

司令官在到达工地后要保存体力，以便安排向车站输送战俘、餐食给养与卫生等事宜，以减少疏漏。

三、开通船舶航运的条件

（1）开战以来，日方船舶数量激增，用于人员与物资输送。

（2）针对船运能力不足的情况，采取如下对策：

（一）运输上的对策

ⅰ. 人员的输送：（船舱荷载重量）

开战后至昭和 17 年（1942）中期：5 吨。

昭和 17 年（1942）中期至昭和 17 年（1942）末：2 — 13 吨 。

昭和 18 年（1943）初至昭和 18 年（1943）中期：10 — 20 吨。

昭和 18 年（1943）中期后：少于 10 吨。

ⅱ. 汽车与武器的输送：

自昭和 17 年（1942）中期以来，原则上是将有关物件拆分后再进行运输。将卡车整车运输的话，一辆车重约 70—80 吨，若将其拆解后运输，则重量为 20—30 吨。

ⅲ. 马匹的输送：（船舱荷载重量）

开战后至昭和 17 年（1942 年）中期：10 吨。

昭和 17 年（1942 年）中期至昭和 17 年（1942 年）末：9 吨。

昭和 18 年（1943 年）后：马匹成为作战的必备资源，船舱运输能力不足。

注：①马匹不能像机器一样被拆解开后再行运输；

②运输马匹的政策和人员输送的政策一样，都是让他们塞满船舱。

（二）输送的情况

迫于运输压力，具体安排如下：

ⅰ. 在中部太平洋的航线上，光是荷载量为 8 000—1 万吨的船舶就用了 3 艘（“三池丸”1.1 万吨，“崎户丸”7 900 吨，“京山丸”8 600吨），其中运输的人员大约有 1.5 万名，运输的汽车有大约 200 辆，除此之外，还运送了很多其他军需物资。

ⅱ. 在中部太平洋的航线中，荷载量为 6 000 吨的船舶（“玉鉾丸”）沿釜山—横滨—卡姆列岛（Mu Ko Kam）一线进行航运，搭载人员有 6 000 名，还输送了汽车 60 辆及其军需物资。

ⅲ. 在南部区域（往昭南岛输送物资的船只有二，荷载为 1 900 吨的“扶馀丸”，荷载为 1 500 吨的“关东丸”），为了最大限度地利用船舱空间，船上不设厨房，不进行炊事，只用香蕉等作为餐食给养。有时仅仅在 1 坪的空间里，实际上就塞满了 29 名乘客。

ⅳ. 为了便于人员运输，对船只的舾装①进行如下设置：

① 对船舶的舾装进行改装，进行“决战输送”（具体参见本段末的附录）。为了增加航运输送的人数，当甲板上没有空间时，就常常利用舾装的空间载人，使用两段甚至三段舾装载客。

② 至于睡觉的小隔间，其空间非常狭小（最小的仅 0.75 米左右）。

---

① （译者注）船体主要结构造完后，就从造船平台下水。舾装是指舰船下水后舰船内的机械电气电子设备的安装。外舾装：包括舵设备、锚设备、系泊设备、救生设备、关闭设备、拖带和顶推设备，还有梯子、栏杆、桅杆等。内舾装：舱室的分隔与绝缘材料的安装，船用家具与卫生设施的制造安装，厨房冷库和空调系统的组成与安装，船用门窗的安装。

③ 就像上面描述的，在舾装的位置上开辟了睡觉的小隔间，并且最大限度地增加载客数量，这种行为被称为"极限搭载"。由于这种操作，船舱内空气循环不通透、氧气不足，加之餐食给养简陋，人员在狭小的空间内也休息不好、睡眠不足（甚至不能平躺），许多人在运输过程中因而生病。

（3）军需物资的输送：战况告急，军需物资需求量增大，飞机增产的需求也愈发强烈。南方区域盛产铝土矿，这是制造飞机必须的材料，因此有关运输需求也快速增长。

附录："决战输送"

· 5 000 吨以下的小船可以改造 1—2 段舾装，增加 15—20 坪的可利用空间；

· 在驾驶室的两侧及后方有 2 段舾装，改装后可增加 5—10 坪空间；

· 以"日昌丸"为例，对船舶的洽谈间（Saloneze）进行改装后增加了 40 坪空间；

· 以"日昌丸"为例，对其客舱进行改装，使其搭载人数翻了 3 倍；

· 原本储藏石炭的仓库也被改装成睡觉的小隔间。

四、马来俘虏收容所第二分所派遣战俘徒步行军移动至施工地点的情况

（1）概要

1943 年 5 月，为了推进施工进度，从马来俘虏收容所第二分所调遣人员至铁道队下属工作。自出发至班蓬附近，尚有铁路交通可以搭乘；而自班蓬起，战俘们只能徒步行军抵达尼基分所、金赛约克分所。这是由于运输能力不足，不得而为之的情况。

（2）伴随工程的进展，在向内陆腹地输送兵力、劳动力时，只能

依赖唯一一个运输机关。随着时间的推移，卡车渐渐不能满足运输需求，同时河流虽然涨水，但未能达到通航的水平，舟艇的使用也受到了限制。

（3）在此情况下，做出如下徒步行军的安排：

1. 自 4 月下旬，沿兵站线行军，途中可以利用兵站的设施，并可获得有关宿营、餐食给养等帮助；每隔 20—25 公里便有供人休息的营地（主要提供帐篷等野营的设备）；

2. 每天行军 20—25 公里，酷暑难耐时在夜间行军；

3. 为了在行军途中强化防疫事宜，将掉队的人送进附近的卫生机关，并在后续联系有关部门使用汽车运输患者；

4. 在餐饮给养上提供照顾。

（4）按上述要求，第三十一师团于 4 月上旬徒步行军前往缅甸方面。

（5）作战兵团亦也曾行军 400 余公里，战俘们被强制要求行军更是不言而喻了。

（6）当时的行军情况参见附图二。

第二节 “毛淡棉”地区战俘的相关案例

一、要旨

自 1944 年末起，各相关方面都赶赴现场，对本案例做出了长期的调查，试图探明有关战死/病死及向其他地方转移的人员的详细情况。在这些抗议的文件中，涉及的人员的数据有所不同，有些文件还对细微的个案大肆宣传，甚至捏造出无中生有的事情。本调查书经过判别后做出如下说明。

二、有关经过

（1）1942 年初，在毛淡棉及其附近区域吸纳了大约 2 万名战俘；

（2）自 1942 年 3 月至同年 6 月，在毛淡棉及其附近区域接收了 120 名左右的英国出身的、级别为将校等级以下的俘虏，还吸纳了大约 700 名的印度战俘；在土瓦地区的战俘营中，则吸纳了部分敌对性的市民及 79 名印度俘虏。毛淡棉的战俘于 1942 年 6 月起，土瓦的战俘于 1943 年 2 月起，被集中迁移至勃固的野战俘虏收容所（1942 年 3 月 19 日设立）。

（上述内容出自马来俘虏收容所的报告）

（3）随着泰缅铁路建设工程的开展，劳动力不足的问题逐渐凸显，故出台了使役战俘的政策。1942 年 10 月，在爪哇调遣了 9 535 名战俘。1943 年 1 月，又从新加坡调遣了 1 946 名战俘。他们都被送至缅甸的丹彪扎亚附近（距离毛淡棉南部 50 公里左右）从事建筑工程。

（4）上述战俘都被编入泰国俘虏收容所之下。

三、具体状况

（1）泰缅铁路工程的建设自进入准备阶段后，就有 5 名英国战俘、5 名印度战俘（数据来源于缅甸的战俘收容所）在收容期间死亡。当时缅甸地区处于作战的初期阶段，尚且难以从后方获得有关补给，故所需的物资主要都是从本地获取的。同时，餐食给养的供应也不充分，即使是日军本身也面临同样的供应困难。

（2）着手推进泰缅铁路工程后（1942 年 10 月以来），在丹彪扎亚以东的区域亡故的战俘数目详见附表一。在缅甸，有 10 名战俘于 1942 年 10 月亡故，有 12 名战俘于 11 月亡故。部分抗议的文件夸大了死亡的人数，与事实不符。

（3）在泰缅铁路的建设中，由于战事告急，加之日军的资金匮乏，所需的各种资源、材料与装备供应不足，这种条件下还强行推进了施工任务。同时，铁路的路线设置穿越的都是人迹罕至的密林地带，不论是俘虏的住宿条件、餐饮给养、卫生设备等，都与正常条件下的工程建设大不相同。另外，1943 年雨季时，交通线路一度被迫中断。不论是日军还是战俘，都在建设中吃了很多苦头。

尤其是在疟疾流行时，很多人都患上了肠道疾病，日军即使集中卫生资源调动有关机构，也难以及时控制疫情。

更何况战俘们先前都是生活在文明社会下的，一时难以适应野外生活。

直到 1943 年 10 月泰缅铁路通车后，各种设施也有所完善了，患病人数、死亡人数才显著地降低了。

具体情况参见第一章至第三章。

四、有关战俘事宜的真实情况

（1）1944 年 2 月抗议侮辱俘虏的有关案例并不属实。

（2）但当时，在丹彪扎亚以东地区，在泰缅铁路建设完工后，还有一部分战俘在从事善后作业。他们被收容在毛淡棉市内的战俘营中，那里的食品与其他材料、物资等难以得到持续供应。

第三编　结论

一、在泰缅铁路的建设中，许多人付出了生命的代价。如前文的分析，原因主要包括开工前没有做出周全的准备、建设工程量大但技术与装备不足，还有日军强行推动工程进度，造成了不必要的牺牲等等。

大量使用战俘让他们从事军事铁路的建设是违反联合国公约的，此外，还发生了诸多虐待俘虏的事件。本调查书主要详述了上述情况。

二、许多人在泰缅铁路建设中身亡，在后来的审判中，主要对如下三人进行了追责：下令铁路建设有关事宜的时任参谋总长（杉山大将），批准使役战俘的陆军大臣（东条大将），建设、负责现场施工事宜的南方军总司令官(寺内大将)。

三、联合国通过官方与民间多种渠道,调查了泰缅铁路建设以及有关的虐待战俘事件,将诸多罪行公之于众,使战犯受到了法律的审判。

## 附表与附图

### 附表一 俘虏劳务状况月份统计表

月別俘虜勞務従人員統計表

| 月別 | 總員 | 鉄道作業 | 分所作業 他部隊雜役 | 計 |
|---|---|---|---|---|
| 一九四二 八 | [illegible] 二、九八七 | 五二、八三四 | 二七、九六二 | 八〇、七八六 |
| 九 | 二、九八七 | 三九、一二〇 | 三六、六六〇 | 七五、七八〇 |
| 一〇 | 九、九四七 | 一九八、六一七 | 五九、〇二四 | 二五七、六四一 |
| 一一 | 二三、一七六 | 三二九、四九〇 | 一五三、七五〇 | 四八三、二四〇 |
| 一二 | 二八、一六七 | 四〇五、八八三 | 一九八、五八六 | 六〇四、四六九 |
| 一九四三 一 | 二九、六六三 | 四二一、七二四 | 二一九、八二一 | 六四一、五四五 |
| 二 | 三三、七七六 | 五四八、三二四 | 二四八、八六四 | 七九七、一八八 |
| 三 | 四〇、五五四 | 六四四、三六六 | 二七二、五八三 | 九一六、九四九 |
| 四 | 四五、一一三 | 七二三、四九〇 | 二二四、九一〇 | 九四八、〇〇〇 |
| 五 | 四七、九二二 | 七五六、四三一 | 二四〇、七一五 | 九九七、一四六 |
| 六 | 四五、八五六 | 六二三、二二〇 | 一四九、七六〇 | 七七二、九八〇 |
| 七 | 四七、五五八 | 六五五、七一二 | 一五一、五五九 | 八〇七、二七一 |
| 八 | 四七、七三七 | 四六〇、一三三 | 一九一、六七三 | 六五一、八〇六 |
| 九 | 四五、八七三 | 四五三、六六〇 | 一五六、五七〇 | 六一〇、二三〇 |
| 一〇 | 四五、一三〇 | 四六二、三六五 | 一六一、六九六 | 六二四、〇六一 |
| 計 | | 六七七四、九五九 | 二四九四、一三三 | 九二六九、〇九二 |

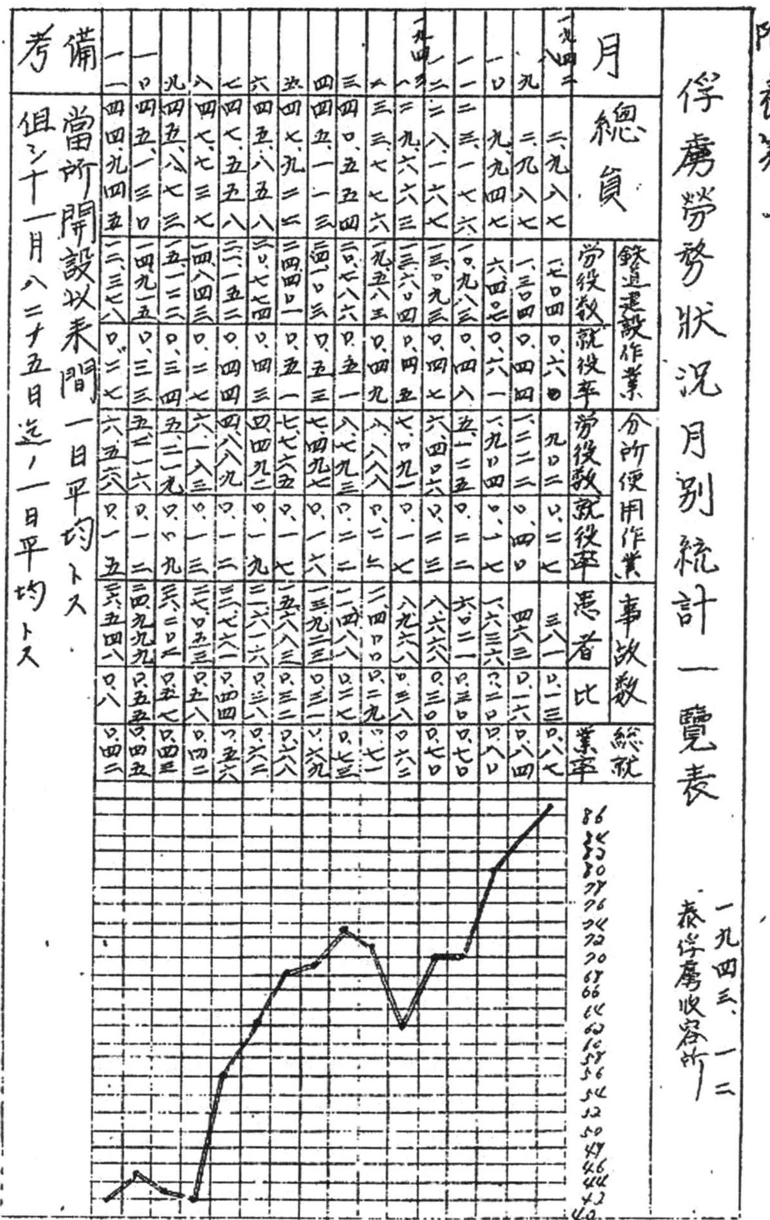

附表第一

# 俘虜労務状況月別統計一覧表

一九四三、一二
泰俘虜収容所

| 月 | 總員 | 鉄道建設作業 労役数 | 鉄道建設作業 就役率 | 分所便用作業 労役数 | 分所便用作業 就役率 | 事故数 患者 | 事故数 比 | 総就業率 |
|---|---|---|---|---|---|---|---|---|
| 一九四二 八 | 二、九八七 | 一、七〇四 | 〇、六[illegible] | 九〇二 | 〇、二七 | 三八一 | 〇、一三 | 〇、八七 |
| 九 | 二、九八七 | 一、三〇四 | 〇、四四 | 一、二二二 | 〇、四〇 | 四六三 | 〇、一六 | 〇、八四 |
| 一〇 | 九、九四七 | 六、四〇七 | 〇、六一 | 一、九〇四 | 〇、一七 | 一、六三六 | 〇、二〇 | 〇、八〇 |
| 一一 | 二三、一七六 | 一〇、九八三 | 〇、四八 | 五、一二五 | 〇、二二 | 六〇二一 | 〇、三〇 | 〇、七〇 |
| 一二 | 二八、一六七 | 一三、〇九三 | 〇、四七 | 六、四〇六 | 〇、二三 | 八、六六六 | 〇、三〇 | 〇、七〇 |
| 一九四三 一 | 二九、六六三 | 一三、六〇四 | 〇、四五 | 七、〇九一 | 〇、一七 | 八、九六八 | 〇、三八 | 〇、六三 |
| 二 | 三三、七七六 | 一九、五八三 | 〇、四九 | 八、八八八 | 〇、二六 | 二、四〇〇 | 〇、二九 | 〇、七一 |
| 三 | 四〇、五五四 | 二〇、七八六 | 〇、五一 | 八、七九三 | 〇、二二 | 一一、四八八 | 〇、二七 | 〇、七三 |
| 四 | 四五、一一三 | 二四、一〇三 | 〇、五三 | 七、四九七 | 〇、一六 | 一三、九二三 | 〇、三一 | 〇、六九 |
| 五 | 四七、九二二 | 二四、四〇一 | 〇、五一 | 七、七六五 | 〇、一七 | 一五、六八三 | 〇、三二 | 〇、六八 |
| 六 | 四五、八五八 | 二〇、七七四 | 〇、四三 | 四、四九二 | 〇、一九 | 二一、六一六 | 〇、三八 | 〇、六二 |
| 七 | 四七、五五八 | 二二、一五二 | 〇、四四 | 四、八八九 | 〇、一二 | 二一、七六一 | 〇、四四 | 〇、五六 |
| 八 | 四七、七三七 | 一四、八四三 | 〇、二七 | 六、一八三 | 〇、一三 | 二七、〇五三 | 〇、五八 | 〇、四二 |
| 九 | 四五、八七三 | 一五、一二二 | 〇、三四 | 五、二一九 | 〇、〇九 | 二六、二〇一 | 〇、五七 | 〇、四三 |
| 一〇 | 四五、一三〇 | 一四、九一五 | 〇、三三 | 五、六一六 | 〇、一二 | 二四、九九九 | 〇、五五 | 〇、四五 |
| 一一 | 四四、九四五 | 一二、三七八 | 〇、二七 | 六、五六六 | 〇、一五 | 三六、五四八 | 〇、八 | 〇、四二 |

備考
當所開設以来間一日平均トス
但シ十一月ハ二十五日迄ノ一日平均トス

## 附表二 俘虏患病种类一览表(泰国方面)

附表第二 俘虜患者病名別一覧表（泰側）一九四三年十月

| 病名 | 旧患 | 新患 | 計 | 治療日数 | 治癒 | 死亡 | 転送 | 後遺 |
|---|---|---|---|---|---|---|---|---|
| 一 全身病及傳染病　コレラ | 八 | 一 | 九 | 七七 | 八 | | | 一 |
| 赤痢 | 一一一 | 一三五 | 二四六 | 一、八〇一 | 一七二 | 一四 | 二三 | 三八 |
| 脚気 | 一、四二一 | 一、〇八九 | 二、五一〇 | 三〇、五八八 | 九七七 | 二八 | 三五二 | 一、一四〇 |
| ヂフテリア | 三 | 二 | [illegible] | 一〇二 | 一 | | | |
| マラリア | 二、〇四七 | 三、三七七 | 五、四二[illegible] | 六三、六九三 | 二、六九八 | 七九 | 六五六 | 一、九九三 |
| デング熱 | | 二 | 二 | 七 | 二 | | | |
| [illegible]病 | | 九 | 九 | 一八一 | 九 | | | |
| 肺結核 | 六 | 一三 | 一九 | 一六六 | 一〇 | 一 | 六 | 二 |
| 其ノ他全身病 | 四五 | 一四八 | 一九三 | 九七八 | 一七〇 | 一 | | 二 |
| 二 神経系病　精神病 | | 三 | 三 | 一七 | | | 二 | 一 |
| 其ノ他 | 一五 | 一九 | 三四 | 三六四 | 二八 | | 二 | 四 |
| 三 呼吸器病　肺炎 | 八 | 九 | 一七 | 二〇一 | 七 | 四 | 一 | 五 |
| 胸膜炎 | 五 | 五 | 一〇 | 一〇五 | 八 | | 二 | |
| 其ノ他 | 四〇一 | 六一三 | 一、〇一四 | 六、三二八 | 七六三 | 五 | 一七 | 二三〇 |
| 四 循環器病 | 七八 | 一三四 | 二一二 | 一、四九五 | 一六一 | 三 | 八 | 四〇 |
| 五 栄養器病　急性胃炎 | 四九 | 八五 | 一三四 | 九八〇 | 一〇六 | | 三 | 二五 |
| 急性腸炎 | 八五[illegible] | 一、〇五六 | 一、九一〇 | 二〇、三六〇 | 一、一一三 | 四三 | 一三〇 | 五二四 |
| 其ノ他 | 一、二八四 | 一、一四八 | 二、四三二 | 三九、四六七 | 六九一 | 一三八 | 三六五 | 一、二二八 |
| 六 泌尿器及生殖器病 | 三六 | 五〇 | 八六 | 七九一 | 六一 | | 五 | 二〇 |
| 七 花柳病 | | | | | | | | |
| 八 眼病 | 四四 | 九六 | 一四〇 | [illegible] | [illegible] | | 一二 | 二七 |
| 九 耳病 | 七 | 二七 | 三四 | 二一五 | 二九 | | | 五 |
| 十 外被病　疥癬 | 二八五 | 四〇七 | 六九二 | 六、二七七 | 五〇八 | | 七 | 一七七 |
| 蜂窩織炎及結締組織病 | 二三〇 | [illegible] | 一、三一九 | 八、七三〇 | 一、〇二一 | | [illegible] | 一九六 |
| 其ノ他 | 二、四一八 | 二、八八五 | 五、三〇三 | 五〇、一七三 | 二、七一三 | 一七 | 八五六 | 一、七一七 |
| 十一 運動器病　骨及関節病 | 三五 | 七一 | 一〇六 | 六七一 | 七五 | | 三 | 二八 |
| 筋腱腱鞘粘液嚢病 | 二〇 | 二八 | 四八 | 二七六 | 四二 | | | 六 |
| 其ノ他 | 二 | 一〇 | 一二 | 一三一 | 四 | 一 | 五 | 二 |
| 十二 外傷及不虞　皮下挫傷及擦過傷 | 一五 | 一一九 | 一三四 | 八七五 | 九六 | | 四 | 三四 |
| 挫創及裂創 | 二五四 | 五三三 | 七八七 | 八、一七三 | 六〇四 | | | 一八三 |
| 骨折 | 一六 | 一三 | 二九 | 二八二 | 一六 | | 九 | 四 |
| 捻挫及脱臼 | 二 | 一〇 | 一三 | 一二四 | 五 | | 二 | 五 |
| 其ノ他 | 八八 | 三四七 | 四一五 | 三、二三六 | 二三九 | | 一一一 | 八五 |
| 十三 詐病及自傷　詐病 | | | | | | | | |
| 自傷自殺及他殺 | | | | | | | | |
| 十四 病名未定 | 一二八 | 三五四 | 四八二 | 三、四七九 | 三五四 | | 一一 | 一一七 |
| 計 | 一〇、〇二八 | 一三、七八〇 | 二三、八〇[illegible] | [illegible] | 一二、七七三 | 三四四 | 二、八一一 | 七、八七三 |

備考 一日平均

| 旧患 | 新患 | 計 | 治療日数 | 治癒 | 死亡 |
|---|---|---|---|---|---|
| 三、二三三 | [illegible]四〇五 | 七、六七八 | 八〇、八〇[illegible] | 四、一[illegible] | 一一一 |

## 附表三 俘虏患病种类一览表(缅甸方面)

附表第三 俘虜患者病名一覧表（緬甸側）一九四三年十月 泰・俘虜収容所

| 病名 | 旧患 | 新患 | 計 | 治療日数 | 治癒 | 死亡 | 転送 | 後遺 |
|---|---|---|---|---|---|---|---|---|
| 一 全身病及傳染病　コレラ | 一 | | 一 | 一二 | 一 | | | |
| 赤痢 | 五四一 | 二七七 | 八一八 | 一四、五七九 | 三三三 | 六二 | | 四二五 |
| マラリヤ | 一、三九〇 | 二、〇八七 | 三、四七七 | 四四、二七三 | 一、九二三 | 二四 | | 一、五〇三 |
| 流行性感冒 | 一四七 | 八五八 | 一、〇〇五 | 六、二九五 | 七八四 | | | 二二一 |
| 脚気 | 三三五 | 二八一 | 六一六 | 八、五五三 | 二一五 | 一一 | | 二八〇 |
| ペラグラ | 二八一 | 一三八 | 四一九 | 六、三八二 | 二三六 | | | 一八三 |
| 中毒 | 二 | 二〇 | 二二 | 五三 | 二二 | | | |
| 二 神経系病　精神病 | 二 | 一 | 三 | 六三 | | 一 | | 二 |
| 其ノ他 | 七三 | 四六 | 一一九 | 二、九四二 | 二一 | 一 | | 九七 |
| 三 呼吸器病　肺炎 | 一一 | 一四 | 二五 | 一四四 | 一八 | 四 | | 三 |
| 胸膜炎 | | 六 | 六 | 八一 | 三 | | | 三 |
| 其ノ他 | 一四三 | 二二〇 | 三六三 | 四、〇二五 | 二三九 | 二 | | 一二二 |
| 四 循環器病 | 七五 | 四〇 | 一一五 | 二、〇二八 | 四四 | | | 七一 |
| 五 栄養器病　急性胃炎 | 七五 | 四三 | 一一八 | 六六二 | 九八 | | | 二〇 |
| 急性腸炎 | 二四八 | 四五三 | 七〇一 | 八、五六七 | 四三九 | | | 二六二 |
| 其ノ他 | 四二三 | 六二四 | 一、〇四七 | 一二、八九七 | 五五八 | 四 | | 四八五 |
| 六 泌尿器及生殖器病 | 四五 | 三一 | 七六 | 一、三一六 | 二九 | 一 | | 四六 |
| 七 花柳病 | | | | | | | | |
| 八 眼病 | 二七 | 二〇 | 四七 | 七六八 | 一八 | | | 二九 |
| 九 耳病 | 九 | 一〇 | 一九 | 二七五 | 八 | | | 一一 |
| 十 外被病　疥癬 | 二 | 八 | 一〇 | 一一九 | 五 | | | 五 |
| 蜂窩織炎及結締組織病 | | | | | | | | |
| 其ノ他 | 一、四〇一 | 一、五三〇 | 二、九三一 | 四一、三五六 | 一、五〇四 | 七 | | 一、四二〇 |
| 十一 運動器病　骨及骨膜関節病 | 一四四 | 一〇八 | 二五二 | 四、一九六 | 一三一 | 一 | | 一二〇 |
| 筋腱腱鞘粘液嚢病 | | | | | | | | |
| 其ノ他 | | | | | | | | |
| 十二 外傷及不虞　皮下挫傷及皮下損傷 | 二〇八 | 九四 | 三〇二 | 五、四五二 | 一一一 | 一八 | | 一七三 |
| 挫創及裂創 | 一七六 | 七五 | 二五一 | 四、九一三 | 一〇七 | 一一 | | 一三三 |
| 骨折 | | | | | | | | |
| 捻挫及脱臼 | 四 | 一 | 五 | 七二五 | 六 | | | 二 |
| 其ノ他 | 一五五 | 一三〇 | 二八五 | 三、九七〇 | 一八〇 | 五 | | 一〇〇 |
| 十三 詐病及傷病　詐病 | 四四 | 一〇八 | 一五二 | 二、五七八 | 八二 | | | 七〇 |
| 自傷自殺他殺 | | | | | | | | |
| 十四 病名未定 | 三四 | 九〇 | 一二四 | 一、一九七 | 一一五 | | | 九 |
| 計 | 五、九九六 | 七、四一七 | 一三、四一三 | 一八九、六六六 | 七、四五五 | 一六二 | | 五、七九六 |

備考 一日平均

| 旧患 | 新患 | 計 | 治療日数 | 治癒 | 死亡 |
|---|---|---|---|---|---|
| 一、九三四 | 二、三九七 | 四、三二七 | [illegible] | 二、四〇五 | 一五二 |

# 附表四　每月患病俘虏状况调查表

附表第四

自一九四三年一月至一九四四年七月俘虜患者月別調査表（泰俘虜收容所調査）

| 月別 \ 区分 | | 使用俘虜總數 | 泰側患者 人員 | 泰側患者 対総数比 | 緬甸側患者 人員 | 緬甸側患者 対総数比 | 計 人員 | 計 対総数比 |
|---|---|---|---|---|---|---|---|---|
| 一九四三年 | 一月 | 三七、〇八六 | 一八、〇五二 | 四八、六 | 一一、四九六 | 三一、〇 | 二九、五四八 | 七九、〇 |
| | 二月 | 四二、三三七 | 二〇、六三四 | 四八、七 | 一二、〇七四 | 二八、五 | 三二、七一〇 | 七七、二 |
| | 三月 | 四七、〇〇九 | 二一、五一六 | 四五、八 | 一四、九八七 | 三一、九 | 三六、四九八 | 七七、七 |
| | 四月 | 四九、七六六 | 一九、八九二 | 四〇、〇 | 一一、九八二 | 二三、五 | 三一、六二三 | 六三、五 |
| | 五月 | 四九、四八九 | 一八、〇一二 | 三六、四 | 一三、二八八 | 二六、八 | 三一、三〇〇 | 六三、二 |
| | 六月 | 四八、八三二 | 二四、三五一 | 五〇、〇 | 一二、九三三 | 二六、五 | 三七、二八四 | 七六、五 |
| | 七月 | 四八、一一六 | 二三、四〇七 | 四八、六 | 一二、一九二 | 二五、三 | 三五、五九九 | 七三、九 |
| | 八月 | 四七、一六二 | 二三、二六九 | 四九、三 | 一二、五三八 | 二六、六 | 三五、八〇七 | 七五、九 |
| | 九月 | 四六、一〇 | 二一、二二五 | 四六、〇 | 一三、四九六 | 二九、三 | 三四、七二一 | 七五、三 |
| | 十月 | 四五、二七七 | 二三、八〇一 | 五二、六 | 一二、一四一 | 二六、八 | 三五、九四二 | 七九、四 |
| | 十一月 | 四四、六六九 | 一九、九七四 | 四四、七 | 九、六一九 | 二一、五 | 二九、五九三 | 六六、二 |
| | 十二月 | 四四、三七二 | 一九、四九七 | 四三、九 | 一二、三八〇 | 二七、九 | 三一、八七七 | 七一、八 |
| 一九四四年 | 一月 | 四三、六九五 | 二三、二八九 | 五三、三 | | | 二三、二八九 | 五三、三 |
| | 二月 | 四三、三一六 | 二二、九七七 | 五三、〇 | | | 二二、九七七 | 五三、〇 |
| | 三月 | 四三、一七三 | 二〇、四二七 | 四七、三 | | | 二〇、四二七 | 四七、三 |
| | 四月 | 四三、一一六 | 二〇、三二四 | 四七、一 | | | 二〇、三二四 | 四七、一 |
| | 五月 | 四三、〇八三 | 二〇、〇八〇 | 四六、六 | | | 二〇、〇八〇 | 四六、六 |
| | 六月 | 四三、〇二八 | 一七、四一八 | 四〇、五 | | | 一七、四一八 | 四〇、五 |
| | 七月 | 四〇、九六〇 | 五、四六八 | 一三、四 | | | 五、四六八 | 一三、四 |
| 計 | | | 三八三、六一三 | | 一四八、八七二 | | 五三二、四八五 | |

# 附表五　战俘营中的霍乱疫情

附表第五

俘虜「コレラ」患者發生状況

| 所名 | 地域別 | 發生 | | 摘要 |
| --- | --- | --- | --- | --- |
| 第一分所 | カンチャーブリー | 一九 | 二 | 主トシテ七月中ニ發生 |
| | キンサイヨーク | 六九 | 二一 | |
| | タンビー | 一三 | 二 | |
| | コンコイター | 一 | | |
| 第二分所 | ターカヌン | 一七六 | 一〇五 | ターカヌン地區ハ五六月、第一分遣所ハ六八月ニ猖獗ヲ極ム |
| | 第一分遣所 | 一三九 | 七七 | |
| | 第二分遣所 | 一五 | 九 | |
| 第四分所 | ワンヤイ | 四二 | 一九 | ワンヤイ地區ヨリ一三五粁間ハ主トシテ六、七月ニ他ハ主トシテ七月中ニ發生ス |
| | 一三五一三九粁 | 一六六 | 一〇七 | |
| | 一四〇一五〇粁 | 七三 | 五三 | |
| | ヒントク | 一五七 | 七四 | |
| | 一五一一七一粁 | 七四 | 五三 | |
| 第六分所 | ヒンダート | 二 | | |
| 俘虜病院 | 第一病院 | 三 | 二 | |
| | 第二〃 | 二一 | 三 | |
| | 第三〃 | 二 | 一 | |
| 第三分所 | 緬甸 | 三四 | 一三 | |
| 第五分所 | | 五 | 四 | |
| 合計 | | 一、〇一一 | 五六五 | |

備考

一、本表ハ一九四三年五月發生以来同年十月末迄ノ累計ヲ示ス

二、一九四四年十月六日以降ハ新患ノ發生ヲ見ズ

# 附表六　因泰缅铁路建设事宜而死亡的战俘人数统计

附表第六

泰緬鐵道関係俘虜死亡者調

| 月別＼区分 | 泰俘虜收容所月間死亡者数 | 馬来俘虜收容所第四分所 | 馬来俘虜收容所第五分所 | 計 |
| --- | --- | --- | --- | --- |
| 昭和十八年一月 | 二六二 | | | 二六二 |
| 二月 | 一〇九 | | | 一〇九 |
| 三月 | 一八九 | | | 一八九 |
| 四月 | 二〇六 | 開設 | | 二〇六 |
| 五月 | 二七六 | 一七六 | 開設 二 | 四五四 |
| 六月 | 五六九 | 四一四 | 一一七 | 一、一〇〇 |
| 七月 | 七一八 | 二三九 | 二七八 | 一、二三五 |
| 八月 | 九五四 | 五三〇 | 一二[illegible] | [illegible] |
| 九月 | 一、〇五九 | 四九三 | 一二[illegible] | 一、[illegible] |
| [illegible]月 | 八二七 | 四〇〇 | 一二[illegible] | 一、[illegible]五一 |
| 小計 | 五、一六九 | 二、二五二 | 七八五 | 八、二〇六 |
| 十一月 | 五七八 | 三九四 | 五五 | 一、〇二七 |
| 十二月 | 三四四 | | | 三四四 |
| 昭和十九年一月 | 六七九 | | | 六七九 |
| 二月 | 四一六 | | | 四一六 |
| 小計 | 二、〇一七 | 三九四 | 五五 | 二、四六六 |
| 總計 | 七、一八六 | 二、六四六 | 八四〇 | 一〇、六七二 |

# 附表七　死亡战俘国别人数统计

附表第七

死亡俘虜人種別人員表

一九四三年十一月二十日
泰俘虜収容所

| 分所別 | 国籍別 | 陸軍 将校 | 陸軍 准士官以下 | 海軍 将校 | 海軍 准士官以下 | 空軍 将校 | 空軍 准士官以下 | 非軍人 | 合計 | 計 |
|---|---|---|---|---|---|---|---|---|---|---|
| I | 英 | 七 | 三七四 | | | | | | 三八一 | 477 |
| | 蘭 | 五 | 七三 | 一 | 三 | | | | 八二 | |
| | 濠 | | 一四 | | | | | | 一四 | |
| II（ターカヌン） | 英 | 一七 | 八三二 | | | | | | 八四九 | 1.060 |
| | 蘭 | 四 | 二〇〇 | | 七 | | | | 二一一 | |
| III | 英 | 三 | 三四 | | 七 | | 五 | | 四九 | 682 |
| | 蘭 | 一一 | 一六五 | 二 | 二 | | 一 | | 一八一 | |
| | 米 | | | | 二 | | | | 二 | |
| | 豪 | 六 | 四二〇 | | 二二 | | 二 | | 四五〇 | |
| IV（ワンヤイ） | 英 | 三九 | 一、三五六 | | 八 | | 二 | | 一、四〇五 | 1.824 |
| | 蘭 | 九 | 九九 | 一 | 六 | 一 | 四 | | 一二〇 | |
| | 米 | | | | 一 | | | | 一 | |
| | 豪 | 二 | 二八七 | | 三 | 一 | 四 | | 二九七 | |
| | ニュージーランド | | 一 | | | | | | 一 | |
| V | 米 | 二 | 七四 | | 一四 | | | | 九〇 | 443 |
| | 蘭 | 一四 | 二六四 | 一 | 一八 | 一 | 二 | 二 | 三〇二 | |
| | 濠 | | 四六 | | 二 | | | | 五一 | |
| VI | 米 | 一 | 一〇五 | 一 | 一 | | | | 一〇八 | 1.264 |
| | 蘭 | 一九 | 八八六 | 二 | 六〇 | | 一九 | | 九八六 | |
| | 濠 | | 一七〇 | | | | | | 一七〇 | |
| 西貢第一分遣所 | 英 | 二 | 一一 | | | | | | 一三 | 13 |
| 國籍別合計 | 英 | 六九 | 二、七一二 | 一 | 一六 | | 七 | | 二、八〇五 | 5.763 |
| | 蘭 | 六二 | 一、六八七 | 七 | 九六 | 二 | 二六 | 二 | 一、八八二 | |
| | 米 | 二 | 七四 | | 一七 | | | | 九三 | |
| | 濠 | 八 | 九四〇 | | 二七 | 一 | 六 | | 九八二 | |
| | ニュージーランド | | 一 | | | | | | 一 | |
| 總計 | | 一四一 | 五、四一四 | 八 | 一五六 | 三 | 三九 | 二 | 五、七六三 | |
| 摘要 | | | | | | | | | | |
| 備考 | | | | | | | | | | |

# 附表八　俘虏月度死亡人数统计(泰国方面)

附表第八

編成以来月別死亡表

自一九四二年八月
至一九四四年八月
(泰俘虜收容所調査)

| 年 | 月別＼区分 | 使用俘虜總数 | 泰側死亡者 人員 | 泰側死亡者 總数ニ対スル比 | 緬甸側死亡者 人員 | 緬甸側死亡者 總数ニ対スル比 | 合計 人員 | 合計 總数ニ対スル比 |
|---|---|---|---|---|---|---|---|---|
| 昭和十七年(1942) | 八月 | 四、二三五 | 二 | 〇、〇五% |  |  | 二 | 〇、〇五% |
|  | 九月 | 四、二三四 | 二 | 〇、〇五 |  |  | 二 | 〇、〇五 |
|  | 十月 | 八、七一一 | 一〇 | 〇、一二 |  |  | 一〇 | 〇、一二 |
|  | 十一月 | 二六、四八四 | 五四 | 〇、二〇 | 一〇 | 〇、〇四% | 六四 | 〇、二四 |
|  | 十二月 | 二九、五三六 | 六八 | 〇、二三 | 一三 | 〇、〇四 | 八一 | 〇、二七 |
| 昭和十八年(1943) | 一月 | 三七、〇八六 | 六二 | 〇、一七 | 五八 | 〇、一五 | 一二〇 | 〇、三二 |
|  | 二月 | 四二、三三七 | 五〇 | 〇、一二 | 三七 | 〇、〇九 | 八七 | 〇、二一 |
|  | 三月 | 四七、〇〇九 | 二五五 | 〇、五四 | 七 | 〇、〇二 | 二六二 | 〇、五六 |
|  | 四月 | 四九、七六六 | 一八六 | 〇、三七 | 二〇 | 〇、〇四 | 二〇六 | 〇、四一 |
|  | 五月 | 四九、四八九 | 二七一 | 〇、五五 | 五 | 〇、〇一 | 二七六 | 〇、五六 |
|  | 六月 | 四八、八三二 | 五七八 | 一、一八 | 八〇 | 〇、一六 | 六五八 | 一、三五 |
|  | 七月 | 四八、二一六 | 五八五 | 一、二〇 | 一三三 | 〇、二八 | 七一八 | 一、四八 |
|  | 八月 | 四七、一六二 | 八〇〇 | 一、六九 | 一二四 | 〇、三三 | 九二四 | 二、〇二 |
|  | 九月 | 四六、一〇三 | 八九五 | 一、九四 | 一六四 | 〇、三六 | 一、〇五九 | 二、〇四 |
|  | 十月 | 四五、二七七 | 六五六 | 一、四五 | 一七一 | 〇、三八 | 八二七 | 一、八三 |
|  | 十一月 | 四四、六九九 | 四七七 | 一、〇六 | 一〇一 | 〇、二三 | 五七八 | 一、二九 |
|  | 十二月 | 四四、三七二 | 三四〇 | 〇、七七 | 四 | 〇、〇一 | 三四四 | 〇、七八 |
| 昭和十九年(1944) | 一月 | 四三、六九五 | 三九〇 | 〇、八七 | 二八九 | 〇、六六 | 六七九 | 一、五三 |
|  | 二月 | 四三、三一六 | 四一六 | 〇、九六 |  |  | 四一六 | 〇、九六 |
|  | 三月 | 四三、一七三 | 一四五 | 〇、三四 |  |  | 一四五 | 〇、三四 |
|  | 四月 | 四三、一一六 | 五七 | 〇、一三 |  |  | 五七 | 〇、一三 |
|  | 五月 | 四三、〇八三 | 六四 | 〇、一五 |  |  | 六四 | 〇、一五 |
|  | 六月 | 四三、〇二八 | 六〇 | 〇、一四 |  |  | 六〇 | 〇、一四 |
|  | 七月 | 四〇、九六〇 | 四〇 | 〇、〇九 |  |  | 四〇 | 〇、〇九 |
|  | 八月 | 四〇、三一三 | 三七 | 〇、〇九 |  |  | 三七 | 〇、〇九 |
| 計 |  |  | 六、五〇〇 |  | 一、二四六 |  | 七、七四六 |  |

## 附图一　俘虏收容所构成要图(泰国方面)

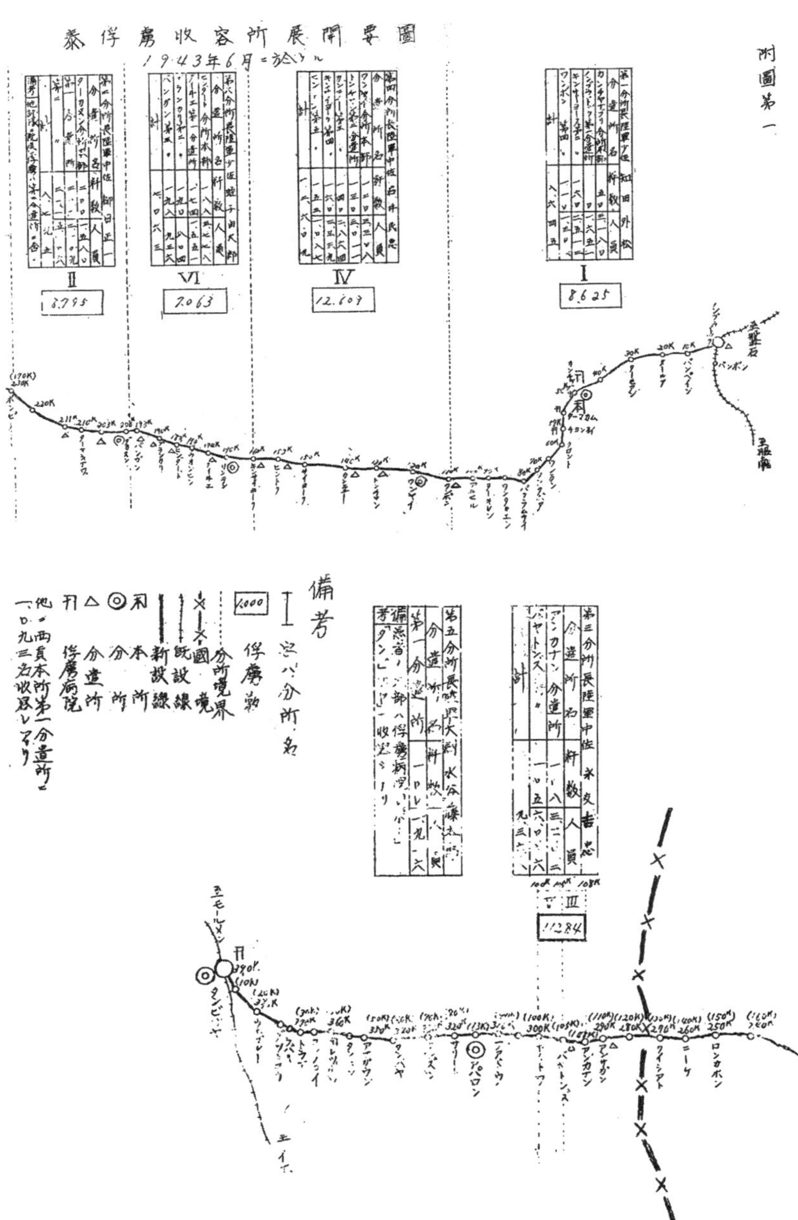

附图二　行军路径要图

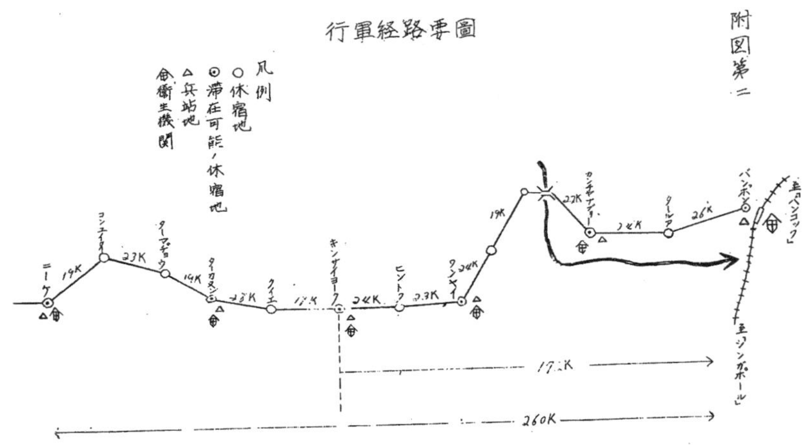


附图三　泰缅铁路路线及俘虏收容所要图

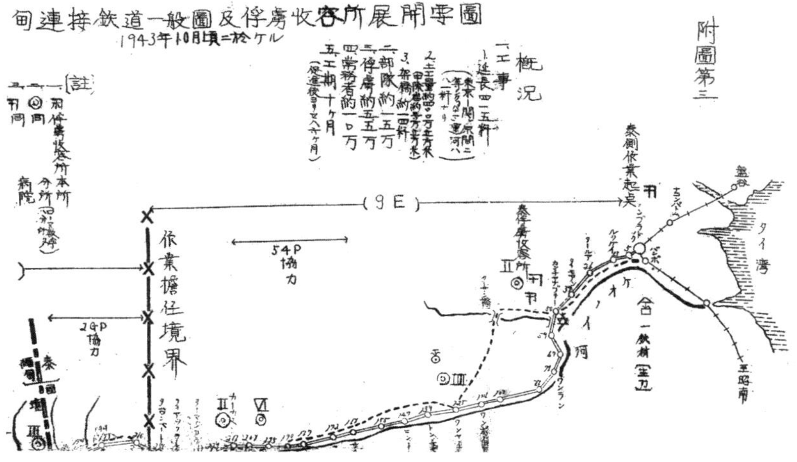

# 索　引

## C



## D

## E



## F

G



H



I



J

N



O



P



Q



R

S



T



U



V

# 后　记

第一次对泰缅"死亡铁路"产生深刻印象，是缘于幼年时所观看的《桂河大桥》这部电影，片中日军的残暴行径以及围绕大桥所展开的激烈较量让人深受震动、难以忘怀。此后，关于泰缅"死亡铁路"博物馆的报道也不断见诸报端，吸引越来越多的战争亲历者和游客前往博物馆参观，追忆历史，缅怀同胞。受此影响，2014 年，理查德·弗兰纳根以这段惨痛过往为主题创作的自传体小说《深入北方的小路》斩获英国布克文学奖，引发了世界舆论对这一尘封已久的历史事件的广泛关注和热烈讨论，各种回忆录、日记、口述汇编等相关史料也由此得以出版，呈现在世人面前。尽管如此，国内外学界对这一与南京大屠杀及巴丹"死亡行军"并称为"日本远东三大暴行"的重要事件却缺乏深入的探讨，鲜有以此为考察对象的学术专著问世，也未能对日军在铁路修建期间所犯下的深重罪孽和所应承担的历史责任进行全面的检讨与反思。

抗战史研究权威、南京大学荣誉资深教授张宪文先生很早便已经关注到了泰缅铁路的历史遗留问题，这次更是借"抗日战争专题研究"工程顺利展开的机会，将其纳入百卷本书系，以求填补相关研究的空白，展现中国抗战作为世界反法西斯战争核心组成部分的重要意义。由于我此前研究过与泰缅“死亡”铁路有关的传记资料，并具有一定的语言优势，张宪文先生便委托我作为本书的主要执笔人。重任在肩，我不敢造次，随即展开了英文、日文、中文史料的搜集与整理工作。由于涉及泰缅铁路的原始档案在日本投降后被蓄意销毁，所以我的工作重心便不得以放在了回忆录、日记、口述资料等个人化的“软史料”上，一时间纷繁芜杂，头绪众多。为了厘清这些材料所叙事件的来龙去脉以及所涉人物的背景关系，我和我的合作者花费了大量的时间和精力，但仍然无法完全还原整块历史拼图；另一方面，自2020年初开始的新冠疫情严重干扰了我们的写作计划，无法前往国外，尤其是东南亚当地寻访史迹，只能依靠公开出版物和数据库中能够检索到的信息展开研究。因此，在全面性和系统性上必然存在着不少疏漏之处，还请各位方家多多批评指正，不吝赐教，也希望疫情结束后能够亲赴泰、缅两国，在实地调研的基础上充实史料，尽力弥补这一缺憾。

在本书创作的过程中，我主要负责外文资料的搜集、整理，以及全书主要框架和核心章节的撰写，合著者金陵科技学院英语系的宗小琦老师则承担起了英文史料的查阅、翻译以及“劳动力来源及运送过程”等部分的写作任务。此外，从整体构思、史料搜集到书稿撰写，许多师友给予我们莫大的帮助、鼓舞和激励，没有他们就不会有本书的付梓，尤其是张宪文先生的谆谆教诲、洪小夏老师的中肯建议，以及张晓薇编辑不辞辛劳的反复校改都让我们获益匪浅、深受感动，在此谨致以衷心的感谢。还有我的学生们利用在国外求学的便利条件，帮助我们查询、检索、扫描相关史料，助力甚多，恕我们在此无法一一致谢。

泰缅“死亡铁路”的修建涉及政治、经济、军事、历史记忆等诸多领域，影响广泛，极具研究价值。作为抛砖引玉之作，本书所论述的各方面内容仍有待不断展开。希望能够以此为契机，进一步揭露二战中日军的战争暴行，对其今日推卸战争罪责的无耻行径予以有力驳斥，并在清算历史的基础上寻求真正和解的可能。在这一点上，本书的研究绝不仅仅是为了批判过去，更代表了一种对于改变未来的殷切期待。

刘超

2022 年 9 月